suhrkamp taschenbuch 125

Jürgen Habermas, geboren am 18. Juni 1929, lehrte von 1961 bis 1964 Philosophie in Heidelberg, von 1964 bis 1971 Philosophie und Soziologie an der Universität in Frankfurt am Main und ist seit 1971 Direktor am Starnberger Max-Planck-Institut zur Erforschung der Lebensbedingungen der wissenschaftlich-technischen Welt. Werke: *Student und Politik* (gemeinsam mit L. v. Friedeburg, Ch. Oehler und F. Weltz) 1961, *Strukturwandel der Öffentlichkeit* 1962, *Theorie und Praxis* 1963, *Erkenntnis und Interesse* 1968, *Technik und Wissenschaft als ›Ideologie‹* 1968, *Protestbewegung und Hochschulreform* 1969, *Zur Logik der Sozialwissenschaften* 1970, *Theorie der Gesellschaft oder Sozialtechnologie – Was leistet die Systemforschung?* (zusammen mit Niklas Luhmann) 1971, *Philosophisch-politische Profile* 1971, *Legitimationsprobleme im Spätkapitalismus* 1973.

Dieser Band versammelt zum ersten Mal an einem Ort siebzehn bisher verstreute Beiträge aus den letzten eineinhalb Jahrzehnten. Den substantiellen Kern des Bandes bilden anthropologische Versuche zu einer Theorie der Kultur und Untersuchungen zum Problemkreis Hermeneutik, Ästhetik und Ideologiekritik. Sie ergänzen die *Theorie des kommunikativen Handelns,* die der Autor demnächst vorlegen möchte. Die Repliken machen die zeitgenössischen Diskussionszusammenhänge, mitunter auch polemisch, deutlich.

Jürgen Habermas
Kultur und Kritik

Verstreute Aufsätze

Suhrkamp

suhrkamp taschenbuch 125
Erste Auflage 1973

Druck: Ebner, Ulm · Printed in Germany. Umschlag nach Entwürfen von Willy Fleckhaus und Rolf Staudt.

Vorwort

Der Band vereinigt verstreute Aufsätze aus den letzten eineinhalb Jahrzehnten. Diese gliedern sich nach vier thematischen Schwerpunkten. Der erste Teil enthält Arbeiten zu einem Thema, das ich unter historischen Aspekten in den Untersuchungen zum *Strukturwandel der Öffentlichkeit,* unter systematischen Aspekten in meinem letzten Buch *Legitimationsprobleme im Spätkapitalismus* behandelt habe. Die Arbeiten des zweiten Teils drücken ein Interesse aus, das in meiner Studienzeit durch Erich Rothacker geweckt worden ist; freilich hat mir die Lektüre einer alten Vorlesung über philosophische Anthropologie, die ich im Jahre 1966 gehalten habe, wiederum deutlich gemacht, wie mangelhaft meine Kenntnisse auf diesem komplexen Felde noch sind. Die Abhandlungen des dritten Teils gehören in den Problemkreis Hermeneutik, Ästhetik und Ideologiekritik, während die im letzten Teil versammelten Repliken dem Streit um die Rolle des geschichtsphilosophisch inspirierten Denkens gelten. Diese nicht ganz unpolemischen Auseinandersetzungen mit zeitgenössischen Denkpositionen belegen einen Prozeß, in dem sich meine Auffassungen erst gebildet haben. Die Datierung soll daran erinnern, daß die Aufsätze in ihrer ursprünglichen, inzwischen gewiß revisionsbedürftigen Fassung belassen worden sind.

Starnberg, Juni 1973 Jürgen Habermas

I. Legitimationsprobleme des bürgerlichen Staates

1. Zum Begriff der politischen Beteiligung *1958*

1. Politische Beteiligung – ein Wert »an sich«?

Im Mittelpunkt der Studie[1] stand die Frage nach der Anteilnahme der Studierenden an der Politik. Diese Anteilnahme selbst aber läßt sich nur dann beurteilen, wenn man sie den Umständen gegenüberstellt, in denen sie gedeiht oder nicht gedeiht. Wo »Beteiligung« abstrakt, ohne Rückfrage nach der Situation, und ihrem möglichen Sinn in dieser, untersucht wird, gerinnt sie zu einer Art Selbstzweck. Demgegenüber soll versucht werden, grob den Hintergrund zu entwerfen, den die Entwicklungsgeschichte, und die gegenwärtige Lage der 1949 etablierten Demokratie der Bundesrepublik, für eine mögliche politische Beteiligung abgibt.

Die politischen Wissenschaften verzichten nach und nach auf eine Ableitung der Demokratie aus Prinzipien, wie sie der klassischen Sozialphilosophie und der älteren Staatsrechtslehre geläufig war; sie ersetzen den objektiven Sinn der Institutionen durch ihre abstrakten Bestimmungen. Statt etwa vom Grundsatz der Rechtsstaatlichkeit und der Volkssouveränität zu deduzieren, definieren sie Demokratie durch ihren tatsächlichen Apparat. Nach Schumpeter ist sie eine »Ordnung der Institutionen zur Erreichung politischer Entscheidungen, bei welcher einzelne die Entscheidungsbefugnis vermittels eines Konkurrenzkampfs um die Stimmen des Volkes erwerben«[2]. Den Staat nunmehr unter dem Aspekt einer Einrichtung politi-

1 Jürgen Habermas u. a., *Student und Politik,* Neuwied 1961, 3. Aufl. 1969, stützt sich auf eine 1957 durchgeführte empirische Untersuchung mit Frankfurter Studenten. Die hier abgedruckte Einleitung ist 1958 entstanden.

2 Joseph A. Schumpeter, *Kapitalismus, Sozialismus und Demokratie,* 2. Aufl., Bern 1950, S. 428. Ähnlich hatte K. Thoma schon 1923 von der »Eroberung der staatlichen Betriebsdirektion mit den gesetzlich erlaubten Mitteln des Zusammenschlusses und der Stimmenwerbung« gesprochen. Vgl. Richard Thoma, »Der Begriff der modernen Demokratie in seinem Verhältnis zum Staatsbegriff«, in: *Hauptprobleme der Soziologie / Erinnerungsgabe für Max Weber,* hrsg. von M. Palyi, 2 Bde., München und Leipzig 1923, Bd. 2, S. 58.

scher Herrschaft zu begreifen, ist fraglos auch ein Fortschritt.[3] Aber die neuere Demokratieforschung bezahlt ihn mit dem Preis einer folgenreichen Beschränkung: Demokratie gilt fortan als eine bestimmte politische *Methode*; ihre Einrichtungen erscheinen formal als ein System möglichen Gleichgewichts; und am Ende brauchen nur die Gleichgewichtsbedingungen zureichend erkannt zu werden, um den Apparat sachgemäß zu steuern. Diese sozialtechnische Auffassung unterstellt die Demokratie als ein Modell, das sich vom realen Prozeß ihres gesellschaftlichen Ursprungs ablösen und, Anpassungen eingerechnet, auf beliebige Situationen übertragen läßt.[4]

Zu den Gleichgewichtsbedingungen einer funktionierenden Demokratie gehört auch die Beteiligung der Staatsbürger an der Politik. Bezogen auf Demokratie als ein System möglichen Gleichgewichts, muß sich das optimale Maß der durchschnittlichen staatsbürgerlichen Beteiligung bestimmen lassen. Morris Janowitz etwa kommt zu dem Schluß, daß weitverbreitete Indifferenz den Prozeß der demokratischen Willensbildung zwar behindere – »nicht minder gefährlich wäre aber auch ein Mangel an Apathie«[5]. Die Elastizität des politischen »Marktes« verlange unverbrauchte Reserven, die durch Kompromißvorschläge mobilisiert werden können. »In einer freien Gesellschaft muß das Erziehungssystem auch schöpferische politische Indifferenz hervorbringen, denn nur so läßt es sich vermeiden,

3 Hermann Heller wollte die Staatslehre in diesem Sinne zu einer »Wirklichkeitswissenschaft« machen. Vgl. seine *Staatslehre,* Leiden 1934, S. 37 ff.

4 Diese Auffassung ist prototypisch in den USA entwickelt worden; Literaturhinweise bei S. M. Lipse, »Political Sociology«, in: *Sociology To-day,* hrsg. von R. K. Merton et al., New York 1959, S. 81 ff. Vgl. inzwischen: P. Bachrach, *Die Theorie demokratischer Eliteherrschaft,* Frankfurt 1970, und meine Diskussion der neueren Demokratietheorien in: Jürgen Habermas, *Legitimationsprobleme im Spätkapitalismus,* Frankfurt 1973, S. 169 ff.

5 Morris Janowitz, »Die soziologischen Voraussetzungen der Theorie der Demokratie«, in: *Kölner Zeitschrift für Soziologie und Sozialpsychologie,* Jg. VIII, 1956, S. 357 ff. Zum Thema vgl. Harold D. Lasswell, *The Political Writings,* Glencoe, Ill., 1951; derselbe: *The Analysis of Political Behavior,* London 1947. Für die Auffassung, daß ein gewisses Maß an politischer Apathie für die »Gesundheit« einer Demokratie unerläßlich sei, vgl. auch W. H. Morris Jones, »In Defense of Political Apathy«, in: *Political Studies,* Jg. 1954, S. 25 ff.

daß übersteigerte Parteilichkeit zu Exzessen führt.« So wie hier die wünschenswerte Quantität die Teilnahme aller Staatsbürger am politischen Leben nur im Hinblick auf das Funktionieren eines vorhandenen Systems bestimmt wird, so auch die tatsächliche Qualität der politischen Beteiligung des einzelnen Staatsbürgers. David Riesman nennt dafür drei Kriterien: Aktivität; Informiertheit und Sachverständnis; affektive Bindung ans politische Geschehen.[6] Als ein Faktor neben anderen wird politische Beteiligung isoliert, losgelöst von dem, woran man teil hat und worin solche Beteiligung sich erst verwirklicht. Der Formalisierung der Demokratie zu einem Set von Spielregeln entspricht die Fetischisierung der staatsbürgerlichen Teilnahme am politischen Leben.

Darüber gerät die Idee der Herrschaft des Volkes fast ganz in Vergessenheit; als ob dieser Idee durch den Hinweis darauf Gerechtigkeit widerführe, daß die Identität von Herrschenden und Beherrschten in Gestalt der unmittelbaren Demokratie unter den Verhältnissen eines modernen Flächenstaates utopisch ist. Demokratie, heißt es demgegenüber bei Franz Neumann[7], ist nicht eine Staatsform wie irgendeine andere; ihr Wesen besteht vielmehr darin, daß sie die weitreichenden gesellschaftlichen Wandlungen vollstreckt, die die Freiheit der Menschen steigern und am Ende vielleicht ganz herstellen können. Demokratie arbeitet an der Selbstbestimmung der Menschheit, und erst wenn diese wirklich ist, ist jene wahr. Politische Beteiligung wird dann mit Selbstbestimmung identisch sein. Wieweit sie sich heute diesem ihrem Begriff anmißt;

6 David Riesman and Nathan Glazer, »Criteria for Political Apathy«, in: *Studies in Leadership,* hrsg. von A. W. Gouldner, New York 1950, S. 505 ff. Anhand dieser Kriterien konstruiert Riesman eine Skala von vier Graden der politischen Beteiligung: »*We defined as (1) ›involved‹ the person who combined high and genuine affect with competence, all others we classified als ›apathetic‹. Thus we grouped in the apathetic those (2) whose high affect and low competence indicated an ›indignant‹ relationship to politics; those (3) who were high in competence and affectless, and whom we called ›inside-dopesters‹; and those low in both affect and competence, whom we called (4) the ›indifferent‹*«. (a.a.O., S. 537.)

7 Franz L. Neumann, »The Concept of Political Freedom«, in: *The Democratic and the Authoritarian State,* Glencoe, Ill., 1957, S. 193.

wieweit sich in ihr ein Stück Selbstbestimmung schon verwirklicht; ob sie demokratische oder autoritäre Tendenzen fördert – daran sollte sich das Maß ihres Potentials bestimmen. Zu sehen, daß politische Beteiligung Produkt ist und doch auch selber ein Bedingendes sein kann; daß sie nicht ein Faktor ist, der, mit anderen Faktoren multipliziert, ein Gleichgewicht garantiert, sondern Funktion im schwierigen und ungewissen Prozeß der Selbstbefreiung der Menschheit – das allein bewahrt davor, die Demokratie auf Spielregeln, und auf deren Anwendung die politische Teilnahme zu reduzieren.[8]

Gewiß ist in der Organisation der industriellen Gesellschaft der Unterschied von Regierenden und Regierten nicht einfach aufzuheben; aber voreilig ist der Schluß, daß sie sich darum schon bei der Verselbständigung von politischer Herrschaft zu bescheiden hätte; daß stets einige wenige solche Herrschaft ausüben müßten, sei es im Namen aller, im Namen einiger oder im Namen eines einzigen. In dieser Formulierung Lasswells[9] wird gerade davon abgesehen, worauf Demokratie abzielt: in dem Maße, in dem mündige Bürger unter Bedingungen einer politisch fungierenden Öffentlichkeit, durch einsichtige Delegation ihres Willens und durch wirksame Kontrolle seiner Ausführung, die Einrichtung ihres gesellschaftlichen Lebens selber in die Hand nehmen, wird personale Autorität in rationale überführbar. Das würde den Charakter von Herrschaft verändern; und sofern in der Politik immer auch ein Moment von blinder Herrschaft steckt, mahnt die Idee der Demokratie an die Vergänglichkeit des Politischen als solchen. Politik hörte in

8 Otto Stammer vertritt in seinem Überblick über die Politische Soziologie (»Politische Soziologie«, in: *Soziologie / Ein Lehr- und Handbuch zur modernen Gesellschaftskunde,* hrsg. von Arnold Gehlen und Helmut Schelsky, Düsseldorf 1955, S. 256 ff.) die gleiche Auffassung: »Derartige Versuche . . . beachten nicht ausreichend, daß Demokratie nicht nur eine politische Form, ein nach bestimmten Spielregeln vor sich gehender Vorgang der politischen Willensbildung oder eine politische Methode ist, sondern auch ein gesellschaftliches Ziel darstellt und aus eben dieser Zielsetzung eine inhaltliche Festsetzung erfährt. – Die Demokratie schwebt ständig in Gefahr, als formales Reglement der politischen Willensbildung ideell gleichsam einzufrieren.« (a.a.O., S. 262.) Vgl. auch Otto Stammer, »Gesellschaft und Politik«, in: *Handbuch der Soziologie,* Stuttgart 1955, S. 530 ff.

9 Lasswell, *The Political Writings,* a.a.O., S. 444.

dem Maße auf, eine Sphäre für sich darzustellen, in dem gesellschaftliche Macht die Gestalt rationaler Autorität anzunehmen fähig würde.

Demokratie verwirklichte sich erst in einer Gesellschaft mündiger Menschen; darum ist sie nicht unter beliebigen gesellschaftlichen Voraussetzungen möglich, nicht einmal an bestimmte bloß gebunden – sie ist vielmehr diese freie Gesellschaft selber. Noch die autoritär verformten Einrichtungen, die bis heute relative Freiheiten politisch sichern helfen, haben diese Idee, nämlich die Tendenz zur Realisierung der Demokratie, gleichsam mit ins institutionelle Gehäuse hineingenommen. Das übersieht, wer den demokratischen Prozeß ganz auf seine tatsächliche Gestalt zurückführt und als normativen Anspruch allenfalls den eines funktionierenden Gleichgewichts durchgehen läßt. Es hängt mit der geschichtlichen Ausgangslage des bürgerlichen Rechtsstaates zusammen, daß die gegenwärtige Demokratie, in welcher faktischen Gestalt sie immer auftreten mag, jene Idee der Demokratie zur einzigen Legitimationsgrundlage hat: sie ist auf das Bewußtsein, daß die Staatsgewalt vom freien und ausdrücklichen Consensus aller Bürger getragen ist, angewiesen. Die parlamentarischen Demokratien des Westens, sogar scheinparlamentarische Obrigkeitsregimes wie in Portugal und Frankreich, leben vom Bewußtsein der Staatsbürger, Herrschaft sei durch die vernünftige Selbstbestimmung mündiger Menschen vermittelt; allesamt müssen sie darauf bedacht sein, auch mit Mitteln der Meinungslenkung, dies Bewußtsein herzustellen und zu erhalten. Hermann Heller formuliert die Schwierigkeit mit dem Satz: »Ihrer Legitimationsgrundlage nach ist die bürgerliche Gesellschaft das herrschaftsfreie Spiel der gleichen Kräfte, kann also im Grunde keinerlei (politische) Herrschaft, am allerwenigsten eine Klassenherrschaft rechtfertigen.«[10]

Zwar steht die Verfassungswirklichkeit des bürgerlichen Rechtsstaats seit je in Widerspruch zur Idee der Demokratie, die zu seiner Ausgangslage gehört, aber stets hat er den Wider-

10 Heller, a.a.O., S. 116.

spruch in seinem eigenen Rahmen austragen können. In seiner entwickelten Gestalt, die er in den fortgeschrittenen Ländern der westlichen Welt inzwischen angenommen hat, scheint er jedoch durch den Widerspruch dessen, was er seiner Idee nach sein will, mit dem, was er in der Tat ist, immer stärker belastet zu werden. Krisenerscheinungen, wie sie vor kurzer Zeit die klassische Demokratie unseres Kontinents durchgemacht hat, werden heute freilich noch als ein vorübergehendes Ungleichgewicht interpretiert. In einer solchen Auffassung, die Demokratie sozialtechnisch als ein System möglichen Gleichgewichts versteht, wiederholt sich die dem Liberalismus eigentümliche Abwehr historischen Bewußtseins. Freilich hatte die unhistorische Denkungsart einmal eine andere Funktion: Waffe des »aufsteigenden Bürgertums« im Kampf gegen die überlieferten Privilegien der beiden ersten Stände; deren historische Legitimation zerbrach vor der sich geschichtslos dünkenden Vernunft. Heute hingegen wird mit dem historischen Bewußtsein zugleich die Angst vor der Einsicht verdrängt, daß sich in solchen Erscheinungen eine geschichtliche Alternative anmelden könne: daß der bürgerliche Rechtsstaat entweder den liberalen zu einem sozialen Rechtsstaat entfaltet und Demokratie als eine soziale verwirklicht – oder am Ende wiederum in die Formen eines autoritären Regimes zurückfällt. Politische Beteiligung jedenfalls gewinnt erst Funktion, wo Demokratie derart als geschichtlicher Prozeß begriffen wird.

2. Entwicklung des liberalen Rechtsstaates zum Träger kollektiver »Daseinsvorsorge«

Bekanntlich findet die bürgerliche Gesellschaft, der es gelungen ist, die kapitalistische Produktionsweise gegen die Kleinwarenproduktion der städtischen Handwerker und eine feudal gebundene Landwirtschaft in großem Maßstab durchzusetzen, in dem Staat ihre angemessene politische Gestalt, der ihr selber weitgehend unpolitisch zu bleiben erlaubt. Lassalle hat dem mit dem Wort vom Nachtwächterstaat die berühmte Formel gegeben. Er hat zugleich in dem Vortrag »Über Verfassungswesen« darauf bestanden, die »pouvoirs« der Verfassungstexte als Ausdruck gesellschaftlicher Kräfte zu begreifen. So stand hinter der Exekutive die ungebrochene Staatsapparatur des überkommenen monarchischen Regimes und hinter der Legislative der revolutionäre Dritte Stand, der sich als Nation etablieren und seine Sphäre, die bürgerliche Gesellschaft, dem Staat gegenüber konstituieren will.[11] Wie die liberalen Verfassungen auf die Interessenlage eines kapitalistisch produzierenden Bürgertums bezogen waren, ist bekannt. Rechtssicherheit, nämlich die Bindung der Staatsfunktionen an generelle Normen, schützt die im System des bürgerlichen Privatrechts kodifizierten Freiheiten. Die Herrschaft des Gesetzes, wie es heißt, garantiert mit der Privatautonomie, mit Vertrags- und Gewerbe-, Eigentums-

11 Auch Montesquieu hat den Geist der Gesetze nicht eigentlich von der Gesellschaft, für die er sie entwarf, getrennt. (Vgl. Martin Draht, »Die Gewaltenteilung im heutigen deutschen Staatsrecht«, in: *Faktoren der Machtbildung,* hrsg. von K. D. Bracher et al., Bd. 2 der Schriften des Instituts für politische Wissenschaften, Berlin 1952.) Das Schema der Gewaltentrennung im berühmten 6. Kapitel des 11. Buches (deutsche Ausgabe: *Vom Geist der Gesetze,* hrsg. von Ernst Forsthoff, Tübingen 1951, 2 Bde.), das für die ersten bürgerlichen Verfassungen (die amerikanische, die französische, die belgische) so folgenreich wurde, ist nicht so sehr eine staatsrechtliche Konstruktion, die sich durch logische Stimmigkeit und technische Brauchbarkeit ausweist. Vielmehr liegt ihm eine Interpretation der gesellschaftlichen Lage zugrunde: die Exekutive bleibt dem Monarchen vorbehalten; an der Legislative werden in erster Linie das ökonomisch siegreiche Bürgertum, aber auch, im Rahmen einer zweiten Kammer, der in seinen Privilegien nicht ganz gebrochene Adel, aus dem überdies Montesquieu selber stammt, beteiligt. Nur die dritte Gewalt, das *»pouvoir neutre«,* wird keinem schichtspezifischen Träger zugewiesen. Es entspricht ihrer Aufgabe, in Unabhängigkeit von allen Gruppeninteressen die Gesetze bloß anzuwenden, wenn Montesquieu sie als »gleichsam nichts« (*quelque part nulle*) bestimmt und ihr die gesamte Gesellschaft als Rekrutierungsbasis offenhält. Wie sehr der Konstitutionalismus des 19. Jahrhunderts die Kampfsituation des aufsteigenden, aber politisch noch keineswegs überlegenen Bürgertums festhält, wie sehr er noch als eine Art Klassenkompromiß interpretiert werden muß, zeigt die belgische Verfassung von 1831, in der die Lehren Montesquieus für das kontinentale Europa exemplarisch verwirklicht wurden: in ihr findet das ökonomisch herrschende, politisch aber nur halb verantwortliche, immer noch auf die feudalen Mächte verwiesene Bürgertum seine staatliche Lebensform. Über die Gesetzgebung, deren Wirksamkeit durch eine unabhängige Justiz garantiert ist, versucht der Dritte Stand die Gesellschaft nach seinen Bedürfnissen zu formieren: Rechtssicherheit durch Berechenbarkeit, aber nicht etwa soziale Gerechtigkeit. Der Ideologie nach ist diese ja durch den Mechanismus des freien Marktes per se garantiert.

und Vererbungsfreiheit die Grundlagen einer Gesellschaft selbständiger Privateigentümer. Staatliche Eingriffe ohne gesetzliche Grundlage sind, ihrem soziologischen Sinn nach, nicht primär darum verwerflich, weil sie naturrechtlich statuierte Prinzipien der Gerechtigkeit verletzen, sondern einfach, weil sie unvorhersehbar wären und darum genau das Maß an Rationalität versagten, das, Max Weber zufolge, als Interesse der bürgerlichen Gesellschaft unabdingbar ist: Produktion und Distribution orientieren sich an der Kalkulation der Profitchancen; eine solche Kalkulation setzt aber einen Verkehr voraus, der sich gemäß berechenbaren Erwartungen abspielt.[12]

Im demokratischen Staat versuchte das Bürgertum, gegenüber den bestehenden staatlichen Einrichtungen des landesherrlichen Regiments eigene Einrichtungen durchzusetzen. Man kämpfte nicht für den Rechtsstaat als solchen, denn auch der Monarch kann als Gesetzgeber fungieren, wo er bereit ist, seine Befehle an generelle Normen zu binden; man kämpfte für die Kompetenzen des Parlaments, in dem der Dritte Stand als Nation repräsentierte. »Im politischen Kampf gegen eine starke königliche Regierung mußte die Mitwirkung der Volksvertretung als maßgebendes Kennzeichen des Gesetzes immer stärker betont und zuletzt ausschlaggebend werden. Wenn zum Gesetz politisch vor allem die Mitwirkung der Volksvertretung gehört, so erklärt sich die ... Umkehrung: Was unter Mitwirkung der Volksvertretung zustandekommt, ist ein Gesetz. Herrschaft des Gesetzes heißt dann Mitwirkung oder schließlich Herrschaft der Volksvertretung.«[13] Die Trennung der Legislative von der Exekutive gab dem Bürgertum das Recht, die Gesetze, auf Grund deren der Landesherr künftig nur noch in die Eigentumsordnung und den Freiheitsstatus der Bürger eingreifen durfte, auch selber zu machen. Die Trennung der Judikatur von der Exekutive macht schließlich den Richter von dienstlichen Befehlen unabhängig und garantiert, woran der bürgerlichen Gesellschaft alles gelegen ist: die Wirksamkeit und Unver-

12 Vgl. Max Weber, *Wirtschaft und Gesellschaft,* 2 Bde., 4. Aufl., Tübingen 1956, Bd. 2, S. 487 ff.

13 Carl Schmitt, *Verfassungslehre,* Berlin 1928, S. 148.

brüchlichkeit eines Systems von generellen, nach ihrem Willen gesetzten Rechtsnormen.

Die liberale Verfassung ist durchsichtig auf die Interessenlage des Bürgertums bezogen. Der Idee der Demokratie wird sie gleichzeitig nur dann gerecht, wenn sie die materielle Existenz aller Bürger so weit voraussetzt, daß diese von ihren verbrieften Freiheiten tatsächlich und gleichermaßen Gebrauch machen können.[14] Eine Verfassung wie die liberale, deren politische Rechte ökonomisch realisiert werden müssen, hat in der Tat eine Gesellschaft von unabhängigen Bürgern mit gleichmäßig gestreutem Privateigentum zur Voraussetzung; ihnen allen muß die gleiche Chance gegeben sein, vermittels des Marktes ihr Leben zu reproduzieren; wobei der Markt unter den Bedingungen vollständiger Konkurrenz die Funktion rationaler Regulierung auch erfüllen muß, die man ihm zuschreibt.

Eine solche Gesellschaft hat es natürlich niemals gegeben.[15] Die liberale Demokratie entwickelte sich in einer durchaus hierarchisch gegliederten Gesellschaft. Die politische Willensbildung blieb faktisch einer Oberschicht vorbehalten. Die reale Basis des liberalen Staates war niemals eine Ordnung konkurrierender Bürger mit gleichen Chancen, sondern eine stabile, wenn nicht durch feudale Privilegien, so doch durch Besitz und Bildung gesicherte soziale Rangordnung. Gleichwohl mußte sich der Dritte Stand in seiner revolutionären Ausgangslage, mit seinem Drängen auf eine liberal-rechtsstaatliche Verfassung der bürgerlichen Gesellschaft, nicht nur zum Repräsen-

14 Hans Rebhahn, »Zum Problem der sozialen Demokratie«, in: *Gewerkschaftliche Monatshefte,* Jg. VI, 1955, Heft 4, S. 230 ff.

15 »Die Idee des freien Spiels der selbstverantwortlichen Kräfte, des harmonischen Interessenausgleichs durch den freien Markt, sowie der gewaltlosen Konstituierung des Gesellschaftsganzen durch die sich von selbst einstellende Marktordnung, diese Ideen sind, soweit sie sich auf die Organisation von Staat und Gesellschaft beziehen, in Wahrheit die großartigen Verhüllungen eines geradezu konträren Zustandes, rechtfertigende Ideologien, die zwar nicht den bewußten Zweck, wohl aber die Funktion haben, der bürgerlichen Gesellschaft ein gutes Gewissen zu verschaffen. Denn die wirkliche bürgerliche Gesellschaft kennt keinen freien Tauschmarkt, keine freie Konkurrenz, keine freie Selbstverantwortung und Selbstbestimmung, sie kennt vor allem keine herrschaftslose Formung des Gesellschaftsganzen durch das freie und gleiche Spiel der Kräfte.« (Heller, a.a.O., S. 112.)

tanten der Nation, sondern zur Nation selber erklären: er versteht sich nicht mehr als Stand gegenüber anderen Ständen, sondern als die Gesellschaft, die prinzipiell niemanden ausschließt, die jedem, der die Reproduktion seines Lebens den Gesetzen des Marktes unterwirft, offensteht.[16] Darum ist das Bürgertum die erste Klasse, die einen klaren Begriff des politisch-sozialen Allgemeininteresses ausbildet, und mit diesem das eigene identifiziert. Der liberale Rechtsstaat setzt die Identifikation des Bürgertums mit dem Volk voraus. Der Widerspruch: die Idee der Demokratie zu proklamieren, in gewisser Weise auch zu institutionalisieren; und doch eine Minoritätendemokratie auf der Basis einer sozialen Hierarchie faktisch zu betreiben – ist dem liberalen Rechtsstaat eigentümlich. Er charakterisiert auch die demokratische Teilnahme der Staatsbürger am politischen Leben. Diese funktioniert in den klassischen Formen des repräsentativen Parlamentarismus; d. h. sie funktioniert, Max Webers Nachweis zufolge, auf Honoratiorenbasis, de iure zum Teil[17], de facto ganz unter Ausschluß der Masse jener Bürger, mit der sich die bürgerliche Gesellschaft doch identifiziert. Obwohl sich im Verlaufe des neunzehnten Jahrhunderts mit der Entfaltung des Klassengegensatzes die Basis des liberalen Rechtsstaates veränderte, blieb er zunächst, was seine Norm versprach: ein von der Gesellschaft getrennter Staat. Das gilt tendenziell bis zum Ersten Weltkrieg, auch wenn der Staat seit den Wirtschaftskrisen der siebziger und achtziger Jahre und der Abwendung vom Freihandelssystem hier und da, etwa durch Regie der Eisenbahnen und einzelner Industrien, oder durch die Sozialversicherung in den ökonomisch-sozialen Prozeß eingriff. Im großen und ganzen galt jedoch die als

16 »Der ganze Begriff der Gesellschaft im sozialen und politischen Sinne findet seine natürliche Grundlage in den Sitten und Anschauungen des dritten Standes. Er ist eigentlich kein Volksbegriff, sondern immerhin nur ein Drittenstandsbegriff.« (J. C. Bluntschli, *Deutsches Staats-Wörterbuch,* Stuttgart 1859, Bd. 4, S. 247.)

17 In England ermöglichte bekanntlich erst die Wahlreform von 1832 dem wohlhabenden Bürgertum eine angemessene Repräsentation im Parlament; in Frankreich garantierte für die Nationalversammlung Ähnliches der erst mit der Julimonarchie 1830 erweiterte Zensus. – Im übrigen vgl. Max Weber, »Parteiwesen und Parteiorganisation«, in: *Staatssoziologie,* Berlin 1956, S. 50 ff.

Eigentumsordnung begründete bürgerliche Gesellschaft dem Staat und damit der Verwaltung als vorgegeben. Erst im Ersten Weltkrieg werden umfassende Eingriffe des Staates in das System der Güterherstellung und -verteilung notwendig. Seitdem wächst die Interdependenz dieser bislang getrennten Sphären. Der Staat entwickelt sich zum Sozialstaat, die Verwaltung wird, in Forsthoffs Worten, vom Ordnungsgaranten zum Leistungsträger. Die Reproduktion der Gesellschaft ist in diesem Stadium nicht mehr durch bloß rechtliche Garantien sicherzustellen, sie bedarf der Balancierung durch staatlichen Eingriff. Der Gesetzgebung und Verwaltung fallen weite Bereiche kollektiver »Daseinsvorsorge« zu; sie übernehmen Funktionen, die bis dahin in privater Hand lagen[18]; sie könnten auf dem gegenwärtigen Stand der Entwicklung, der Kapitalkonzentration und der oligopolistischen Organisation der wichtigsten Märkte, nur bei Strafe des Untergangs dem »freien Spiel der Kräfte« überlassen werden.

Gegenüber den traditionellen Ordnungsfunktionen, die der liberale Staat im Innern durch Polizei und Justiz und durch eine sehr behutsam gehandhabte Steuerpolitik; nach außen, gestützt auf die Streitkräfte, durch seine Außenpolitik wahrnahm, erfüllen die neuen interventionistischen Maßnahmen Gestaltungsfunktionen[19]: erstens die Aufgabe des Schutzes, der Entschädigung und des Ausgleichs für ökonomisch schwächere Gruppen (Arbeitnehmer, Mieter, Kunden usw.); ferner die Aufgabe, in gewissem Umfang gesellschaftliche Strukturwandlungen, sei es zu vermeiden oder abzumildern (Mittelstandspolitik), sei es planmäßig herbeizuführen (etwa durch sozialpolitische Eingriffe mit dem Ziel einer nicht nur graduellen Umverteilung des Einkommens); sodann die Aufgabe, den gesamtwirtschaftlichen Kreislauf (sei es mit den system-

18 Ulrich Scheuner, »Die staatliche Intervention im Bereich der Wirtschaft«, in: *Veröffentlichungen der Vereinigung der Deutschen Staatsrechtslehrer,* Heft 11, Berlin 1954, S. 1 ff.

19 W. Friedmann (*Law and Social Change,* London 1951, S. 298) unterscheidet fünf solcher Funktionen: »*They result from the activities of the State: Firstly, as Protector; secondly, as Dispenser of Social Services; thirdly, as Industrial Manager; fourthly, as Economic Controller; fifthly, as Arbitrator.*«

konformen Mitteln der klassischen Konjunkturpolitik; sei es mit systemvariierenden Eingriffen, etwa in die Investitionsentscheidungen) im Gleichgewicht zu halten; und endlich auch die Aufgabe, öffentliche Dienstleistungen zu gewähren (für Erziehung; Gesundheit; Verkehr usw.). In Ausübung dieser Funktionen greift der Sozialstaat entweder durch Gesetze und Maßnahmen tief in das System der Güterherstellung und -verteilung ein; oder er betätigt sich selbst als Hersteller und Verteiler. Dieser Vorgang ist zudem deutlich am Schicksal des klassischen Privatrechtssystems abzulesen, das sich zusammen mit der von ihm als Sphäre der Privatautonomie geschützten bürgerlichen Gesellschaft, als einer vom Staat getrennten, auflöst.[20]

Eine Sphäre ist entstanden, deren rechtliche Normierung den Privatrechtscharakter verloren hat, ohne sich den öffentlichrechtlichen Kategorien reibungslos zu fügen. Gegenüber dem Schlagwort von der Publizierung des Privatrechts hat man mit Recht die Ambivalenz dieses Vorgangs betont, der ebenso Momente einer Privatisierung des öffentlichen Rechts enthält.[21] Die neuen Entwicklungen, vorab im Arbeitsvertrags-, Betriebsverfassungs-, Miet-, Wohnsiedlungs- und Familienrecht – allemal Formen eines entstehenden Sozialrechts – zeigen, in welchem Maße die bürgerliche Gesellschaft heute staatlicher Eingriffe bedarf; diese verändern die Grundlagen nicht nur des Privatrechts, sondern der durch die bürgerlichen Freiheiten des Vertrags, des Eigentums und der Vererbung gesicherten Ordnung selber: die Privatautonomie, einst auf die Verfügung über fungierendes Eigentum gegründet, und darum »originär«, wird zur derivierten[22]; die Rechtswirkung fakti-

20 Vgl. Franz Wieacker, *Privatrechtsgeschichte der Neuzeit,* Göttingen 1952; ders., *Das Sozialmodell der klassischen Privatrechtsgesetzbücher und die Entwicklung der modernen Gesellschaft,* Schriftenreihe der Juristischen Studiengesellschaft Karlsruhe, Heft 3, 1953.

21 Vgl. Hans Huber, *Recht, Staat und Gesellschaft,* Bern 1954, S. 34: »Die Erscheinungen im Grenzgebiet von öffentlichem Recht und Privatrecht entpuppen sich meist nicht als bloße Grenzverlegung, sondern als komplizierte Typenvermengung. Elemente des öffentlichen Rechts und Elemente des Privatrechts werden miteinander bis zur Unkenntlichkeit und Unentwirrbarkeit verzahnt.«

22 Diesen Vorgang analysiert Friedmann (a.a.O., S. 34-72) unter dem Titel der

scher Vertragsverhältnisse gleicht sich der der klassischen Rechtsverhältnisse an; es ist bereits notwendig, die Rechtswirkung sozialer Tatbestände zu objektivieren, auch wenn sie nicht mehr ausdrücklich auf der Willenserklärung der als autonom gedachten Vertragspartner beruht.[23] Trotz dieser weitreichenden Veränderungen durch staatlichen Interventionismus hat jedoch die Gesellschaft weiterhin die private Verfügung über Produktionsmittel zur Grundlage; der Wirtschaftsprozeß regelt sich daher im Prinzip noch gemäß den klassischen Institutionen des Privatrechts; dem entspricht die Aufrechterhaltung der liberal-rechtsstaatlichen Normen. Die Staatsform, die wesentlich die Trennung von Staat und Gesellschaft voraussetzt, wird, obschon diese nicht länger in der alten Weise besteht, auch jetzt noch beibehalten. Obschon nicht mehr dem Staate nach liberalem Modell als unabhängiges Eigenwesen gegenüberstehend, wird die Gesellschaft gleichwohl nicht zu einer politischen im eigentlichen Sinn.

Diese Ambivalenz prägt die Verfassungswirklichkeit. Wir beobachten sie zunächst am Auseinandertreten der juristischen und der faktischen Befugnisse des Parlaments, jener Institution also, in der der liberale Rechtsstaat sein Schwergewicht hatte. Auch jetzt noch ausgestattet mit dem Gesetzgebungsmonopol, tritt es doch tendenziell zurück hinter der Verwaltung auf der einen und den Parteien auf der anderen Seite: Hier fallen, im Zusammenwirken mit den Interessenverbänden, faktisch die politisch folgenreichen Entscheidungen. In der Verlagerung des Schwergewichts vom Parlament weg auf Verwaltung und Parteien meldet sich die Verflechtung von Staat und Gesellschaft an; denn genau diese beiden Instanzen fungieren als die Transformatoren vom Staat zur Gesellschaft (Verwaltung) und umgekehrt von der Gesellschaft zum Staat (Parteien und Verbände). Wie wenig freilich die Verflechtung zu einer Vermitt-

»*Changing Functions of Contract*«. Die liberale Tendenz »*from status to contract*« hat sich umgekehrt und führt nun auf vielen Gebieten zu einer Einschränkung der Vertragsfreiheit durch Statusgarantien.

23 Vgl. dazu Spiro Simitis, *Die faktischen Vertragsverhältnisse,* Stuttgart 1958.

lung wird, die Gesellschaft vielmehr, bei aller Disposition zu einer politischen, unpolitisch bleibt, und wie sehr dazu eben die beibehaltenen Formen des liberalen Rechtsstaates dienen, zeigt sich am privaten Charakter dieses der öffentlichen Kontrolle ganz enthobenen Vorfeldes, in dem Verbände und Parteien agieren – seine verfassungspolitische Bedeutung hat ihm den eigenen Namen des »vorparlamentarischen Raumes« eingetragen. Die komplementäre Erscheinung zu den wachsenden staatlichen Eingriffen in die Eigentumsordnung, in die Sphäre der Gesellschaft überhaupt, besteht ja darin, daß Entscheidungen, die hier nichtöffentlich, von privaten Gruppen gefällt werden, heute unmittelbar auch die politische Sphäre weit mehr bestimmen müssen als zuvor. Die liberale Rechtsnorm, die, einst die Grundlage bürgerlicher Existenz, das Gewerbe vorm Zugriff des Landesfürsten und seiner Verwaltung schützte, ist in der gegenwärtigen Phase hochgradiger Interdependenz aller gesellschaftlichen Sektoren nicht nur durchlässig geworden für sozialstaatliche Interventionen; unter ihrem Schutz gelingt auch umgekehrt die Einflußnahme organisierter Privatinteressen auf die Staatsorgane. Gesellschaftliche Macht ist heute eo ipso politische. Die Formen des liberalen Rechtsstaates geraten mit gesellschaftlichen Bedingungen in Konflikt, die ihm nicht entsprechen; sind somit Ausdruck und zugleich Befestigung einer Lage, die einerseits die Voraussetzungen einer Staat und Gesellschaft, citoyen und homme versöhnenden politischen Gesellschaft verwirklicht hat, andererseits die Verwirklichung dieser Gesellschaft selber nicht zuläßt, insofern privat, ohne wirksame öffentliche Kontrolle, über gesellschaftliche Macht einer politisch relevanten Größenordnung verfügt wird. Es werden unpolitische Bürger in an sich politischer Gesellschaft hervorgebracht. Diese Neutralisierung der Staatsbürger geht zusammen mit jener neuen Selbständigkeit, die Verwaltung, Verbände und Parteien gegenüber dem Volk und seiner parlamentarischen Vertretung gewonnen haben.

Die Verwaltung des Sozialstaates kann nicht mehr als bloßer Gesetzesvollzug begriffen werden. Freilich besaß die Verwaltung schon im absolutistischen Regime größere Selbständigkeit als die Justiz. Während der Richter nach dem Gesetz judiziert, entnimmt der Verwaltungsbeamte die Maximen seiner Tätigkeit jenem nur zum einen Teil, zum anderen der eigenen Erfahrung und Einsicht. Die ans Gesetz unmittelbar gebundene Gerechtigkeit weicht den Maßstäben der *iustitia distributiva* und *commutativa.*[24] Heute kommt ein weiteres Moment hinzu, das die Selbständigkeit der Verwaltung leicht die Grenze der Verselbständigung überschreiten läßt: sie hat Aufgaben übernehmen müssen, die nicht mehr nur die Rechte einzelner betreffen; und nur solche Eingriffe in Freiheit und Eigentum bedürfen im bürgerlichen Staat strenger Rechtssatzgebundenheit. Wo die Verwaltung beispielsweise Verkehrsunternehmen, Versorgungsbetriebe, Krankenanstalten in eigener Regie führt, folgt sie im allgemeinen nicht einem rechtssatzmäßigen Gebot, sondern eigener Initiative. Sie ist auf den weiten Spielraum des »gestaltenden Ermessens« angewiesen, in dem sie selber zum Hersteller, Händler und Verteiler wird. Dadurch verstärkt die moderne Verwaltung ihre eigentümliche Gewalt. Zunächst gegenüber dem Gesetzgeber: das Parlament versucht vergeblich als ein Sachverständigengremium mit den sachverständigen Beamten zu konkurrieren; es muß sich sogar »ausschußeigene« Fachleute von der Ministerialbürokratie beigeben lassen. Dann aber auch gegenüber der politischen Spitze der Verwaltung, der Regierung: das Verwaltungshandeln entzieht sich zunehmend der allgemeinen politischen Programmatik; unterm Mantel sachrationaler Anpassung an die wechselnden Situationen ersetzt es Regierung durch Verwaltung, so daß von Konservativen geradezu über eine »Verdünnung des herrscherlichen Elements« geklagt wird.[25] Vor allem aber verselbständigt sich die Verwaltung gegenüber dem Staatsbürger, gerade weil er ihr

24 Vgl. Ernst Forsthoff, *Lehrbuch des Verwaltungsrechts*, München 1955, Bd. I, S. 65.

25 Zumal sich die klassische Form der Ministerialverfassung, eben das Kabinettsystem, das vor 150 Jahren einen so großen Fortschritt bedeutete, heute gegenüber neuen Aufgaben des Sozialstaates als fast unbrauchbar erweist. Daher seine behelfsmäßige Erweiterung durch Gutachterausschüsse, politische, ökonomische, juristische, auch technische Beiräte, das Heer von ghost writers, braintrusts usf.

in fast allen Lebensbereichen täglich untersteht. Forsthoff bestimmt dieses neue Verhältnis als eine Art Dauerkontakt des Bürgers mit dem Staat. Er berührt sich mit diesem nicht mehr nur hin und wieder in Einzelakten, bei Gelegenheit einer Polizeiverfügung oder einer einmaligen Erlaubniserteilung. Darum tritt die dem liberalen Rechtsstaat eigentümliche Technik der Freiheitsverbürgung und Rechtskontrolle, die die Autonomie des einzelnen gegenüber der Verwaltung unterstellt, weithin außer Kraft: »Für den einzelnen kommt es vielfach nicht mehr entscheidend darauf an, im einzelnen Falle, in dem ihm Unrecht geschieht, sein Recht zu erstreiten, sondern diesen Dauerzustand so reibungslos und vorteilhaft wie möglich zu gestalten ... man arrangiert sich nach den Regeln des *do ut des* ...«[26]

Diesem Apparat gegenüber kann der Staatsbürger auch auf dem Wege der Selbstverwaltung nichts mehr ausrichten. Soweit sie juristisch möglich ist, wird sie faktisch durch die finanzielle Abhängigkeit der Gemeinden – und der übrigen Selbstverwaltungskörperschaften – vom Staat, auch durch die unvermeidliche Ausdehnung übergeordneter Planungen in hohem Maße eingeschränkt. Ohnehin scheint die bürgerliche Idee der Selbstverwaltung gegenüber der sozialstaatlichen Verwaltung auf der alten Basis nicht mehr durchgesetzt werden zu können. Dafür mag es bezeichnend sein, daß die letzte umfassende demokratische Selbstverwaltungsreform, nämlich die des Schöpfers der Weimarer Verfassung, Hugo Preuss, in dem Augenblick scheiterte, als die Sozialdemokratie ihrerseits die Pläne Wissells und Möllendorffs für eine Ablösung der Kriegsbürokratie durch eine wirtschaftliche Selbstverwaltung aufgeben mußte.[27]

26 Forsthoff, a.a.O., S. 67.

27 Heinrich Heffter, *Die deutsche Selbstverwaltung im 19. Jahrhundert / Geschichte der Ideen und Institutionen*, Stuttgart 1950, S. 775: »Diese Idee zielte auf eine vom Staat geregelte und beaufsichtigte aber im wesentlichen von den Berufsverbänden der Unternehmer getragene Planwirtschaft; sie wollte die Kriegsbürokratie ablösen durch eine ›wirtschaftliche Selbstverwaltung‹, die durch die Mitwirkung von Vertretern der Arbeiterschaft und der Verbraucher den sozialen Charakter einer ›Wirtschaftsdemokratie‹ erhalten sollte – Möllendorff knüpfte dabei seinen Selbstverwaltungsgedanken an den Geist der Steinschen Städteordnung an. Eine solche umfassende Neuordnung wäre allerdings

Gegenüber dem Verwaltungsstaat muß sich der Bürger auf andere Weise behaupten. Das geschieht auf dem Wege über die sogenannten »Verbände«. Das klassische Petitionsrecht, das im siebzehnten Jahrhundert entstand, um den Untertanen gegenüber dem absoluten Landesherrn, wenn schon keinen Schutz, so doch die Chance zu gewähren, gehört zu werden, ist heute noch rechtliche Grundlage der Einflußnahme von Interessengruppen auf Gesetzgebung und Verwaltung. Sie selber gehören rechtlich in die Sphäre, die dem Staatsbürger nach liberalrechtsstaatlichem Modell als Privatmann vorbehalten bleibt. Ihrer faktischen Funktion nach sind sie öffentliche Verbände, juristisch meistens Personen des privaten Rechts. Andere Organisationen verfügen nicht einmal über den Charakter rechtsfähiger Vereine und nehmen gleichwohl teil an der Besetzung öffentlicher, gesetzlich verankerter Positionen.[28] Die Gewerkschaften stehen dafür als das bekannteste Beispiel. Auch kaschieren die privatrechtlichen Beziehungen der Verbände untereinander, etwa beim Abschluß eines Gesamtarbeitsvertrages, bloß ihren faktisch öffentlichen Charakter: »Die Funktion der Verbände beim Abschluß eines Gesamtarbeitsvertrages gleicht weniger der Ausübung von Privatautonomie als der

weit über die genossenschaftlichen Gebilde der älteren Wirtschafts- und Sozialpolitik, über die Kammern oder die Selbstverwaltung der Arbeiterversicherung, hinausgegangen. Doch verwirklicht wurden von dem Gesamtplan nur einige Teilinstitutionen, so der Reichskohlenrat (als Zentralorgan der einzelnen Syndikate der Kohlenbergwerksbesitzer) und der Reichskalirat von 1919; ein oberster Reichswirtschaftsrat, aus Unternehmern und Arbeitern gebildet, wurde in der Weimarer Verfassung vorgesehen, aber lediglich zur Begutachtung von Gesetzentwürfen, und er wurde überhaupt nur in einer vorläufigen Gestalt berufen, während die ebenfalls vorgesehenen Bezirkwirtschaftsräte gar nicht ins Leben traten. Am Grundzug der kapitalistischen Wirtschaft änderten auch die volle Anerkennung der Gewerkschaften als der berechtigten Vertreter der Arbeiterinteressen und das Betriebsrätegesetz vom 4. Februar 1920 nichts. Mit den Betriebsräten – bereits der ›Neue Kurs‹ von 1890 hatte ähnliche ›Arbeiterausschüsse‹ einrichten wollen – wurde in den einzelnen Betrieben ein Organ der Arbeiter und Angestellten geschaffen, im Sinne der ›konstitutionellen Fabrik‹, die den Absolutismus des Unternehmers einschränken sollte; damit wurde dem Betriebsrat jedoch nur ein Kontroll- und Einspruchsrecht in Personal- und Organisationsfragen des Betriebs gewährt, nicht etwa ein wirklich sozialistisches Mitbestimmungsrecht bei der wirtschaftlichen Leitung des Unternehmens.«

28 Vgl. Rüdiger Altmann, »Zur Rechtsstellung der öffentlichen Verbände«, in: *Zeitschrift für Politik*, Jg. II (Neue Folge), 1955, Heft 3, S. 211 ff.

Rechtsetzung kraft Delegation; sie sind gesellschaftliche Gesetzgeber.«[29] Tatsächlich verfügen die Verbände nicht trotz, sondern wegen ihres privaten Charakters über weitreichende politische Macht. Kirchen, Gewerkschaften, wirtschaftliche Interessengruppen überhaupt üben nicht nur direkten Einfluß auf die öffentliche Meinung aus; unter ihrer Patronage stehen Presse und Rundfunk, stehen ganze Verwaltungszweige; sie sind in Verwaltungsräten, Ausschüssen, Beiräten und Gutachtergremien vertreten, vom Druck auf die Personalpolitik aller Ebenen ganz zu schweigen. Ja der Staat tritt den Verbänden Funktionen ab. Die Gewerkschaften beispielsweise werden seit den zwanziger Jahren in der Sozialversicherung, in der Berufsschulverwaltung, sogar in der Rechtsprechung (Arbeitsrecht) herangezogen; eine Tendenz, die sich nach 1945 durch das Mitbestimmungs- und Betriebsverfassungsrecht, auch durch die Reorganisation der Selbstverwaltung in der Sozialversicherung, fortgesetzt hat. Werner Weber stellt fest, daß weite Bereiche der unmittelbaren und mittelbaren Staatsverwaltung dem Staat genommen und zu »Bestandteilen eines nebenstaatlichen Ständeverwaltungssystems« gemacht werden.[30]

Der Aufstieg der Verbände zu einem demokratisch nicht legitimierten, aber handgreiflichen Machtbesitz erklärt sich wiederum aus der Ambivalenz der sozialstaatlichen Funktionen des modernen Staates einerseits, seiner liberalen, die privatkapitalistische Grundlage sichernden Verfassung andererseits. »Wenn der einzelne in seiner Lebensgestaltung nicht mehr auf sich steht, sondern darauf verwiesen ist, seine Existenz durch Eingliederung in ein Gruppenkollektiv zu sichern, und wenn die Menschen in ihrer Gruppenexistenz als Bergarbeiter, Metallarbeiter, Einzelhändler, Güterkraftverkehrsunternehmer, Landwirte, Industrielle, Versorgungsberechtigte usf.

29 Vgl. Huber, a.a.O., S. 37 f.

30 Vgl. Werner Weber, *Spannungen und Kräfte im westdeutschen Verfassungssystem,* Stuttgart 1951, S. 53 (»Der Einbruch politischer Stände in die Demokratie«, S. 39 ff.); vgl. auch ders., »Zur Rechtslage des Rundfunks«, in: *Der Rundfunk im politischen und geistigen Raum des Volkes,* Hamburg o. J., S. 63 ff.

zugleich von den Manipulationen des Staatsmechanismus abhängig sind, dann verlangen sie notwendig von der Führungsschicht ihrer Gruppe, daß sie auf jene Manipulationen des Staatsmechanismus in ihrem Sinne Einfluß nimmt.«[31] Die Verbände sind Erinnerung daran, daß im liberalen Rechtsstaat, auch wo er sozialstaatliche Funktionen übernommen hat, unverändert alle Interessen, die der Besitzenden und die der Nichtbesitzenden, partikulare und private sind. Nur bedürfen sie heute der Übersetzung ins Politische, ohne daß sie offiziell politischen Charakter annehmen können; während sie vordem des Staates nur als eines Garanten der freien Konkurrenz, des automatischen Marktmechanismus bedurften.

Das System der Verbände verleiht seinen politischen Exponenten, den Parteien, eine besondere Stellung. Solange hier, im vorparlamentarischen Raum, die Klassengegensätze und die divergierenden Interessen der sozialen Gruppen aufgefangen, kanalisiert und in gewisser Weise institutionalisiert werden, bleiben die politischen Parteien von unmittelbaren sozialen Konflikten zwar nicht entlastet, aber doch so weit entfernt, daß sie die Interessen stets mehrerer solcher Organisationen zugleich repräsentieren können und müssen. Im allgemeinen sind sie heute weder Klassenpartei im Sinne der alten Sozialdemokratie, noch selber Interessenverband im Sinne einer Notstandspartei nach Art des BHE.

Die Stellung der Parteien in der liberal-rechtsstaatlich verfaßten Massendemokratie der fortgeschrittenen westlichen Länder ist überragend. Das Bonner Grundgesetz hat dem Rechnung getragen und die Parteien als Mitwirkende an der politischen Willensbildung des Volkes konstitutionalisiert. Sie sind weiter vor allen anderen, nicht normierten Verbänden dadurch bevorzugt, daß sie das Recht haben, einen Verfassungsstreit vor dem Bundesverfassungsgericht anhängig zu machen. Faktisch fungieren die Parteien schon als Staatsorgane[32], juristisch aber gel-

31 Werner Weber, *Das politische Kräftesystem in der wohlfahrtsstaatlichen Massendemokratie,* Schriftenreihe des Deutschen Industrie- und Handelstags, Heft 39, 1956, S. 43.

32 Christian Friedrich Menger, »Zur verfassungsrechtlichen Stellung der deut-

ten sie immer noch als Personen des privaten Rechts. Die Befugnisse der Parteien sind in der Tat so weitreichend, daß einige Staatsrechtler geradezu vom Parteienstaat sprechen; die Demokratie, so begründen sie es, sei insgesamt auf den Parteien als den eigentlichen Handlungseinheiten aufgebaut. Gerhard Leibholz interpretiert bekanntlich den Parteienstaat als eine rationalisierte Form der plebiszitären Demokratie, als ein Surrogat der unmittelbaren Demokratie im modernen Flächenstaat.[33] Das Parlament wird dadurch zu einer Stätte, an der sich weisungsgebundene Parteibeauftragte treffen, um bereits getroffene Entscheidungen registrieren zu lassen. Ähnliches hat schon Carl Schmitt während der Weimarer Republik beobachtet.[34] Das Parlament wird zu einem Ausschuß von Fraktionen. Der einzelne Abgeordnete, zwar zur Mitwirkung an der Willensbildung seiner Partei berufen, entscheidet schließlich fraktionsgebunden.[35] Wie sehr die Parteien »unmittelbar« werden, der Vermittlung des Parlaments eigentlich nicht mehr bedürfen, zeigt sich übrigens an den kritischen Punkten, wo sich im Plenum, entgegen seinem faktischen Funktionsverlust, überraschend doch noch politisch Folgenreiches ereignet. Oft genug ist darauf hingewiesen worden, daß die Bundestagssitzungen selber, indem sie durch Rundfunk und Fernsehen übertragen werden, show-Charakter und damit genau die plebiszitäre Funktion annehmen, die ihnen im liberalen Rahmen einer repräsentativen Demokratie alten Stils fehlte.[36]

schen politischen Parteien«, in: *Archiv des öffentlichen Rechts,* Tübingen 1952/53, Bd. 78, Heft 2, S. 149 ff.

33 Vgl. Gerhard Leibholz, *Strukturprobleme der modernen Demokratie,* Karlsruhe 1958, S. 93 f.

34 Carl Schmitt, *Die geistesgeschichtliche Lage des heutigen Parlamentarismus,* München und Leipzig 1923.

35 Auf diesen Sachverhalt berufen sich denn auch die Parteien bei ihrem (rechtlich nicht begründeten) Anspruch auf Niederlegung des Mandats im Falle des Austritts eines Abgeordneten aus der Fraktion. Eschenburg berichtet vom Landesverband einer Partei, deren Abgeordnete beim Vorsitzenden Blanko-Rücktrittsgesuche hinterlegen mußten, um den nicht einklagbaren »recall« zu gewährleisten.

36 Vgl. Leibholz, a.a.O., S. 94: »Die Reden, die im Plenum gehalten werden, sind nicht mehr dazu da, andersdenkende Abgeordnete zu überzeugen, sondern wenden sich . . . direkt an die Aktivbürgerschaft, die durch die ›zum Fenster

Die Verselbständigung der Parteien gegenüber dem Parlament ist zugleich eine gegenüber den Wählern. Die modernen Massenparteien sind längst nicht mehr, wie noch zu Zeiten idyllischer Honoratiorenkreise, Instrumente, um den Volkswillen zu delegieren[37]; wenn schon Instrumente, dann sind sie zu solchen geworden, die den Volkswillen allererst formieren. Hennis[38] weist mit Recht darauf hin, daß die Parteien nicht etwa Sprachrohr sind, dessen sich das mündige Volk zu Zwecken der Über-

heraus‹ vorgetragenen Argumente beeindruckt und in ihren künftigen politischen Entschließungen beeinflußt werden soll. Radio und Fernsehen sind die technischen Mittel, mit deren Hilfe dieser Effekt noch in zunehmendem Maße gesichert wird. Die Öffentlichkeit, die einmal von den Vorgängen innerhalb des Parlaments gelebt und diesen wiederum ihrerseits hierdurch einen besonderen Glanz vermittelt hat, erhält so einen zusätzlichen, aber zugleich bestimmenden plebiszitären Charakter . . .« – Vgl. auch H. Haftendorn, *Das Problem von Parlament und Öffentlichkeit, dargestellt am Beispiel der Parlamentsberichterstattung,* Dissertation, Frankfurt am Main 1959.

37 Vgl. dazu Max Weber, »Parteiwesen und Parteiorganisation«, in: *Staatssoziologie,* a.a.O., S. 50 ff. Die politische Beteiligung der durch Bildung und Besitz ausgewiesenen Vollbürger vollzog sich einmal in den engen Grenzen kommunaler Selbstverwaltung; zum anderen in der parlamentarischen und vorparlamentarischen Arbeit, entweder durch Repräsentation selber oder durch die Delegation der Abgeordneten und einen steten Kontakt mit ihnen. Unter Führung der Geistlichen und Professoren, der Advokaten, Ärzte, Lehrer und Apotheker, der Fabrikanten und reichen Landwirte bildeten sich lokale politische Klubs, Wählervereinigungen, die untereinander lediglich durch die Abgeordneten zusammengehalten wurden. Die Zahl der hauptberuflichen Politiker war gering, ihre Funktionen zunächst untergeordnet. Politik ist ehrenamtlicher Nebenberuf. Dem gänzlich formlosen Betrieb, der nur in großen Städten durch eigentliche Vereine mit periodischen Zusammenkünften zum Zwecke des Rechenschaftsberichts der Abgeordneten zusammengefaßt war, ist die Presse als einziger kontinuierlicher Betrieb (außer den Sessionen des Parlaments) angeschlossen. Parlament und Presse sind die wesentlichen Institutionen der Öffentlichkeit. Weber spricht von der durch den Mechanismus der Honoratiorenauslese recht begrenzten Zahl der Wahlkreiskandidaten, ergänzt dann aber: »Die Zahl der indirekt an dem politischen Betrieb, vor allem materiell, Interessierten war aber sehr groß. Denn alle Maßregeln eines Ministeriums und vor allem alle Erledigungen von Personalfragen ergingen unter Mitwirkung der Frage nach ihrem Einfluß auf die Wahlchancen, und alle und jede Art von Wünschen suchte man durch Vermittlung des örtlichen Abgeordneten durchzusetzen, dem der Minister . . . wohl oder übel Gehör schenken mußte. Der einzelne Deputierte hatte die Amtspatronage und überhaupt jede Art von Patronage in allen Angelegenheiten seines Wahlkreises, und hielt seinerseits, um wiedergewählt zu werden, Verbindung mit den örtlichen Honoratioren.«

38 Wilhelm Hennis, *Meinungsforschung und repräsentative Demokratie,* Tübingen 1957, *Recht und Staat,* Heft 200/201, S. 49.

tragung seiner politischen Entscheidungen bediente. »Will man ein Bild, so wird man die Entscheidungen des Volkes eher als das Echo auf das von den Parteien Artikulierte verstehen müssen. Das Volk ist ihr *sounding-board.*«

All das hat seine lange Vorgeschichte. Die Sozialisierung bürgerlicher Gleichheitsrechte, die Zulassung breiter Schichten zu Parlamentswahlen hat die Formen politischer Beteiligung bereits im letzten Viertel des vorigen Jahrhunderts geändert, und mit ihnen das Gefüge der Parteien. Die Honoratiorenpartei wurde auf Massenbasis »umgestellt«; mit dem Ausbau eines mehr oder weniger betriebsförmig organisierten und zentral gelenkten Apparates von Berufspolitikern, von »Funktionären«, verloren die lokalen Komitees ihre Bedeutung. Diese Parteien standen vor der Aufgabe, mit Hilfe neuer Methoden die Masse der Staatsbürger (die nicht mehr eigentlich »Bürgerliche« im Sinne des sozialen Status waren) zum Zweck der Stimmabgabe zu »integrieren«; die Wählerversammlung mit dem Rechenschaftsbericht des lokalen Abgeordneten mußte systematischer Popaganda weichen. Jetzt erst entstand überhaupt so etwas wie »Propaganda«, von Anbeginn mit dem Doppelgesicht der Aufklärung und der Lenkung, der Information und der Reklame, der Pädagogik und der Manipulation.[39] Die Interdependenz politisch relevanter Ereignisse war gewachsen: Öffentlichkeit verlor mit ihrer kommunalen Basis ihren definierten Ort; sie verlor ihre klare Abgrenzung gegen die private Sphäre auf der einen, gegen »Weltöffentlichkeit« auf der anderen Seite; sie verlor ihre Durchsichtigkeit und Überschaubarkeit. Als Alternative zur Klassenpartei[40] entstand,

39 Dieter Hilger (»Die demokratischen Parteien und Parteiendemokratie«, in: *Hamburger Jahrbuch für Wirtschafts- und Gesellschaftspolitik,* Bd. I, Tübingen 1956, S. 176 ff.) macht an Hand der von Wilhelm Mommsen (*Deutsche Parteiprogramme, vom Vormärz bis zur Gegenwart,* München 1952) vorgelegten Texte auf den Wechsel der Formulierungen aufmerksam: die an kleine Bildungsschichten adressierten, mitunter weit ausholenden Erwägungen weichen immer mehr dem politischen Schlagwort.

40 Diesen Typus, für den die Sozialdemokratie der wilhelminischen Ära repräsentativ ist, lassen wir hier außer acht; er ist für das heutige Parteiensystem nicht mehr charakteristisch. Im übrigen vgl. zur Typologie der modernen Parteien Maurice Duverger, *Les partis politiques,* Paris 1954, und Sigmund Neumann

gleichzeitig mit ihr, jene meist nicht deutlich genug von ihr geschiedene Form einer »Integrationspartei«, der es eigentümlich ist, die Massen eben nicht wie jene auf der Basis eines Klassenbewußtseins zu aktivieren; ihre »Erfassung« beschränkt sich vielmehr darauf, die Wähler als Privatleute temporär zu Akten kollektiver Akklamation zu mobilisieren, ohne an deren politischer Unmündigkeit etwas Wesentliches zu ändern. »Jeder Aktivität entbehrt schließlich der einfache, nicht zur Organisation gehörige, von den Parteien umworbene Stimmgeber, von welchem persönlich nur bei den Wahlen, sonst nur durch öffentliche auf ihn gemünzte Reklame Notiz genommen wird.«[41] Heute ist diese Massenpartei der Oberflächenintegration, die damals entstand, vollends zum herrschenden Typ des Parteienstaates geworden. Die plebiszitär-demokratische Identität des Willens der jeweiligen Parteienmehrheit in Regierung und Parlament mit dem Willen des Volkes ist in Wahrheit eine fiktive Identifizierung; sie hängt wesentlich auch davon ab, wer über die Zwangs- und Erziehungsmittel verfügt, den Willen des Volkes manipulativ oder demonstrativ zu bilden. Die Parteien sind Instrumente der Willensbildung, aber nicht in der Hand des Volkes, sondern derer, die den Parteiapparat beherrschen.

Öffentlichkeit wird hergestellt. Es »gibt« sie nicht mehr.[42] Das bevorzugte Material der hergestellten Öffentlichkeit ist gerade das, was ihr dem eigenen Sinn nach widerspricht, die Privatsphäre. Sie wird immer noch behandelt, als wäre sie unbeobachtet, persönlich, gar autonom. Aber zugleich wird sie nicht nur in ausgewählten Repräsentanten den Massenmedien preisgegeben, sondern vielfach auch bereits nach deren Desideraten konstruiert. Demgegenüber wird die eigentlich öffentliche

(Hrsg.), *Modern Political Parties,* Chicago 1956, S. 395 ff. (»Toward a Comparative Study of Political Parties«). Einen internationalen Vergleich bietet auch Otto Kirchheimer, »Parteistruktur und Massendemokratie in Europa«, in: *Archiv des öffentlichen Rechts,* N. F. Band 40, S. 307 f.

41 Max Weber, *Staatssoziologie,* Berlin 1956, S. 68.

42 Rüdiger Altmann entwickelt daher als den Wesenszug der Öffentlichkeit unter den gegenwärtigen Umständen nicht so sehr Kommunikation als vielmehr die, von oben allererst zubereitete, gemachte Kommunikation – Kommunifikation, wie er es nennt. Rüdiger Altmann, *Das Problem der Öffentlichkeit und seine Bedeutung für die moderne Demokratie,* Dissertation, Marburg 1954.

Sphäre, die der großen Organisation des Staats und der Wirtschaft, scheinhaft privatisiert: allen so vorgeführt, als handle es sich dabei um Personen und persönliche Beziehungen, nicht um Institutionen und Interessen. Dadurch wird die politische Beteiligung der Staatsbürger vorweg tendenziell neutralisiert, eingefangen von der manipulierten öffentlichen Meinung, anstatt daß wahre öffentliche Meinung durch die Staatsbürger gebildet würde. Sie läßt sich, nach einem Ausdruck, der Diktatur und Krieg überlebt hat, »einsetzen«.

Die politische Stellung des durchschnittlichen Bürgers in dieser Gesellschaft wird bestimmt: einmal durch den Dauerkontakt mit einer ausgedehnten, in die vormals privaten Lebensbereiche so stetig wie nachhaltig eingreifenden Verwaltung – ihr steht er gleichsam zur Disposition; sodann durch den Einfluß, den er durch Interessenorganisationen auf die Verwaltung ausübt; von denen freilich muß er sich wiederum nur bedienen lassen. Die Berührung mit dem Staat vollzieht sich im Raum und Vorraum der Verwaltung, und sie bezieht sich auf Dienste der Verwaltung. Sie ist wesentlich unpolitisch. Das Verhältnis der Leistungsempfänger zum Staat ist nämlich nicht politische Beteiligung, sondern eine allgemeine Forderungshaltung, die Versorgung erwartet, aber nicht eigentlich Entscheidungen durchsetzen will.

Auf dem Boden dieser Gesellschaft, deren konkurrierende Interessen gewiß nicht neutralisiert, wohl aber (mit dem Vorbehalt einer Krisensituation) im angegebenen Sinne entpolitisiert worden sind, nehmen nun die Parteien, die eigens zur Sachwaltung der politischen Interessen der Bevölkerung bestellt sind, jene verselbständigte Gestalt von nur mehr oberflächlich integrierenden Massenparteien an. Dabei formalisiert sich der Gegensatz der Parteien untereinander. Die parlamentarische Opposition läßt sich immer schwieriger soziologisch, sie läßt sich zuverlässig fast nur verfassungspolitisch definieren; denn es gibt keine »geborene« soziale Minderheit, keine »geborene« Mehrheit mehr, deren objektive und objektiv widerstreitende Interessen sich in den Streit der politischen Parteien unmittelbar übersetzen ließen. Die Klassenparteien hatten ein Moment der Unversöhnlichkeit ins Parlament getragen, ein Moment zugleich der Unverträglichkeit ihres politischen Ziels mit dem parlamentarischen Rahmen selber, den es am Ende sprengen sollte. Dolf Sternberger kann dagegen heute auf den Spielcharakter der parlamentarischen Auseinandersetzung verweisen.[43] Gleichzeitig mit dem Verschwinden der Klassenparteien und dem Sieg der modernen Integrationsparteien geht die Parteipresse zugunsten einer Herrschaft der überparteilichen Generalanzeiger empfindlich zurück.[44]

Es mag scheinen, als sei heute, auf der veränderten Basis einer in ihrem Klassengegensatz gezähmten pluralistischen Industriegesellschaft, die parlamentarische Demokratie des liberalen Rechtsstaates voll hergestellt. Wir beobachten die Formalisierung der politischen Gegensätze, das Übergreifen der Parteien über einzelne Interessengruppen; sodann die Legalisierung des parteipolitischen Drucks (die Distanzierung der Parteien von allen sogenannten vorparlamentarischen Aktionen); die »neue Gewaltenteilung« von Regierung und Regierungspartei (bzw. -parteien) auf der einen, Oppositionspartei (bzw. -parteien) auf der anderen Seite; und die prinzipielle Garantie für jede Opposition, auch einmal die Regierung übernehmen zu können. Dies alles scheint, auf Massenbasis und der Basis einer Konkurrenz von Organisationen, die politischen Prinzipien des liberalen Rechtsstaates zu verwirklichen, scheint das Funktionieren der parlamentarischen Demokratie gegenwärtigen Stils zu verbürgen, und die soziale Erschütterung der bürgerlichen Verfassung durch den Klassenantagonismus als historisch überwundene Übergangserscheinung hinter sich zu lassen.

All das trägt auch zu jenem objektiven Schein bei, der den alten, seit der frühliberalen Phase existierenden Widerspruch, den zwischen der verfassungsmäßig institutionalisierten Idee der Demokratie einerseits und der tatsächlich praktizierten

43 Dolf Sternberger, *Lebendige Verfassung,* Meisenheim/Glan 1956, S. 133 ff.
44 Helmut Cron, »Wächter der freien Meinung?«, in: *Deutscher Geist zwischen gestern und morgen,* Berlin 1954, S. 73 ff.; Emil Dovifat, »Die deutsche Zeitung 1955/56«, in: *Deutsche Presse 1956,* hrsg. vom Institut für Publizistik an der Freien Universität Berlin, Berlin 1956, Teil I, S. 34 f.

andererseits, immer noch verkleidet. Während der zweiten Hälfte des vorigen Jahrhunderts konnte er in der »sozialen Frage«, im Gegensatz der herrschenden zur beherrschten Klasse sichtbar hervortreten: das Mißverhältnis zwischen Eigentümern und Nichteigentümern in der Chance, die politischen Gleichheitsrechte auch faktisch zu realisieren, konnte sich gleichsam in Reinheit darstellen. Mit dem Zurücktreten des offenen Klassenantagonismus hat der Widerspruch seine Gestalt verändert: Er erscheint jetzt als Entpolitisierung der Massen bei fortschreitender Politisierung der Gesellschaft selbst. In dem Maße, in dem die Trennung von Staat und Gesellschaft schwindet und gesellschaftliche Macht unmittelbar politische wird, wächst objektiv das alte Mißverhältnis zwischen der rechtlich verbürgten Gleichheit und der tatsächlichen Ungleichheit in der Verteilung der Chancen, politisch mitzubestimmen. Allerdings bewirkt der gleiche Vorgang zugleich auch, daß er selber in den Köpfen der Menschen seine Aufdringlichkeit und Schärfe verliert. Die Gesellschaft, die, obgleich ihrem Inhalt nach politisch, nicht länger mehr vom Staat getrennt, immer noch wie eine vom Staat getrennte in den Formen des liberalen Rechtsstaates verfaßt ist – diese Gesellschaft funktionalisiert ihre Bürger zunehmend für wechselnde öffentliche Zwecke, privatisiert sie aber dafür in ihrem Bewußtsein.

3. Zur Alternative der autoritären oder sozialen Demokratie

Die Entwicklung des liberalen Rechtsstaates zum Sozialstaat hat die Verfassung gewiß nicht unberührt gelassen. Trotz der veränderten sozialen Basis jedoch hält diese an den alten Prinzipien fest: an der Generalität der Norm, dem Schutz des bürgerlichen Freiheitsstatus durch negatorisch wirkende Grundrechte und der Balancierung der Gewalten. Mit diesen Elementen garantierte der Verfassungsstaat einst die Interessen eines ökonomisch bereits autonomen Bürgertums zum Zeitpunkt seiner politischen Emanzipation von der absoluten Gewalt der Fürsten. Es liegt auf der Hand, daß sie in der Phase, in der die Wirtschaft tendenziell oligopolitisch organisiert ist, diese Funktionen nicht mehr haben können; ja es fragt sich, ob nicht die Verwirklichung dieser Prinzipien heute, da sie ihren ursprünglichen Sinn eingebüßt haben, problematisch geworden ist. Zunächst sei an diese wiederum heftig diskutierte Problematik der liberal-rechtsstaatlichen Prinzipien unter den gegenwärtigen Verhältnissen kurz erinnert.[45]

In dem Maße, in dem der Staat vorsorgend, verwaltend und verteilend in die Sozialordnung eingreift, läßt sich die *Generalität der Norm* als Prinzip nicht mehr durchweg halten. Die der Normierung bedürftigen Tatbestände sind vorwiegend sozial im engeren Sinne: konkret nämlich an bestimmte Personengruppen und variierende Situationen gebunden. Gesetze, auch wo sie sich nicht ausdrücklich als Maßnahmegesetze (eben als nicht-generelle Norm) zu verstehen geben, nehmen unter diesen Umständen tendenziell den Charakter verwaltender Detaildispositionen an; der Unterschied von Gesetz und Maßnahme verschwimmt und damit die Vorausberechenbarkeit und zugleich Verbindlichkeit für jedermann, die die Beziehungen der Privatpersonen im Dienst der Kalkulation für den Markt durchsichtig und verfügbar machen sollte.[46]

Die *liberalen Grundrechte,* die den einzelnen seiner individuellen Freiheit und der Verfügung über privates Eigentum versicherten, sind auf eine vom Staat getrennte Gesellschaft berechnet. Wo indes der Staat selber zum Träger der Sozialordnung avanciert, bedarf er über die negative Bestimmung der liberalen Grundrechte hinaus positiv einer Anweisung, wie Gerechtigkeit im sozialstaatlichen Eingriff zu verwirklichen ist. Diese positive Anweisung, deren Notwendigkeit aus der faktisch ausgeübten

45 Zur Fragestellung vgl. die erwähnte Studie von Hans Huber; sodann Dietrich Schindler, *Verfassungsrecht und soziale Struktur,* 3. Aufl., Zürich 1950; im besonderen Helmut Rumpf, *Der ideologische Gehalt des Bonner Grundgesetzes,* Schriftenreihe der Juristischen Studiengesellschaft Karlsruhe, Heft 36, 1958.

46 Vgl. Ulrich Scheuner, »Grundfragen des modernen Staates«, in: *Recht, Staat und Wirtschaft,* hrsg. von Hermann Wandersleb, Düsseldorf 1951, Bd. III, S. 149.

staatlichen Vorsorge folgt, müßte zu einer sozialprogrammatischen Erweiterung des überlieferten Grundrechtskatalogs führen. Der Grundrechtsteil des Bonner Grundgesetzes beschränkt sich aber auf die individuellen Menschen- und Bürgerrechte.[47] Es bleibt in seiner sozialstaatlichen Programmatik weit hinter der Weimarer Verfassung zurück. Hans Peter Ipsen hat in seiner Rede über das Grundgesetz auf die entsprechenden Artikel der Weimarer Verfassung hingewiesen.[48] Soziale Grundrechte im strengen Sinne sind in der UNO-Deklaration der Menschenrechte vom 10. Dezember 1948 niedergelegt[49]; sie finden sich, abgesehen von der Präambel der inzwischen liquidierten französischen Verfassung von 1946, nicht in den liberal-rechtsstaatlichen Verfassungen der fortgeschrittenen kapitalistischen Länder. Gleichwohl weisen die Prinzipien des Rechtsstaates selber, nachdem sich dessen soziale Basis derart verändert hat, über seine liberale Form hinaus. Heute geht etwa die Pflicht zur staatlichen Vorsorge in das Moment der Gerechtigkeit im Rechtsstaatsprinzip ein. Wo sich der liberale nicht zum sozialen Rechtsstaat fortbildet[50], verharrt er deshalb im

47 Allerdings gibt Art. 9, III GG, den Wirtschaftsverbänden und den Gewerkschaften eine institutionelle Garantie, die sich nach der herrschenden Auffassung auch auf die extralegale Gewaltanwendung gegeneinander erstreckt. Hierin sieht Rüdiger Altmann (a.a.O., S. 20) einen Ansatz für die Umfunktionierung des Grundrechtskatalogs von einer Abgrenzung des Staates gegen die Gesellschaft zur Garantie der Teilnahme der Verbände an der Gesamtwillensbildung der Gesellschaft im Staat.

48 Hans Peter Ipsen, *Über das Grundgesetz,* Hamburg 1950, S. 14 ff.: Art. 191 (Ordnung des Wirtschaftslebens nach den Grundsätzen der Gerechtigkeit mit dem Ziel der Gewährleistung eines menschenwürdigen Daseins für alle); Art. 155 (Verteilung und Nutzung des Bodens unter Verhütung von Mißbräuchen); Art. 156 (Vergesellschaftung privater Unternehmen, Förderung des Genossenschaftswesens); Art. 157 (Arbeitsrechtsverbürgung); Art. 163 (Pflicht zur Arbeit und Recht auf Arbeit); Art. 164 (Schutz des Mittelstandes); Art. 165 (Mitwirkungsrecht der Arbeitnehmer).

49 *Allgemeine Erklärung der Menschenrechte vom 10. Dezember 1948,* Zürich – Wien – Konstanz o. J., hrsg. unter dem Patronat der UNESCO; Art. 22-27: Recht auf soziale Sicherheit, auf Arbeit, auf Freizeit, auf Mindestlebensstandard und Gesundheitspflege, auf Erziehung und Bildung, Teilhabe an Kulturgütern überhaupt.

50 Vgl. Erich Fechner, »Freiheit und Zwang im sozialen Rechtsstaat«, Tübingen 1953, in: *Recht und Staat,* Heft 174. Fechner u. a. haben die eigentümliche Ambivalenz des Grundgesetzes herausgestellt, das sich einerseits scheut, die durch die Vorsorgefunktionen des modernen Staates notwendig

Widerspruch zu sich selbst. Unter Staatsrechtlern besteht die Neigung, rechtsstaatliche und sozialstaatliche Prinzipien als Gegensätze zu behandeln: »Sozialrechtliche Gewährleistungen gehen nicht auf Ausgrenzung, sondern auf positive Leistung, nicht auf Freiheit sondern auf Teilhabe ... Die durch Ausgrenzung gesicherte Freiheit bezieht sich auf einen Staat, der sich Grenzen setzt, der den einzelnen seiner gesellschaftlichen Situation, wie sie ist, überläßt, einen Staat also, der in dieser Relation den status quo gelten läßt. Die Teilhabe als Recht und Anspruch meint einen leistenden, zuteilenden, verteilenden, teilenden Staat, der den einzelnen nicht seiner gesellschaftlichen Situation überläßt, sondern ihm durch Gewährungen zu Hilfe kommt ... Der Rechtsstaat und der Sozialstaat sind deshalb ihrer Intention nach durchaus verschieden, um nicht zu sagen Gegensätze.«[51] Der Widerspruch besteht jedoch nur in Anbetracht des Verhältnisses liberaler Normen zu sozialen Tatbeständen, die nicht nur eine Ergänzung des klassischen Grundrechtskatalogs durch Teilhaberrechte verlangen, sondern jene Ausgliederungsrechte selber, ihrem soziologischen Sinne nach, in Teilnehmerrechte umfunktionieren. So hat Ridder an einem Beispiel[52] demonstriert, daß die Gruppe von Grundrechten, die ein bürgerliches Publikum von Privatleuten in ihren politischen Funktionen einst sicherte (Rede- und Meinungsfreiheit, Vereins- und Versammlungsfreiheit, Freiheit der Presse usw.), in Anwendung auf eine strukturell gewandelte Sphäre der Öffentlichkeit heute nicht mehr negatorisch, sondern positiv als

gewordene soziale Programmatik zu positivieren, andererseits in den Artikeln 21 und 28 die Grundsätze des »demokratischen und sozialen Rechtsstaates« für verbindlich erklärt und zu Auslegungsregeln für das geltende Recht im Bereich des Grundgesetzes erhebt. Ob sie auch als Gestaltungsmaxime für die Fortentwicklung der Rechtsordnung und für die Regierungs- und Verwaltungstätigkeit verstanden werden kann oder muß, ist unter den Fachleuten kontrovers. Eine Literaturübersicht gibt Hans Gerber, »Die Sozialstaatsklausel des Grundgesetzes«, in: *Archiv des öffentlichen Rechts,* Tübingen 1956, Bd. 81, Heft 1, S. 1 ff.

51 Ernst Forsthoff, »Begriff und Wesen des sozialen Rechtsstaates«, in: *Veröffentlichungen der Vereinigung der Deutschen Staatsrechtslehrer,* Heft 12, 1954, S. 19.

52 Helmut Ridder, »Meinungsfreiheit«, in: Neumann-Nipperdey-Scheuner, *Die Grundrechte,* Bd. II, Berlin 1954, S. 243 ff., besonders S. 249-262.

Garantie der Teilnahme interpretiert werden müßten, wenn sie ihre ursprünglichen Intentionen sinnvoll überhaupt sollen verwirklichen können.

Widersprüche ergeben sich endlich auch bei der Betrachtung des dritten Elements der liberal-rechtsstaatlichen Konstruktion: der *Balancierung der Gewalten.*

Im Rahmen des Sozialstaates verwischen sich die Grenzen von Gesetzgebung und Verwaltung. Deren Bindung ans Gesetz lokkert sich so, daß sie kaum noch zureichend als Gesetzesvollzug gelten darf. Forsthoff faßt die drei typischen Vorgänge zusammen, in denen sich die klassische Trennung und zugleich Verschränkung dieser beiden Gewalten auflöst. Das geschieht, indem der Gesetzgeber der Verwaltung seine Funktionen überträgt: diese wird zu ergänzender Normsetzung auf dem Verordnungswege ermächtigt (Fall des Ermächtigungsgesetzes); oder indem der Gesetzgeber gleichsam selber zur Aktion schreitet und nicht mehr nur generelle Normen setzt, sondern Maßnahmen trifft: er greift in die Befugnisse der Verwaltung ein (Fall des Maßnahmegesetzes); oder schließlich indem der Gesetzgeber angesichts einer regelungsbedürftigen Materie von einer Normierung überhaupt absieht und der Verwaltung freien Lauf läßt: das ist in all den Fällen möglich, zum Teil üblich, wo es sich nicht um Eingriffe in Freiheit und Eigentum handelt, die stets nicht nur der Gesetzmäßigkeit, sondern spezieller gesetzlicher Grundlage bedürfen.[53]

Die dritte Gewalt, die Rechtsprechung, ist zwar gegenüber den anderen beiden Gewalten geschützt – nur durch Gerichte ist eine Rechtsstreitentscheidung möglich. Aber umgekehrt hat das Grundgesetz der Rechtsprechung auch Aufgaben der Rechtsetzung und der Verwaltung eingeräumt. Auch hier kann also von der klassischen Trennung nicht länger die Rede sein. Die Verfassungsgerichte können mit Gesetzeskraft über die Verbindlichkeit von Gesetzen entscheiden und auch Verwaltungsakte durch Gerichtsentscheidung erlassen; sie üben daher auf dem Wege der »ursprünglichen Verwaltungsgerichtsbarkeit«

53 Forsthoff, *Verwaltungsrecht*, Bd. I, a.a.O., S. 9 ff.

Regierungsgewalt aus (Verbot von Parteien, Entziehung von Grundrechten usw.). Diese Bevorzugung vor den beiden anderen Gewalten verdankt die Rechtsprechung offensichtlich dem Mißtrauen des Verfassungsgebers gegenüber Parlament und Bürokratie. Andererseits hat gerade das parlamentarische Wahlverfahren bei der Bestellung der höchsten Bundesrichter unterm Gesichtspunkt der geteilten Gewalten Kontroversen über die Unabhängigkeit der Justiz ausgelöst.[54] Im Hinblick darauf warnt beispielsweise der CDU-Bundestagsabgeordnete Dresbach vor der »justiziellen Legislative der Karlsruher Spruchpraxis«.[55]. Schärfer noch kritisiert Hermann Brill das Bundesverfassungsgericht, zumal die Kompetenzabgrenzung seiner beiden Senate; es betreibe als parteipolitisch einseitig gebundene gerichtliche Oberbehörde politische Justiz in der Art einer säkularisierten Patrimonialgerichtsbarkeit.[56] Freilich greift dergleichen Kritik zu kurz, solange sie Verfassung und Verfassungswirklichkeit am Maßstab rechtstechnisch abstrahierter Prinzipien mißt, statt die inneren Widersprüche in ihrer Notwendigkeit, nämlich aus dem zugrunde liegenden Konflikt der liberal-rechtsstaatlichen Norm mit den normierten, bzw. der Norm entzogenen Inhalten des konkreten gesellschaftlichen Lebens zu begreifen.

Die Politisierung der Richterpersonalpolitik verweist auf den Konvergenzpunkt der Widersprüche. Im Parteienstaat bringen die Parteien hinterrücks eine tatsächliche Gewaltenvereinigung zustande, der gegenüber die verfassungsrechtliche Gewaltenteilung problematisch wird. Nicht nur das Parlament, auch Regierung und Verwaltung, zum Teil die Rechtsprechung gehorchen den Parteien auf dem, übrigens legalen, Wege der parteipolitischen Ämterpatronage.[57] Im gleichen Maße, in dem die Partei-

54 Beispiel bei Theodor Eschenburg, *Herrschaft der Verbände,* Stuttgart 1955, S. 72 ff.

55 *Frankfurter Allgemeine Zeitung,* 23. Mai 1957.

56 Hermann L. Brill, »Gewaltenteilung im modernen Staat«, in: *Gewerkschaftliche Monatshefte,* Jg. VII, 1956, Heft 7, S. 389.

57 Am ausführlichsten hierzu wiederum Theodor Eschenburg, *Herrschaft der Verbände,* a.a.O.; ders., *Der Beamte in Partei und Parlament,* Frankfurt 1952; ders., *Staat und Gesellschaft in Deutschland,* Stuttgart 1956: »Das Staatsamt wird zur Parteien- und Koalitionshilfe.«

en, und durch sie zu einem gewissen Teil auch die großen Verbände, das System der balancierten Gewalten beherrschen, verlieren auch die obrigkeitlichen Instanzen ihre Substanz. Eschenburg spricht, angesichts der Unterwerfung der Staatsorgane unter den Einfluß der Parteien und Verbands-»Herzogtümer«, vom negativen Kampf um die Zuständigkeiten: niemand will, und sei's nur, um sich nicht auf einen Patron zu sehr festzulegen, die Verantwortung tragen[58]; so unterläßt man das Regieren, um an der Regierung zu bleiben. Gleichzeitig löst sich aber Autorität nicht in Sachrationalität auf, sondern in die Scheinrationalität von Interessentenkompromissen. Darum in erster Linie wird die Gehorsamspflicht der Beamten tendenziell durch Gruppenabhängigkeit ersetzt, werden Richtungsfehler strenger geahndet als Leistungsfehler. Der institutionalisierte Interessenpluralismus ist eher ein Hindernis für die klare Ausbildung eines einheitlichen Interessenbewußtseins, das im Ernst politische »Richtung« verbürgte. Zwar schwindet in der Tat die Substanz der Macht, Obrigkeit, aber ohne durch streng rationale Verwaltung abgelöst zu werden. Tatbestand ist vielmehr das, was Arnold Gehlen in anderem Zusammenhang »Machtverharmlosung« nennt. Es scheint, als würden die Beziehungen der Menschen untereinander von blindem Zwang zunehmend befreit; diese Liberalität behält indes etwas Zwielichtiges, weil das feudale Moment nackter Autorität nicht etwa der sozialen Rationalität weicht, sondern in Gestalt einer politisch effektiven, aber politisch nicht kontrollierten Konkurrenz von Gruppeninterventionen in der Schwebe bleibt.

Die Exekutive bewahrt auch im bürgerlichen Rechtsstaat jenes Moment von Feudalität, dessen die Gesellschaft bedurfte. Solange Herrschende und Beherrschte mehr als nur technisch, statt durch zeitweise übernommene Funktionen, durch eine feste gesellschaftliche Stellung getrennt sind; solange Herrschaft nicht in rationale Autorität überführt ist, muß es Obrigkeit, muß es als deren Garanten einen unaufgelösten Kern von

58 Dieses Verhalten ist freilich ebenso in anderen Sphären zu beobachten und scheint als eine Art Ich-Schwäche sozialpsychologisches Symptom gesamtgesellschaftlicher Tendenzen zu sein.

irrationaler Autorität geben[59]; das, was konservative Staatsrechtler wie Werner Weber »staatliche Substanz« nennen. Daran hatte selbst die Weimarer Republik noch genug: »Sie hatte eine geschlossene Bürokratie, eine Wehrmacht, eine respektgebietende Staatsapparatur, gedeckt und abgeschirmt durch die neutrale Position des Reichspräsidenten. Mit diesem Machtkörper verbunden, gewann auch die Regierung an eigener Autorität, ihm gegenübergestellt auch das Parlament an Geschlossenheit, die auf das Staatsganze bezogen war. Von dieser Staatsrealität und dem daran sich bildenden Staatsbewußtsein her wurden alle Nebenmächte relativiert und – als politische Potenzen – in einem Status der Illegitimität gehalten. Heute ist von jener ganzen eigenständigen Staatlichkeit nicht viel mehr vorhanden...«[60] Im System der Gewaltenteilung war ursprünglich der Konflikt des politisch sich emanzipierenden Bürgertums mit der Monarchie[61] balanciert worden. In die ausführende Gewalt ging der Verwaltungsapparat des bis dahin absoluten Landesherrn ein; und trotz der Bindung der Verwaltungsakte an die von der Volksvertretung gesetzte generelle Norm blieb der Monarch politische Spitze der Exekutive. Ihr

59 Bereits Durkheim hat diesen Sachverhalt genau analysiert; anthropologisch bestätigt ihn neuerdings Gehlen (Arnold Gehlen, *Urmensch und Spätkultur,* Bonn 1956).
60 Werner Weber, »Der Einbruch politischer Stände in die Demokratie«, in: *Spannungen und Kräfte im westdeutschen Verfassungssystem,* a.a.O., S. 50.
61 Dieser Klassenkonflikt ist sozialhistorisch und soziologisch ungemein komplex; zudem nahm er in jeder europäischen Nation eine andere Gestalt an. – Im übrigen vgl. Werner Weber, »Gewaltenteilung als Gegenwartsproblem«, in: *Festschrift für Carl Schmitt,* Berlin 1959, S. 256: »Das 19. Jahrhundert hatte in dieser Hinsicht noch klare Verhältnisse. Hier standen sich zwei echte politische Potenzen gegenüber. Sie hatten sich in Legislative und Exekutive den politischen Machtbesitz geteilt und sich auf diese Weise arrangiert. Man konnte von Legislative und Exekutive sprechen und meinte damit den demokratischen und monarchischen Machtanteil, ebenso wie man umgekehrt Exekutive und Legislative gleich mitdachte, wenn man die monarchischen und demokratischen Kräfte im Staate ins Auge faßte. Das Ursprüngliche und Entscheidende daran ist das *vor* der Verfassung gegebene Gleichgewicht zweier Mächte, das durch die Verfassung nicht konstituiert, aber für einen Schwebezustand von rund 100 Jahren institutionalisiert wurde. Der fundamentale Dualismus von Monarchie und Demokratie, von Staat und Gesellschaft, von Staat und Volk, der das 19. Jahrhundert beherrscht, ist auch das Prinzip seiner verfassungsmäßigen Gewaltenteilung.«

blieb damit das herrschaftliche Moment gewahrt, das der Landesfürst aus feudaler Vergangenheit in die bürgerliche Gegenwart mit einbrachte.

Was zunächst historischer Notwendigkeit entsprach und eher wie ein Kompromiß mit den bestehenden Mächten aussah, erwies sich nützlich in Zeiten des Frontenwechsels des ehedem revolutionären Bürgertums: seitdem dieses sich in dem von ihm selbst geschaffenen Gehäuse des liberalen Rechtsstaats gegen radikal-demokratische Bestrebungen zu behaupten hatte, fungierten die feudalen Elemente der Obrigkeit als willkommene Stütze.[62] Heute indes, wo die soziale Basis der einst monarchischen Exekutive – das große Grundeigentum – geschwunden ist, wo gleichsam die bürgerliche Gesellschaft mit sich allein gelassen ist, ergibt sich eine eigentümliche Lage, die den grundlegenden Widerspruch des liberalen Rechtsstaats deutlicher hervortreten läßt. Einerseits wird Obrigkeit ihrer Natur-

62 Was Marx mit seiner Analyse der politischen Entwicklung in Frankreich vom Ausbruch der Februarrevolution 1848 bis zur »Machtergreifung« des dritten Napoleon am 2. Dezember 1851, der »zweiten Auflage des 18. Brumaire«, an den einzelnen Fraktionsbildungen, -schwankungen und -verschiebungen klassentheoretisch zeigen will, daß nämlich die Bourgeoisie angesichts einer »Demokratisierung« des liberalen Rechtsstaates eher auf dessen Prinzipien ganz verzichtet und dem plebiszitären System eines Diktators sich beugt (vgl. dazu Karl Marx, »Die Klassenkämpfe in Frankreich 1848-1850«, in: Karl Marx, Friedrich Engels, *Werke,* Bd. 7, Berlin 1960; ders., *Der achtzehnte Brumaire des Louis Bonaparte,* a.a.O., Bd. 8, Berlin 1960) – das glaubt der konservative Theoretiker der konstitutionellen Monarchie, der Schelling-Schüler Friedrich Julius Stahl zur gleichen Zeit (*Die gegenwärtigen Parteien in Staat und Kirche / Neunundzwanzig akademische Vorlesungen,* Berlin 1863) verallgemeinern zu dürfen: »Wenn es nun darauf ankommt, den Gedanken der Volkssouveränität positiv durchzuführen, das gesamte Volk gleichmäßig zur Herrschaft zu berufen, auch innerhalb des Volkes nicht eine Klasse der Autorität der andern zu unterwerfen, da verläßt sie (die liberale Partei) diesen Gedanken, sie beruft zur Herrschaft nur den Mittelstand, die Vermöglichen, Gebildeten, das ist eben nur sich selbst. – Ebenso behauptet die liberale Partei den Gedanken der Gleichheit gegen den Adel, gegen alle Stände als solche, weil sie nach der Basis der Revolution keine organische Gliederung zugeben kann. Allein, soll die Gleichheit positiv durchgeführt werden, soll die Klasse der Besitzlosen dieselben Rechte mit ihr erhalten, dann gibt sie den Gedanken auf und macht politisch rechtliche Unterschiede zugunsten der Vermöglichen. Sie will Census für die Repräsentation, Kautionen für die Presse, läßt nur den Fashionablen in den Salon, gewährt dem Armen nicht die Ehre und die Höflichkeit wie dem Reichen. Diese Halbdurchführung der Prinzipien der Revolution ist es, was die Parteistellung der Liberalen charakterisiert.« (a.a.O., S. 73).

wüchsigkeit beraubt; Herrschaft hört auf, unmittelbar zu sein; sie wird nicht mehr im großen Stil repräsentiert[63], erzeugt nicht mehr jene Art selbstverständlichen Gehorsams, auf die sich politische Herrschaft seit je berufen mußte. Und doch wird diese nach wie vor ausgeübt. Denn andererseits läßt sich die Herrschaft im Sozialstaat nicht in rationale Verfügung überführen, solange dieser mit den liberalen Formen das Moment in sich aufnehmen muß, das die Undurchsichtigkeit und Unberechenbarkeit privater Verfügung über gesellschaftliche Macht zugleich zudeckt und erhält. In dieser Lage, die Herrschaft so notwendig macht wie je, in der sich aber die Naturbasis der Herrschaft und deren Symbolik, öffentliche Repräsentation, zunehmend auflösen[64], ist das Gleichgewicht des liberalen Systems höchst labil. Wohl stellt das bestehende Gleichgewicht der in Verbänden organisierten, ihrer Funktion nach »öffentlichen« Privatinteressen eine unpolitische Gewaltenteilung dar, die, in Verbindung mit den liberal-rechtsstaatlichen Verbürgungen, individuelle Freiheit und Freizügigkeiten indirekt sichert: »Solange sie einander die Waage halten, ist jeder (Verband) in seinem Machtstreben durch den anderen begrenzt. Solange kann sich das Individuum in den Zwischenräumen zwischen den Gruppenmächten ein Asyl einer ungestörten Durchschnittsexistenz einrichten und der Gefahr entgehen, in die Gefolgschaft einer von ihnen gezwungen zu werden. Solange kann es sich auch durch die Möglichkeit des Patronwechsels zwischen ihnen eine gewisse Bewegungsfreiheit sichern.«[65] Weber durchschaut indessen die Labilität dieses vorpolitisch gegründeten Gleichgewichts, das nicht in Gestalt einer politischen Gewaltenteilung realisiert ist; die Bürger, die politisch von ihm profitieren, bleiben gerade auch in den formellen Freiheiten, die ihnen im Rahmen der Massendemo-

63 Neue Formen der Repräsentation zu finden (vom Massenritual der nationalen Feiertage bis zu den täglichen Grußformen), ist daher heute die erste Sorge der Diktaturen.

64 Daher ist persönliche Herrschaft vielfach schon durch manipulative Zwänge abgelöst worden; zusammenfassend G. und H. H. Flöter, »Der manipulierte Mensch und seine Freiheit«, in: *Die neue Gesellschaft,* Jg. 1958, S. 268 ff.

65 Werner Weber, *Gewaltenteilung als Gegenwartsproblem,* a.a.O., S. 265.

kratie eingeräumt sind[66], von heterogenen, ihrer Verfügung und Beeinflussung ganz entzogenen gesellschaftlichen Bewegungen abhängig. Denn »durchbricht eine der Gruppenmächte dieses System der Balance, verschafft sie sich den Vorrang und gelingt es ihr gar im Zugriff auf die Staatsapparatur die konkurrierenden Mächte auszuschließen, dann geht diese Form der Gewaltenteilung rasch zu Ende, und dann können übrigens auch die Gewaltenteilungsbeschwörungen des Verfassungstextes und die Wächterrolle der rechtsprechenden Gewalt die totalitäre Machtergreifung, die sich hier offen oder insgeheim durchsetzt, nicht hindern... So ist das gewaltenteilende Gleichgewicht, in dem sich der Pluralismus der modernen Massendemokratie präsentiert, *außerordentlich labil und prekär.*«[67]

Wenn man sich der Entstehungsgeschichte dieses Pluralismus erinnert und nicht scheut, den gegenwärtigen Zustand als ein Stadium im historischen Prozeß der Realisierung von Demokratie zu begreifen, dann wird Webers Feststellung des labilen und prekären Gleichgewichts zum Hinweis auf die ökonomischen Zusammenhänge des staatlichen Interventionismus. Dieser reagiert seit dem 19. Jahrhundert auf die dem Kapitalismus in seiner oligopolitischen Phase »natürlich« innewohende Tendenz einer ökonomischen Konzentration gesellschaftlicher Macht in privater Hand: teils kommen die Interventionen den Interessen der ökonomisch Schwächeren entgegen, teils dienen sie auch deren Abwehr. Im allgemeinen stehen die staatlichen Eingriffe, auch wo sie durch Druck »von unten« gegen »herrschende« Interessen erzwungen worden sind, im Interesse der Erhaltung eines Systemgleichgewichts, das über den freien Markt nicht mehr gesichert wäre. Solche »demokratischen Einflußnahmen« zugunsten einer politischen Kompensation jener ökonomischen Tendenz zur Ungleichheit führen nun zur Auseinandersetzung der organisierten Privatinteressen um die Konditionen, unter denen das Sozialprodukt, und vor allem

66 Vgl. William Kornhauser, *The Politics of Mass Society,* London 1960, besonders S. 227 ff.
67 Werner Weber, a.a.O.

dessen Zuwachs, zur Verteilung gelangen; sie haben diesem liberalen Rechtsstaat immer mehr sozialstaatliche Funktionen aufgebürdet, dienen mithin nicht der Erhaltung des Systems schlechthin, sondern gleichsam einer Erhaltung in jeweils verschobenen Proportionen.[68] Auf Grund einer mit Keynesschen Methoden geführten Analyse dieser langfristigen Verschiebungen im Verhältnis von Ökonomie und Politik glaubt Strachey den liberal-rechtsstaatlichen Massendemokratien, mit ihren wachsenden sozialstaatlichen Funktionen, die Prognose stellen zu müssen: »Entweder wird die Demokratie auf den Kapitalismus eindringen, bis auch dessen letzte Phase abgeschlossen ist, oder aber der Kapitalismus treibt die Demokratie in die Enge, bis diese junge, verwundbare und experimentelle Regierungsform das Feld räumt.«[69] Wie dem auch sei – erst auf dem Hintergrund der ökonomischen Dynamik gewinnen Bedenken angesichts der Schwäche und Verletzbarkeit jener »Parität innerhalb des Systems der pluralistischen Gruppenmächte« ebenso ihren Stellenwert wie auch das freimütige Eingeständnis, daß eine solche Balance »besser durch eine kraftvolle Obrigkeit gesichert wäre«[70]. Tatsächlich scheint die gesellschaftliche Lage auf eine geschichtliche Alternative zu deuten; darauf nämlich, daß der liberale Rechtsstaat, über kurz oder lang, seine eigenen Intentionen im demokratischen und sozialen Rechtsstaat erfüllt oder aber sein innerstes Wesen verkehrt und, mehr oder minder offen, autoritäre Gestalt annimmt; selbst wenn sich die Alternative in dieser Formulierung durch den Fortgang des Geschehens als unvollständig erweisen sollte, darf immerhin soviel als gesichert gelten: daß das durch die List eines höchst unsteten pluralistischen Systems, gleichsam hinter dessen Rücken, gewährte »Asyl einer ungestörten Durchschnittsexistenz« aus seiner Zufälligkeit und Beschränktheit nur in dem Maße herausgeführt und zur Sphäre einer durch

68 Dabei würde die Grenze des Systems als solche in dem Maß überschritten, in dem sich die Investitionsentschlüsse der privat Wirtschaftenden nicht mehr unzweideutig am Maßstab der Profitmaximierung orientieren dürften.
69 John Strachey, *Kapitalismus heute und morgen,* Düsseldorf 1957, S. 152.
70 Werner Weber, a.a.O.

politische Teilnahme und soziale Teilhabe dauerhaft gesicherten Autonomie werden könnte, in dem die ihrer Funktion nach längst öffentlichen Beziehungen privater Gruppenmächte der Beurteilung und Aufsicht einer mündig gesprochenen öffentlichen Meinung erschlossen würden.

Hermann Heller hat seinerzeit im Anblick des heraufziehenden Nationalsozialismus darauf hingewiesen, daß die liberalrechtsstaatliche Sanktionierung einer staatsfreien Sphäre der Gesellschaft unter Umständen, die eine Trennung von Staat und Gesellschaft längst unmöglich machen, nur dazu dient, staatliche Macht privat zu mobilisieren.[71] Seitdem sich die Schranke zwischen Staat und Gesellschaft in Auflösung befindet, sind die Träger wirtschaftlicher Macht, wie wir gezeigt haben, objektiv gezwungen, in organisierter Form den Staat und seine Verwaltung zu beeinflussen. Insofern gilt nicht nur das alte, auf Individuen abgestellte Argument[72]: daß die ungleiche Verteilung der durch Eigentum vermittelten Verfügungsgewalt mit demokratischer Gleichheit streng genommen nicht vereinbar ist.[73] Heute geht es vielmehr in erster Linie darum, daß gesellschaftliche Macht in privater Hand zur Intervention in die Sphäre des Staates unmittelbar gezwungen ist, ohne selber politischer Kontrolle zu unterliegen; wobei jede politische Kontrolle demokratisch legitimiert sein soll. Unter den gegenwärtigen gesellschaftlichen Verhältnissen wäre die politische Kontrolle der Funktionen privaten Kapitaleigentums[74] die notwendige Voraussetzung, um die gleichmäßige Verteilung der Chancen politischer Mitbestimmung sicherzu-

71 Vgl. Hermann Heller, a.a.O., S. 112; ders., *Rechtsstaat oder Diktatur,* Tübingen 1930.

72 Nach des Anatole France' berühmten Wort von den Gesetzen, die in majestätischer Unparteiischkeit den Armen wie den Reichen in gleicher Weise verbieten, Holz zu stehlen und unter Brücken zu schlafen.

73 Die privatrechtliche Gestaltungsfreiheit impliziert, soweit sie nur Geltungschance ist, bei wirtschaftlich schwächerer Position ein entsprechendes Maß an Unfreiheit. Vgl. die Privatrechtskritik schon des Wiener Kathedersozialisten Anton Menger, *Das bürgerliche Recht und die besitzlosen Volksklassen,* Tübingen 2. Aufl., 1890.

74 Natürlich nur einer Größenordnung, in der gesellschaftliche Macht eo ipso politische ist.

stellen und die Rechtssicherheit auf alle Bezirke der Gesellschaft auszudehnen. Zur Ausdehnung der Rechtssicherheit gibt Abendroth zu bedenken, daß die wirkliche Alternative *nicht* darin besteht, »ob man die volle wirtschaftliche und soziale Entscheidungsfreiheit eines jeden einzelnen oder seine Unterwerfung unter die planende Gewalt des die Gesellschaft demokratisch repräsentierenden Staates herstellen will, sondern darin, ob man die große Masse der Glieder der Gesellschaft der formell privaten (und also an Partikularinteressen, nicht am Gemeinwohl orientierten) Gewalt derjenigen Glieder der Gesellschaft unterwirft, die über die entscheidenden ökonomischen Machtpositionen in der Gesellschaft verfügen können, oder ob man die in der gesellschaftlichen Produktion und im gesellschaftlichen Leben notwendige und unvermeidbare Planung der Zufälligkeit der privaten Disposition kleiner Gruppen entzieht und der gemeinsamen Kontrolle aller am gemeinschaftlichen Produktionsprozeß beteiligten Glieder der Gesellschaft unterstellt, deren oberste Entscheidungseinheit der Staat ist. In beiden Fällen wird die Voraussehbarkeit rechtlicher Entscheidungen über die Folgen privater Dispositionen der Glieder der Gesellschaft beschränkt. Aber während bei planenden Maßnahmen eines demokratischen und sozialen Wohlfahrtsstaates diese Voraussehbarkeit, zwar nicht in den Einzelheiten, aber doch in der allgemeinen Linie, aufrechterhalten bleibt und durch ein geregeltes Verfahren und gegebenenfalls durch Gewährleistung von Entschädigungen tragbar gestaltet werden kann, ist sie bei der unaufhebbar durch Oligopole und Monopole durchsetzten Organisation der Gesellschaft auf liberalkapitalistischer Basis, vom einzelnen aus gesehen, völlig zufälligem Szenenwechsel auf Grund privater Entscheidungen ausgesetzt, in dem sich keine allgemeine Tendenz erkennbar abzeichnet, mit der gerechnet werden könnte. Deshalb sind hier die wirtschaftlich schwächeren Glieder der Gesellschaft in ihrer sozialen Position immer wieder Veränderungen ausgesetzt, für die es keinerlei Entschädigung gibt. In Wirklichkeit wird also der Einfluß des Rechts nicht geschwächt, sondern gestärkt, wenn sich der Bereich der öffentlich kontrollierten Sphäre gegenüber derjenigen des früheren bloßen Privatrechts ausdehnt.«[75]

Gleichheit und Sicherheit, Prinzipien des liberalen Rechtsstaates, würden, auf der veränderten sozialen Basis, durch politische Kontrolle aller eo ipso politisch relevanten gesellschaftlichen Macht nicht eingeschränkt, sondern erweitert. Ebenso notwendig wäre diese Kontrolle für die Verwirklichung jenes anderen Prinzips des liberalen Rechtsstaates, der Selbstbestimmung des Volkes: »Nur von diesem Gesichtspunkt aus ist es möglich, die Sicherung individueller Rechte, geschützt durch unparteiische richterliche Entscheidung, und den materiell verstandenen Gedanken der Gleichheit vor dem Gesetz miteinander zu versöhnen. Wenn man aber diesen Erwägungen folgt, dann hört die Demokratie hier auf, nur politische Verfassung zu sein und wird zur Verfassung der gesamten Gesellschaft, die im Staat als ihrer umfassenden Wirkungseinheit sich selbst bestimmt.«[76]

Die vom liberalen Rechtsstaat mitinstitutionalisierte Idee der Demokratie läßt sich heute, wie es scheint, nur in Gestalt einer politischen Gesellschaft verwirklichen. Zur Verwirklichung von Demokratie in diesem Sinne ist die politische Kontrolle gesellschaftlicher Macht notwendige Voraussetzung; ob sie auch schon die zureichende Voraussetzung ist, mag hier auf sich beruhen.

Damit ist an den Kern des Widerspruchs gerührt: die politische Mündigkeit des Volkes, einst der Sinn des Wandels vom Untertan zum Staatsbürger, scheint in der veränderten gesellschaftlichen Lage mit eben den Formen, die den Untertan zum Staatsbürger erhoben haben, nicht ohne weiteres mehr garantiert zu sein.[77] Die Verfassung nimmt selber schon Bedacht darauf, die Funktionen des angeblichen Souveräns einzu-

75 Wolfgang Abendroth, »Zum Begriff des demokratischen und sozialen Rechtsstaates im Grundgesetz der Bundesrepublik Deutschland«, in: *Aus Geschichte und Politik / Festschrift zum 70. Geburtstag von Ludwig Bergstraesser,* hrsg. von Alfred Herrmann, Düsseldorf 1954, S. 295 f.

76 a.a.O., S. 297.

77 Karl Loewenstein, »Verfassungsrecht und Verfassungsrealität«, in: *Archiv des öffentlichen Rechts,* Tübingen 1951/52, Bd. 77, Heft 4, S. 387 ff.

schränken. Das Grundgesetz jedenfalls läßt sich vom Mißtrauen gegen plebiszitäre Entscheidungen leiten. Dem Volk bleibt heute nur die eine Möglichkeit politischer Mitbestimmung, das Parlament zu wählen; während es sich in Weimar außer durch Reichstagswahlen, zumal nach der Auflösung des Reichstages durch den Reichspräsidenten, durch die Wahl dieses Reichspräsidenten selbst, und in besonderen Fällen durch Volksbegehren und Volksentscheid Gehör verschaffen konnte. Man hat oft auf diese verfassungsrechtliche Einschränkung der Macht des Volkes hingewiesen, hat gar von einer Mediatisierung durch die Parteien gesprochen. Sie nämlich sind jetzt ausdrücklich zur »Mitwirkung«, wie es im Verfassungstext heißt, zur Mitwirkung an der Willensbildung des Volkes bestellt. Das gibt Werner Weber zu der Bemerkung Anlaß: »Das Grundgesetz erkennt es bezeichnenderweise in aller Form an, daß die Parteien jetzt selbst im Regiment sitzen, während das Volk unabänderlich Volk bleibt und zu den Vorständen, Fraktionen und Führern des organisierten Parteienwesens nun wie Volk zu Regierenden Stellung nimmt.«[78] Freilich sollte nicht den Parteien wiederum eine Autonomie unterschoben werden, die sie gegenüber Verwaltung und Verbänden keineswegs haben. Immerhin besteht nach der offiziellen Auslegung des Grundgesetzes für das Volk rechtlich keine Möglichkeit, seinen Willen unmittelbar im Hinblick auf eine bestimmte Sache verbindlich auszudrücken. Wenn man diese tatsächliche Ohnmacht vergleicht mit dem persönlichen Schutz und der persönlichen Freiheit, die den Individuen in einem aufwendigen Katalog liberaler Grundrechte zugesichert wurden, kann man sich dem Eindruck nicht entziehen, daß für den Bürger der sogenannten Konsumentengesellschaft auch juristisch der Status eines Kunden vorgesehen ist: der zwar am Ende die Zeche bezahlen muß, für den im übrigen aber alles derart vorbereitet ist, daß er selber nicht nur nichts zu tun braucht, sondern auch nicht mehr viel tun kann. Ausgestattet mit *diesen* Rechten und gleichwohl so gut wie ausgeschlossen von tatsächlicher politi-

78 Werner Weber, »Weimarer Verfassung und Bonner Grundgesetz«, in: *Spannungen und Kräfte im westdeutschen Verfassungssystem*, a.a.O., S. 22.

scher Mitbestimmung, wird das Volk zum Objekt der Fürsorge. Es entsteht eine neue, die wohlfahrtsstaatliche Gestalt der Patrimonialität, so als hätte die Verfassung schon die Entwicklung anzeigen wollen, die verwirklichen könnte, was heute erst Tendenz ist: alles für das Volk, aber nichts durch das Volk. Einzige Möglichkeit politischer Beteiligung »auf Bundesebene«, einmal abgesehen von der kleinen Minderheit parteimäßig organisierter Wähler[79], bleibt eben die Wahl zum Bundestag. Und auch sie ist faktisch bereits in dem, was dem Wähler nicht schon vorweggenommen ist, so folgenlos, daß sich der Bürger bei dieser seiner einzigen Haupt- und Staatsaktion nicht einmal mehr als unabhängig verstehen, geschweige denn unabhängig verhalten kann, wie der liberal-rechtsstaatliche Kodex beides naiv noch unterstellen konnte. David Riesman schildert den Typ des »neuen Gleichgültigen«, der sich unter solchen Verhältnissen tendenziell durchsetze, folgendermaßen: »Er ist kein ›unabhängiger Wähler‹ mehr ... er erkennt keinen Zusammenhang mehr zwischen seinen politischen Meinungen und seiner politischen Funktion. Seine Meinungen dienen ihm daher als bargeldloses Zahlungsmittel in seiner Rolle als Mitglied einer Verbrauchsgenossenschaft der politischen Tagesnachrichten. Seine Toleranz gegenüber den Meinungen anderer leitet sich nicht nur von einer charakterlichen Veranlagung her, sondern auch von der Tatsache, daß er sie eben als ›bloße‹ Meinungen ansehen kann, die vielleicht interessant oder amüsant sind, aber nicht mehr das Gewicht einer teilweisen oder gar vollständigen Hingabe an eine politische Rolle oder Handlung tragen. Sie sind ferner ›bloße Meinungen‹, weil die politische Welt der Interessenverbände anscheinend so festgelegt und verwickelt ist, daß die Meinung als solche so gut wie bedeutungslos zu sein scheint.«[80]

Eine solche sozialpsychologische Beschreibung läuft freilich Gefahr, den Subjekten zuzurechnen, was nur als Reaktion auf

79 Nach den Angaben verschiedener Institute der Umfrageforschung halten die Parteimitglieder an der Gesamtheit aller wahlberechtigten Staatsbürger einen Anteil in der Größenordnung von 5 Prozent.

80 David Riesman, *Die einsame Masse,* Darmstadt 1956, S. 354 f.

objektive Verhältnisse begriffen werden kann. Die Folgenlosigkeit der Meinung, unter deren Verhängnis Meinung überhaupt erst zu »Meinung« im Sinne der Meinungsforschung wird, ist ihrerseits Folge eben jenes Widerspruchs einer tendenziell bereits politischen Gesellschaft zu verfassungsrechtlichen Normen, die sie als eine wesentlich von Politik, vom Staat getrennte vorstellen. Der Funktionsverlust des Parlaments, oft bemerktes Symptom, spiegelt nur den entscheidenden Funktionsverlust des, dem Buchstaben des Gesetzes nach, souveränen Volkes.

Unmittelbar stellt sich das Verhältnis so dar: im Sozialstaat, der wesentlich vorsorgt, verwaltet und verteilt, reduzieren sich die politischen Interessen der stetig Verwaltungsakten subsumierten Staatsbürger primär auf berufsspartengebundene Ansprüche an den Staat. Deren wirksame Vertretung wiederum müssen sie den großen Organisationen übertragen. Was dann noch an sekundären Interessen in eigener Regie, sprich: für die als Wahl organisierte Abstimmung verbleibt, ist ebenso geprägt von der allgemeinen Forderung, von »dem« Staat versorgt zu werden. Der zumal zeigt sich in Gestalt übermächtiger und undurchsichtiger Bürokratien, sei es der öffentlichen Verwaltung unmittelbar, sei es der Regierung, des Parlaments, der Kommissionen, der Parteien, sei es gar der dem Blickfeld völlig entrückten supranationalen Organisationen. Alles dies verschwimmt zur »politischen Apparatur«, autoritär und abstrakt. Riesman erinnert mit Recht daran, daß die »Unübersichtlichkeit« nicht nur in der objektiven Komplexität des politischen Machtvollzugs ihren Grund hat, sondern gewiß im gleichen Maß auch in der beschränkten Berufserfahrung der abhängig Arbeitenden. Die heute vornehmlich geforderten Arbeiten üben nicht eben in verständiger und handlungsbereiter, rationaler wie engagierter Haltung gegenüber hochabstrakten, hocheffektiven, im Kern totalitären Prozessen.[81] Hinzu kommt, daß die Berufssphäre im Lebenshaushalt der Menschen ohnehin an Bedeutung verliert, daß vielmehr das reklamegesteuerte Kon-

81 Vgl. dazu die verschiedenen arbeitssoziologischen Studien von Georges Friedmann, zuletzt: *Grenzen der Arbeitsteilung*, Bd. 8 der »Frankfurter Beiträge zur Soziologie«, Frankfurt am Main 1958.

sumtraining das Verhalten der Massen zunehmend prägt. Der politische Bereich, soweit die wahlberechtigte Bevölkerung daran überhaupt teil hat, wird tendenziell Teil des Konsumbereiches; politisches Geschehen, Nachrichten und Verhaltensweisen werden zur Ware. Die Massenmedien bringen sie als Unterhaltung, als Schlager, bringen sie »spielend« an den Mann. Sie erziehen den Wähler zum Zuschauer; versehen die Sache mit human interest; und erzeugen Sentimentalität gegenüber Personen, Zynismus gegenüber Institutionen. Die Stimmen[82] werden handgreiflich »geworben«; Reklame für die Wahl unterscheidet sich, gleichviel für welche Partei, nicht von der Reklame für den Markt. Die manipulative Auswertung der motivanalytisch verfeinerten Umfrageforschung führt zu Resultaten, die sich mit modernen Werbetechniken sozialpsychologisch effektsicher umsetzen lassen: die Themen des Wahlkampfes werden exploriert und dann inszeniert, die Imago des Führers und die seiner Mannschaft sind vorkalkuliert, die Schlagworte vorgetestet, die Massenrituale vor Radio und Fernsehen nach Drehbuch einstudiert; dieser gezielte glamour, verbunden mit ebenso gezielten Appellen an Sicherheits-, Schuld- und Autoritätskomplexe, wird überdies nach strategischen Gesetzen des politischen marketing ergänzt, sowohl durch termingerecht zugestandene und wissenschaftlich dosierte Wahlgeschenke als auch durch Palliativmaßnahmen in der Art preisstabilisierender Absprachen und ähnlichem.[83] Die Technik der Wahlvorbereitung tendiert dazu, den einzigen Akt politischer Mitbestimmung, der dem souveränen Volk noch verblieb, jener möglichen Vernunft breiter Schichten der Bevölkerung zu entziehen, an die er dem eigenen Sinn nach sich rich-

82 Vorab jene »*floating votes*« eines verhältnismäßig kleinen, aber eben ausschlaggebenden Teils der Wähler.

83 Zur Regie der Bundestagswahlen des Jahres 1957, in deren Vorbereitungszeit die der Untersuchung zugrunde liegende Umfrage unter Frankfurter Studenten durchgeführt wurde, vgl. Gerhard Schmidtchen, *Die befragte Nation,* Freiburg 1959, besonders S. 155 ff.
Eine soziologische Analyse der Wahlen selbst geben W. Hartenstein, K. Liepelt, G. Schubert, »Die Septemberdemokratie«, in: *Die Neue Gesellschaft,* Jg. 1958, S. 9 ff.

tet. Um sich der Gewalt dieser Tendenz zu versichern, genügt es zu bedenken, wie hoch einerseits die Gestehungskosten sind, um heutzutage politisch etwas »aufzuziehen«, und wie weit andererseits ökonomische Macht in privaten Händen konzentriert ist.

Jene Tendenz nimmt der zu leicht, dem die gegenwärtige Ordnung immer noch als System erscheint, das durch leichte Verschiebung der Gewichte »arrangiert« werden kann; er freilich mag verlangen, daß endlich die hergestellte Masse der indifferenten Konformisten als systemerhaltend auch anerkannt wird[84]; er mag sich, nicht ohne einigen Zynismus, beruhigen: »Die Gleichgültigen sind politisch gar nicht so unbrauchbar – wenn sie für ihre ›Dienste‹ belohnt oder unter Druck gesetzt werden.«[85]

4. Spielraum und Grenze staatsbürgerlicher Teilnahme am politischen Leben

Die Analyse der Entwicklung des bürgerlichen Rechtsstaates und seiner gegenwärtigen Gestalt hält sich an die Regeln kritischer Theorie, deren Freiheit darin besteht, »daß sie die bürgerlichen Ideale ... akzeptiert, seien es die, welche seine (des Bürgertums) Vertreter wenn auch entstellt noch verkündigen, oder die, welche als objektiver Sinn der Institutionen, technischer wie kultureller, trotz aller Manipulierung noch erkennbar sind ... Sie leiht dem Widerspruch von Glauben und Wirklichkeit die Sprache und hält sich dabei eng ans zeitbedingte Phänomen.«[86] Der Glaube an die politische Freiheit und Wirk-

84 Helmut Schelsky, *Die skeptische Generation,* Düsseldorf 1957, S. 451 f. »Es ist aber die Frage, ob die moderne Massendemokratie großorganisatorischer Struktur, die sich in ihrem Bestand mehr und mehr auf eine psychologische Werbung und Lenkung des Publikums durch Massenkommunikationsmittel und deren notwendige propagandistische Verzerrung und Vereinfachung der Sachzusammenhänge stützt, nicht diesen Verhaltenstyp des unpolitisch Zustimmenden geradezu hervorruft und als tragende Schicht des Systems auf die Dauer auch bejahend zur Kenntnis nehmen muß.«

85 Riesman, a.a.O., S. 269.

86 Max Horkheimer und Theodor W. Adorno, *Dialektik der Aufklärung,*

samkeit des Staatsbürgers ist der Wirklichkeit der gegenwärtigen Verhältnisse gegenübergestellt worden. Es bleibt kein Zweifel an der Enge des Spielraumes, in der sich die politische Beteiligung des Durchschnittbürgers bewegt: sie kann sich einmal alle paar Jahre, im teils präformierten, teils manipulierten Wahlgang (oder in Wahlenthaltung) objektivieren. Wenn in Lehrbüchern zur politischen Erziehung, wenn gar in mancher politikwissenschaftlichen Diskussion »Beteiligung« zum Wert an sich, Stimmabgabe und politisches Interesse zum Fetisch gerinnen, so spiegelt sich darin ein gut Stück schlechter Wirklichkeit. Andererseits spricht der objektive Sinn der in unserem Lande bestehenden Institutionen gegen die tatsächliche Entwicklung: das Volk ist juristisch nach wie vor souverän, und politisch steht für seine Entscheidung in Gestalt des Parlaments eine mit allen demokratisch wünschenswerten Vollmachten verfassungsmäßig ausgestattete Institution bereit. Darum erhebt sich die Frage, ob nicht auch heute eine echte Funktion staatsbürgerlicher Teilnahme am politischen Leben, wenn schon nicht wirklich, so doch möglich ist.

Eine wirksame politische Beteiligung der Masse der Bürger hat zur Bedingung ihrer Möglichkeit eine gewisse Autonomie der politischen Sphäre. Wo die politischen Bewegungen buchstäblich bloßer Reflex der ökonomischen wären, wäre eine Untersuchung der Subjekte und ihres demokratischen Potentials nicht nur überflüssig, sondern auch sinnlos. Nun spricht allerdings einiges dafür, daß sich in der spätbürgerlichen Gesellschaft mit einem höheren Entwicklungsstand technischer Produktivkräfte politische Macht als solche, nämlich in gewisser Verselbständigung gegenüber der ökonomischen Macht, konzentriert. Jedenfalls gewinnt einstweilen Politik durch das Eigengewicht der Industrialisierung an bestimmendem Einfluß auf den sozialen Prozeß; auch das ist mitgesetzt, wenn von der Auflösung der Schranke zwischen Staat und Gesellschaft die

Amsterdam 1947, S. 292. Die Grenzen dieses ideologiekritischen Ansatzes sind inzwischen deutlich geworden. Zum Versuch einer politisch-ökonomischen Staatstheorie vgl. heute: Claus Offe, *Strukturprobleme des kapitalistischen Staates,* Frankfurt 1972.

Rede ist.[87] Seitdem sich die freie Konkurrenzwirtschaft entsprechend der Konzentrationstendenz in eine organisierte verwandelt, die klassische parlamentarische Demokratie die Gestalt einer parteienstaatlichen Massendemokratie angenommen hat, seit, kurzum, die Sphäre der Gesellschaft und des Staates in hohem Maße sich durchdringen, gewinnt Politik an Gewicht, und die Abhängigkeit wird eher wechselseitig.[88]

Die Kategorie der politischen Beteiligung ist eine der bürgerlichen Gesellschaft spezifisch zugehörige; sie teilt mit dieser den Widerspruch: daß sich in dem Verhalten der Menschen, wo sie der Bestimmung ihres eigenen Willens und nur ihm zu folgen glauben, hinterrücks der Zwang der Verhältnisse durchsetzt, aber auch schon der Anspruch und die Ahnung der Möglichkeit, dieses Zwangs ledig zu sein. Der Widerspruch, Produkt der Umstände zu sein und doch zugleich selber Produzent dieser Umstände sein zu wollen und zu können, steckt in der politischen Beteiligung der Staatsbürger von Anbeginn; heute indes entfaltet er sich in ganzer Schärfe.

Die gegenwärtige Situation macht zunächst die Hoffnung auf eine selbstbewußte politische Entscheidung der wahlberechtigten Bevölkerung in ihrer Gesamtheit, und auf eine effektive

87 Damit hängt auch zusammen, daß Industrieländer, trotz verschiedener gesellschaftlicher Produktionsverhältnisse, ähnliche Züge aufweisen und ähnliche Fragen zu lösen haben. Eine solche Angleichung der Verhältnisse kommt nur in dem Maße zustande, in dem die Politik ihrerseits die Ökonomie zum Instrument hat und sich an den Aufgaben, die mit einem bestimmten Stand der Produktivkräfte gesetzt sind, unmittelbar orientieren kann. Die historische Verschiebung im Verhältnis von Politik und Ökonomie und, davon abhängig, ein, freilich in bestimmten Grenzen gehaltener, Gewinn an Eigenständigkeit der Produktivkräfte gegenüber den Produktionsverhältnissen, dürften zu den Schwierigkeiten der sozialwissenschaftlichen Diskussion geführt haben, soweit sie sich darum dreht, ob die gegenwärtigen westlichen Gesellschaften primär durch den Grad der Industrialisierung oder durch den des Kapitalverwertungsprozesses bestimmt sind. Sicher ist die geläufige Vorentscheidung, von »der« Industriegesellschaft zu reden, sehr gefährlich, sie impliziert eine Fetischisierung des technischen Prozesses. Andererseits deckt die Kategorie des »Kapitalismus« heute eben nicht mehr alle industriegesellschaftlichen Erscheinungen.

88 Vgl. Franz L. Neumann, »Approaches to the Study of Political Power«, in: *The Democratic and the Authoritarian State,* a.a.O., S. 14 f.; ders., »Ökonomie und Politik im 20. Jahrhundert«, in: *Zeitschrift für Politik,* Jg. II (Neue Folge), 1955, S. 1 ff.

Handhabung der parlamentarischen Institutionen durch das mündige Volk problematisch. Näher liegt der Gedanke an die Beteiligung von Gruppen, die außerhalb des Parlaments über ein Feld politischer Wirksamkeit verfügen. Das sind auf der einen Seite Mitglieder von Massenorganisationen, die sich zu außerparlamentarischen Aktionen zusammenfinden und die Staatsorgane unter den »Druck der Straße« setzen können; auf der anderen die »funktionellen Eliten«, die über die Apparate der staatlichen und privaten Bürokratie verfügen.

Die wichtigste der Massenorganisationen sind die Gewerkschaften. Der Aufbau ihrer Organisation im Inneren richtet sich weitgehend nach Prinzipien demokratischer Kontrolle. Ihr Programm, soweit es sich über die Interessenvertretung eines Berufsverbandes erhebt und politische Ziele setzt, verlangt die Demokratisierung der Gesellschaft. Darauf gestützt, versuchen die Gewerkschaften gegenüber dem Staat und den Parteien dem politischen Streik eine Legitimitätsbasis zu verschaffen.[89] In Anbetracht der ausgebildeten Organisation und Programmatik, in Anbetracht zumal ihres Umfangs und ihrer gesamtgesellschaftlich relevanten Funktionen als Tarifpartner, gewinnt die politische Beteiligung der Gewerkschaftsmitglieder besonderes Gewicht. Neben den Gewerkschaften existiert freilich eine Reihe von Verbänden, die im Hinblick auf die politische Beteiligung ihrer Mitglieder ebenfalls wichtig sind für die demokratische Entwicklung unseres Staatswesens; so die Vertriebenenorganisationen, die Soldatenbünde, der Mammutverband der Kriegsgeschädigten und Hinterbliebenen (VdK) usw.

Die andere Gruppe, deren politische Beteiligung außerparlamentarisch wirksam werden kann, die höheren Beamten und Angestellten, Manager und Spezialisten der großen Apparate

89 Zur Begründung des politischen Streikrechts vgl. vor allem den Aufsatz von Alfred Weber, »Staat und gewerkschaftliche Aktion«, in: *Gewerkschaftliche Monatshefte,* Jg. III, 1952, Heft 8, S. 478 ff. Jüngst beruft sich z. B. die IG Bergbau bei ihren Aktionen gegen die Deutsche Reichspartei im Ruhrgebiet auf eben diese Legitimation zur Verteidigung der demokratischen Grundordnung. Vgl. »Der Spiegel«, 22. Juni 1960, S. 19 f.; vgl. auch H. J. Laski, *Die Gewerkschaften in der neuen Gesellschaft,* Köln 1952.

in der Industrie, in der Verwaltung, im Verbandswesen, kurzum: die Inhaber von Positionen, deren Funktionsradius weit genug gespannt ist, um eo ipso politisch relevant zu sein, auch wenn sie nicht der eigentlich politischen Sphäre zugehören, haben sich in Deutschland lange Zeit aus Schichten großbürgerlich-konservativen Gepräges rekrutiert. Ossip K. Flechtheim macht auf die starke soziale Kontinuität in der Formierung dieser Führungsgruppe aufmerksam; sie hat alle Wechsel des politischen Systems überstanden. Darum hat wohl auch der Anschein so unrecht nicht, daß die prominenten Nutznießer der wiederhergestellten Demokratie nicht in erster Linie die sind, die sich im Ernstfall für sie auch schlagen würden.[90] Empirische Untersuchungen über das politische Potential dieser Schichten gibt es unseres Wissens freilich noch nicht[91]; wohl aber Versuche, es historisch-soziologisch zu bestimmen: »Wenn die konkret existente Schicht der Träger dieser Einheit von Justiz, Bürokratie und Hochschulwesen (mit ihren im monarchischen Obrigkeitsstaat entstandenen, durch die Feindschaft gegen Weimar und die Anpassung an das Dritte Reich nicht grundsätzlich veränderten Traditionen) mit den Inhabern der wirtschaftlichen Macht über deren wenn auch oft divergierende Sonderinteressen verhandelt, so glaubt sie zwar jenes All-

90 Ossip K. Flechtheim, »Parteien und Organisationen in der Bundesrepublik«, in: *Gewerkschaftliche Monatshefte,* Jg. 8, 1957, Heft 5, S. 263. Vgl. auch die Untersuchung von John H. Herz, »German Officialdom Revisited«, in: *World Politics,* Vol. VII, 1954, S. 63 ff. – Kurt Nemitz behandelt in seinem Aufsatz »Das Regime der Mitläufer« (in: *Die neue Gesellschaft,* Jg. II, 1955, Heft 3, S. 39 ff.) die Modalitäten, nach denen die personelle Kontinuität in den leitenden Positionen fast aller Sparten trotz der Entnazifizierungsmaßnahmen nach 1945 gewahrt werden konnte: die Rückgliederung der entnazifizierten Personen vollzog sich unterm Deckmantel der »unentbehrlichen Fachleute«. Vgl. a.a.O., S. 40 f.: »Die Vorstellung, daß die Technokraten der *Diktatur* auch gute Technokraten der *Demokratie* seien, wird heute offenbar als selbstverständlich angesehen . . . Die Macht der Technokraten wird sozusagen politisch neutralisiert. Man scheint gewillt, dieser Schicht für die Dauer einen *politischen* § 51 zuzubilligen.«

91 Ausgenommen eine amerikanische Untersuchung von Hans Speier und Philips Davison (Hrsg.): *West German Leadership and Foreign Policy,* New York 1957; darin vor allem John H. Herz, *Political Views of the West German Civil Service,* S. 96 ff., und Gabriel A. Almond: *The Politics of German Business,* S. 195 f.

gemeininteresse zu vertreten, das sie ihre Stellung im Staat zu repräsentieren verpflichtet: Dies ist aber nur dem Schein nach Allgemeininteresse, in der Realität das restaurative Ordnungsbild der Aufrechterhaltung sozialer Privilegien, das sich gegen jede Demokratisierung der Gesellschaft, gegen die Ausdehnung des Gleichheitsgrundsatzes auf die Glieder der Gesellschaft richtet.«[92] Abendroth weist mit Nachdruck darauf hin, daß der Zusammenhalt dieser *power elite* in Deutschland vor allem auch durch das Bindeglied der akademischen Bildung garantiert wird. Im Hinblick auf die zukünftige Entwicklung scheint es uns darum dringlich, ein wichtiges Rekrutierungsfeld dieser funktionellen Eliten, die Studentenschaft, eingehend daraufhin zu untersuchen, wie sich heute deren politisches Potential ausnimmt. Denn mit Zunahme des Berechtigungswesens werden die funktionellen Eliten unserer Gesellschaft tendenziell akademisch sein; dabei wird die akademische Bildung nicht mehr in dem Maße soziales Privileg bleiben, wie sie es zu den Zeiten war, als die heute fungierenden Eliten die ihre erwarben.[93] Schon diese Verschiebungen, für sich genommen, lassen beim Nachwuchs auf ein verändertes politisches Bewußtsein, vielleicht auch auf ein zuverlässigeres demokratisches Potential hoffen.

Unsere Untersuchung bezieht sich darum auf das politische Bewußtsein von Studenten. Diese haben einerseits den Vorzug einer gewissen Offenheit. Die Motive politischen Verhaltens dürften während des Studiums, also während der Vorbereitung auf die Berufsposition den Individuen durchsichtiger, die politische Haltung insgesamt offener und unverhohlener sein als später, während der Ausübung des Berufes, der mit mannigfach verstärkten sozialen Kontrollen besetzt ist und erst recht Anpassung verlangt, ursprüngliche Einsichten und Gesinnun-

92 Wolfgang Abendroth, »Zur Funktion der Gewerkschaften in der westdeutschen Demokratie«, in: *Gewerkschaftliche Monatshefte,* Jg. III, 1952, Heft 11, S. 646.

93 Helmuth Plessner, »Über Elite und Elitenbildung«, in: *Gewerkschaftliche Monatshefte,* Jg. VI, 1955, Heft 10, S. 602 ff.; und Dietrich Goldschmidt, »Elitebildung in der industriellen Gesellschaft«, in: *Die neue Gesellschaft,* Jg. V, 1957, Heft 1, S. 34 ff.

gen verdeckend. Andererseits hat die Untersuchungsgruppe den Nachteil, daß wir die Individuen in rein subjektiver Blickrichtung untersuchen müssen, nämlich unabhängig von den objektiven Interessen und Kontrollen sozialer Positionen und den besonderen institutionellen Instrumenten, die etwa den Mitgliedern funktioneller Eliten zur Verfügung stehen. Die politische Beteiligung der Studenten kann sinnvollerweise nur auf die objektiven Initiativchancen bezogen werden, die jedem gewöhnlichen Staatsbürger heute gegeben sind.

Aufschlüsse über die unmittelbaren Reaktionsweisen der Studenten könnten einer verständigen Abwägung des innenpolitischen Kräftespiels als Unterlage dienen, solange mit ebenso unmittelbaren Aktionen dieser Gruppe zu rechnen wäre. Immerhin haben während des letzten Jahrzehnts die Studentenschaften bei politischen Umstürzen in den Entwicklungsländern, typisch etwa in Ägypten; auch bei Aufständen im sowjetischen Machtbereich, typisch in Ungarn; und noch während der letzten Monate bei der Umschichtung politischer Machtverhältnisse in Korea, in der Türkei, in Japan eine wichtige Rolle gespielt. Diese Beispiele könnten auf den Gedanken bringen, daß das politische Potential auch der westdeutschen Studentenschaft mit dem Blick auf ähnliche Situationen und mögliche Demonstrationen dieser Art untersucht werden sollte. Zumal die Besorgnis über die Anfälligkeit einer gewiß sehr kleinen und nicht etwa zufälligen Auswahl von Studenten gegenüber der politischen Demagogie vom Typus eines Schlamm mag eine solche Erwartung nahelegen. Allein, auch der flüchtige Vergleich der sozialen Lage der Studentenschaften in der Bundesrepublik und in solchen Ländern, wo ihr noch die avantgardistische Position einer politisch aktiven Minderheit zufällt, macht eine direkte Analogie ihres Stellenwerts im innerpolitischen Kräftespiel unwahrscheinlich: die Studentenschaft dürfte in den entwickelten Industrieländern des Westens, dürfte zumal in der Bundesrepublik nicht in erster Linie als eine Größe selbständiger und folgenreicher politischer Kraftentfaltung interessieren. In Ansehung ihres politischen Potentials ist sie als die Schlüsselgruppe, aus der sich die funktionellen Eliten

zunehmend rekrutieren, wichtiger. Die unumgängliche Beschränkung einer Analyse auf die Studenten in ihrer Rolle als Staatsbürger bleibt darum ein Nachteil.
Diesen Nachteil sollten die Reflexionen über den Begriff der politischen Beteiligung in gewissem Grade ausgleichen. Sie gestatten uns, die Frage nach dem politischen Potential, angesichts der historischen Alternative einer Entfaltung der liberalen zur sozialen Demokratie oder ihrer Überführung in plebiszitär-obrigkeitliche Formen autoritärer Demokratie, als Frage nach dem demokratischen Potential so zu konkretisieren: demokratisch wird das Potential dieser Beteiligung in dem Maße sein, in dem es für eine Entwicklung der formellen zur materialen, der liberalen zur sozialen Demokratie politisch wirksam werden, also die politische Entscheidung im Sinne der Verwirklichung einer freien Gesellschaft beeinflussen kann. Soziologisch bestimmt sich das Maß dieser Freiheit danach, inwieweit eine Gesellschaft die erarbeiteten Mittel der Bedürfnisbefriedigung, die materiellen und geistigen Produktivkräfte im Interesse der Bedürfnisbefriedigung aller Individuen verwendet, und nicht nur in partikularem Interesse. Politisch bestimmt sich das Maß dieser Freiheit danach, inwieweit eine Gesellschaft politische Gesellschaft derart wird, daß Herrschaft auf rationale Autorität, nämlich auf Teilung von Arbeit und Erfahrung sowohl im Interesse als auch unter Kontrolle aller Individuen zurückgeführt wird; inwieweit es gelingt, die Trennung von politischer Herrschaft und scheinbar privater Reproduktion des Lebens zu überwinden. Ungeachtet der relativ hohen Stufe der Verallgemeinerung ist damit die Richtung eines entwicklungsgeschichtlichen Zusammenhangs angedeutet; wir glauben, heute an ihr den Stellenwert des politischen Bewußtseins messen zu sollen.

2. Öffentlichkeit (ein Lexikonartikel) *1964*

Öffentlichkeit. 1. Begriff. Unter Öffentlichkeit verstehen wir zunächst einen Bereich unseres gesellschaftlichen Lebens, in dem sich so etwas wie öffentliche Meinung bilden kann. Der Zutritt steht grundsätzlich allen Bürgern offen. Ein Stück Öffentlichkeit konstituiert sich in jedem Gespräch, in dem sich Privatleute zu einem Publikum versammeln. Sie verhalten sich dann weder wie Geschäftsleute oder Berufstätige, die ihre privaten Angelegenheiten aushandeln, noch wie gehorsamspflichtige Rechtsgenossen, die den legalen Weisungen der staatlichen Bürokratie unterstehen. Als Publikum verhalten sich die Bürger, wenn sie ungezwungen, also unter der Garantie, sich frei versammeln und vereinigen, frei ihre Meinung äußern und veröffentlichen zu dürfen, über Angelegenheiten allgemeinen Interesses verhandeln. Diese Kommunikation bedarf in einem großen Publikum bestimmter Mittel der Übertragung und der Beeinflussung; Zeitungen und Zeitschriften, Funk und Fernsehen sind heute solche Medien der Öffentlichkeit. Von politischer Öffentlichkeit sprechen wir, etwa im Unterschied zur literarischen, wenn sich die öffentlichen Diskussionen auf Gegenstände beziehen, die mit der Praxis des Staates zusammenhängen. Die Staatsgewalt ist gleichsam der Kontrahent der politischen Öffentlichkeit, aber nicht deren Teil. Zwar gilt sie als ›öffentliche‹ Gewalt, aber zunächst verdankt sie das Attribut der Öffentlichkeit ihrer Aufgabe, für das öffentliche, d. h. das gemeinsame Wohl aller Rechtsgenossen zu sorgen. Erst wenn die Ausübung politischer Herrschaft effektiv dem demokratischen Öffentlichkeitsgebot unterstellt wird, gewinnt die politische Öffentlichkeit auf dem Wege über die gesetzgebende Körperschaft einen institutionalisierten Einfluß auf die Regierung. Der Titel ›öffentliche Meinung‹ bezieht sich auf die Aufgaben der Kritik und der Kontrolle, die das Publikum der Staatsbürger informell, und während der periodischen Wahlen auch formell, gegenüber der staatlich organisierten Herrschaft ausübt. Auf diese Funktion der öffentlichen Meinung sind auch Publizitätsvorschriften, etwa die obligatorische Öffentlichkeit der Gerichtsverhandlungen bezogen. Der Öffentlichkeit als einer zwischen Gesellschaft und Staat vermittelnden Sphäre, in der sich das Publikum als Träger öffentlicher Meinung bildet, entspricht das Prinzip der Öffentlichkeit – jene Publizität, die einst gegen die Arkanpolitik der Monarchen durchgesetzt werden mußte und seitdem eine demokratische Kontrolle der Staatstätigkeit gestattet.

Diese Begriffe von Öffentlichkeit und öffentlicher Meinung bilden sich nicht zufällig erst im 18. Jahrhundert. Sie gewinnen ihren spezifischen Sinn aus einer konkreten geschichtlichen Lage. Damals lernt man *opinion* von *opinion publique* und *public opinion* unterscheiden. Während sich die bloßen Meinungen (kulturelle Selbstverständlichkeiten, normative Gesinnungen, kollektive Vorurteile und Wertungen) in ihrer naturwüchsigen Struktur als eine Art Bodensatz der Geschichte unverändert durchzuhalten scheinen, kann sich öffentliche Meinung, ihrer eigenen Idee nach, erst unter Voraussetzung eines räsonierenden Publikums herstellen. Institutionell gesicherte öffentliche Diskussionen, die in kritischer Absicht die Ausübung politischer Herrschaft zum Thema machen, gibt es aber nicht seit eh und je – sie haben sich erst in einer bestimmten Phase der bürgerlichen Gesellschaft herausgebildet und konnten erst kraft einer bestimmten Konstellation von Interessen in die Ordnung der bürgerlichen Rechtsstaaten eingehen.

2. Geschichte. Öffentlichkeit als ein eigener, von einer privaten Sphäre geschiedener Bereich läßt sich für die europäische Gesellschaft des hohen Mittelalters nicht nachweisen. Gleichwohl heißen damals die Attribute der Herrschaft, etwa das fürstliche Siegel, nicht zufällig ›öffentlich‹. Damals besteht nämlich eine öffentliche Repräsentation von Herrschaft. Der Status des feudalen Grundherrn, auf welcher Stufe der lehnsrechtlichen Pyramide auch immer, ist gegenüber den Kategorien ›öffentlich‹ und ›privat‹ gleichgültig; aber sein Inhaber repräsentiert ihn öffentlich; er zeigt sich, stellt sich dar als die

Verkörperung einer wie immer ›höheren‹ Gewalt. Der Begriff dieser Repräsentation hat sich bis in die jüngste Verfassungsgeschichte erhalten. Die Gewalt politischer Herrschaft, so sehr sie sich inzwischen von der alten Basis gelöst hat, verlangt auch heute noch auf höchster Ebene eine Repräsentation durch das Staatsoberhaupt. Solche Elemente gehen aber auf eine vorbürgerliche Gesellschaftsstruktur zurück. Repräsentation im Sinn bürgerlicher Öffentlichkeit, etwa die Vertretung der Nation oder bestimmter Mandanten, hat mit *repräsentativer Öffentlichkeit* nichts zu tun – diese haftet an der konkreten Existenz eines Herrn. Solange der Fürst und seine Landstände das Land ›sind‹, statt es bloß zu ›vertreten‹, können sie repräsentieren; sie repräsentieren ihre Herrschaft, statt für das Volk, ›vor‹ dem Volk.

Die feudalen Gewalten (Kirche, Fürstentum und Herrenstand), an denen die repräsentative Öffentlichkeit zunächst hängt, zersetzen sich in einem langen Prozeß der Polarisierung; bis zum Ende des 18. Jahrhunderts zerfallen sie in private Elemente auf der einen, in öffentliche auf der anderen Seite. Die Stellung der Kirche wandelt sich im Zusammenhang mit der Reformation; die Bindung an die göttliche Autorität, die sie repräsentiert, nämlich Religion, wird zur Privatsache. Die sogenannte Religionsfreiheit sichert geschichtlich den ersten Bereich privater Autonomie; die Kirche selbst existiert als eine öffentlich-rechtliche Körperschaft unter anderen fort. Die entsprechende Polarisierung der fürstlichen Gewalt wird durch die Trennung des öffentlichen Budgets vom privaten Hausgut des Landesherrn sichtbar markiert. Mit Bürokratie und Militär (zu einem Teil auch mit der Gerichtsbarkeit) verselbständigen sich die Institutionen der öffentlichen Gewalt gegenüber einer privatisierten Sphäre des Hofes. Aus den Ständen schließlich entwickeln sich die herrschaftsständischen Elemente zu Organen der öffentlichen Gewalt, zum Parlament (und, zum anderen Teil, zur Gerichtsbarkeit); die berufsständischen Elemente, soweit sie in den städtischen Korporationen und gewissen landständischen Differenzierungen schon angelegt sind, entwickeln sich zur Sphäre der bürgerlichen Gesellschaft, die als genuiner Bereich privater Autonomie dem Staat gegenüberstehen wird.

Repräsentative Öffentlichkeit weicht der neuen Sphäre jener mit den National- und Territorialstaaten entstehenden ›öffentlichen Gewalt‹. Eine kontinuierliche Staatstätigkeit (ständige Verwaltung, stehendes Heer) entspricht nun der Permanenz der Beziehungen, die sich inzwischen mit der Börse und der Presse im Waren- und Nachrichtenverkehr entwickelt hatten. Die öffentliche Gewalt konsolidiert sich zu einem greifbaren Gegenüber für diejenigen, die ihr bloß unterworfen sind und an ihr zunächst nur negativ ihre Bestimmung finden. Das sind die ›Privatleute‹, die, weil sie kein Amt innehaben, von der öffentlichen Gewalt ausgeschlossen sind. ›Öffentlich‹ bezieht sich nicht mehr auf den repräsentativen Hof einer mit Autorität ausgestatteten Person, sondern auf den nach Kompetenzen geregelten Betrieb eines mit dem Monopol legitimer Gewaltanwendung ausgestatteten Apparats. Die dem Staat subsumierten Privatleute bilden, als die Adressaten dieser öffentlichen Gewalt, das Publikum.

Die dem Staat gleichsam gegenübergetretene Gesellschaft ist einerseits von der öffentlichen Gewalt als ein privater Bereich deutlich abgehoben; andrerseits ist sie zu einer Angelegenheit öffentlichen Interesses insofern geworden, als die Reproduktion des Lebens im Zuge der entstehenden Marktwirtschaft über die Schranken privater Hausgewalt herausgetreten ist. *Bürgerliche Öffentlichkeit* läßt sich als die Sphäre der zum Publikum versammelten Privatleute begreifen. Diese beanspruchen die obrigkeitlich reglementierte Öffentlichkeit der ›Intelligenzzeitungen‹ alsbald gegen die öffentliche Gewalt selbst, um sich mit dieser, gestützt auf moralische und kritische Wochenschriften, über die allgemeinen Regeln des Verkehrs in ihrer grundsätzlich privatisierten, aber öffentlich relevanten Sphäre des Warenverkehrs und der Arbeit auseinanderzusetzen.

3. Das liberale Modell der Öffentlichkeit. Eigentümlich und geschichtlich ohne Vorbild ist das Medium dieser Auseinandersetzung – die öffentliche Diskussion. Bislang hatten die Stände mit ihren Fürsten Verträge ausgehandelt, in denen von

Fall zu Fall die Machtansprüche abgegrenzt wurden. Bekanntlich nimmt diese Entwicklung in England mit der Relativierung der fürstlichen Gewalt durch das Parlament einen anderen Verlauf als mit der Mediatisierung der Stände durch den Monarchen auf dem Kontinent. Mit diesem Modus des Machtausgleichs bricht nun der ›dritte Stand‹, denn er kann sich nicht mehr als ein Herrschaftsstand etablieren. Eine Teilung der Herrschaft durch Abgrenzung von Herrenrechten (ständischen Freiheiten) war auf der Basis der Verkehrswirtschaft nicht mehr möglich – die privatrechtliche Verfügungsgewalt über kapitalisches Eigentum ist ja unpolitisch. Die Bürgerlichen sind Privatleute; als solche ›herrschen‹ sie nicht. Ihre Machtansprüche gegen die öffentliche Gewalt richten sich darum nicht gegen die Zusammenballung von Herrschaft, die ›geteilt‹ werden müßte. Sie unterlaufen vielmehr das Prinzip der bestehenden Herrschaft. Das Prinzip der Kontrolle, das das bürgerliche Publikum diesem entgegensetzt, eben Publizität, will Herrschaft als solche verändern, nicht nur eine Legitimationsgrundlage gegen eine andere auswechseln.

In den ersten modernen Verfassungen sind die Abteilungen des Grundrechtskatalogs ein Abbild des liberalen Modells der Öffentlichkeit: sie garantieren die Gesellschaft als Sphäre privater Autonomie; ihr gegenüber eine auf wenige Funktionen limitierte öffentliche Gewalt; und gleichsam zwischen beiden den Bereich der zum Publikum versammelten Privatleute, die als Staatsbürger den Staat mit Bedürfnissen der bürgerlichen Gesellschaft vermitteln, um so, der Idee nach, im Medium dieser Öffentlichkeit, politische Autorität in ›rationale‹ zu überführen. Das allgemeine Interesse, an dem sich Rationalität dieser Art bemessen sollte, schien unter den Voraussetzungen einer Gesellschaft des freien Warenverkehrs dann garantiert, wenn der Verkehr der Privatleute auf dem Markt von sozialen Gewalten und in der Öffentlichkeit von politischem Zwang emanzipiert sein würde.

Eine wichtige Rolle übernimmt zur gleichen Zeit die politische Tagespresse. Der älteren Avisenschreiberei entsteht in der zweiten Hälfte des 18. Jhs. im schriftstellernden Journalismus eine ernsthafte Konkurrenz. Den großen Zug der Entwicklung bezeichnet Karl *Bücher* wie folgt: »Die Zeitungen wurden aus bloßen Nachrichtenpublikationsanstalten auch Träger und Leiter der öffentlichen Meinung, Kampfmittel der Parteipolitik. Dies hatte für die innere Organisation der Zeitungsunternehmung die Folge, daß sich zwischen Nachrichtensammlung und Nachrichtenpublikation ein neues Glied einschob: die Redaktion. Für den Zeitungsverleger aber hatte es die Bedeutung, daß er aus einem Verkäufer neuer Nachrichten zu einem Händler mit öffentlicher Meinung wurde.« Die Verleger sicherten der Zeitung die kommerzielle Grundlage, ohne sie jedoch als solche zu kommerzialisieren. Die Presse blieb eine Einrichtung des Publikums selbst, wirksam in der Art eines Vermittlers und Verstärkers öffentlicher Diskussion, nicht mehr bloßes Organ des Nachrichtentransportes, aber noch kein Medium einer Konsumentenkultur.

Dieser Typus von Presse ist vor allem in Revolutionszeiten zu beobachten, wenn die Zeitungen der kleinsten politischen Zusammenschlüsse und Vereinigungen aus dem Boden schießen, so im Paris des Jahres 1789; noch im Paris von 1848 bildet jeder halbwegs hervorragende Politiker seinen Klub, jeder zweite sein Journal: 450 Klubs und über 200 Journale entstanden dort allein zwischen Februar und Mai. Bis zur dauerhaften Legalisierung der politisch fungierenden Öffentlichkeit war das Erscheinen einer politischen Zeitung gleichbedeutend mit Engagement im Kampf um den Freiheitsspielraum der öffentlichen Meinung, um Öffentlichkeit als Prinzip. Erst mit der Etablierung des bürgerlichen Rechtsstaats wird die räsonierende Presse vom Gesinnungsdruck entlastet. Seitdem kann sie ihre polemische Stellung räumen und die Erwerbschancen kommerziellen Betriebs wahrnehmen. In England, Frankreich und den USA bahnt sich eine solche Entwicklung von der Gesinnungs- zur Geschäftspresse während der dreißiger Jahre des 19. Jahrhunderts ungefähr gleichzeitig an. Auf dem Wege vom Journalismus der schriftstellernden Privatleute zu den öffentlichen Dienstleistungen der Massenmedien verändert sich die Sphäre der Öffentlichkeit durch das Einströmen privater Interessen, die in ihr privilegiert zur Darstellung kommen.

4. Die Öffentlichkeit in den sozialstaatlichen Massendemokratien. Das liberale Modell der Öffentlichkeit ist heute noch im Hinblick auf den normativen Anspruch der Öffentlichkeitsgebote lehrreich; aber auf die tatsächlichen Verhältnisse einer industriell fortgeschrittenen und sozialstaatlich verfaßten Massendemokratie läßt es sich nicht anwenden. Zum Teil enthielt es immer schon ideologische Bestimmungen, teils haben sich die sozialen Voraussetzungen, an die jene immerhin anknüpfen konnten, gründlich verändert. Schon die Erscheinungsformen der Öffentlichkeit, aus der ihre Idee eine gewisse Evidenz ziehen mochte, begannen sich mit der Chartistenbewegung in England, mit der Februarrevolution in Frankreich zu wandeln. Das Publikum erweiterte sich durch Verbreitung von Presse und Propaganda über die Schranken des Bürgertums hinaus. Mit seiner sozialen Exklusivität verlor es auch den Zusammenhang durch die Institute des geselligen Verkehrs und einen verhältnismäßig hohen Standard der Bildung. Die bislang in die Privatsphäre abgedrängten Konflikte stoßen jetzt in die Öffentlichkeit vor; Gruppenbedürfnisse, die von einem sich selbst regulierenden Markt keine Befriedigung erwarten können, tendieren zu einer Regulation durch den Staat. Die Öffentlichkeit, die diese Forderungen jetzt vermitteln muß, wird zum Feld der Interessenkonkurrenz in den vergröberten Formen gewaltsamer Auseinandersetzung. Gesetze, die sichtbar unter dem ›Druck der Straße‹ zustande kommen, lassen sich schwerlich noch aus dem Konsensus der öffentlich diskutierenden Privatleute verstehen; sie entsprechen mehr oder minder unverhohlen dem Kompromiß streitender Privatinteressen. In der politischen Öffentlichkeit agieren heute, auf den Staat bezogen, gesellschaftliche Organisationen, sei es durch Parteien vermittelt, sei es unmittelbar im Zusammenspiel mit der öffentlichen Verwaltung. Mit der Verschränkung von öffentlichem und privatem Bereich übernehmen nicht nur die politischen Instanzen gewisse Funktionen in der Sphäre des Warenverkehrs und der gesellschaftlichen Arbeit, sondern umgekehrt übernehmen nun

auch gesellschaftliche Mächte politische Funktionen. Das führt zu einer Art ›Refeudalisierung‹ der Öffentlichkeit. Die großen Organisationen streben mit dem Staat und untereinander politische Kompromisse, möglichst unter Ausschluß der Öffentlichkeit an; gleichzeitig müssen sie sich aber durch Entfaltung demonstrativer Publizität bei der Masse der Bevölkerung wenigstens plebiszitärer Zustimmung versichern.

Die politische Öffentlichkeit des Sozialstaates ist durch eine eigentümliche Entkräftung ihrer kritischen Funktionen geprägt. Während einst die Publizität Personen oder Sachen dem öffentlichen Räsonnement unterwerfen und politische Entscheidungen vor der Instanz öffentlicher Meinung revisionsfähig machen sollte, wird sie heute oft genug auch schon zur Hilfe einer Arkanpolitik der Interessenten – als publicity erwirbt sie Personen oder Sachen öffentliches Prestige und macht sie dadurch in einem Klima nicht-öffentlicher Meinung akklamationsfähig. Schon das Wort ›Öffentlichkeitsarbeit‹ verrät, daß umständlich und von Fall zu Fall eine Öffentlichkeit erst hergestellt werden muß, die sich früher aus der Gesellschaftsstruktur ergab. Auch das zentrale Verhältnis von Publikum, Parteien und Parlament ist von diesem Funktionswandel betroffen.

Diesem tatsächlichen Trend zur Entkräftung der Öffentlichkeit, als Prinzip, steht allerdings die sozialstaatliche Umfunktionierung der Grundrechte entgegen: das Öffentlichkeitsgebot wird von den Staatsorganen auf alle staatsbezogen agierenden Organisationen ausgedehnt. Im Maße seiner Verwirklichung würde, anstelle eines nicht mehr intakten Publikums individuell verkehrender Privatleute, ein Publikum der organisierten Privatleute treten. Nur diese könnten unter heutigen Verhältnissen über die Kanäle der innerparteilichen und verbandsinternen Öffentlichkeit, und auf Grund der für den Verkehr der Organisationen mit dem Staat in Kraft gesetzten Publizität, wirksam an einem Prozeß öffentlicher Kommunikation teilnehmen. An diesem hätte sich die Bildung politischer Kompromisse zu legitimieren. Die in der sozialstaatlichen Massendemokratie festgehaltene Idee der Öffentlichkeit, die eine Rationalisierung der Herrschaft im Medium öffentlicher Diskussionen unter Privatleuten bezeichnete, droht mit dem Strukturwandel der Öffentlichkeit selber zu zerfallen. Sie wäre heute, auf einer veränderten Basis, nur noch zu verwirklichen als eine Rationalisierung der sozialen und politischen Machtausübung unter der wechselseitigen Kontrolle rivalisierender, in ihrem inneren Aufbau ebenso wie im Verkehr mit dem Staat und untereinander auf Öffentlichkeit festgelegter Organisationen.

3. Über einige Bedingungen der Revolutionierung spätkapitalistischer Gesellschaften *1968*

Marx war der Überzeugung, daß eine Revolutionierung jenes kapitalistischen Gesellschaftssystems, das er vor Augen hatte, möglich sei: 1. weil damals der Antagonismus zwischen den Eigentümern der Produktionsmittel und den Lohnarbeitern als Klassenkampf manifest hervortritt, nämlich den Subjekten selbst zu Bewußtsein kommt und darum politisch organisiert werden kann; und 2. weil der institutionelle Zwang zur Kapitalverwertung in privater Form das Wirtschaftssystem auf die Dauer vor ein unlösbares Problem stellt. Ich weiß, daß für Marx diese beiden Bedingungen zwar notwendige, aber noch keineswegs zureichende Bedingungen für eine Revolution darstellen. Ich beschränke aber meine Diskussion darauf, weil bereits diese beiden Bedingungen, wie ich glaube, im staatlich geregelten Kapitalismus nicht mehr erfüllt sind.

ad 1. Die erste Bedingung eines politisch organisierbaren Klassenkampfes ist gegeben, wenn die Beziehung zwischen privilegierten und depravierten Gruppen auf Ausbeutung beruht und wenn diese Ausbeutung subjektiv bewußt wird, d. h. *unvereinbar* ist mit den geltenden Legitimationen der Herrschaft. Ausbeutung heißt dabei: daß die herrschende Klasse von der Arbeit der abhängigen Klasse lebt und darum durch Kooperationsentzug ihrerseits genötigt werden kann. Die depravierte Lohnarbeiterschaft des 19. Jahrhunderts war in diesem Sinne eine ausgebeutete Klasse. Gleichzeitig war dieses Verhältnis der Ausbeutung unvereinbar mit der bürgerlichen Ideologie. Dieser Ideologie zufolge sollte ja der Verkehr der Privatleute untereinander durch die Äquivalenz der Tauschbeziehungen geregelt sein und sich daher in einer von Herrschaft emanzipierten und von Gewalt freien Sphäre abspielen.

ad 2. Die Analyse des kapitalistischen Wirtschaftssystems, die Marx auf der Grundlage der Werttheorie durchgeführt hat, dient bekanntlich dem Nachweis der Unvermeidlichkeit von systemgefährdenden Disproportionalitäten. Solange das wirtschaftliche Wachstum an den Mechanismus der Verwertung des Kapitals in privater Form gebunden ist, muß der Akkumulationsprozeß immer wieder ins Stocken geraten. Diese periodische Vernichtung nicht verwertbarer Kapitalreserven ist im übrigen darum eine Bedingung der Revolution, weil sie eine anschauliche Demonstration des Mißverhältnisses zwischen den entfalteten Produktivkräften einerseits und dem institutionellen Rahmen des kapitalistischen Gesellschaftssystems andererseits darstellt und dadurch das unlösbare Systemproblem den Massen zu Bewußtsein bringt.

Im folgenden möchte ich zwei Entwicklungstendenzen nennen, die für den staatlich organisierten Kapitalismus der Gegenwart bestimmend sind.[1] Diese grobe Rekonstruktion seiner Entstehung soll einerseits begreiflich machen, warum die klassischen Bedingungen der Revolution heute nicht mehr gegeben sind; sie soll aber gleichzeitig die strukturelle Schwäche des Systems erkennen lassen, die sich statt dessen als Angriffspunkt bietet.

I.

Seit dem letzten Viertel des 19. Jahrhunderts machen sich in den kapitalistisch fortgeschrittensten Ländern zwei Entwicklungstendenzen bemerkbar: ein Anwachsen der interventionistischen Staatstätigkeit, welche die Systemstabilität sichern muß, einerseits und eine wachsende Interdependenz von Forschung und Technik, die die Wissenschaften zur ersten Produktivkraft gemacht hat, andererseits. Beide Tendenzen zerstören jene Konstellation, durch die der liberal entfaltete Kapitalismus sich ausgezeichnet hatte.

1. Die staatsinterventionistische Dauerregulierung des Wirtschaftsprozesses ist aus der Abwehr systemgefährdender Dys-

1 Ich wiederhole hier Teile meiner in *Technik und Wissenschaft als Ideologie*, Frankfurt 1968, enthaltenen Analysen.

funktionalitäten eines sich selbst überlassenen Kapitalismus hervorgegangen. Die Basisideologie des gerechten Tausches, die Marx theoretisch entlarvt hatte, brach praktisch zusammen. Die Form der privatwirtschaftlichen Kapitalverwertung ließ sich nur aufrechterhalten durch die staatlichen Korrektive einer kreislaufstabilisierenden und Marktfolgen kompensierenden Sozial- und Wirtschaftspolitik. Dadurch verändert sich das Herrschaftssystem selbst. Nach dem Zerfall der Ideologie des gerechten Tausches, auf der auch die modernen Naturrechtskonstruktionen des bürgerlichen Rechtsstaates beruhten, verlangt die politische Herrschaft eine neue Legitimationsgrundlage. Nun, da die indirekt über den Tauschprozeß ausgeübte Macht ihrerseits durch vorstaatlich organisierte und staatlich institutionalisierte Herrschaft kontrolliert werden muß, kann die Legitimation nicht länger aus einer unpolitischen Ordnung, den Produktionsverhältnissen, abgeleitet werden. Insofern erneuert sich der in den vorkapitalistischen Gesellschaften bestehende Zwang zur direkten Legitimation. Andererseits ist die Wiederherstellung unmittelbar politischer Herrschaft (mit einer traditionalen Form der Legitimation aufgrund kultureller Überlieferung) unmöglich geworden. Die formal demokratische Herrschaft in Systemen des staatlich regulierten Kapitalismus steht unter einem Legitimationszwang, der durch Rückgriffe auf die vorbürgerliche Legitimationsform nicht mehr eingelöst werden kann. Darum tritt an die Stelle der Äquivalenzideologie des freien Tausches eine Ersatzprogrammatik. Sie ist an den sozialen Folgen nicht der Institution des Marktes, sondern einer die Dysfunktionen des freien Tauschverkehrs kompensierenden Staatstätigkeit orientiert. Sie verbindet das Moment der bürgerlichen Leistungsideologie (die freilich die Statuszuweisung nach Maßgabe individueller Leistung vom Markt auf das Schulsystem verschiebt) mit dem Versprechen von Wohlfahrt (mit der Aussicht auf Arbeitsplatzsicherheit sowie auf Einkommensstabilität). Diese Ersatzprogrammatik verpflichtet das Herrschaftssystem darauf, die Stabilitätsbedingungen eines, soziale Sicherheit und Chancen persönlichen Aufstiegs gewährenden, Gesamtsystems zu erhalten und Wachstumsrisiken vorzubeugen. Das erfordert einen erheblichen Manipulationsspielraum für staatliche Interventionen, die um den Preis der Einschränkung von Privatrechtsinstitutionen die private Form der Kapitalverwertung gerade sichern und die Loyalität der Massen in die kapitalistische Gesellschaftsform binden.

Soweit die Staatstätigkeit auf die Stabilität und das Wachstum des Wirtschaftssystems gerichtet ist, nimmt nun die Politik einen eigentümlich negativen Charakter an: sie ist an der Beseitigung von Dysfunktionalitäten und an der Vermeidung von systemgefährdenden Risiken, also nicht an der Verwirklichung praktischer Ziele, sondern an der Lösung technischer Fragen orientiert. Die Staatstätigkeit wird durch präventive Handlungsorientierungen auf technische Aufgaben eingeschränkt. Das Ziel ist »just to keep the system going«. Dabei fallen die praktischen Fragen gleichsam heraus.

Ich bediene mich hier der Unterscheidung von technischen und praktischen Fragen. Technische Fragen stellen sich im Hinblick auf die zweckrationale Organisation von Mitteln und die rationale Wahl zwischen alternativen Mitteln bei gegebenen Zielen. Praktische Fragen hingegen stellen sich im Hinblick auf die Annahme oder die Ablehnung von Normen, in unserem Falle von Normen des Zusammenlebens, die wir mit guten Gründen stützen oder verwerfen, verwirklichen oder bekämpfen können. Der Unterscheidung von technischen und praktischen Fragen entspricht, wie ich gleich hinzufügen möchte, die Unterscheidung zwischen Arbeit und Interaktion. Arbeit ist ein Titel für beliebige Formen des instrumentalen oder strategischen Handelns, während Interaktion ein reziprokes Verhalten von mindestens zwei Subjekten unter gemeinsamen, nämlich intersubjektiv verständlichen und verbindlichen Normen heißen soll.

Ich kehre zurück zur Frage der Eliminierung wesentlich praktischer Gehalte aus der Politik des Spätkapitalismus. Die Politik älteren Stils war schon allein durch die Legitimationsform der traditionalen Herrschaft gehalten, sich im Verhältnis zu praktischen Zielen zu bestimmen: die Interpretationen des »guten Lebens« waren an Interaktionszusammenhängen festgemacht.

Das gilt auch noch für die Ideologie der bürgerlichen Gesellschaft. Heute bezieht sich aber die Ersatzprogrammatik nur noch auf das Funktionieren eines gesteuerten Systems. Sie schaltet praktische Fragen aus, und damit die Diskussion über die Annahme von Standards, die allein der demokratischen Willensbildung zugänglich waren. Die Lösung technischer Aufgaben ist nämlich auf öffentliche Diskussion nicht angewiesen. Öffentliche Diskussionen könnten vielmehr die Randbedingungen des Systems, innerhalb dessen die Aufgaben der Staatstätigkeit erst als technische sich stellen, problematisieren. Die neue Politik des staatlichen Interventionismus verlangt darum eine Entpolitisierung der Masse der Bevölkerung. Im Maße der Ausschaltung der praktischen Fragen wird auch die politische Öffentlichkeit funktionslos. Die Massenmedien übernehmen vielmehr die Funktion, jene Entpolitisierung der Massen zu sichern. Andererseits läßt die herrschaftslegitimierende Ersatzprogrammatik ein entscheidendes Legitimationsbedürfnis offen: Wie wird die Entpolitisierung der Massen diesen selbst plausibel? Marcuse hat darauf eine Antwort gegeben: dadurch, daß Technik und Wissenschaft *auch* die Rolle einer Ideologie übernehmen.

2. Seit dem Ende des 19. Jahrhunderts setzt sich eine zweite Entwicklungstendenz, die den Spätkapitalismus auszeichnet, immer stärker durch: die Verwissenschaftlichung der Technik. Mit der Industrieforschung großen Stils werden Wissenschaft, Technik und Verwertung zu einem System zusammengeschlossen. Sie verbindet sich inzwischen mit einer staatlichen Auftragsforschung, die in erster Linie den wissenschaftlichen und technischen Fortschritt auf militärischem Gebiet fördert. Von dort fließen die Informationen in die Bereiche der zivilen Güterproduktion zurück. So werden Technik und Wissenschaft zur ersten Produktivkraft, womit die Anwendungsbedingungen für Marxens Arbeitswerttheorie entfallen. Es ist nicht länger sinnvoll, die Kapitalbeträge für Investitionen in Forschung und Entwicklung (*Research and Development*) auf der Grundlage des Wertes der unqualifizierten (einfachen) Arbeitskraft zu berechnen, wenn der institutionalisierte wissenschaftlich-tech-

nische Fortschritt zur Grundlage einer indirekten Mehrwertproduktion geworden ist, gegenüber der die von Marx allein in Betracht gezogene Quelle des Mehrwertes: die Arbeitskraft der unmittelbaren Produzenten, immer weniger ins Gewicht fällt. Daraus ergibt sich nun die Entstehung eines eigentümlich technokratischen Bewußtseins.

Solange nämlich die Produktivkräfte anschaulich an den rationalen Entscheidungen und dem instrumentalen Handeln der gesellschaftlich produzierenden Menschen festgemacht waren, konnten sie als Potential für eine wachsende technische Verfügungsgewalt verstanden, nicht aber mit dem institutionellen Rahmen, in den sie eingebettet sind, verwechselt werden. Das Produktivkräftepotential nimmt aber mit der Institutionalisierung des wissenschaftlich-technischen Fortschritts eine Gestalt an, die den Dualismus von Arbeit und Interaktion im Bewußtsein der Menschen zurücktreten läßt.

Zwar bestimmen nach wie vor gesellschaftliche Interessen die Richtung, die Funktionen und die Geschwindigkeit des technischen Fortschritts. Aber diese Interessen definieren das gesellschaftliche System so sehr als Ganzes, daß sie mit dem Interesse an der Erhaltung des Systems sich decken. Die private Form der Kapitalverwertung und ein loyalitätssichernder Verteilerschlüssel für soziale Entschädigungen bleiben als solche der Diskussion entzogen. Als unabhängige Variable erscheint dann ein quasiautonomer Fortschritt von Wissenschaft und Technik, von dem die wichtigste einzelne Systemvariable, nämlich das wirtschaftliche Wachstum, in der Tat abhängt. So ergibt sich eine Perspektive, in der die Entwicklung des gesellschaftlichen Systems durch die Logik des wissenschaftlich-technischen Fortschritts bestimmt zu sein scheint. Die immanente Gesetzlichkeit dieses Fortschritts scheint die Sachzwänge zu produzieren, denen eine funktionalen Bedürfnissen gehorchende Politik folgen muß. Wenn dieses technokratische Bewußtsein, das natürlich ein falsches Bewußtsein ist, die Evidenz einer alltäglichen Selbstverständlichkeit erlangt, dann kann der Hinweis auf die Rolle von Technik und Wissenschaft erklären und legitimieren, warum in modernen Gesellschaften ein demokratischer

Willensbildungsprozeß über praktische Fragen seine Funktionen verlieren und durch plebiszitäre Entscheidungen über alternative Führungsgarnituren des Verwaltungs*personals* ersetzt werden muß. In diesem Sinne übernehmen Technik und Wissenschaft heute eine doppelte Funktion: sie sind nicht nur Produktivkraft, sondern auch Ideologie. Daraus erklärt sich auch, warum das Mißverhältnis zwischen Produktivkräften und Produktionsverhältnissen heute nicht mehr sinnfällig, d. h. für das Bewußtsein der Masse nicht mehr evident ist.

II.

Kehren wir nun zu den beiden strukturellen Bedingungen der Revolution zurück, die Marx genannt hat. Die zweite Bedingung, daß nämlich der Mechanismus der Kapitalverwertung in privater Form als solcher das System vor unlösbare Probleme stellt, ist nicht mehr erfüllt, wenn es richtig ist, daß die Institutionalisierung des wissenschaftlich-technischen Fortschritts die orthodoxen Krisentheoreme grundsätzlich in Frage stellt, und wenn durch die Organisation der Wissenschaft als erster Produktivkraft der Spielraum tatsächlich geschaffen wird, in dem die Staatstätigkeit wirtschaftliches Wachstum und Massenloyalität durch Umverteilung prinzipiell sichern kann. Darauf möchte ich an dieser Stelle nicht weiter eingehen.[2] Mich interessiert, daß auch die erste Bedingung, die Möglichkeit eines politisch organisierbaren Klassenkampfes, nicht mehr ohne weiteres erfüllt ist. Denn die kapitalistische Gesellschaft hat sich infolge der beiden genannten Entwicklungstendenzen so verändert, daß *zwei* Schlüsselkategorien der Marxschen Revolutionstheorie, nämlich Klassenkampf und Ideologie, nicht mehr umstandslos angewendet werden können.

1. Das System des Spätkapitalismus ist durch eine die Loyalität der lohnabhängigen Massen sichernde Entschädigungs-, und das heißt: Konfliktvermeidungspolitik so sehr definiert,

2 Vgl. jetzt meine Untersuchung: *Legitimationsprobleme im Spätkapitalismus*, Frankfurt 1973.

daß der mit der privatwirtschaftlichen Kapitalverwertung nach wie vor in die Struktur der Gesellschaft eingebaute Klassenkonflikt derjenige ist, der mit der relativ größten Wahrscheinlichkeit latent bleibt und daher hinter anderen Konflikten zurücktritt, die zwar ebenfalls durch die Produktionsweise bedingt sind, aber nicht mehr die Form von Klassenkonflikten annehmen können. Claus Offe hat den paradoxen Sachverhalt analysiert: daß sich offene Konflikte an gesellschaftlichen Interessen um so wahrscheinlicher entzünden, je weniger ihre Verletzung systemgefährdende Folgen hat. Konfliktträchtig sind die an der Peripherie des staatlichen Aktionsbereiches liegenden Bedürfnisse, weil sie von dem latent gehaltenen Zentralkonflikt entfernt sind und daher keine Priorität bei der Gefahrenabwehr genießen. An ihnen entzünden sich Konflikte in dem Maße, wie die disproportional gestreuten staatlichen Interventionen zurückbleibende Entwicklungsbereiche und entsprechende Disparitätsspannungen entstehen lassen. Die an der Erhaltung der Produktionsweise haftenden Interessen sind im Gesellschaftssystem nicht mehr als Klasseninteressen eindeutig lokalisierbar. Denn das auf die Vermeidung von Systemgefährdungen gerichtete Herrschaftssystem schließt gerade eine »Herrschaft«, die in der Weise ausgeübt wird, daß *ein* Klassensubjekt dem *anderen* als identifizierbare Gruppe gegenübertritt, aus.
Das bedeutet nicht eine Aufhebung, aber eine Latenz der Klassengegensätze. Wohl können wir als empirische Soziologen gut belegen, daß immer noch die klassenspezifischen Unterschiede in Form subkultureller Überlieferungen und entsprechender Differenzen nicht nur des Lebensniveaus und der Lebensgewohnheiten, sondern auch der politischen Einstellungen fortbestehen. Zudem ergibt sich die sozialstrukturell bedingte Wahrscheinlichkeit, daß die Klasse der Lohnabhängigen von den gesellschaftlichen Disparitäten härter getroffen wird als andere Gruppen. Und schließlich ist das verallgemeinerte Interesse an der Erhaltung des Systems auf der Ebene unmittelbarer Lebenschancen auch heute noch in einer Privilegienstruktur verankert: der Begriff eines gegenüber den lebendigen Subjekten vollständig verselbständigten Interesses müßte sich selbst

aufheben. Aber die politische Herrschaft im staatlich regulierten Kapitalismus hat mit der Abwehr von Systemgefährdungen ein über die virtualisierten Klassengrenzen hinweggreifendes Interesse an der Aufrechterhaltung der kompensatorischen Verteilerfassade in sich aufgenommen.

Auf der anderen Seite bedeutet die Verschiebung der Konfliktzone von der Klassengrenze auf die unterprivilegierten Lebensbereiche keineswegs die Beseitigung von schwerwiegendem Konfliktpotential. Wie der Rassenkonflikt in den USA als extremes Beispiel zeigt, können sich in bestimmten Gebieten und Gruppen so viele Disparitätsfolgen kumulieren, daß es zu bürgerkriegsähnlichen Explosionen kommt. Ohne Verbindung mit Protestpotentialen anderer Herkunft sind aber alle aus solchen Unterprivilegierungen allein hervorgehenden Konflikte dadurch ausgezeichnet, daß sie das System womöglich zu scharfen, mit formaler Demokratie nicht mehr zu vereinbarenden Reaktionen herausfordern, aber nicht eigentlich umwälzen können. Denn unterprivilegierte Gruppen sind keine sozialen Klassen. Sie stellen auch potentiell niemals die Masse der Bevölkerung dar. Ihre Entrechtung und ihre Pauperisierung fällt nicht mehr zusammen mit Ausbeutung, weil das System nicht von ihrer Arbeit lebt. Sie können allenfalls eine vergangene Phase der Ausbeutung repräsentieren. Aber die Erfüllung der Ansprüche, die sie legitimerweise vertreten, können sie nicht durch Kooperationsentzug *erzwingen:* deshalb erhalten diese appellativen Charakter. Auf die langfristige Nichtbeachtung ihrer legitimen Ansprüche können unterprivilegierte Gruppen im Extremfall mit desparater Zerstörung und Selbstzerstörung reagieren: einem solchen Bürgerkrieg fehlen jedoch die revolutionären Erfolgschancen des Klassenkampfes, solange keine Koalitionen mit privilegierten Gruppen zustande kommen.

In der spätkapitalistischen Gesellschaft treten sich die depravierten und die privilegierten Gruppen, soweit die Grenzen der Unterprivilegierungen überhaupt noch gruppenspezifisch sind und nicht quer durch die Bevölkerungskategorien verlaufen, nicht mehr *als* sozioökonomische Klassen gegenüber.

2. Das technokratische Bewußtsein ist einerseits »weniger ideologisch« als alle vorangegangenen Ideologien; denn es hat nicht die Gewalt einer Verblendung, die Erfüllung von Interessen vorspiegelt, indem sie die unterdrückten Triebwünsche nur kompensiert. Andererseits ist die gläserne Hintergrundideologie, die die Wissenschaft fetischisiert, unwiderstehlicher und weitreichender als Ideologien alten Typs, weil sie mit der Verschleierung praktischer Fragen nicht nur das partielle Herrschaftsinteresse einer bestimmten Klasse rechtfertigt und das partielle Bedürfnis der Emanzipation auf seiten einer anderen Klasse unterdrückt, sondern das emanzipatorische Gattungsinteresse als solches trifft.
Das technokratische Bewußtsein ist keine rationalisierte Wunschphantasie, keine »Illusion« im Sinne Freuds, in der ein nicht-repressiver wunscherfüllender Zusammenhang von Interaktionen vorgestellt wird. Noch die bürgerlichen Ideologien ließen sich auf eine Grundfigur gerechter und herrschaftsfreier, für beide Seiten befriedigender Interaktion zurückführen. Gerade sie erfüllten die Kriterien von Wunscherfüllung und Ersatzbefriedigung auf der Grundlage einer durch Repression derart eingeschränkten Kommunikation, daß das mit dem Kapitalverhältnis einst institutionalisierte Gewaltverhältnis nicht beim Namen genannt werden konnte. Aber das technokratische Bewußtsein drückt nicht mehr eine Projektion des »guten Lebens« aus, das mit der schlechten Wirklichkeit wenn nicht identifiziert, so wenigstens in einen virtuell befriedigenden Zusammenhang gebracht wird. Gewiß dient auch die neue Ideologie wie die alte dazu, die Thematisierung gesellschaftlicher Fundamente zu verhindern; damals war es die soziale Gewalt, die der Beziehung zwischen Kapitalisten und Lohnarbeitern unmittelbar zugrunde lag, heute sind es die strukturellen Bedingungen, die die funktionalen Aufgaben der Systemerhaltung vorgängig definieren: nämlich die privatwirtschaftliche Form der Kapitalverwertung und eine die Massenloyalität sichernde politische Form der Verteilung sozialer Entschädigungen. Allein, alte und neue Ideologie unterscheiden sich doch in zwei Hinsichten.

Einmal begründet das Kapitalverhältnis heute wegen seiner Bindung an einen loyalitätsverbürgenden politischen Verteilermodus nicht mehr eine unkorrigierte Ausbeutung und Unterdrückung: die Virtualisierung des fortbestehenden Klassengegensatzes setzt voraus, daß die ihm zugrunde liegende Repression geschichtlich zu Bewußtsein gekommen und *dann erst* in modifizierter Form als Systemeigenschaft stabilisiert worden ist. Das technokratische Bewußtsein kann deshalb nicht in derselben Weise auf einer kollektiven Verdrängung beruhen wie die Geltung älterer Ideologien. Zum anderen kann Massenloyalität nur mit Hilfe von Entschädigungen für privatisierte Bedürfnisse hergestellt werden. Die Interpretation der Leistungen, an denen das System sich rechtfertigt, darf im Prinzip nicht politisch sein: sie bezieht sich unmittelbar auf verwendungsneutrale Zuteilungen von Geld und arbeitsfreier Zeit, mittelbar auf die technokratische Rechtfertigung der Ausschaltung von praktischen Fragen.

III.

Damit habe ich den entscheidenden Punkt in meiner Argumentation erreicht.

Ich behaupte, daß die Bedingungen eines politisch organisierbaren Klassenkampfes im Spätkapitalismus so lange nicht erfüllt sind, als es gelingt, zwei Motivationsketten, die in der Arbeiterbewegung und in der marxistischen Theorie stets verbunden waren, effektiv so zu trennen, daß das eine Interesse befriedigt und das andere unterdrückt werden kann. Befriedigt wird nämlich das ökonomische Interesse der Verbraucher an gesellschaftlich produzierten Gütern und Leistungen und das der Arbeitnehmer an reduzierter Arbeitszeit, unterdrückt wird hingegen das politische Interesse der einzelnen, ihre Autonomie dadurch zu gewinnen, daß sie an allen Entscheidungsprozessen, von denen ihr Leben abhängt, auch ungezwungen partizipieren. Die Stabilisierung des staatlich geregelten kapitalistischen Gesellschaftssystems hängt davon ab, daß die Loyalität der Massen an sozialen Entschädigungen der unpolitischen Form (von Einkommen und arbeitsfreier Zeit) festgemacht wird, und daß die Abblendung ihres Interesses an der Lösung praktischer Fragen des besseren und guten Lebens garantiert wird. Darum beruht aber das gesellschaftliche System des staatlich geregelten Kapitalismus auf einer *sehr schwachen Legitimationsgrundlage.* Das Herrschaftssystem ist fast nur noch negativ, durch Ablenkung der Interessen breiter Schichten auf den Privatbereich, und nicht mehr affirmativ durch Ziele praktischer Art gerechtfertigt. Diese systemnotwendige Entpolitisierung der Öffentlichkeit, auf deren Boden die Willensbildung eine radikal-demokratische Form nicht annehmen kann, enthüllt den strategischen Punkt der Verletzbarkeit des Systems. Bevor ich die Kräfte nenne, die sich auf diesen Angriffspunkt richten, will ich die beiden *internationalen Tendenzen* wenigstens erwähnen, die bisher eher zu einer Stabilisierung des Kapitalismus beigetragen haben.

1. Der Zusammenhang zwischen der wirtschaftlichen Stabilität der entwickelten kapitalistischen Länder und der katastrophalen wirtschaftlichen Situation in den Ländern der Dritten Welt scheint heute durch die Imperialismustheorie nicht mehr zureichend erfaßt zu werden. Ich zweifle nicht daran, daß die ungünstigen sozialen und ökonomischen Ausgangsbedingungen in diesen Ländern durch den Imperialismus der heutigen Industrienationen geschaffen worden sind. Aber vieles spricht dafür, daß Beziehungen ökonomischer Ausbeutung zwischen Ländern der Ersten und der Dritten Welt tendenziell abgelöst werden durch Verhältnisse strategischer Abhängigkeit und wachsender Disparität. Auch auf internationaler Ebene bezeichnet Unterprivilegierung die Form einer empörenden Entrechtung, die aber nicht mehr automatisch und in Zukunft immer weniger mit Ausbeutung zusammenfällt. Das erklärt auch eine gewisse Moralisierung der Ansprüche, die jene, eine vergangene Phase der Ausbeutung repräsentierenden Länder heute gegen die ehemaligen Kolonialmächte überzeugend anmelden.

2. Die Etablierung eines Blocks sozialistischer Staaten im

Gefolge der Russischen Revolution und des Sieges der Alliierten über das faschistische Deutschland hat eine neue Ebene des internationalen Klassenkampfes geschaffen. Sowohl die militärische Präsenz als auch das Muster einer staatssozialistisch organisierten Gesellschaft üben einen Konkurrenzdruck aus, der wenigstens zur Selbstdisziplinierung des Kapitalismus beiträgt. Der interne Druck, der durch den Imperativ entsteht, Massenloyalität durch Wirtschaftswachstum und soziale Entschädigungen aufrechtzuerhalten, wird durch den externen Druck greifbarer Alternativen verstärkt. Eine Gefährdung für den staatlich geregelten Kapitalismus wird sich freilich daraus so lange nicht ergeben, wie das alternative Muster nur durch die Herrschaftsform eines bürokratischen Sozialismus repräsentiert ist.
Gleichwohl ist der Immobilismus der 50er Jahre aufgebrochen, gleichwohl häufen sich die Zeichen für neue revolutionäre Entwicklungen. Gibt es, wenn die klassischen Bedingungen der Revolution nicht länger erfüllt sind, alternative Bedingungen? Diese Frage möchte ich zum Schluß einerseits für die Entwicklungen innerhalb spätkapitalistischer Gesellschaftssysteme und andererseits für den internationalen Bereich wenigstens in Thesenform zu beantworten versuchen.

IV.

1. Weder der alte Klassengegensatz noch die Unterprivilegierungen neuen Typs enthalten Protestpotentiale, die vorerst auf eine Repolitisierung der ausgetrockneten Öffentlichkeit tendieren. Das einzige Protestpotential, das sich durch erkennbare Interessen auf die neue Konfliktzone richtet, entsteht vorerst unter bestimmten Gruppen von Studenten und Schülern. Dabei können wir von drei Feststellungen ausgehen:
a) Die Protestgruppe der Studenten und Schüler ist privilegiert. Sie vertritt keine Interessen, die sich unmittelbar aus ihrer sozialen Lage ergeben und durch Zuwachs an sozialen Entschädigungen systemkonform befriedigen ließen. Die ersten

amerikanischen Untersuchungen[3] über die studentischen Aktivisten bestätigen, daß es sich überwiegend nicht um sozial aufsteigende, sondern um die statusbegünstigten Teile der Studentenschaft handelt, die sich aus den ökonomisch entlasteten Sozialschichten rekrutieren.

b) Die Legitimationsangebote des Herrschaftssystems scheinen für diese Gruppe aus plausiblen Gründen nicht überzeugend zu sein. Die sozialstaatliche Ersatzprogrammatik für zerfallene bürgerliche Ideologien setzt eine gewisse Status- und Leistungsorientierung voraus. Den genannten Untersuchungen zufolge sind die studentischen Aktivisten aber weniger privatistisch an Berufskarriere und künftiger Familie ausgerichtet als die übrigen Studenten. Ebensowenig fördern ihre akademischen Leistungen, die eher über dem Durchschnitt liegen, und ihre soziale Herkunft einen Erwartungshorizont, der durch antizipierte Zwänge des Arbeitsmarktes bestimmt wäre.

c) In dieser Gruppe kann sich ein Konflikt nicht am *Ausmaß* der geforderten Disziplinierungen und Lasten, sondern nur an der Art der imponierten Versagungen entzünden. Nicht um einen höheren Anteil an sozialen Entschädigungen der verfügbaren Kategorien: Einkommen und arbeitsfreie Zeit, kämpfen Studenten und Schüler. Ihr Protest richtet sich vielmehr gegen diese Kategorien der »Entschädigung« selber. Die wenigen Daten, die vorliegen, bestätigen die Vermutung, daß sich der Protest der Jugendlichen aus bürgerlichen Elternhäusern mit dem Muster des seit Generationen üblichen Autoritätskonfliktes nicht mehr deckt. Die aktiven Studenten haben eher Eltern, die ihre kritischen Einstellungen teilen; sie sind relativ oft mit mehr psychologischem Verständnis und nach liberaleren Erziehungsgrundsätzen aufgewachsen als die nicht aktiven Vergleichsgruppen. Ihre Sozialisation scheint sich eher in den vom unmittelbaren ökonomischen Zwang freigesetzten Subkulturen

3 S. M. Lipset, P. G. Altbach, »Student Politics and Higher Education in the USA«, in: S. M. Lipset (Hrsg.), *Student Politics,* New York 1967, S. 199 ff.; R. Flacks, »The Liberated Generation, An Exploration of the Roots of Student Protest«, in: *Journal of Social Issues,* Juli 1967, S. 52 ff.; K. Keniston, »The Sources of Student Dissent«, *Journal of Social Issues,* Juli 1967, S. 108 ff.

vollzogen zu haben, in denen die Überlieferungen der bürgerlichen Moral und ihrer kleinbürgerlichen Ableitung ihre Funktion verloren haben, so daß das Training für das »Umschalten« auf Wertorientierungen des zweckrationalen Handelns dessen Fetischisierung nicht mehr einschließt. Diese Erziehungstechniken können Erfahrungen ermöglichen und Orientierungen begünstigen, die mit der konservierten Lebensform einer Ökonomie der Armut zusammenprallen. Auf dieser Grundlage könnte sich ein prinzipielles Unverständnis für die sinnlose Reproduktion überflüssig gewordener Tugenden und Opfer herausbilden – ein Unverständnis dafür, warum das Leben einzelner trotz des hohen Standes der technologischen Entwicklung nach wie vor durch das Diktat der Berufsarbeit, durch die Ethik des Leistungswettbewerbs, durch den Druck der Statuskonkurrenz, durch Werte der possessiven Verdinglichung und der angebotenen Surrogatbefriedigung bestimmt ist, warum die Disziplin der entfremdeten Arbeit, Tilgung von Sinnlichkeit und ästhetischer Befriedigung aufrechterhalten werden. Dieser Sensibilität muß eine strukturelle Ausschaltung praktischer Fragen aus der entpolitisierten Öffentlichkeit unerträglich werden.[4]

Ich gebe zu, daß diese Perspektive geläufige Annahmen der marxistischen Theorie auf den Kopf stellt. Meine Hypothese soll bedeuten, daß nicht materielles Elend, sondern materieller Überfluß die Grundlage ist, auf der die kleinbürgerliche Struktur der Bedürfnisse, die sich unter dem Zwang des individuellen Konkurrenzkampfes in Jahrhunderten herausgebildet und nun auch in die integrierte Arbeiterschaft hinein fortgepflanzt hat, gebrochen werden kann. Erst die Psychologie des Überdrusses an erreichbarem Wohlstand macht, dieser Hypothese zufolge, für den ideologisch verschleierten Zwang jener bürokratisierten Arbeits- und Lebensformen empfindlich, innerhalb deren der Wohlstand von vergangenen Generationen erarbeitet worden ist. Die Revolution würde, wenn das zutrifft, die Abschaffung der Armut nicht herbeiführen, sondern voraussetzen.[5] Dafür

4 Vgl. inzwischen: R. Döbert, G. Nunner-Winkler, »Konflikt- und Rückzugspotentiale in spätkapitalistischen Gesellschaften«, in: *Zeitschrift für Soziologie*, 1973.

sind, freilich im globalen Maßstab, die Aussichten nicht gut. Der Jugendprotest kann umwälzende Folgen unter gegebenen Umständen nur haben, wenn er in absehbarer Zeit auf ein unlösbares Systemproblem trifft, das ich bisher noch nicht erwähnt habe. Ich meine das Problem, das durch eine strukturell bedingte Aushöhlung der Ideologie der Leistungsgesellschaft immer dringlicher sich stellen wird. Das Maß des gesellschaftlichen Reichtums, den ein industriell entfalteter Kapitalismus hervorbringt, und die technischen wie organisatorischen Bedingungen, unter denen dieser Reichtum produziert wird, machen es immer schwieriger, die Statuszuweisung an den Mechanismus der Bewertung individueller Leistung auch nur subjektiv überzeugend zu binden.

2. Auf internationaler Ebene zeichnen sich zwei Entwicklungen ab, die Vermutungen über qualitative Veränderungen des systemexternen Druckes gestatten. Wieder möchte ich zwischen Beziehungen zu Ländern der Dritten Welt und Beziehungen zu sozialistischen Ländern sowjetischen Typs unterscheiden.

a) Vieles spricht für die Unfähigkeit, sowohl auf seiten des organisierten Kapitalismus als auch auf seiten des bürokratischen Sozialismus, aus sich selbst heraus hinreichende Motivationen zu entwickeln, um eine effektive, das heißt ausschließlich an den Interessen der Empfängerländer orientierte Entwicklungshilfe in einer relevanten Größenordnung zu leisten. Man schätzt, daß die reichen Länder 15-20% ihres Sozialproduktes für diesen Zweck abzweigen müßten, um die ökonomische Schere zwischen armen und reichen Ländern zu schließen. Da das unwahrscheinlich ist, kann eine Hungerkatastrophe für die 80er Jahre nicht ausgeschlossen werden. Das Ausmaß dieser Katastrophe könnte so groß sein, daß an diesem Phänomen auch für die Bevölkerung der industrialisierten Länder das Mißverhältnis zwischen Produktivkräften und Produktionsverhältnissen wieder eine unmittelbare Evidenz gewinnen kann.[6] Ein solches Bewußtsein von der Unfähigkeit der etablierten

5 Vgl. Herbert Marcuse, *Konterrevolution und Revolte,* Frankfurt 1973.
6 Aufgrund neuerer Prognosen sehe ich mich veranlaßt, die seinerzeit geschriebenen Formulierungen abzuschwächen.

Systeme, Probleme des Überlebens in anderen Teilen der Welt zu lösen, könnte eine internationale Klassenkampfsituation erneuern, wenn es einem dieser Länder, und ich denke dabei an China, gelänge, ein für atomare Erpressungen hinreichendes industrielles Potential zu entwickeln, ohne gleichzeitig die Formen bürokratischer Herrschaft und jene Mentalität zu entwikkeln, die bisher stets die Industrialisierung einer Gesellschaft begleitet hat. Wenn China trotz industriellen Wachstums die revolutionäre Ausgangssituation festhielte und das Bewußtsein dieser Ausgangssituation in jeder Generation wirksam erneuerte, würden die pauperisierten und entkräfteten Nationen, die heute nicht mehr automatisch die ausgebeuteten Nationen sein müssen, einen Anwalt finden. Dieser Anwalt könnte die fehlenden ökonomischen Druckmittel des Kooperationsentzuges durch militärischen Druck kompensieren, ohne sich dabei an die empfindlichen Spielregeln der atomaren Großmächte zu halten.

Eine alternative Entwicklung, die mit geringeren Risiken ebenfalls zu einem externen Druck auf die entwickelten kapitalistischen Gesellschaften führen könnte, halte ich nur für wahrscheinlich, wenn sich trotz der brutalen Unterdrückung der tschechoslowakischen Reformer eine antiautoritäre Auflösung des bürokratischen Sozialismus bald durchsetzen könnte. Erst eine radikale Demokratisierung der entwickelten staatssozialistischen Länder könnte ein konkurrenzfähiges Muster hervorbringen, das die Schranken des staatlich geregelten Kapitalismus sinnfällig, und das heißt für das Bewußtsein der zunächst gut integrierten Massen, sichtbar machen würde. Die Überlegenheit der sozialistischen Produktionsweise kann unter den gegebenen militärischen und strategischen Bedingungen so lange nicht effektiv und sichtbar werden, wie beide Seiten ökonomisches Wachstum, die Versorgung mit Gütern und die Reduktion der Arbeitszeit, also privaten Wohlstand, zum *einzigen* Kriterium des Vergleichs wählen. Die Überlegenheit einer Produktionsweise sollte sich an dem Spielraum bemessen, den sie für eine Demokratisierung der Entscheidungsprozesse in allen gesellschaftlichen Bereichen eröffnet.

II Zu Fragen der philosophischen Anthropologie

4. Philosophische Anthropologie (ein Lexikonartikel)
1958

1. *Anthropologie* ist zunächst der Name einer bestimmten Einzelwissenschaft, und zwar jener naturwissenschaftlichen Disziplin, die es unter biologischen Gesichtspunkten mit dem Menschen zu tun hat. In gewisser Weise darf sie als Teil der Zoologie gelten: ihr Gegenstand ist der Mensch als eine Art, die sie morphologisch und physiologisch mit anderen Tierarten vergleicht und mit ihnen auch genetisch in Zusammenhang bringt. Sie beschäftigt sich mit der Naturgeschichte des Menschen, seiner »Abstammung« von den sog. Anthropoiden, den Menschenaffen. Ein weites Feld findet diese Wissenschaft sodann im Vergleich der einzelnen Menschenrassen, gemessen an Rassenmerkmalen wie Schädelform und -größe, Körperbau, Haar- und Hautfarbe usw.

Anthropologie nennt man freilich nicht nur diese biologische Wissenschaft vom Menschen; auch was hierzulande Ethnologie heißt, begegnet in den angelsächsischen Ländern und in Frankreich unter jenem Namen. Hierher gehören die Untersuchungen primitiver Kulturen, wie sie in Deutschland im Anschluß an *L. Frobenius* und *R. Thurnwald* getrieben werden. Einen Überblick über den Stand der Forschungen in den USA gibt *G. P. Murdock,* in Frankreich *C. Lévi-Strauss.* Ein Beispiel für anthropologische Feldstudien geben die drei Kulturschemata (*Patterns of Culture*), mit denen *Ruth Benedict* auch bei uns breiteren Kreisen bekannt geworden ist.

2. Die *philosophische Anthropologie* bezieht sich nun auf die Forschungsergebnisse dieser biologischen und ehtnologischen Anthropologie; sie verarbeiten Resultate aller Wissenschaften, die wie Psychologie, Soziologie, Archäologie, Sprachwissenschaft usw. irgend mit Mensch und Menschenwerk zu tun haben; aber sie ist selber keine Einzelwissenschaft in diesem Sinn. Philosophische Anthroplogie ist sehr wohl noch Teil der Philosophie, sie hat sich von deren Kernbestand, der Logik, der

Ethik und Metaphysik, noch nicht abgelöst, sie ist noch nicht zu einer eigenen Wissenschaft geworden. Denn ihr Gegenstand ist etwas, das nicht geradewegs zum Gegenstand werden kann: das »Wesen« des Menschen. Die Naturwissenschaften sind von dem vorgängigen Wissen um das »Wesen« der Natur unabhängig; so gibt uns beispielsweise der physikalische Ausdruck für Elektrizität einen Begriff davon, wie sich die Natur unter bestimmten experimentellen Bedingungen verhält und gesetzmäßig immer wieder so verhält; wir verfügen über diese bestimmte Reihe von Erscheinungen, sobald wir sie im Experiment feststellen. Allein, wo wir derart lernen, wie es sich mit der Natur verhält, erfahren wir nichts, nicht einmal andeutungsweise, darüber, was sie ist. Das Wesen der Elektrizität, wenn es so etwas gäbe, bleibt uns bei alledem ganz verschlossen. Anders beim Menschen; über das, wie es sich mit ihm verhält, erfahren wir ernsthaft nur in dem Maße, in dem wir wissen: wer er ist. Das Sein des Menschen ist nicht abzutrennen von dem Sinn, zu dem er sich versteht, oder auch: zu dem er sich objektiv zu verstehen hätte und den er subjektiv womöglich gar nicht trifft. Sprechen, Handeln, Gestalten heißt nicht nur, über bestimmte Organe verfügen, sondern über einen Sinn; so bestimmt *Helmuth Plessner* diesen Sachverhalt; sie sind nicht starre Vermögen, die hinterrücks ihr Werk tun, sie sind Vermögen nur insoweit, als der Mensch sie vermag, als er sich auf sie versteht und zu ihnen versteht. Und dieser Sinn ist nicht ein für allemal der gleiche. Menschen verstehen sich je in ihrer Gesellschaft und in ihrer geschichtlichen Lage auf eine andere Weise; und wenn es so ist, daß sie in diesem Sinnverständnis ihr Wesen erst feststellen, dann hat der Mensch viele Wesen; es sei denn, man sieht das Wesen des Menschen eben darin, daß er mitwirken muß, es jeweils zu finden. Der Mensch, sagt *F. Nietzsche,* ist das nichtfestgestellte Wesen. Darum, so fährt *J.-P. Sartre* fort, erfindet der Mensch den Menschen. Er macht sich allererst zu dem, was er ist.

Dem entspricht *Kants* Unterscheidung der Anthropologie in »physiologischer« und in »pragmatischer« Hinsicht: »Die physiologische Menschenkenntnis geht auf die Erscheinung dessen, was die Natur aus dem Menschen macht, die pragmatische auf das, was er als freihandelndes Wesen aus sich selber macht oder machen kann und soll.« Philosophische Anthropologie muß, was die einzelnen Wissenschaften gegenständlich vom Menschen wissen (was die Natur aus den Menschen macht), sinnverstehend deuten (nämlich daraufhin, was der Mensch aus sich selber macht). Allein, auch diejenigen, die Anthropologie treiben, sind Menschen und selber darauf angewiesen, sich in ihrem Menschsein zu verstehen. Sie deuten das Wesen des Menschen in dem Maße, in dem sie ihr eigenes Wesen deuten; sie können von ihrem Gegenstand nur handeln, indem sie sich selbst, ihre Situation, in die Betrachtung mit einschießen lassen. Die Kategorien, unter denen sie die »Menschenkenntnis« der Wissenschaften verarbeiten, sind gleichzeitig Kategorien, unter denen sie auch die Gesellschaft, auch die geschichtliche Lage verstehen, der die Betrachter selber angehören. Eine kritische Anthropologie unterschlägt das nicht. Sie nimmt ausdrücklich das Selbstverständnis methodisch in ihren Ansatz auf und wendet das, was ein Nachteil scheinen möchte, zu ihrem Vorteil. Ihre Aussagen entbehren gewiß der Art Neutralität, die Wissenschaft erringt, weil diese ganz vom Erkennenden selber absehen, ganz in Objektivierung aufgehen kann. Ihre Aussagen haben andererseits den Vorzug aller philosophischen: indem sie zeigen, was ist, zeigen sie unvermeidlich auch etwas von dem, was sein kann. Sie sind keine Parolen, aber sie haben einen praktischen Sinn. Sie geben keine Anweisungen, aber sie weisen den Menschen hin auf das, was er mit sich anfangen kann, und womöglich versäumt.

3. Die philosophische Anthropologie ist in den zwanziger Jahren unseres Jahrhunderts durch Untersuchungen von *Max Scheler* und *Helmuth Plessner* entstanden. Der Gedankenkreis der philosophischen Anthropologie ist zwar so alt wie die Philosophie selber (beispielsweise traf schon *Anaxagoras* – um 500 bis 428 v. Chr. – die typisch anthropologische Feststellung, daß der Mensch das klügste Tier sei, weil er Hände habe); aber die eigentümliche Stellung dieser Disziplin zwischen Theorie und Empirie, abzulesen an ihrer Aufgabe, wissenschaftliche

Resultate philosophisch zu interpretieren, erlaubt eine genaue Datierung: erst mußten sich die Wissenschaften vom Menschen, von der biologischen Anthropologie bis zu Psychologie und Soziologie, entwickelt haben, damit ein Bedürfnis nach theoretischer Deutung ihrer empirischen Ergebnisse auftrat. Die philosophische Anthropologie ist, ähnlich der modernen Naturphilosophie (in Gestalt einer Theorie des Lebens) und der modernen Geschichtsphilosophie (in Gestalt einer Theorie der Gesellschaft), nicht etwa eine wissenschaftliche Ausgliederung aus dem Verband der Philosophie, sondern umgekehrt eine Reaktion der Philosophie auf jene herangereiften Wissenschaften, die ihr Gegenstand und Anspruch streitig machen. Solche reaktiven philosophischen Disziplinen treiben nicht mehr das Geschäft der prima philosophia: sie begründen die Wissenschaften nicht mehr, sie verarbeiten sie; sie lassen Wissenschaften nicht mehr »entspringen«, sie müssen sie sich »geben« lassen. Philosophische Anthropologie stellt nicht mehr den Anspruch, »fundamental« zu sein. Das unterscheidet sie von aller sog. Fundamentalontologie (Ontologie, Existenzphilosophie). Diese handelt zwar auch von Kategorien des Menschen, den sog. Existentialien, aber sie fragt durch diese hindurch nach dem Sein, das alles Seiende begründen soll. Ähnlich benutzt auch die christliche Anthropologie die Kategorien des Menschen, um durch sie zum dreieinigen Gott hindurch zu fragen. Im einen Fall ist Anthropologie wesentlich Ontologie (*Heidegger*); im andern Fall wesentlich Christologie (*Barth, Brunner, Bultmann, Gogarten*); die Frage nach dem Menschen untersteht der Frage nach dem Geschick des Seins oder nach der Erlösung durch Gott.

Ein Anknüpfungspunkt der im strengen Sinne philosophischen Anthropologie sollte freilich erwähnt werden: *Johann Gottfried Herders Ideen zur Philosophie der Geschichte der Menschheit* (1784-1791) und seine Untersuchung *Über den Ursprung der Sprache* (2. Aufl. 1789). *Herder* steht noch nicht unter dem Systemzwang der großen Idealisten, andererseits rückt er seine empirischen Betrachtungen in die Weite natur- und geschichtsphilosophischer Perspektiven ein; er übte sich bereits in einer

Betrachtungsweise, mit der die Philosophie heute so fruchtbar auf jene Wissenschaften antwortet, die sie seinerzeit gerade aus ihrem Schoße entließ. Herder begreift den Menschen als den ersten Freigelassenen der Natur. Jedes Tier ist in einen engen Kreis hineingeboren, in den es gleich eintritt, in dem es lebenslang bleibt und stirbt, gewissermaßen ein Gefangener, der sich in seiner Gefangenschaft freilich nur um so sicherer und kunstvoller bewegt. Der Mensch hingegen hat keine so einförmige und enge Sphäre. Seine Sinne sind offen, seine Organisation ist unspezialisiert. Im ganzen kommt der Mensch schwächer zur Welt als jedes Tier. Der Mensch steht den Tieren an Stärke und Sicherheit des Instinkts weit nach. Stattdessen ist ihm Vernunft, freilich nicht als Instinktersatz, angeboren; Vernunft ist überhaupt kein Vermögen, das der Mensch hat, sie ist vielmehr »das fortgehende Werk der Bildung des menschlichen Lebens«. Der Mensch ist schwach auf die Welt gekommen, um Vernunft zu lernen; Vernunft ist das, was der Mensch aus seiner Lage macht, »eine gelernte Proportion und Richtung der Ideen und Kräfte«. Der Mensch, schließt Herder, ist von Natur aus zur Freiheit organisiert; zu einer Freiheit, die ihn nötigt, »aus der Mitte seiner Mängel entstehenden Ersatz« zu finden. »Bei Tier und Pflanze« – so nimmt *Schiller* den alten kabbalistischen Gedanken auf – »gibt die Natur nicht nur die Bestimmung an, sondern führt sie auch allein aus. Dem Menschen aber übergibt sie bloß die Bestimmung und überläßt ihm selbst die Erfüllung derselben«.

Darin meldet sich freilich schon der spekulative Zug eines Idealismus, der die eigentlich anthropologische Problematik nur in Funktion zur Fundamentallogik eines transzendentalen Bewußtseins oder eines absoluten Geistes abhandeln konnte. Erst von den Junghegelianern, *Feuerbach* und *Marx* voran, wird ein neuer Problemboden gewonnen; zusammen mit *Kierkegaard* arbeiten sie die Situationsbezogenheit des Menschen heraus: sie erkennen, daß der Mensch die »Welt« des Menschen ist. *Feuerbach,* der seine Philosophie bezeichnenderweise eine Anthropologie nennt, erfaßt den Menschen »in seiner Existenz, in der Welt als ein Mitglied derselben, nicht im

Vakuum der Abstraktion, als eine vereinzelte Monade, als einen absoluten Monarchen, als einen teilnahmslosen außerweltlichen Gott«. Der Mensch in seiner Welt ist eine endliche, und das heißt einfach eine bedürftige Existenz; weil der Mensch immer schon »leidet«, erfährt er die Wirklichkeit »sinnlich«, in Liebe und Schmerz: »nur die Leidenschaft ist Wahrzeichen der Existenz«. Feuerbach grenzt wie Herder den Menschen vom Tiere ab: dieses ist so partikular, wie jener universell. Die Freiheit ist daher kein Vermögen für sich; sie gründet vielmehr darin, daß die menschlichen Sinne, die Organe seiner Leidenschaft, nicht wie die der Tiere mit spezifischen Bedürfnissen gekoppelt und nur mit spezifischen Dingen in Zusammenhang stehen. *Marx* knüpft an diese Universalität des Menschen mit der bedeutsamen Wendung an: »Das Tier formiert immer nach dem Maß und dem Bedürfnis der Spezies, der es angehört, während der Mensch nach dem Maß jeder Spezies zu produzieren und überall das inhärente Maß den Gegenständen anzulegen weiß; der Mensch formiert daher auch nach dem Gesetz der Schönheit.« *Marx* indes sieht, daß der Mensch anthropologisch, in seiner sinnlich-leiblichen Existenz allein, nicht begriffen werden kann. Der Mensch ist von Natur aus gezwungen zu handeln, nämlich durch gesellschaftliche Arbeit sich am Leben zu halten; mehr noch, in dieser Arbeit erzeugt er seine Welt und sich selbst in ihr. Der Mensch ist, was er geschichtlich aus sich macht. *Marx* rühmt als das Große an *Hegel,* daß er das Wesen der Arbeit erfaßt und den wirklichen Menschen als das Resultat seiner eigenen Arbeit begriffen habe. In einer zugespitzten Formulierung bezeichnet *Marx* die Geschichte der Industrie (in dem allgemeinen Sinn gesellschaftlicher Arbeit überhaupt) als »das aufgeschlagene Buch der menschlichen Wesenskräfte, die sinnlich vorliegende menschliche Psychologie«. Arbeitend verdankt der Mensch sein Dasein sich selbst, seine Geschichte ist die Geschichte seiner Arbeit.

Mit alledem sind die großen Motive der gegenwärtigen Anthropologie bereits vorgebildet: die Instinktschwäsche des Menschen gegenüber dem Tier und die Unspezialisiertheit seiner organischen Ausstattung; seine bedürftige Existenz in einer vergleichsweise offenen Welt; die Nötigung zu handeln, nämlich buchstäblich durch der Hände Arbeit sein Leben zu reproduzieren; schließlich der geschichtliche Charakter der gesellschaftlichen Arbeit, in der die menschliche Gattung sich nicht nur erhält, sondern fortlaufend selber erst herstellt: der Mensch erfindet den Menschen.

4. *Max Scheler* (1874-1928) konnte, als die verschiedenen Wissenschaften vom Menschen in unserem Jahrhundert weit genug fortgeschritten waren, einen Teil jener Motive aufgreifen, um die Fülle des empirischen Materials zu deuten: er wird in den Jahren 1922 bis 1928 mit verschiedenen Untersuchungen zum eigentlichen Begründer der philosophischen Anthropologie. Einen knappen, sehr konzentrierten Abriß dieser umfangreichen Studien bietet die 1927 erschienene Schrift *Die Stellung des Menschen im Kosmos.* Danach nimmt der Mensch inmitten aller Natur eine Sonderstellung ein, die zunächst als »Weltoffenheit« charakterisiert wird. Der Mensch distanziert die »Umwelt« zur »Welt«. Die Forschungen *Jakob von Uexkülls* (1864-1944) hatten experimentell die Bestätigung für Herders geniale Vermutung gebracht, daß Tiere in einem artspezifischen, unzerbrechbaren Umweltgehäuse leben; ihre angeborenen, instinktiven Bewegungsschemata werden durch eine geringe Anzahl von Signalen ausgelöst; ihre Wahrnehmung ist darum hochselektiv; die Sinnesorgane wirken wie Filter, die nur das unmittelbar Lebensrelevante durchlassen. Das Standardbeispiel des Zeckenweibchens, das nur drei Sinne hat, ist inzwischen zu Weltruhm gelangt. Mit Hilfe des Lichtsinns findet dieses Tier den Weg zu einem Ast, Geruchs- und Temperatursinn melden, wenn unter dem Ast ein Warmblütler herstreicht; auf den läßt es sich dann fallen, um Blut zu saugen. »Die ganze reiche, die Zecke umgebende Welt«, so schließt *Uexküll,* »schnurrt demnach zusammen und verwandelt sich in ein ärmliches Gebilde, das der Hauptsache nach aus drei Merkmalen und drei Wirkmalen besteht: ihre Umwelt.« *Scheler* hebt davon ab, wie sich der Mensch umweltfrei verhalten kann. Für ihn gibt es einen Weltraum, abgelöst vom eigenen Leib; während sich das Tier seinen Leib und dessen Bewegungen niemals zum Gegenstand

machen kann. So etwa mag ein Hund jahrelang in einem Garten leben, er wird sich niemals ein Gesamtbild des Gartens, der von seinem »Leibschema« unabhängigen Anlage der Wege, Bäume usw. machen können. Entsprechend verfügt der Mensch über so etwas wie eine Substanzkategorie; nur er kann ein Ding als dasselbe wiedererkennen. Er kann das Nächste und Dringlichste, er kann das unmittelbar Lebensrelevante übersteigen, er »transzendiert«; denn er ist dem blinden Lebensdrang nicht mehr bloß unterworfen, er kann sich vom Trieb- und Instinktdiktat lösen. *Scheler* nennt darum den Menschen auch einen Neinsagenkönner, einen Asketen des Lebens. Er glaubt als Subjekt der Triebhemmung, des »konstitutionellen Neins zum Triebe«, ein Prinzip einführen zu müssen, das allem Leben schlechthin entgegengesetzt ist – den Geist. Der muß sich zwar alle Macht, Kraft und Tätigkeit vom Lebensdrang geben lassen, aber er allein kann die Impulse lenken: der Geist hält gleichsam den Triebmächten Ideen vor, um sie mit Leben füllen und verwirklichen zu lassen. Als Sinn der Geschichte resultiert daraus eine gegenseitige Durchdringung des ursprünglich ohnmächtigen Geistes und des ursprünglich blinden Dranges durch die Vergeistigung der Drangsale und die Verlebendigung des Geistes. Die Sonderstellung des Menschen wird metaphysisch begründet. Alle Stufen des Lebens, vom Gefühlsdrang über Instinkt und assoziatives Gedächtnis bis gar zur praktischen Intelligenz, hat der Mensch grundsätzlich mit anderen Lebewesen gemeinsam; was ihn allein auszeichnet, seine Instinkte schwächt, seine Triebe hemmt, Umwelt zu Welt öffnet, ist der Geist – ein Prinzip außerhalb alles dessen, was Leben heißt.

Helmuth Plessner, der nach den Vorarbeiten einer Ästhesiologie des Geistes 1928 sein grundlegendes Buch *Die Stufen des Organischen und der Mensch* vorlegt, löst die Anthropologie aus der metaphysischen Klammer: nicht mehr ein Gegensatz von Geist und Leben, nicht mehr das christliche Schema von Seele und Leib, nicht das cartesische von Bewußtsein und Körper sind maßgebend für den Begriff des Menschen. Die Anthropologie wird vielmehr in doppelter Hinsicht neutral: sie handelt nicht mehr von Prinzipien oder Substanzen, sondern von Strukturen. Pflanze, Tier und Mensch werden jeweils im Verhältnis zu ihrer »Sphäre«, zu Umfeld, Umwelt und Welt untersucht; ihre Positionsform, das Verhältnis nämlich, in dem Leib und Umwelt zueinander stehen, wird zum Schlüssel einer Anthropologie. Auf die so bezeichneten Stufen des Organischen selber läßt sich dann aber ein Stufenschema nicht wiederum anwenden: als sei die höhere Lebensform jeweils nur eine Überlagerung der niederen Schichten, als trete, nach aristotelischem Vorbild, im Tier zur anima vegetativa die anima sensitiva, und zu dieser wiederum im Menschen die *anima rationalis* hinzu. Die Fragestellung der neuen Anthropologie wird darum auch neutral gegenüber dem psychophysischen Dualismus: die exzentrische Position des Menschen bestimmt seine Organisation von den intellektuellen bis zu den vegetativen Zonen gleichermaßen, und gleichermaßen eigentümlich. Sie gibt den Begriff, unter dem alle menschlichen Monopole in ihrer unauflöslichen Verbundenheit erscheinen, gleichgültig, ob man sie objektivierend dem Körperlichen, Seelischen oder Geistigen zurechnet. Werkzeuggebrauch und aufrechter Gang sind durch die freigewordene Greifhand zur Einheit vermittelt; die Aufrichtung des Körpers wiederum verweist auf die Offenheit des Wahrnehmungsfeldes, auf die Emanzipation von artspezifischer Umgebung, auf die Entwicklung des Großhirns; Weltoffenheit wiederum ist verknüpft mit der instrumentalen Auffassung des eigenen Körpers und der Fähigkeit zu sprechen. Körperliches und Geistiges, beides Weisen, wie der Mensch leibhaftig in seiner Welt lebt, sind gleichursprünglich, ja, sie sind auf der Ebene des Verhaltens, der Sprache, der Gestaltung und Gebärde eins.

Was hat es nun mit der Exzentrizität, die allen menschlichen Äußerungen ihr spezifisch Menschliches mitteilt, auf sich? Das Tier lebt aus seiner Mitte heraus, in seine Mitte hinein, aber es lebt nicht als Mitte; es bildet ein auf sich selbst rückbezügliches System, aber es erlebt nicht sich. Ist das Leben des Tieres zentrisch, so fällt das Leben des Menschen, ohne die Zentrierung als solche aufheben zu können, doch auch aus ihr heraus.

Die Nötigung, zugleich Leib zu sein und Körper zu haben, ist ein wirklicher Bruch der menschlichen Natur; der Mensch ist dieser Bruch, »das leere Hindurch der Vermittlung«. Die Unverhältnismäßigkeit zwingt zu einem steten Ausgleich. Jede Beanspruchung verlangt eine gekonnte Vermittlung zwischen Leibsein und Körperhaben, Draußen und Drinnen. In der Verlegenheit, sich gleichzeitig zuständlich und gegenständlich gegeben zu sein, muß sich der Mensch zu dem, was er schon ist, erst machen. Er lebt nur, indem er sein Leben führt; er ist von Natur aus künstlich. Der Mensch ist nicht einfachhin, er gilt sich und anderen etwas; nur durch Vermittlung eines geführten Körpers ist der Mensch leibhaft unmittelbar. Menschliches Verhalten, menschlicher Ausdruck sind Weisen, damit fertig zu werden, daß man einen Leib bewohnt und zugleich über einen Körper verfügt.

5. Auch *Plessner* erkennt, daß Instinktschwäche, Triebüberschuß und Organprimitivität für die biologische Ausstattung des Menschen und seine exzentrische Stellung charakteristisch sind. Scheler freilich hatte gegenüber den negativen Theorien, die in der Nachfolge *Herders* das Menschliche am Menschen gerade in Zusammenhang mit seinen biologischen Mängeln begreifen, Einwände erhoben. Man könne den Geist nicht als Improvisation in biologisch hoffnungsloser Lage *(Theodor Lessing)*, man könne ihn nicht als Surrogat für mangelnde Organanpassung *(Alsberg)*, als eine Art Überkompensation konstitutioneller Organminderwertigkeit *(Alfred Adler)* auffassen, denn – warum starb die Gattung Mensch nicht aus wie alle anderen Arten, wer ist Subjekt jener Improvisation des Überlebens?

Auf dem gegenwärtigen Stand der Forschung hat indes Arnold Gehlen gezeigt, daß die Voraussetzung des Geistes als eines metaphysischen Prinzips unnötig ist, um zu begreifen, wie der Mensch »aus der Mitte seiner Mängel« sein Leben führen lernt. Früh schon entdeckten die Biologen beim Menschen eine Reihe von Organen, die eigentümlich unspezialisiert sind und, genetisch betrachtet, als Primitivismen erscheinen. Zumal die wichtigsten Primitivismen: Schädelwölbung, untergestelltes Gebiß, freigelegte Hand und Standfuß zusammengenommen machen die auffälligste biologische Auszeichnung, den aufrechten Gang des Menschen, aus. Alle diese Merkmale treten nun bei den hochspezialisierten Großaffen, unseren nächsten Verwandten unter den lebenden Tieren, in sehr frühen, meist fötalen Entwicklungsstadien auf. Was bei ihnen Durchgangsstadium ist, hält der Mensch fest. Darum begreift der Anatom *Bolk* (*Das Problem der Menschwerdung,* 1926) den Menschen als einen »embryonischen höheren Säuger«, der unter dem Einfluß einer Entwicklungsverzögerung, einer Retardation, gewisse, den Anthropoiden gemeinsame Fötalmerkmale fixiert. Der Zoologe *Adolf Portmann* hat diesen Gedanken differenziert (*Biologische Fragmente zu einer Lehre vom Menschen,* 1944). Ein morphologischer Vergleich mit höheren Wirbeltieren zeigt, daß der Mensch seiner Naturgeschichte nach zu den Nestflüchtern gehört, daß er aber ungefähr ein Jahr früher auf die Welt kommt, als seinem Zerebralisationsgrad angemessen wäre und folglich zu einem sekundären Nesthocker wird – darin einzigartig unter allen Tieren. »Nach einem Jahr erlangt der Mensch den Ausbildungsgrad, den ein seiner Art entsprechendes Säugetier zur Zeit der Geburt verwirklichen müßte.« Das ungewöhnliche Längen- und Massenwachstum des ersten Lebensjahres hat fötalen Charakter; erst dann tritt die Retardation ein. Dieses »extrauterine Frühjahr« bringt es mit sich, daß naturgesetzliche Abläufe, die sich sonst unter generellen Bedingungen der Art im Mutterleib vollziehen, bereits in lebensgeschichtlich individuellen Verhältnissen und unter dem »frühen Kontakt mit dem Reichtum der Welt« geschehen. Der »Hiatus« zwischen Trieb und Trieberfüllung muß nicht erst, wie Scheler meinte, durch einen asketischen Willensakt hergestellt werden – der Mensch findet sich von Natur aus in seiner gebrochenen Natur vor.

Eine zweite Reihe von Forschungsergebnissen, die ebenfalls die Einführung des Geistes als eines metaphysischen Prinzips in die Anthropologie überflüssig macht, liefert die zoologische Verhaltensforschung *(K. Lorenz, K. v. Frisch, O. Heinroth, N. Tinbergen)*. O. Storch faßt sie dahingehend zusammen, daß die tierische Erbmotorik beim Menschen weitgehend durch eine Erwerbsmotorik ersetzt ist. Und die schon bei Tieren vorhandene Erwerbsrezeptorik wird aus den Fesseln der Instinktbewegungen gelöst; die Sinnesorgane gewinnen damit erst die Möglichkeit, ihre ganze Empfänglichkeitsstruktur auch auszunutzen.

Arnold Gehlen verarbeitet die Fülle der Ergebnisse dieser und ähnlicher Forschungen mit Motiven *Schelers, Plessners* und *G. H. Meads,* eines amerikanischen Anthropologen (*Mind, Self and Society,* Chicago 1934; deutsch: *Geist, Identität und Gesellschaft,* Frankfurt 1968), zu einer systematischen Anthropologie. Die Eindrucksoffenheit gegenüber Wahrnehmungen, die keine angeborene Signalfunktion haben, ist eine Belastung. Der Mensch findet sich, reizüberflutet, in einem Überraschungsfeld, das in Vorsicht durchgearbeitet werden muß: »aus eigenen Mitteln und eigentätig muß der Mensch sich entlasten, d. h. die Mängelbedingungen seiner Existenz eigentätig in Chancen seiner Lebensfristung umarbeiten«. Gehlen analysiert alle, von den elementarsten, scheinbar rein »organischen« bis zu den sublimsten, scheinbar rein »spirituellen« Leistungen unter diesem Gesichtspunkt der Entlastung. »Die Dinge werden der Reihe nach in Umgang gezogen und abgestellt, im Zuge dieses Verfahrens aber unvermerkt mit einer hochgradigen Symbolik angereichert, so daß endlich das Auge allein, ein müheloser Sinn, sie übersieht und in ihnen zuletzt Gebrauchs- und Umgangswerte mitsieht.« Der unbegrenzten Fülle von »Tatsachen« entspricht die unbegrenzte Plastizität der menschlichen Bewegungsfiguren, die alle von Grund auf erlernt sind. Von Natur aus unspezialisiert, ist der Mensch auf kontrollierte Bewegungen angewiesen, die an beliebigen Sachverhalten nach verschiedenen Hinsichten variabel sein müssen; Weltorientierung und Handlungsführung sind eins – der Mensch baut sich seine Welt und das In-der-Welt-Sein auf. Den Bestimmungen Gehlens entsprechen, auf phänomenologischer Basis, Zug um Zug Bestimmungen der Heideggerschen Daseinsanalytik. Was *V. v. Weizsäcker* im Anschluß an Heidegger als den *Gestaltkreis,* die Leistungseinheit von Wahrnehmungen und Bewegung, bezeichnet, das demonstriert Gehlen in minutiösen Analysen am »Handlungskreis«, am Zusammenspiel von Hand, Auge, Tastsinn und Sprache. In der Sprache nämlich vollendet sich der sensomotorische Aufbau der menschlichen Welt. Sie erst ermöglicht die Entlastung vom Druck des Hier und Jetzt, von der Unmittelbarkeit der Sinnessuggestionen und Sofortreaktionen; sie erst macht das Überraschungsfeld vorhersehbar und beherrschbar, denn sprechend und bedeutend kann sich der Mensch über die gegenwärtige Situation hinweg auf Sachverhalte richten, die nicht anschaulich gegeben sind. Dieses ganze vom Instinktdruck befreite System von Verhaltensweisen beruht auf dem »Hiatus« zwischen Handlung und Antriebsleben. Die Antriebe sind, im Unterschied zu den tierischen Trieben, diffus. Sie sind hemmbar und können zurückbehalten werden; ihre Ziele sind verschiebbar. Die Antriebsenergie entfaltet sich im Aufbau der Erfahrung selber, sie kann »den Handlungen nachwachsen«; ein konstitutioneller Antriebsüberschuß stellt den Menschen geradezu unter Verarbeitungszwang. Gehlen glaubt daher, den Menschen als ein »Zuchtwesen« verstehen zu müssen.

6. *Gehlens* Versuch, die Natur des Menschen, und das schließt seine »Kultur« mit ein, ausschließlich aus der praktischen Lebensbewältigung abzuleiten, stößt allerdings auf Schwierigkeiten. *Theodor Litt* hat in seiner Anthropologie (*Mensch und Welt,* 1948, 2. Aufl. 1961) auf das dialektische Verhältnis hingewiesen, daß die höchsten Schöpfungen des Geistes dem Leben dienen, indem sie den Kreis der bloßen Reproduktion des Lebens gerade durchbrechen. Dem wird die anthropobiologische Reduktion des Geistes in allen seinen Momenten aufs unmittelbar Lebensdienliche nicht gerecht. In diesem Sinne waren *Gehlen* die »wichtigsten Erscheinungen alles höheren geistigen Lebens« als ein »biologisch-anthropologisch notwendiges Führungssystem« erschienen. Offensichtlich reicht aber der Maßstab biologischer Zweckmäßigkeit nicht aus, um den Sinn gesellschaftlichen Verhaltens ganz zu erschöpfen. Eine blinde Reproduktion des Lebens, rein um ihrer selbst willen, ist gleichgültig gegen Barbarei und Humanität, gegen die Bestim-

mung einer Existenz, die von der Natur gleichsam auf der Risikoschwelle zwischen Wahrheit und Unwahrheit ausgesetzt worden ist. *Gehlen* hat sich denn auch in seinen neueren Versuchen teilweise korrigiert. Er analysiert neben der instrumentellen, das Leben verfügbar machenden Handlungsform nun eine zweite, mimetische: das darstellende Verhalten. Entwicklungsgeschichtlich läßt es sich mit dem Instinktverhalten auf eine Linie bringen. Die sog. »Auslöser«, auf die Tiere instinktiv reagieren, sind in der Regel durch Auffälligkeit und Unwahrscheinlichkeit ausgezeichnet; es sind vorzugsweise geometrische Muster, provokative Farben, symmetrische Gestalten, rhythmische Bewegungen usw. Im Zuge der Instinktreduktion gewinnt der Mensch diesen Signalen gegenüber ein neues Verhältnis: einerseits streuen sie jetzt, nicht mehr auf wenige artspezifische Merkmale beschränkt, über die ganze Breite des weltoffenen Wahrnehmungsfeldes (Blitz, Vollmond, Regenbogen, Gold, alles Unwahrscheinliche, das die Mythen als Symbole und die tägliche Wahrnehmung als »Gestalten« mit sich führen); andererseits lösen sie beim Menschen nicht mehr angeborene Bewegungsschemata aus, sondern nur eine Erregung, einen ungerichteten Gefühlsstoß – einen »instinktresidualen Reaktionsdruck«. Der nun wird umgesetzt in Nachahmung. Die unbestimmte Verpflichtung, etwas zu tun, wird in der Darstellung des »Ausdrucks«, des Appelldatums, erfüllt. Das geschieht in darstellenden Riten, das geschieht in der bildlichen Darstellung, das geschieht auch in der Benennung; die physiognomischen Elemente der Sprache, überhaupt das stark physiognomisch geprägte Weltbild bei Naturvölkern und Kindern dürften damit zusammenhängen.
Die Erkenntnis, die wesentlich in den Umgangserfahrungen des gesellschaftlichen Handelns, wie *Hegel* und *Marx* bereits wußten, durch Arbeit vermittelt ist, hat offenbar auch eine »theoretische« Grundlage, die »praktisch« freilich entfaltet wird – Mimesis. Technognome Erkenntnis bleibt auf physiognomische Kenntnis angewiesen. Wie sehr diese Zwiespältigkeit bis in die extremen Zonen des Geistes, in Kunst und Philosophie hereinreicht, hat *Oskar Becker* in mehreren Arbeiten gezeigt. Er

macht etwa auf den Unterschied aufmerksam, daß wir Geschichtliches »erfahren«, daß uns aber Leibhaftiges »begegnet«. Das ursprünglich mimetische Moment wird in Magie, Mythos und Metaphysik immer schwächer; in Wissenschaft, deren Zeichen auf Ähnlichkeit mit dem Bezeichneten verzichten, verschwindet es ganz. Auch die Arbeitsteilung von Wissenschaft und Kunst rettet es nicht. »Als Zeichen soll Sprache zur Kalkulation resignieren, um Natur zu erkennen, den Anspruch ablegen, ihr ähnlich zu sein. Als Bild soll sie zum Abbild resignieren, um ganz Natur zu sein, den Anspruch ablegen, sie zu erkennen.« (*Horkheimer/Adorno, Dialektik der Aufklärung,* 1947). Mimesis, eine frühe Einheit von Theorie und Praxis, fällt durch die Sparten gleichsam hindurch, aber noch an den Sparten ist die doppelte Wurzel von physiognomischer Darstellung und technognomischer Verfügung zu erkennen.
Dem entspricht die Trennung von Ausdrucksgebärde und Handlung; die eine ist nicht aus der anderen abzuleiten. Plessner hat nachgewiesen, daß sich Ausdruck beim Menschen nicht als Residuum einer funktionslos gewordenen Handlung *(Darwin)*; nicht als Handlung mit fiktivem Ziel *(Piderit)*; nicht als Gleichnis einer Handlung *(Klages)* begreifen läßt. Daher hat der Ausdruck in einer Anthropologie, die, wie bei *Gehlen*, ausschließlich auf Handlung abstellt, keinen Ort. Die Ausdrucksgebärde ist unwillkürlich, unvertretbar und ohne Intention. In diesem expressiven Gebaren, das sich freilich beim bekleideten Menschen wesentlich auf die Ausdrucksorgane des Gesichts zusammenzieht (obschon Mimik von Pantomimik nicht zu trennen ist), steht der Mensch dem Tiere nah. Allein, nur der Mensch kann sprechen und jede seiner Gebärden an Stelle der Sprache einsetzen. »Wenn wir ein Auge zukneifen, die Nase rümpfen, eine Handbewegung machen, dann geben wir jemandem in einer bestimmten Situation etwas zu verstehen, weil wir unter Menschen voraussetzen dürfen, daß sie die Stellvertreterschaft dieser Zeichen für Sätze verstehen. Wo aber, wie beim Tier, die Möglichkeit überhaupt verschlossen ist, Sinn als Sinn, d. h. auf Grund von Sachverhalten, zu meinen und aufzufassen, kann es auch keine Gesten geben« *(Plessner)*.

Die Gebärde hat eine Bedeutung, mit einer Geste bringt der Mensch etwas zur Bedeutung.

Wichtig sind für den Anthropologen die Ausdrucksgebärden, die unverwechselbar nur dem Menschen eigen sind; zu diesen »Monopolen« gehören auch Lachen und Weinen. *Plessner,* der ihnen eine tiefgründige Untersuchung widmet (*Lachen und Weinen,* 1940, 3. Aufl. 1961), begreift sie als Ausdrucksformen der Krise. Der Mensch muß jeweils den Körper, den er hat, und den Leib, in dem er wohnt, zum Ausgleich bringen; er setzt den Körper entweder als Instrument ein, in Handlung und Geste, oder er gibt ihn als Resonanzboden frei, in der Ausdrucksgebärde; die Sprache steht in der Mitte zwischen beiden. Was aber, wenn die Lage unerfüllbare Ansprüche stellt, wenn der Mensch zur Mehrdeutigkeit seines Daseins nicht mehr ein eindeutiges Verhältnis finden, wenn er sich nicht mehr, im genauen Sinn, verhalten kann? Desorientierung, Desorganisation ist die Folge. Sinnvoll nicht mehr zu beantwortende Lagen dieser Art erregen, wo sie bedrohlich sind, Schwindel, wo sie das nicht sind, Lachen oder Weinen. Lachen und Weinen sind weder Gesten noch Gebärden und haben doch Ausdruckscharakter: der außer Verhältnis geratene Körper übernimmt für den Menschen die Antwort, nicht mehr als Instrument und Resonanzfläche in Handlung, Sprache, Geste oder Gebärde, sondern als Körper, der den Verlust der Beherrschung im ganzen selber noch beherrscht. »Im Verlust der Herrschaft über seinen Körper, im Verzicht auf ein Verhältnis zu ihm bezeugt der Mensch noch sein souveränes Verständnis des Unverstehbaren, noch seine Macht in der Ohnmacht ... er weiß auch da noch eine Antwort zu finden, wo es nichts mehr zu antworten gibt: angesichts einer unausgleichbaren Mehrsinnigkeit in komischen Phänomenen, in Witz, Verlegenheit und Verzweifelung; angesichts andererseits einer Übermacht, der wir uns unvermögend ausgeliefert fühlen.« Lachen und Weinen »antworten« auf das Unbeantwortbare.

Ausgezeichnete Analysen spezifisch menschlicher Ausdrucksgebärden, des Ekels, der Scham, der Verlegenheit usw. verdanken wir *Hans Lipps* (1889-1941). Er führt am konkreten Fall immer wieder den Nachweis, daß im menschlichen Ausdruck nicht einfach Inneres nach außen tritt. Ausdrucksformen sind vielmehr Formen des Verhaltens. Und der Mensch verhält sich zu sich selbst. Affekte setzen sich nicht unmittelbar in Gebärden um, sie werden gleichsam durch die Haltung, die der Mensch »einnimmt«, übersetzt, geschaltet. Im Erröten des Verlegenen kommt nicht sein Inneres nach außen, es mißlingt vielmehr sein »Auftreten«. Im Verhältnis von Geste und Gebärde, im Phänomen der Haltung meldet sich wiederum die Eigentümlichkeit: daß der Mensch von Haus nicht einfach ist, was er ist. Es gibt unter Menschen keine Bewegung, kein Verhalten, genau genommen nicht einmal einen Ausdruck, der »natürlich« ist. Immer schießt in sein Gebaren etwas von dem ein, was der Mensch nicht von Natur aus schon ist, wozu er sich selber vielmehr erst macht. Die »Natur« des Menschen, das, was als menschlich gilt, ist nicht einfach »gegeben« wie die Natur von Dingen oder Lebewesen. Sie begegnet als eine »Bestimmung« in des Wortes doppelter Bedeutung: sie beansprucht sehr wohl Objektivität, ist dem Belieben des Menschen entzogen; und doch bedarf sie der Subjekte, ihrer Anstrengung und ihrer Einsicht, um wirklich zu werden. Das, was am Menschen den Menschen ausmacht, Humanität, hat diesen doppelten Charakter: dem Menschen selbst in die Hand gegeben, zugleich gegeben und aufgegeben zu sein. So etwas wie »Echtheit« wird erst beim Menschen problematisch, dort nämlich, wo von Haus aus die Möglichkeit gegeben ist, sich selbst zu verfehlen. Der Mensch steht auch in seinen glücklichsten Stunden zwischen Echtheit und Unechtheit, zwischen Wahrhaftigkeit und Unwahrhaftigkeit, denn noch in die »Bestimmung«, die den Maßstab angibt für das Gelingen oder Mißlingen einzelner oder ganzer Gesellschaften, ihr Leben zu führen, noch in diese Bestimmung geht etwas von Selbstbestimmung ein. Hier wird sie so gedeutet und dort anders, je nach der geschichtlichen Lage und der gesellschaftlichen Verfassung, in der die Menschen leben, nach der Art und Weise, in der sie ihr Leben reproduzieren.

7. Damit hängt am Ende eine Schwierigkeit zusammen, die

den Rahmen der Anthropologie sprengt: »den« Menschen gibt es sowenig wie »die« Sprache. Weil Menschen sich erst zu dem machen, was sie sind, und das, den Umständen nach, je auf eine andere Weise, gibt es sehr wohl Gesellschaften oder Kulturen, über die sich, wie über Pflanzenarten oder Tiergattungen, allgemeine Aussagen machen lassen; aber nicht über »den« Menschen. *Erich Rothacker* vor allem hat zeigen können (*E. Rothacker, Probleme der Kulturanthropologie,* Bonn 1948), daß die Rede von einer »Weltoffenheit« des Menschen im Gegensatz zur »Umweltgebundeheit« des Tiers zu abstrakt ist: Menschen leben sowenig in *der* Welt, wie sie *die* Sprache sprechen oder *die* Kunst hervorbringen; sie leben jeweils in den fast umwelthaft beschränkten Welten ihrer konkreten Gesellschaft. Hochselektive und traditionsfeste Interessen, Gewonheiten und Haltungen, das, was *Rothacker* »Lebensstil« nennt, auf der einen, und ein entsprechendes, muttersprachlich vorformuliertes Weltbild auf der anderen Seite; beides eingelassen in ein bestimmtes »System« gesellschaftlicher Arbeit, in Produktionsverhältnisse mit entsprechenden Institutionen politischer Herrschaft; alles das, was bei *Hegel* unter dem Titel des »objektiven Geistes« erschien; was im Gefolge der Historischen Schule zur Kultur, im Gefolge von *St. Simon* und *Marx* richtiger zur Sphäre der »Gesellschaft« gerechnet wird – hat tatsächlich Züge einer Umwelt, die zwar weitaus reicher ist als die Umwelten aller Tierarten zusammengenommen, aber doch auch in gewisser Weise geschlossen ist, eben nicht »objektiv«, nicht offen für beliebig viele, grundsätzlich für alle möglichen Fakten. An Stelle der »angeborenen Lebensweise« tierischer Arten treten die geschichtlich erworbenen »Lebensstile« menschlicher Gesellschaften. »Auf diese ist die Bedeutsamkeit des jeweils apperzipierbar gewordenen Weltinhalts streng kontrapunktisch bezogen. Was immer die Wirklichkeit sein mag, jedenfalls bietet sie unbegrenzt mehr Möglichkeiten, Inhalt von Wahrnehmungen und Feststellungen zu werden, als tatsächlich geschieht. Unter diesem Gesichtspunkt betrachtet, ist die Wirklichkeit weit reicher als ein auf sie bezogenes bestimmtes Weltbild. Andererseits hat das Weltbild weit zahlreichere gehaltvolle, d. h. lebensbezügliche Inhalte aus der Wirklichkeit heraus erdeutet, als dieselbe an sich enthalten kann.« Erst der Mensch macht aus einer Erderhöhung einen Berg, aus einem Erdloch eine »Wohnhöhle«, aus einer Grenzlinie zwischen Wasser und Festland eine »Bucht«. Ohne Schiffe gibt es keine Buchten (*E. Rothacker, Philosophische Anthropologie*, Bonn 1964).

Die Menschen leben und handeln nur in den konkreten Lebenswelten je ihrer Gesellschaft, niemals in »der« Welt. Die Sprache der Gauchos kennt mehrere hundert Wörter für Pferde und das, was im Umgang mit ihnen bedeutsam ist, aber nur vier Pflanzennamen: ihr Weltbild entspricht den Formen, in denen sie ihr Leben reproduzieren. Was ihre Umwelt von der des oben erwähnten Zeckenweibchens unterscheidet, ist freilich wesentlich: die Menschen können im Prinzip ihre Lebenswelt überschreiten, sie können sie erweitern und in andere Welten übersetzen (eine Fähigkeit, die erst mit dem Aufkommen der historischen Wissenschaften im 19. Jh. *systematisch* ausgebildet wird); aber sie können sie nicht eigentlich ausstreichen oder einklammern, solange aus ihnen Motive fürs Handeln gezogen werden.

Die Menschen leben in einer eigentümlichen Verschränkung von Umweltbindung und Weltoffenheit. Das eine oder andere, für sich genommen, träfe nur für Tiere oder Engel zu; der Mensch aber steht zwischen beiden. Die Lebenswelt der Menschen ist gewiß einseitig in ihren Interessen und beschränkt in den Perspektiven, aber sie ist niemals eine nur natürliche, sondern stets auch eine künstlich stilisierte. Was hier mit dem dialektischen Verhältnis von Umweltverhaftung und Weltoffenheit, der Immanenz und Transzendenz des gesellschaftlichen Lebenszusammenhangs, der Lebenswelten, formal angezeigt wird, ist noch einmal die Tatsache: daß der Mensch Geschichte hat und geschichtlich erst wird, was er ist. Eine beunruhigende Tatsache für eine Anthropologie, die es mit der »Natur« des Menschen, mit dem, was allen Menschen jederzeit gemeinsam ist, zu tun hat. Lebten die Menschen wie Tiere in erbfest montierten Umwelten, gäbe es keine Geschichte; lebten sie in ein und derselben Welt, Engeln gleich, gäbe es wiederum keine Geschichte. In beiden Fällen wären unveränderliche Strukturen festzustellen, ein Katalog anthropologischer Konstanten. So aber verhält es sich nicht. Wenn Anthropologie trotzdem daran festhält, gewissermaßen ontologisch zu verfahren, nämlich nur das Wiederkehrende, das Immergleiche, das Zugrundeliegende an Mensch und Menschenwerk zum Gegenstand zu machen, wird sie unkritisch und führt am Ende gar zu einer Dogmatik mit politischen Konsequenzen, die um so gefährlicher ist, wo sie mit dem Anspruch wertfreier Wissenschaft auftritt.

Als Beispiel sei hier eine Untersuchung *Gehlens* genannt (*Urmensch und Spätkultur,* Bonn 1956, 2. neubearbeitete Aufl. Frankfurt 1964). Deren Grundgedanke ist etwa folgender: der Überschuß plastischer Antriebe, die Mannigfaltigkeit erlernbarer Bewegungen, die Reizüberflutung der Sinne, die Offenheit der Intelligenz nötigen den Menschen zum Handeln, nämlich dazu, sein Verhalten beherrschen zu lernen. Nun könnte daraus sehr wohl mit Herder gefolgert werden, daß der Mensch zur Freiheit organisiert, zur Autonomie bestimmt ist. *Gehlen* hingegen verallgemeinert ein historisch frühes Stadium menschlicher Entwicklung, in dem die überpersönliche Gewalt archaischer Institutionen das fundamentale Verhältnis von Instinkt und Auslöser auf der höheren Ebene des willkürlichen, erlernbaren Verhaltens wiederherzustellen scheint. Unversehens wird das, was für primitive Kulturen sehr wohl gelten mag, der menschlichen Natur schlechthin zugerechnet; so entsteht der Anschein, als sei der Mensch auf Repression angewiesen, ein für allemal; aus der Natur des Menschen springt die Notwendigkeit einer autoritär verfaßten Gesellschaft heraus. *Gehlens* anthropologische Invariantenlehre erhebt die Zucht und Härte archaischer Institutionen, die Strenge der auferlegten Versagungen, die Gewalt des erzwungenen Triebverzichts über den historischen Befund hinaus zum Rang des Natürlichen und darum Wünschbaren. Überhaupt sollen irrationale Zwangs- und Zuchtanstalten die Individuen derart subsumieren, daß ihnen Bestimmung und Neigung, Subjekt zu sein, vergeht:

»Wer so mit Haut und Haaren in seinen Status hineingeht, hat keine andere Wahl, als sich von den geltenden Institutionen konsumieren zu lassen, er findet außerhalb ihrer überhaupt keinen Punkt, wo er hintreten könnte. Diese Würde ist es, die unserer Zeit so weitgehend fehlt, wo die »Subjekte« in dauernder Revolte gegen das Institutionelle sind.« Gewiß, der Mensch muß sein Verhalten lernen. Aber wie es Verhältnisse gegeben hat und gibt, unter denen Institutionen jener Art als Lehrmeister unabdingbar sind, können doch andere Verhältnisse geschichtlich ebenso möglich und vielleicht schon wirklich sein, unter denen der Mensch in dem Maße, in dem er Triebenergien sublimiert und sich selbst gleichsam in die Hand bekommt, gerade unabhängig wird von den großen »Zuchtsystemen«, deren Gewalt und Würde *Gehlen* für unveräußerlich hält. Von daher fehlt auch der Behauptung die Stringenz, daß im Falle ihres Abbaues, im Falle einer Ersetzung blinder Herrschaft durch rationale Autorität die Menschheit »ausartet«.

8. *Rothackers* Ansatz einer allgemeinen vergleichenden Menschheitswissenschaft entgeht der Neigung *Gehlens,* bestimmte historische Kategorien schlicht als anthropologisch notwendig zu unterstellen. Eine solche Kulturanthropologie stellt sich nämlich mit historischem Takt, mit der Sensibilität und der Tradition der deutschen Historischen Schule der ganzen Breite empirisch zugänglicher Kulturen und Epochen. Sie schließt im morphologischen Vergleich eine Fülle kultursoziologischer Regelmäßigkeiten und Typen. Freilich darf mit »Gesetzen« dieser Art nicht um einer falschen Logik willen der Natur des Menschen zugeschlagen werden, was mit den gesellschaftlichen Verhältnissen einer bestimmten Epoche, einer bestimmten Stufe seiner geschichtlichen Entwicklung hinfällig werden könnte. Mit Sicherheit lassen sich in dieser Dimension anthropologische Konstanten von historischen Variablen überhaupt nicht trennen, ja, die Frage danach scheint falsch gestellt. Denn was die Menschen aus sich und ihrer Gesellschaft machen können und was nicht; was sie in gegebener Lage gar, allen Traditionen zum Trotz, daraus machen müssen, um an

deren Widersprüchen nicht zugrundezugehen – das ist eine theoretische und praktische Frage zugleich.
Die Anthropologie, soweit sie eine philosophische ist, muß die Verschränkung von Umweltgebundenheit und Weltoffenheit, die sie generell glaubt feststellen zu dürfen, auch auf sich selber anwenden. Wer Anthropologie treibt, kann nicht für sich die Position der Engel, des »Bewußtseins überhaupt«, beanspruchen, die er allen anderen abspricht; auch er lebt in einer konkreten Gesellschaft, fragt insofern aus einem »dogmatischen« Ansatz (*Rothacker*), läßt seinen Begriff vom Menschen anleiten durch die objektiven Interessen seiner Lebenswelt, durch Interessen, die aus den geschichtlichen Tendenzen der gesellschaftlichen Entwicklung hervorgehen. Nichts ist durchsichtiger als der Zusammenhang zwischen dem heute führenden Begriff des Menschen, als eines arbeitenden und handelnden, mit der Welt bürgerlicher Arbeit: er entsteht über *Herder* und *Hegel* bei *Marx* mit dem Beginn der industriellen Gesellschaft, und mit deren Entfaltung wird er zur Grundlage einer neuen Disziplin – eben der philosophischen Anthropologie. Diese wird darum nur in dem Maße kritisch, wie sie sich im Wechselgespräch mit einer Theorie der Gesellschaft begreift. Soziologie kann sich nicht, wozu in Deutschland eine gewisse Neigung besteht, durch Anthropologie als eine Art Grundlagenwissenschaft die Maßstäbe vorgeben lassen; beispielsweise den, daß alle gesellschaftlichen Verhältnisse nach dem Grad ihrer Stabilität zu bemessen (und zu befürworten) seien. Vielmehr muß sich die Anthropologie grundsätzlich ihren Begriff von Menschen erläutern lassen durch den Begriff der Gesellschaft, in dem er entsteht und nicht zufällig entsteht – nur so entgeht sie der Versuchung, geschichtlich Gewordenes schlechthin als »Natur« auszugeben und als Norm zu suggerieren.
Es scheint für die neuen, reaktiv entstandenen Disziplinen, die das Material der Wissenschaften philosophisch deuten – im Gegensatz zu den alten, sich selbst genügenden Disziplinen der Logik, Ethik und Metaphysik –, ein eigentümlicher Zwang zu bestehen, untereinander zu kommunizieren, an ihren Rändern

gleichsam ineinander überzugehen. So entfaltet sich Anthropologie zur einen Seite hin im Zusammenhang mit einer Theorie der Natur und zur anderen Seite hin im Zusammenhang mit einer Theorie der Gesellschaft und der Geschichte. Während die Verbindung nach dort von Anfang an bestand (*Plessners* Einführung in die philosophische Anthropologie trägt bezeichnenderweise den Titel *Der Mensch und die Stufen des Organischen*), ist mit der Verbindung von Anthropologie und Theorie der Gesellschaft noch kaum begonnen. Ein Modell dafür findet sich in manchen Untersuchungen, die, wie es in den USA heute üblich ist, Ansätze und Ergebnisse von Psychoanalyse und Soziologie aufeinander beziehen (*H. Marcuse*).

5. Eine psychoanalytische Konstruktion des Fortschritts (A. Mitscherlich) *1963*

Zu Beginn der dreißiger Jahre konnten die großangelegten Untersuchungen des Frankfurter Instituts für Sozialforschung noch unter dem Titel *Autorität und Familie* zusammengefaßt werden; noch vor einer Generation also hatten sich die gesellschaftlichen Strukturen nicht grundsätzlich geändert im Vergleich zu den Verhältnissen um die Jahrhundertwende, unter denen die Patienten Sigmund Freuds aufgewachsen ware und ihre Konflikte ausgebildet und ausgetragen hatten. Die Autorität des Vaters war bis dahin in den bürgerlichen Kleinfamilien nicht erschüttert; diese durften nach wie vor als Agenturen einer vorwiegend paternistischen Gesellschaft aufgefaßt werden. Sozialpsychologisch waren die Beziehungen von Befehl und Gehorsam auch in den außerfamilialen Bereichen, in der Berufssphäre und im politischen Leben, nach dem Vater-Sohn-Modell eingeübt. Heinrich Mann hat die spezifischen Züge der wilhelminischen Vatergesellschaft vor allem im Habitus der bürgerlichen Akademiker, im Schneid und in den Ängsten von Reserveoffizieren, Gymnasialprofessoren und Juristen festgehalten. Vom Konflikt der Söhne mit den Vätern lebte das ganze expressionistische Theater. Inzwischen muß gerade eine Sozialpsychologie, die von den Erfahrungen der Psychoanalyse belehrt ist, Wandlungen der Vater-Autorität, der gesellschaftlichen Autoritätsverhältnisse insgesamt feststellen. Mitscherlich faßt diesen Strukturwandel mit dem eigentümlich dialektischen Begriff der »Vaterlosigkeit«.[1] Er knüpft dabei an zwei Tatbestände an.

Die Stellung des Vaters wird in demselben Maße, in dem der wachsenden Schicht der abhängig Arbeitenden ökonomische Selbständigkeit und freie Dispositionsbefugnisse versagt sind, auch innerhalb der Familie geschwächt. Zudem verschwindet

1 Alexander Mitscherlich, *Auf dem Weg zur vaterlosen Gesellschaft,* München 1963.

der Vater, soweit er sich beruflich produziert und sein Können demonstriert, auch aus dem Gesichtskreis der Familie. Statt dessen wächst die Bedeutung anderer Mittelspersonen, etwa der Lehrer. Über das Schulsystem und die Massenmedien wirkt die Gesellschaft immer häufiger über den Kopf des Vaters hinweg auf die Heranwachsenden unmittelbar. An dieser Form der unvermittelten Sozialisierung der Einzelnen durch außerfamiliale Instanzen zeigt sich die Kehrseite des Abbaus väterlicher Autorität. Einst hatte sie ja die Normen und Sanktionen der Gesellschaft nicht nur umgesetzt, sondern in der Familie als einem privaten Bereich auch gebrochen. Schon Herbert Marcuse hat darauf hingewiesen, daß die Familie, solange sie einen intakten Privatbereich sicherte, nicht nur das Realitätsprinzip verkörperte, sondern auch die Individuen in ihrer Fähigkeit zur Resistenz gegen die öffentliche Macht gestärkt hat. Die erschütterte Autorität innerhalb der Familie setzt deshalb nicht nur Möglichkeiten der Emanzipation frei; zugleich räumt sie auch einer ungebrochenen Sozialisierung der Kinder im Interesse der öffentlichen Macht das Feld erst ein. Mitscherlich macht diese ambivalenten Folgen an den Konfliktlagen der Kinder deutlich, deren Wachstumskrisen sich dadurch verschärfen und verlängern, daß ihr früher Identifikationshunger nicht mehr angemessen gestillt wird: sie erfahren den Vater in seinen Stimmungen, nicht aber in seinen Leistungen, und sind daher weithin vom identifizierenden Beobachten und Lernen ausgeschlossen. Vorzügliche Traumanalysen (S. 247 ff.) überzeugen von einer generationstypischen Verschleppung der Ödipusproblematik, die unaufgearbeitet fortdauert: gerade der unsichtbare, der tote Vater, der nicht eigentlich mehr getötet zu werden braucht, bleibt im unbewußten Erlebnis eine bedrohliche Macht. Die Rede von der vaterlosen Gesellschaft spielt deshalb ebenso auf den Verlust erster Beziehungspersonen an wie andrerseits auch auf die Notwendigkeit, dem unsichtbar gewordenen Vater im Ernst zu entwachsen und damit eine neue Stufe in der Evolution zum Bewußtsein, in der Emanzipation der ganzen Gesellschaft zu erreichen.

Die gleiche Dialektik enthüllt uns der andere Tatbestand: die erschütterte Vaterautorität in den Bereichen der Politik. Kein identifizierbarer Einzelner, keine physiognomisch anschauliche Gruppe von Einzelnen hält die politische Herrschaft mehr in Händen; damit ist prinzipiell der Weg zu einer »Geschwistergesellschaft« gewiesen, die sich nicht mehr in erster Linie hierarchisch, sondern horizontal, also zwischen Gleichberechtigten organisiert. Den Terminus »vaterlose Gesellschaft« hat Paul Federn 1919 mit dem Blick auf die Versuche, ein Rätesystem zu etablieren, geprägt. Freilich genügt diese Erinnerung, um uns zu warnen, die Demokratisierung der Formen und eine wachsende Anonymität der Ausübung politischer Herrschaft mit dem tatsächlichen Abbau repressiver Gewalt zu verwechseln. Hier wie in der Familie ist vielmehr der Schritt zur Vaterlosigkeit um so vieles mehr mit regressiven Ängsten statt mit kritischer Einsicht besetzt, daß die angstbereite und vorurteilsgesteuerte Reaktionsbereitschaft der großen Massen alte Abhängigkeiten unter den neuen Verhältnissen allenfalls homogenisiert. Mitscherlich glaubt, in der unpolitischen Forderungshaltung gegenüber dem sozialen Fürsorgestaat die rivalisierende Bettelhaltung gegenüber der fütternden Elternfigur zu erkennen. Nach dem Rückzug aus der Vaterwelt der artikulierten Leistungen und ihrer Risiken blieben nur orale Bedürfnisse und eine infantile Gestimmtheit, die sich von überlebten Erziehungsmethoden für die unmündige Integration in Zwangskollektive nutzen lassen: »Was wir zu unseren Lebzeiten beobachten konnten war doch, daß neue Herrschaftsordnungen, die Freiheiten zu bringen versprachen ..., sofort ein Gleichgewicht zu ihren Gunsten durch die Errichtung neuer Befehlsverbände herzustellen suchten. Die prätendierte Unfehlbarkeit, die die Sicherheit der Väter übertrumpfen will, ist in Wahrheit eine Reaktionsbildung auf die tatsächliche Unsicherheit der Lage. Auch ein anderes Zeichen beweist das: die ins Paranoische gesteigerte Angst vor Verfolgern. Um ihnen zu entgehen, wird sogleich ein externalisiertes Gewissen etwa in Form einer unfehlbaren Partei und ihrer geheimen, alles wissenden Polizei etabliert ... Die Kunst solcher Staatsführung besteht dann darin, die libidinösen Zuwendungen zur Idealisierung der Favoriten auszunützen und die aggressiven Impulse auf Sündenböcke zu übertragen.« Mitscherlich sieht daher Grund genug, die Frage offenzulassen, »ob die Partialsozialisierung des Menschen, wie sie im Äon der Vaterherrschaft sich vollzogen hat, mächtig genug ist, die aggressiven Triebüberschüsse, die sich in den gegenwärtigen Kulturformen bilden, rechtzeitig zu neutralisieren«.

Die großartige Leistung dieses Buches ist es, diese Frage, wenn schon nicht zu beantworten, so doch präzise zu stellen. In Kenntnis der Genealogie herrschender Moralen (die allemal durch repressive, das heißt unversöhnte Triebverzichte erzwungen sind und daher vom Kulturzwang zur bösen Tat, dem mythischen Wiederholungszwang noch in den fortgeschrittensten Gesellschaften, nicht loskommen) entfaltet diese Untersuchung den Widerspruch zwischen der objektiv geforderten Stärkung des kritischen Bewußtseins und den Erziehungs- wie Herrschaftspraktiken einer substantiell schon ausgehöhlten Vatergesellschaft. Es geht um den Nachweis, »daß eine Moral, die zu einem Anwachsen der Verantwortung im Ich statt zu einem Verharren unter Geboten im Über-Ich erzieht, vom soziogenetischen Prozeß der Evolution gefordert ist«. Dieser Nachweis gelingt mit Mitteln einer analytisch orientierten Sozialpsychologie zweiter Stufe; sie nimmt nämlich den historischen Zusammenhang der Freudschen Lehre mit der letzten Gestalt einer paternistischen Gesellschaft in ihre Reflexion mit auf und bewährt gerade darum die alten Kategorien in Anwendung auf die gewandelten gesellschaftlichen Strukturen und die ihnen entsprechenden triebdynamischen Konfliktmuster der individuellen Entwicklung. Wie eine Probe aufs Exempel erscheint mir die Ungezwungenheit, mit der sich die Erkenntnisse der neueren Anthropologie den Theorien analytischer Herkunft einfügen lassen. Mir ist bei der Lektüre dieses Buches zum ersten Mal klargeworden, daß die zentralen Thesen von Bolk, Portmann und Gehlen, die sich auf die artspezifische Unreife und eine mangelnde biologische Ausstattung des gleichsam zu früh geborenen Menschen beziehen, in der Konsequenz genau mit der psychoanalytischen Beobachtung der lebensbestimmenden Relevanz früher Kindheitsentwicklungen zusammenstimmen.

Im Rahmen einer genetischen Betrachtungsweise verlieren freilich die anthropologischen Lehrstücke ihre ontologische Starre. Sie können nicht länger zur Rechtfertigung jenes einzigen Regulationsprinzips dienen, das in Stadien nackter Not und einer stets bedrohten Selbstbehauptung gegen eine übermächtige Natur die gleichfalls naturwüchsige Sozialisierung der Menschengattung beherrscht hat: eben die an das Faktum, Vorbild und Symbol der Vaterautorität gebundene Gewalt. Die historische Entwicklung des Typus Mensch ist nämlich durch ein Erstarken von Bewußtseinsleistungen gekennzeichnet, welche die Gewaltverhältnisse relativieren. Die Energien eines erstarkenden Ichs summieren sich in gewiß sehr langsamen Prozessen, ermöglichen aber schließlich eine technische Ausrüstung, die eine allgemeine und dauerhafte Befriedigung der primären Bedürfnisse in Aussicht stellt – was umgekehrt zur wichtigsten Voraussetzung dafür wird, daß das kritische Ich weitere Triebenergien binden kann. Allerdings kann die wachsende technische Verfügungsgewalt auch als Potential ichfremder Triebregungen dem kritischen Bewußtsein entgleiten – »das ist politisch in den Methoden von Drohung und Abschreckung allzu deutlich«. Die Dialektik einer Evolution zum Bewußtsein vollendet sich erst in jener Ambivalenz der Vaterlosigkeit, die zugleich den Verlust der ersten Beziehungspersonen meint *und* die Aufgabe, sich auch des unsichtbaren, aber unbewußt fortlebenden Vaters zu entledigen.

Die Prozesse wachsender technischer Verfügung und gesellschaftlicher Organisation, die psychologisch mit einer Zunahme an bewußten Kontrollen des Ichs zusammengehen, bringen geschichtlich immer häufiger Situationen von der Art hervor, die nicht nach dem Muster der Vorbild-Verinnerlichung und der unveränderten Vorbild-Wiederholung, also autoritär bewältigt werden können. Sie entziehen der Väterkultur die objektive Grundlage, aber zugleich den Subjekten *auch* die Voraussetzungen für eine gelingende Identität, d. h. für eine Realisierung von Mündigkeit als des guten Potentials einer heute noch riskanten Vaterlosigkeit. Immerhin verbietet die einmal gewonnene Einsicht in diese Dialektik die Rückkehr zu einem bloß anthropologischen Standpunkt, auf dem die vermeintliche Konstanz der Menschennatur und ihrer Konflikte herhalten muß, um die Reproduktion der ältesten Gewalten zu sanktionieren – so, als müsse der alte Adam allzeit durch feste Verhaltensschablonen, strenge Normen, blinde Institutionen und eingeschliffene Reflexe vor sich selbst geschützt werden. Mitscherlichs psychoanalytische Konstruktion des Fortschritts lehrt vielmehr, in den kollektiven Veränderungen der Triebkonstellationen und Konfliktlagen den *historischen* Stand möglicher Lösungen zu begreifen –: »Die Konsequenz ist also, wie die Menschheit ohne Projektion ihrer gruppenspezifischen Sozialordnungen – zum Beispiel ihrer Familienstruktur mit einer unbestrittenen väterlichen Autorität – auf die Maßstäbe der Weltordnung auskommen wird. Wie wird eine in diesem Sinne vaterlose Gesellschaft aussehen, eine Gesellschaft, die nicht von einem mythischen Vater und seinen irdischen Stellvertretern kontrolliert wird?«

6. Stichworte zu einer Theorie der Sozialisation *1968*[1]

1. Das Rollenkonzept des Sozialisationsvorgangs[2]

1. Sozialisation wird mit Bezug auf das Rollenkonzept des sozialen Handelns definiert. Sie wird als ein Vorgang der Integration natürlicher Substrate in bestehende Rollensysteme verstanden. Auf dem Wege des Sozialisation genannten Lernprozesses verinnerlichen potentiell handlungsfähige Subjekte die Wertorientierungen und bilden die Motive aus, die sie instandsetzen, soziale *Rollen zu spielen.* Daher muß das Rollenkonzept zunächst geklärt werden.

Der *Status* der sog. *Rollentheorie* ist umstritten. Ich halte es nicht für sinnvoll, das Konzept des Rollenhandelns als Kern einer empirischen Theorie aufzufassen; es liefert allenfalls einen kategorialen Rahmen für die Formulierung überprüfbarer Hypothesen. Für die neuere Soziologie hat der begriffliche Apparat des Rollenspiels geradezu den Stellenwert eines Paradigmas gewonnen. Andere in den Sozialwissenschaften übliche Paradigmata sind beispielsweise Gesellschaftsspiele oder selbstgeregelte Systeme. Wir wählen ein solches Paradigma aus der Alltagserfahrung und machen es in der Weise zum Interpretationsschema, daß sich aus dem vorwissenschaftlichen Horizont unserer Erfahrung ein bestimmter Bereich von Objekten möglicher empirischer Analyse herausheben läßt.

2. »Rolle« hieß die Pergamentrolle, von der der Schauspieler seinen Part ablas. Bei der Umformung der Bühnensituation in ein wissenschaftlich verwendbares Interpretationsschema treten vier Gesichtspunkte hervor: a) Das Rollenspiel ist eine Interaktion, an der mindestens zwei Partner teilnehmen. Vor-

1 Ich habe im Sommersemester 1968 eine Vorlesung zur Theorie der Sozialisation gehalten. Die hektographiert verteilten »Stichworte« dienten als Grundlage des Vortrags und der Diskussion. Die vorläufig skizzierte Sozialisationstheorie konnte sich auf Vorarbeiten stützen, die ich langjährigen, gemeinsam mit Ullrich Oevermann durchgeführten Seminaren verdanke.

2 In Ergänzung zur Literaturliste sei noch auf Kapitel VI aus T. Parsons, *The Social System,* S. 201 ff., hingewiesen.

ausgesetzt ist die Ebene der Intersubjektivität sprachlicher Bedeutungen. b) Das Rollenspiel ist durch Normen geleitet, die die Form komplementärer Verhaltenserwartungen haben. c) Die Befolgung der Normen ist durch Sanktionen gesichert. Eine soziale Rolle kann Verhalten befehlen, erlauben und verbieten; die Reaktion auf rollennormiertes Verhalten reicht von Zustimmung über Gleichgültigkeit bis zur Ablehnung. d) Die Ebene der Rollennorm, die verstanden wird, und die Ebene des faktischen Verhaltens, das beobachtet wird, fallen nicht zusammen. Die Differenz zwischen Norm und Verhalten bestimmt den Grad der Rollenkonformität. e) Manche Autoren fassen die soziale Rolle und die Interaktion der Rollenspieler als ein System auf, das Gleichgewichtsbedingungen erfüllt und selbstregulativ arbeitet. Vgl. Parsons' Definition (*The Social System*, S. 204 f.): *An established state of a social system is a process of* complementary interaction of two or more individual actors in *which each conforms with the expectations of the other(s) in such a way that alter's reactions to ego's actions are positive sanctions which serve to reinforce his given need dispositions and thus to fulfill his given expectations.* (Ein stabiles soziales System ist ein Prozeß komplementärer Interaktion zwischen zwei oder mehr individuell Handelnden, bei der jeder den Erwartungen des anderen entspricht, so daß alters Reaktionen auf egos Handeln positive Sanktionen sind, die dazu dienen, seine vorhandenen Bedürfnisdispositionen und damit seine Bereitschaft, den Verhaltenserwartungen zu folgen, zu verstärken.)

3. Das Rollenmodell hat den Vorzug, einen Objektbereich zu konstitutieren, der im engeren Sinne soziologisch ist: Verhalten begreifen wir unter diesem Gesichtspunkt weder als Reaktion eines einzelnen Organismus noch als Äußerung einer bestimmten Persönlichkeitsstruktur, sondern als Vorgang in einem System sozialen Handelns. Das handelnde Subjekt erscheint dabei nur als Rollenträger, d. h. als Funktion von Vorgängen, die durch soziale Strukturen bestimmt sind. Auch auf der Bühne interessiert uns nicht der Schauspieler als Privatperson, sondern als der »Charakter«, den er kraft seiner Rolle im Handlungszusammenhang des Textes darstellt. Freilich läßt es

die Soziologie nicht bei der analytischen Trennung von sozialem System (Inszenierung eines Dramas) und Persönlichkeitsstruktur (Schauspieler als Privatperson) bewenden. Sie versucht, die Ausbildung der Persönlichkeitsstruktur der handelnden Subjekte selber noch aus sozial bedingten Prozessen zu erklären: dies sind die Sozialisationsvorgänge. Sie sorgen dafür, daß ein Substrat, der Organismus des Neugeborenen, so weit mit sozialen Strukturen »durchdrungen« wird, daß er die fundamentalen Erfordernisse des Rollenspiels erfüllen und unter geltenden Normen handeln kann. Sekundär nennen wir den Vorgang der Sozialisation, wenn ein prinzipiell schon handlungsfähiges Subjekt neue Rollen hinzulernt. Primär heißt der Sozialisationsvorgang, in dem das Neugeborene die Handlungsfähigkeit eines Subjektes überhaupt erwirbt. Dabei ist der Prozeß der *Vergesellschaftung* zugleich ein Vorgang der *Individuierung*. Das übliche Rollenkonzept eignet sich für die begriffliche Formulierung des einen Aspekts (nämlich des Sozialisationsvorgangs als einer Individuierung) nicht ebensogut wie für die Formulierung des anderen Aspekts (des Individuierungsvorgangs als Sozialisation). Damit sich nicht schon auf analytischer Ebene Konformitätsvorurteile einschleichen, bedarf das Konzept der Aufstockung von Rollen einer Revision.

4. Gerth und Mills heben das Rollenkonzept des Sozialisationsvorgangs gegen ein »biologisches Modell« ab. Am Beispiel des Motivationsbegriffs läßt sich der Unterschied klären, der darin besteht, daß im »soziologischen Modell« sprachlich vermittelte Intentionalität des Handelns, im »biologischen Modell« hingegen eine nicht intentionale Verhaltenssteuerung durch endogene Antriebe (im Zusammenhang mit reizstimulierten Lernprozessen) angenommen wird. Auf der animalischen Ebene vorsprachlichen Verhaltens sind Intentionen noch nicht vom Organismus abgelöst und in sprachliche Zusammenhänge eingegangen. Erst die symbolische Verselbständigung intentionaler Gehalte als Sprache macht kommunikatives Handeln möglich. Ein mehr oder weniger strenges animalisches Antriebssystem, das artspezifische »Bedeutungen« gleichsam hinterrücks definiert, wird erst auf kultureller Entwicklungs-

stufe aus invarianten Umweltkorrelationen gelöst. Erst dann kann es seinerseits durch ein Sprachsystem mit veränderlichen semantischen Gehalten neuen Interpretationen unterworfen werden: das »Motiv« rückt von der Ebene des Antriebssystems auf die Ebene sprachlicher Kommunikation. Die Sprache ist das Medium der Rollendefinitionen. Die über sprachliche Symbole gelernten sozialen Rollen haben motivationsbildende Kraft, soweit sie ein in Grenzen plastisches Bedürfnispotential »interpretieren«. Dieses Verhältnis stellen Gerth und Mills (1953, S. 43 ff.) als Sequenz: impulse – purpose – roles dar. Diese ist mit den beiden anderen Sequenzen verknüpft: feeling – emotion – gestures; und: impression – perception – meanings. Die letzte Spalte enthält die Elemente der sprachlich vermittelten Interaktion: Handlungen, Sätze und Erlebnisausdrücke. Deren Zusammenhang ist durch die Regeln sprachlicher Kommunikation ebenso wie durch Strukturen des gesellschaftlichen Systems bestimmt. Die erste Spalte enthält die Elemente, die sich als organische Vorgänge lokalisieren lassen. Die mittlere Spalte enthält die psychischen Vorgänge; diese lassen sich nun in der soziologischen Sprache des Rollenkonzepts fassen. Die Reformulierung dient dazu, *Reifeprozesse,* welche die körperlichen und psychischen Entwicklungsphasen von Kind und Erwachsenem festlegen, als Randbedingungen eines Sozialisationsvorgangs mit der *biographischen Rollenkarriere* der Person zu verknüpfen.

Die Karriere selbst vollzieht sich auf dem Wege der Identifikation mit relevanten Bezugspersonen durch Rollenübernahme. In die Interaktion selbst ist der Lernmechanismus der Rollenübernahme eingebaut. Parsons faßt G. H. Meads Theorem des *taking the role of the other* im Hinblick auf Freuds Identifikationsbegriff dahingehend zusammen: *that value-orientation patterns can only be internalized from the outside through reciprocal attachments, that is, through ego becoming integrated in a reciprocal and complementary role relative to alter which reaches the level of organization and cathectic sensitivity.*[3] *(daß*

3 *Social System* a.a.O., S. 213.

die Wertorientierungsmuster nur aufgrund gegenseitiger emotionaler Bindungen, d. h. dadurch internalisiert werden können, daß ego in bezug auf alter in eine reziproke und komplementäre Rolle eingegliedert wird, die gut organisiert und kathektisch besetzt ist.)

5. Identifikation soll weder ein Nachahmungsmotiv, noch ein imitatives Verhalten, sondern den *Mechanismus des Rollenlernens* bezeichnen. Dieser Mechanismus kann anhand eines typischen Ablaufs erläutert werden, dessen verschiedene Phasen die Anwendung aller drei von Freud eingeführten Ausdrücke gestatten: Objektwahl und -besetzung (Kathexis); Introjektion (das Aufrichten eines verlorenen Liebesobjekts im Inneren); Identifiaktion (Nachahmung des Verhaltens einer geliebten Person). Die Annahme der Identifikation im Sinne eines Lernmechanismus soll erklären, wie es dazu kommt, daß das lernende Subjekt die Rolle, und das heißt nicht das faktische Verhalten, sondern die normativen Erwartungen eines anderen Subjektes übernimmt und damit *internalisiert.* Die Identifikation ist vom allgemeinen Mechanismus des Lernens im Sinne der Lerntheorie zu unterscheiden. Das behavioristische Konzept des Lernens[4] rechnet mit der Verstärkerwirkung von Belohnungen und mit der auslöschenden Wirkung von Bestrafungen, wobei einzelne Verhaltensreaktionen auf nicht selegierte Reize bezogen sind. Identifikation setzt hingegen eine Vermittlung von Symbolen auf der Ebene sprachlicher oder quasisprachlicher Intersubjektivität voraus, also eine symbolische Beziehung anstelle der ausschließlich empirischen zwischen Reiz und Reaktion. Aufgrund dieser Symbolvermittlung werden durch Identifikation nicht nur einzelne Reaktionen, sondern integrierte Verhaltensmuster, Verhaltenserwartungen, d. h. Interpretationen von Verhaltensweisen gelernt. Bandura und Walters haben empirisch nachgewiesen, daß durch Identifikationslernen ganzheitliche Verhaltensmodelle von Vorbildpersonen relativ leicht übernommen werden können, ohne daß es einer schrittweisen Konditionierung bedürfte.

4 Miller und Dollard, *Social Learning and Imitation,* New Haven/Conn., 1941.

Freilich verfehlt die Annahme, daß Identifikation einfach *observational imitation* sei, die nicht-kognitiven Momente des Vorgangs. Überzeugender ist die Rekonstruktion, die Sears[5] vorschlägt. In Übereinstimmung mit Freud unterscheidet er Identifikation nach dem Anlehnungstypus (anaklitische Identifikation) und Identifikation mit dem Aggressor (defensive Identifikation). Techniken des Liebesentzugs führen zu einer anlehnenden Identifikation, weil das Kind auf der Grundlage einer libidinösen Bindung an die Pflegeperson, von der es abhängig ist, lernt, die komplementären Handlungen der Pflegeperson, wenn sie sich dem Kind entzieht, zu übernehmen und sich mithilfe dieser nachahmenden Substitution selbst zu befriedigen. Auf der Grundlage einer hergestellten Anlehnungsidentifikation können Techniken der direkten Bestrafung eine Identifikation mit dem strafenden Partner begünstigen. Baxter, Lerner und Miller[6] haben empirisch nachweisen können, daß eine abwehrende Identifikation mit einem strafenden Vorbild bei Erwachsenen, die von ihren Eltern autoritär erzogen worden sind, eher zu beobachten ist.

6. Der Mechanismus des Lernens durch Identifikation ist, was nicht immer deutlich gesehen wird, an das Rollenkonzept des Sozialisationsvorgangs gebunden: nur im Rahmen dieses Konzepts werden Motive als Bedürfnisdispositionen aufgefaßt, die an Symbolen festgemacht sind. Demgegenüber ist der Instinktbegriff der Motivation ebenso unabhängig von Sprachsymbolen definiert wie der Motivationsbegriff der Lerntheorie. Im einen Fall haben wir es mit einem endogen erzeugten Spannungszustand des Organismus zu tun, der durch eine auf spezifische Triebobjekte gerichtete Bewegung entladen werden kann. Im anderen Fall rechnet man mit einer unspezifischen Bereitschaft des Organismus, Lust und Unlust zu diskriminieren, so daß auf dieser Grundlage beliebige Motive durch Belohnung und Strafe an- und abdressiert werden können

5 1957, vgl. Literaturliste, siehe auch Ch. 1 in: Sears, Rau, Alpert, *Identification and Child Rearing.*

6 »Identification as a Function Reinforcing Quality of the Modell«, in: Journal of Personality and Social Psychology, 1965, S. 692 ff.

(*Berkowitz* 1965). Alle drei Motivationsbegriffe beruhen aber auf der Annahme, daß jedes Verhalten motiviert ist, so daß der entspannte Organismus, der weder durch homoeostatische Antriebe noch durch schmerzliche Stimuli (bzw. durch konditionierte Ersatzreize) in Bewegung gesetzt wird, inaktiv bleiben müßte. Dieser Annahme widerstreiten die vielfältigen Beobachtungen des unmotivierten Neugierverhaltens und des Probierhandelns in entspanntem Zustand. R. W. White (1959) führt deshalb ein unspezifisches Wirksamkeitsmotiv *(competence)* ein, das einen ähnlichen Stellenwert hat wie H. Hartmanns neutralisierte Triebenergie[7], die dem Ich-Apparat zur Verfügung steht. Diese Auffassung könnte dazu veranlassen, die Motivation des Rollenhandelns (Interaktion) von der Motivation des zweckrationalen (instrumentalen und strategischen) Handelns zu trennen und in beiden Bereichen verschiedene soziale Bedingungen der Motivationsgenese zu vermuten.
Radikaler ist die Auffassung eines systemtheoretisch abgewandelten Behaviorismus (Hebb, McVicker Hunt), der den Motivationsbegriff preisgibt. Das im Sollzustand befindliche System erzeugt spontane Verhaltensweisen. Es ist auf einen spezifischen Wert mittlerer Reizzufuhr eingestellt, so daß Abweichungen vom Mittelwert innerhalb eines Toleranzspielraums als »lustvoll«, diskrepante Reizzufuhren, die den Toleranzspielraum unter- oder überschreiten, aber als »unlustvoll« erfahren werden. Beobachtungen zeigen, daß sich Diskrepanzerlebnisse, die im Sinne der Annahme dosiert sind, für die Genese von Leistungsmotivationen, d. h. im System zweckrationalen Handelns (Problemlösungsverhalten), tatsächlich günstig auswirken (Heckhausen, 1966).

2. Kritik und Erweiterung des Rollenschemas[8]

Die Formulierung des üblichen Rollenkonzepts entgeht nicht der Gefahr des Soziologismus: sie läßt drei Dimensionen unbe-

7 *Ego Psychology and the Problem of Adaption,* New York 1958.
8 In Ergänzung zur Literaturliste sei noch auf Teil I von: J. Cumming, E. Cumming, *Ego and Milieu,* New York 1962, hingewiesen.

rücksichtigt, in denen das Verhältnis des handelnden Subjekts zu seinen Rollen gefaßt werden kann.

1. Die Rollentheorie geht von der Annahme aus, daß in stabil eingespielten Interaktionen auf beiden Seiten eine Kongruenz zwischen Wertorientierungen und Bedürfnisdispositionen besteht: der institutionell hergestellten Komplementarität der Erwartungen und des Verhaltens entspricht eine Reziprozität der Bedürfnisbefriedigung (Gratifikation). Dieses Integrationstheorem, das vor allem von Parsons entwickelt worden ist, ist unter verschiedenen Gesichtspunkten kritisiert worden (Gouldner, Levinson, Wrong). Das Gleichgewicht einer Interaktion stellt sich auf der Ebene intentionalen Handelns als eine gesicherte Komplementarität der Erwartungen und des wahrscheinlich zu erwartenden Verhaltens her. Empirisch besteht aber kein Anlaß zu der Annahme, daß dieser Komplementarität auch eine Gegenseitigkeit der Leistungen und der faktischen Befriedigungen entsprechen muß. Das Gleichgewicht einer Interaktion ist an die Bedingung der Gegenseitigkeit auf der kognitiven Ebene der symbolischen Bedeutungen (Komplementarität der Erwartungen) gebunden, nicht aber an die Bedingung einer Gegenseitigkeit auf der motivationalen Ebene der Bedürfnispositionen (Reziprozität der Befriedigungen). Empirisch besteht eher Anlaß zu der Annahme, daß in allen bisher bekannten Gesellschaften ein fundamentales Mißverhältnis zwischen der Masse der intepretierten Bedürfnisse und den gesellschaftlich lizensierten, als Rollen institutionalisierten Wertorientierungen bestanden hat. Unter dieser Voraussetzung gilt das Repressionstheorem: daß vollständige Komplementarität der Erwartungen nur unter Zwang, auf der Basis fehlender Reziprozität, hergestellt werden kann. Der Grad der Repression bemißt sich daran, wie weit die beteiligten Partner sich wechselseitig Reziprozität der Befriedigung vorenthalten. Der differentielle Grad der Repression eines Verhältnisses, in dem ein Teil den anderen »ausbeutet«, bemißt sich am Unterschied des Niveaus der Bedürfnisbefriedigung, die einer vom anderen erwarten kann.

2. Die Rollentheorie geht ferner von der Annahme aus, daß in

stabil eingespielten Interaktionen auf beiden Seiten eine Kongruenz zwischen Rollendefinitionen und Rolleninterpretationen besteht: das relevante Verhalten der Interagierenden ist durch die Rollenvorschrift in der Weise gleichsinnig determiniert, daß die handelnden Subjekte tatsächlich oder virtuell jeweils ihren Platz mit dem Partner tauschen können. Dieses Identitätstheorem, das von einer finiten Rollenstruktur ausgeht, ist vor allem von Anselm Strauss und der jüngeren Generation von Mead-Schülern zugunsten der Einbeziehung spontaner Ich-Leistungen und aktiver Rolleninterpretationen kritisiert worden. Turner entwickelt die Dialektik von Rollenübernahme und Rollenentwurf *(role-taking vs. role-making)*. Goffman zeigt, wie die Beteiligten eine diffuse Ausgangssituation im Hinblick auf locker definierte Rollen dadurch interpretieren, daß sie ihre konkurrierenden Rollenprojekte sich aneinander abarbeiten lassen, bis ein vorläufiger Deutungskompromiß gefunden ist. Der Spielraum einer *gebrochenen* Intersubjektivität der Verständigung[9] über *gemeinsame* Normen ist nötig, damit sich die handelnden Subjekte, indem sie eine soziale Rolle übernehmen, zugleich als unvertretbare Individuen darstellen können. Wir müssen die Ebenen der Rollendefinition und der Rolleninterpretation auseinanderhalten. Empirische und sprachphilosophische Gesichtspunkte sprechen für die Geltung eines Diskrepanztheorems: eine vollständige Definition der Rolle, die die deckungsgleiche Interpretation aller Beteiligten präjudiziert, ist allein in verdinglichten, nämlich Selbstrepräsentation ausschließenden Beziehungen zu realisieren.

3. Die Rollentheorie geht schließlich von der Annahme aus, daß eine stabil eingespielte Interaktion auf einer Kongruenz zwischen geltenden Normen und wirksamen Verhaltenskontrollen beruht: eine institutionalisierte Wertorientierung (Rolle) entspricht einem internalisierten Wert (Motiv) in der Weise, daß geltende Normen mit hinreichender Wahrscheinlichkeit auch faktisch erfüllt werden. Dieses Konformitätstheorem ist

9 Zum Begriff der »gebrochenen Intersubjektivität« vgl. Jürgen Habermas, *Zur Logik der Sozialwissenschaften,* Frankfurt 1970, S. 251 ff.

vor allem von Goffman kritisiert worden. Denn normenkonformes Verhalten ist nicht einfach eine Verkörperung des normativen Gehalts auf der Ebene beobachtbaren Verhaltens im Sinne einer Projektion von einer Ebene auf die andere. Vielmehr hängt es vom Grad und von der Art der Internalisierung ab, wie das handelnde Subjekt selbst zu seinen Rollen sich verhält. Die spezifische Form der Verhaltenskontrolle bestimmt das Maß möglicher »Rollendistanz«. Der Versuch von R. L. Coser, Rollendistanz in ein inhaltliches Merkmal von Rollendefinitionen umzumünzen, verkennt die Dimension, in der eine reflexive Anwendung flexibel verinnerlichter Normen von einer konditionierten Verhaltensreaktion auf der einen, einer zwanghaft automatischen Anwendung rigide verinnerlichter Normen andererseits unterschieden werden kann. Autonomes Rollenspiel setzt beides voraus: die Internalisierung der Rolle ebenso wie eine nachträgliche Distanzierung von ihr.

4. Die drei Grundannahmen der Rollentheorie vernachlässigen drei Dimensionen möglicher Freiheitsgrade des Handelns. Das Integrationstheorem schließt aus, daß wir eine stabil eingespielte Interaktion nach Graden der Repressivität bewerten. Das Identitätstheorem schließt eine Differenzierung nach Graden der Rigidität der Rollendefinition und des entsprechenden Interpretationsspielraums aus. Das Konformitätstheorem schließt eine Unterscheidung nach Graden der Autonomie des Handelns aus. Alle drei Theoreme unterstellen, durch Vorentscheidungen auf der analytischen Ebene, einen Normalfall eingespielter Interaktion, der in Wahrheit ein pathologischer Grenzfall ist: nämlich volle Komplementarität der Erwartungen und des Verhaltens, die nur um den Preis der Unterdrükkung von Konflikten zu erzwingen ist *(pseudomutuality)*; ferner die Deckung von Definition der Rolle und Interpretation der Handelnden, die nur um den Preis des Verzichts auf Individuierung zu erreichen ist *(rigidity)* und schließlich die Abbildung der Norm auf der motivationalen Ebene verinnerlichter Rollen, die nur um den Preis einer zwanghaft automatischen Verhaltenskontrolle zu verwirklichen ist. Die drei vernachlässigten Dimensionen können wir einführen, um Institutionen (Rollen-

systeme) nach dem Grad ihrer Repressivität, dem Grad ihrer Rigidität und der Art der von ihnen auferlegten Verhaltenskontrolle zu unterscheiden. Da wir den primären Sozialisationsvorgang als Erwerb der Grundqualifikationen des Rollenspiels verstehen, können dieselben Dimensionen auch dazu dienen, auf der Ebene der Persönlichkeitsstruktur solche Grundqualifikationen zu fassen, die sich dem üblichen Konzept des Rollenlernens entziehen.[10]

Der relative Grad der Repressivität eines Rollensystems bemißt sich an dem institutionell festgelegten Verhältnis der hergestellten Komplementarität der Erwartungen zur erlaubten Reziprozität der Befriedigungen. Der relative Grad der Rigidität eines Rollensystems bemißt sich an dem institutionellen Spielraum gewährter bzw. geforderter ad-hoc Interpretationen. Und die Art der Verhaltenskontrolle, die ein Rollensystem auferlegt, bemißt sich am Grad der erreichten Internalisierung. Umgekehrt bemessen sich die im Sozialisationsprozeß erworbenen Grundqualifikationen eines handelnden Subjekts in einem gegebenen Rollensystem danach, ob der Handelnde, im Vergleich zu anderen,

(1) der Rollenambivalenz gewachsen ist (Frustrationstoleranz), oder ob er dazu neigt,
die Komplementarität der Erwartungen in offenem Rollenkonflikt zu verletzen (bewußte Abwehr); oder
diese Komplementarität unter Vorspiegelung einer tatsächlich nicht vorhandenen Reziprozität der Befriedigungen zwanghaft aufrechtzuerhalten (unbewußte Abwehr);
ob er ferner:

(2) die Rollenambiguität durch ein angemessenes Verhältnis von Rollenübernahme und Rollenentwurf zu balancieren (kontrollierte Selbstdarstellung) versteht; oder dazu neigt
überwiegend Rollen zu projizieren (diffuse Selbstdarstellung); oder

10 Eine revidierte Fassung der erweiterten Rollentheorie findet sich in: U. Oevermann, L. Krappmann, K. Kreppner, *Elternhaus und Schule,* MS, Institut für Bildungsforschung, Berlin 1968.

überwiegend Rollendefinitionen zu übernehmen (restringierte Selbstdarstellung);
ob er schließlich:

(3) sich relativ autonom verhält und gut verinnerlichte Normen reflexiv anwendet (flexible Über-Ich-Formation); oder ob er dazu neigt,
aufgrund von Konditionierung auferlegte Normen reaktiv anzuwenden (externalisiertes Über-Ich); oder
aufgrund einer repressiven Verhaltenskontrolle rigide verinnerlichte Normen zwanghaft anzuwenden (neurotische Über-Ich-Formation).
Die unter 1-3 aufgeführten Kategorien eignen sich für einen soziologischen Begriff von Ich-Identität[11], die dem entspricht, was die Psychoanalyse »Ich-Stärke« nennt.[12]

5. Ich-Identität kann zunächst als Name für die spezifische Fähigkeit, Krisen der Ichstruktur durch Umstrukturierung zu lösen, eingeführt werden. Die Entstehung der Ichstrukturen kann nach dem Schema: *ego growth through crisis resolution* (Erikson, Cumming and Cumming) begriffen werden – Reifeschübe lösen eine Folge von Krisen im Verhältnis Person-Umwelt aus und erzwingen eine Konfliktlösung durch Reorganisation der Ichstrukturen auf jeweils höherer Stufe. Cumming und Cumming (S. 46 f.) erläutern die Grundannahme dieser Interpretation[13],
that periodic disequilibrium between a developing child and his environment are followed by resolution and re-equilibrium at a higher level of ego organization. In this view, the normal development of a child is periodically marked by emergent biological changes that require a readaptation between him and the environment. Our extension of this concept suggests, that at each of these periods of openness and vulnerability a successful

11 L. Krappmann, *Soziologische Dimensionen der Ich-Identität,* Stuttgart 1971.
12 Zum soziologischen Begriff der »Identität« vgl. D. R. Miller, »Situation, Identity and Social Interaction«, in: S. Koch (ed.), *Psychology,* Vol. 5, New York 1963, p. 639 ff.
13 Für die Übersetzung der Zitate danke ich Inge Pethran.

resolution of the crisis enhances the ego by increasing the number and variety of sets and the complexity and generality of the organization . . . In contrast, failure to resolve any developmental crisis leaves a child inadequately prepared to solve future ones, because he has few or poorly differentiated sets and perhaps an inadequate level of reorganization. (daß das periodische Ungleichgewicht zwischen dem sich entwickelnden Kind und seiner Umgebung abgelöst wird durch eine Restabilisierung der Ich-Organisation auf jeweils höherer Ebene. Unter diesem Gesichtspunkt ist die normale Entwicklung eines Kindes durch wiederkehrende biologisch ausgelöste Veränderungen gekennzeichnet, die eine Neuanpassung an seine Umgebung erfordern. Unsere Erweiterung dieses Konzepts sieht vor, daß in jeder dieser Perioden der Offenheit und der Verwundbarkeit das Ich durch eine erfolgreiche Lösung der Krise gestärkt wird, indem die Komplexität und Allgemeinheit der Ich-Organisation zunimmt. Gelingt hingegen die Lösung einer Entwicklungskrise nicht, ist das Kind unzureichend vorbereitet, künftige Krisen zu bewältigen, weil ihm wenig oder kaum differenzierte Schemata zur Verfügung stehen und weil die Ebene der Umstrukturierung unzulänglich ist.)

Ein Sozialisationsvorgang, der die Folge von Reifekrisen als einen kumulativen Lernprozeß organisiert, ist für die Ausbildung einer »starken« Ichidentität günstig. Diese bewährt sich später in belastenden Situationen, welche die Identität der Person bedrohen und zu einer Umorganisation der Ichstrukturen zwingen, wenn die Identität bewahrt werden soll. Typischerweise sind Belastungssituationen dieser Art mit Statuswechsel verbunden, sei es aufgrund horizontaler Mobilität (Wanderung, Emigration), sei es aufgrund vertikaler Mobilität (Auf- und Abstieg), sei es aufgrund von Katastrophen (wie Krankheit, »Schicksalsschlägen«, Unfällen usw.). Eine Dauersituation der Identitätsbedrohung ist durch sog. Statusinkonsistenz bezeichnet.[14] In dem Maße wie Personen solchen Situationen dadurch begegnen, daß sie sich »umorientieren«, d. h. neue

14 Vgl. P. Berger u. Th. Luckmann, »Social Mobility and Personal Identity«, in: *Archives Européennes de Sociologie*, 1964, S. 331 ff.

Interpretationen finden, neue Kategorien entwickeln, ihre eigene Identität neu definieren und eine Lösung für die Divergenz ihrer Bezugsgruppen finden, bewahren sie einen relativen Grad von Ich-Identität. Wie die Analyse dieser Umstrukturierung von Ich-Strukturen ergibt, hängt die Ich-Identität von jenen Grundqualifikationen des Rollenspiels ab, die wir eingeführt haben: nämlich von der Fähigkeit, Rollenambivalenzen bewußt zu ertragen, eine angemessene Repräsentation des Selbst zu finden und verinnerlichte Normen auf neue Lagen flexibel anzuwenden.

6. Goffman unterscheidet persönliche Identität (bzw. Individualität) und soziale Identität (*Stigma,* Frankfurt 1972). Die persönliche Identität kommt zum Ausdruck in einer unverwechselbaren Biographie, die soziale Identität in der Zugehörigkeit ein und derselben Person zu verschiedenen, oft inkompatiblen Bezugsgruppen. Während persönliche Identität so etwas wie die Kontinuität des Ich in der Folge der wechselnden Zustände der Lebensgeschichte garantiert, wahrt soziale Identität die Einheit in der Mannigfaltigkeit verschiedener Rollensysteme, die zur gleichen Zeit »gekonnt« sein müssen. Beide »Identitäten« können als Ergebnis einer »Synthesis« aufgefaßt werden, die sich auf eine Folge von Zuständen in der Dimension der sozialen Zeit (Lebensgeschichte) bzw. auf eine Mannigfaltigkeit gleichzeitiger Erwartungen in der Dimension des sozialen Raums (Rollen) erstreckt.

Ich-Identität kann dann als die Balance zwischen der Aufrechterhaltung beider Identitäten, der persönlichen und der sozialen, aufgefaßt werden. Wir müssen gleichzeitig unsere soziale Identität wahren und ausdrücken, ohne der Gefahr der »Verdinglichung« zu erliegen; aber ebenso müssen wir unsere persönliche Identität zugleich wahren und ausdrücken, ohne »stigmatisiert« zu werden. Auf der Ebene phänomenologischer Beschreibung heißt das zunächst: wir halten eine soziale Identität aufrecht, indem wir jeweils mit den Gegenspielern relevanter Bezugsgruppen im Hinblick auf die normierten Verhaltenserwartungen »identisch« zu sein versuchen und gleichwohl Anstrengungen unternehmen, um diese »Identität« mit anderen

als eine Scheinnormalität *(phantom normalcy)* sichtbar zu machen; gleichzeitig halten wir eine persönliche Identität aufrecht, indem wir gegenüber allen relevanten Bezugsgruppenmitgliedern den sozialen Abstand einer ausdrücklichen Nicht-Identität wahren und gleichwohl Anstrengungen unternehmen, diese Nicht-Identität als eine fiktive Einzigartigkeit *(phantom-uniqueness)* sichtbar zu machen. Diese dialektische Beziehung ist an die Struktur der Umgangssprache gebunden.
Die »Stärke« der Ich-Identität bemißt sich an der Aufrechterhaltung der Balance zwischen persönlicher und sozialer Identität in solchen Belastungssituationen, die jenes prekäre Gleichgewicht bedrohen. Der Grad der Individuierung bemißt sich an der Wahrung der Ich-Identität bei wachsender Differenzierung zwischen persönlicher und sozialer Identität. Diese wiederum hängt ab von einer Differenzierung der Rollensysteme und einer »Rationalisierung« des instituionellen Rahmens (im Sinne abnehmender Repressivität, schwindender Rigidität und zunehmender Flexibilität der Verhaltenskontrolle).

3. Die Familie als Sozialisationsagentur

1. Wir unterscheiden den primären vom sekundären Sozialisationsvorgang: im primären erwirbt das Kind die Grundqualifikationen eines handlungsfähigen Subjekts auf kognitiver/motivationaler Ebene. Die Relevanz der frühen Kindheit für die Persönlichkeitsstruktur des Erwachsenen besteht darin, daß Erfahrungen während dieser Formierungsperiode eines noch schwachen Ich langfristig prägende Effekte haben und künftige Lernprozesse unter Umständen präjudizieren können. Das Zusammenspiel von Reifung und externen Anregungen (oder Entbehrungen) bestimmt das Maß der Irreversibilität wichtiger Lernvorgänge. Freud hat die Bedeutung der infantilen Entwicklung der Sexualität für die gesamte Motivationsstruktur erkannt. Diese allgemeine Hypothese wird durch neuere Längsschnittuntersuchungen gestützt. Bloom stellt fest, daß in der Periode von der Geburt bis zum Abschluß der Adoleszenz

die Stabilität von Merkmalen auf motivationaler Ebene größer ist als die von kognitiven Merkmalen (Intelligenz, Fertigkeiten, Schulleistungen). Im Alter von durchschnittlich zwei Jahren läßt sich für die Merkmalskomplexe: geistiges Interesse, Abhängigkeit und Aggression etwa ein drittel der Varianz der entsprechenden, beim Abschluß der Adoleszenz gemessenen Werte voraussagen; im Alter von durchschnittlich fünf Jahren läßt sich bereits die Hälfte der Varianz voraussagen (Bloom, S. 176 ff.). Aber auch für die Entwicklung der Intelligenz, die nach konservativen Schätzungen in einer Breite von etwa 20 Punkten (I.Q.) durch Umweltvariable beeinflußt werden kann, zeigt sich deutlich, daß der Einfluß extrem günstiger oder extrem nachteiliger Umgebungen in den frühen Phasen größer ist als in den späteren Perioden. Die vorliegenden Daten lassen den Schluß zu, daß von der im Alter von 17 Jahren gemessenen Intelligenz etwa die Hälfte von der Geburt bis zum 4. Lebensjahr, etwa 30% zwischen 4. und 8. Lebensjahr und etwa 20% zwischen 8. und 17. Lebensjahr »determiniert« wird. Bei einer Längsschnittuntersuchung im Fels Research Institute fanden Kagan und Moss (Kagan und Moss, S. 266), daß manche der vom 3. bis 6. Lebensjahr, und viele der zwischen 6. und 10. Lebensjahr gemessenen Variablen entsprechende Werte während der Adoleszenz mit guter Wahrscheinlichkeit voraussagen:
Passiv withdrawal from stressful situations, dependency on family, ease-of-anger arousal, involvement in intellectual mastery, social interaction anxiety, sex-role-identification, and pattern of sexual behavior in adulthood were each related to reasonably analogous behavioral dispositions during the early schoolyears. (Passiver Rückzug aus Streß-Situationen, Abhängigkeit von der Familie, leichte Erregbarkeit, Verstrickung in intellektuelle Abhängigkeit, Angst vor Interaktion, Geschlechtsrollenidentifikation und das Muster des erwachsenen Sexualverhaltens standen sämtlich mit analogen Verhaltensweisen in der frühen Kindheit in Zusammenhang.) Die gemessenen Eigenschaften bleiben von Kindheit an um so stabiler je mehr sie mit der tradierten Geschlechtsrolle übereinstimmen. Das erklärt den Umstand, daß die Stabilitätsmuster für viele Merk-

male nach Geschlechtszugehörigkeit variieren. Das gleiche gilt auch für den Zusammenhang der mütterlichen Fürsorge, überhaupt der Einstellungen der Pflegeperson während der ersten Lebensjahre, und später zu Tage tretenden Effekten wie beispielsweise Leistungsorientierung (Kagan und Moss, S. 278 f.).

2. Die Ehe, also die gesellschaftliche Institutionalisierung einer langfristigen Verbindung zwischen zwei (oder mehreren) Personen verschiedenen Geschlechts, die für ihre unmündigen Kinder Elternfunktionen übernehmen, ist der Kern der Familie. Unter anthropologischen Gesichtspunkten der Gattungsgeschichte läßt sich plausibel machen, daß die Grundstrukturen der Familie mit ihrer Rolle als Sozialisationsagentur zusammenhängen. Die für die Säugetierreihe untypische Familialisierung des Mannes, die eine zureichende Pflege und Aufzucht des extrem abhängigen Nachwuchses erst ermöglicht, beruht auf der Integration der sonst getrennten Funktionsbereiche von Sexualität und Nahrungsvorsorge. Daher vereinigt das Institut der Ehe eine privilegierte sexuelle Beziehung mit einer auf Geschlechtsdifferenzen beruhenden ökonomischen Arbeitsteilung. Diese Verbindung ist nicht selbstverständlich: *This sexual privilege should not be taken for granted. On the contrary, in view of the almost limitless diversity of human cultures in so many respects, it should be considered genuinely astonishing that some society somewhere has not forbidden sexual access to married partners, confining them, for example, to economic co-operation and allowing each a sexual outlet in some other relationship.*[15] *(Diese sexuelle Privilegierung ist keine Selbstverständlichkeit. Im Gegenteil, angesichts der nahezu grenzenlosen Vielfalt menschlicher Kultur sollten wir es ungemein erstaunlich finden, daß nicht irgendeine Gesellschaft irgendwo den sexuellen Kontakt verheirateter Partner verboten und sie z. B. nur zu wirtschaftlicher Zusammenarbeit verpflichtet hat, während sie ihre sexuellen Bedürfnisse in einer anderen Beziehung ausleben dürfen.)* Die Generationsschranke ist durch In-

15 Murdock, in: Bell and Vogel, S. 39.

zesttabu gesichert. An der Institution der Kernfamilie hängen vier Funktionen, die für die gesellschaftliche Reproduktion des Lebens fundamental sind: die Erzeugung und die Sozialisation der Nachkommen, die privilegierte Befriedigung der sexuellen Bedürfnisse der Eltern und die ökonomische Versorgung aller Familienmitglieder (Murdock: *reproductive, educational, sexual and economic functions*). Kulturelle Unterschiede ergeben sich im Hinblick auf die Heiratsmuster (Monogamie, Polygamie), die sozial wie rechtlich verbindlichen Verwandtschaftszurechnungen und die Exogamieregeln. Ferner variiert der Grad der Selbständigkeit der Kernfamilie gegenüber dem Großfamilienverband. Im Grenzfall werden einzelne Grundfunktionen der Kernfamilie von einer größeren Gruppe übernommen.[16] Es ist kontrovers, ob solche Grenzfälle die These von der universellen Verbreitung der Familienstruktur widerlegen.

3. Die Grundstrukturen der Kernfamilie legen die Muster des Sozialisationsvorgangs fest: das Kind lernt durch Identifikation mit den Eltern Geschlechts- und Generationsrollen. An der Unterscheidung der Generationen (der »mächtigen« Eltern und der »abhängigen« Kinder) hängt die Verinnerlichung der elterlichen Autorität, die die motivationale Grundlage für sekundäres Rollenlernen überhaupt bildet. Die Identifikation mit der Geschlechtsrolle (d. h. mit den reziproken, aber nicht austauschbaren komplexen Verhaltensweisen der Geschlechter zueinander) steht unter dem (durch Reifeprozesse und Inzestverbot gesicherten) Vorbehalt einer antizipierten Rolle, die erst mit dem Erreichen des Erwachsenenstatus eingelöst werden kann. Mit dem virtuellen Rolleninhalt verbinden sich aber geschlechtsspezifische Bündel von Motivationen. Diese unterscheiden sich zwar nach Kultur und Entwicklungsstand der Gesellschaft, aber die Variation der geschlechtsrollenspezifischen Verhaltensweisen hält sich im allgemeinen innerhalb des Spielraums einer Rollendifferenzierung, die durch die fundamentale Verknüpfung von Sexualität und Nahrungsvorsorge in der Familienstruktur selbst verankert ist. M. Zelditch hat sich

16 Zum Fall des israelischen Kibbuz vgl. Spiro, in: Bell and Vogel.

bemüht, eine durchgängige geschlechtsspezifische Rollendifferenzierung der Kernfamilie auf der Grundlage von anthropologischem Material aus 56 Gesellschaften nachzuweisen. Seine beiden Annahmen sind: *1. If the nuclear family constitutes a social system stable over time, it will differentiate roles such that instrumental leadership and expressive leadership of the system are discriminated. 2. If the nuclear family consists in a defined »normal« complement of the male adult, female adult and their immediate children, the male adult will play the role of instrumental leader and the female adult will play the role of expressive leader.*[17] *(1. Wenn die Kernfamilie ein über Zeit stabiles soziales System darstellt, wird sie die Rollen der instrumentellen wie der expressiven Führung ausdifferenzieren. 2. Wenn die Kernfamilie darin besteht, daß sie als die »normale« Ergänzung des männlichen und weiblichen Erwachsenen und ihrer direkten Nachkommen gilt, wird der männliche Erwachsene die instrumentelle, der weibliche Erwachsene die expressive Führungsrolle spielen.)* Entsprechend ist die Geschlechtsrolle der heranwachsenden Jungens eher mit Orientierungen des zweckrationalen und des leistungskompetetiven Handelns, die der heranwachsenden Mädchen eher mit Orientierungen des kommunikativen und gefühlsintegrativen Handelns besetzt *(instrumental vs. integrative-expressive behavior).* Die heute noch erkennbaren Unterschiede zwischen den um Geschlechtsrollen spezifisch gebündelten Motivationen lassen sich gattungsgeschichtlich aus der biosozialen Ausgangslage der Familialisierung des Mannes erklären. Demgegenüber will Zelditch mit seiner Untersuchung die funktionalistische Auffassung von Parsons und Bales stützen, die die Rollendifferenzierung der Kernfamilie von biosozialen Tatsachen ganz ablöst. Die zur Kennzeichnung der Geschlechtsrollen herangezogenen Dimensionen *(adaptation, integration)* erweisen sich unter den von Bales an experimentellen Gruppen entwickelten Gesichtspunkten als Funktionsbereiche von gesellschaftlichen Systemen überhaupt: die Rollenstruktur der Kernfamilie entspricht dieser Auffassung

17 Zelditch, in: Bell and Vogel, S. 334 f., siehe auch Parsons und Bales, S. 353 ff.

zufolge *allgemeinen* Existenzbedingungen beliebiger sozialer Gruppen und nicht den *bestimmten* Existenzbedingungen jener (universal verbreiteten) fundamentalen Einrichtung, mit deren Hilfe die Menschengattung *bestimmte* Probleme gelöst hat.

4. Ob und *wie* das Kind die primären Rollen (Geschlecht und Generation) lernt, hängt von der Kommunikationsstruktur der Familie ab. Die Ausbildung der Ich-Identität ist an eine gebrochene Intersubjektivität der umgangssprachlichen Kommunikation gebunden. Unter diesem Gesichtspunkt begreifen Hess und Handel die Familie nicht als *System,* sondern als *Lebenswelt.* Die innere Struktur der familialen Lebenswelt hängt davon ab, ob unter den Familienmitgliedern 1. eine befriedigende Balance zwischen kollektiver Identifikation und Vereinzelung hergestellt wird *(the effort to achieve a satisfactory pattern of separateness and connectedness)* und 2. eine befriedigende Übereinstimmung zwischen den projizierten Ich-Idealen und den gegenseitig anerkannten Identitäten der einzelnen Familienmitglieder zustandekommt *(the effort to establish a satisfactory congruence of images through the exchange of suitable testimony).* Ebenso wichtig wie die Kommunikationsstruktur ist für die Lernprozesse des Heranwachsenden das Verhältnis der Familie zur Umwelt. Das Außenverhältnis ist dadurch bestimmt, ob 3. die Beziehungen der Familienmitglieder um einen Focus so organisiert sind, daß die Familie eine klare, gegenüber anderen Familien abgrenzende Identität ausbildet *(the effort to envolve modes of interaction into central family concerns or themes)* und ob 4. eine Balance zwischen einer Isolierung der Familie von der Umwelt und einer Diffusion in den Sog von Außenkontakten gehalten wird *(the effort to establish the boundaries of the family's world of experience).* Die zerbrechliche Form der familial eingespielten Intersubjektivität der Verständigung hängt davon ab, wie die Kommunikationsstruktur jene vier »Aufgaben« löst oder offenläßt, sie bestimmt auch das Medium, durch das alle Lernprozesse in der Familie hindurchgehen müssen.

Im soziologischen Bezugsrahmen eines durch Rollen- und Kommunikationsstruktur bestimmten Familiensystems lassen sich die psychoanalytischen Grundannahmen über die infantile Entwicklung der Motivationsbasis neu fassen. Parsons macht einen interessanten Versuch, die psychosexuelle Kindheitsentwicklung aus dem Interaktionszusammenhang der Familie zu begreifen.[18]

4. *Die soziale Entstehung von Motivationen*

1. Unter psychoanalytischen Gesichtspunkten bestimmt die psychosexuelle Entwicklung des Kindes die Art der Geschlechtsrollenidentifikation und die Ausbildung der Über-Ich-Strukturen (moralisches Bewußtsein). Von der Lösung dieser beiden Probleme hängt ferner ab, in welchem Maße frühkindliche Abhängigkeiten gelöst werden (oder als Fixierungen erhalten bleiben) und in welcher Weise Aggressivität bewältigt wird. Die Masse der im Zusammenhang mit oder unabhängig von psychoanalytischen Hypothesen durchgeführten empirischen Untersuchungen bestätigen sowohl die Relevanz von Geschlechtsrollenidentifikation und moralischem Bewußtsein als auch ihre phasenspezifische Entstehung: die Geschlechtsrollenidentität bildet sich zwischen dem 3. und dem 7. Lebensjahr aus. Im übrigen ergeben aber die Untersuchungen ein uneinheitliches Bild.
Verhalten bleibt vom Kindergartenalter an relativ konstant. Im übrigen ergeben aber die Untersuchungen ein uneinheitliches Bild.
2. Zunächst muß entgegen übervereinfachenden soziologischen Erklärungsmodellen für die Entstehung von Motivationen daran erinnert werden, daß die Identität der Geschlechtsrolle und das moralische Bewußtsein im Zusammenhang auch mit kognitiven Reifeprozessen erworben werden. L. Kohlberg betont diesen Aspekt. Die Geschlechtsrolle ist auf kognitiver Ebene an einer Reihe universeller Merkmale (in den Dimensionen Macht und Prestige, Mut und Aggressivität, Körpergröße,

18 Vgl. *Family,* S. 35 ff., *Social Structure and Personality,* S. 78 ff.

Pflegeverhalten, Expressivität usw.) festgemacht. Sie ist ein Interpretationsschema, das für die Organisation der kindlichen Wahrnehmungswelt überhaupt eine wichtige Rolle spielt und seinerseits von allgemeinen intellektuellen Reifevorgängen abhängt (vom Erwerb allgemeiner Kategorien wie Kausalität und Substanz, Zeit und Raum, Quantität, Identität usw.) Auch für die Entstehung des moralischen Bewußtseins bringt Kohlberg den Reifungsaspekt der Piagetschen Entwicklungspsychologie zur Geltung. Nach dem Grad der Internalisierung und der Einsicht lassen sich drei Stufen des moralischen Urteils unterscheiden: die vorkonventionelle, auf der sich das Urteil allein an äußeren Sanktionen und unmittelbaren Folgen orientiert; die konventionalistische, auf der sich das Urteil von der etablierten Autorität bestimmen läßt; die autonome, auf der das Urteil verinnerlichte Prinzipien mit Rücksicht auf eine konkrete Lage flexibel anwendet. Sechs Dimensionen, in denen sich diese Stufen des moralischen Bewußtseins fassen lassen *(intentionality in judgement, relativism in judgement, independence of sanctions, use of reciprocity, use of punishment as restitution, naturalistic views of misfortune)* erweisen sich als Dimensionen allgemeiner Entwicklungstrends. Nicht nur im Rahmen westlicher Kulturen scheinen alle Kinder unabhängig von Klassenzugehörigkeit, subkulturellen Besonderheiten und bestimmten Familienstrukturen mehr oder weniger die gleichen Stufen der Entwicklung des moralischen Urteils zu durchlaufen.[19]

Die Theorie der kognitiven Entwicklung erfaßt einen Aspekt, der bei der Entstehung von Geschlechtsrollenidentität und moralischem Bewußtsein nicht vernachlässigt werden darf, aber sie berücksichtigt ihrerseits nicht hinreichend die eigentlich motivationale Struktur: die Geschlechtsrolle kanalisiert Antriebsenergien und ist mit starken Emotionen besetzt; das moralische Bewußtsein ist nicht nur durch die Widerstandskraft gegenüber und durch Reaktionen auf Normenübertretung charakterisiert, sondern durch Angst- und Schuldgefühle ebenso wie durch die positive Bindung an Ich-Ideale (Sears).

19 L. Kohlberg, »Stage and Sequence«, in: D. A. Goslin (Rd.), *Handbook of Socialization Theory and Research*, Chicago 1969.

Ferner ist zu berücksichtigen, daß auch kognitive Entwicklungen in ihrem Verlauf von sozialen Strukturen abhängen. Sozialschichtenspezifische Vorgänge der Sozialisation entscheiden auch bei reifungsabhängigen Prozessen über die wahrscheinliche Entwicklungsstufe, die erreicht werden kann.

3. Das Identifikationsmodell des Rollenlernens verknüpft zunächst Typen der Identifikation mit Erziehungstechniken. Vier Dimensionen sind für das Erziehungsverhalten der Eltern relevant: *warmth vs. hostility, permissiveness vs. restrictiveness, calm detachment vs. anxious-emotional involvement, consistent vs. inconsistent discipline.* In den meisten Untersuchungen werden zwei komplexe Erziehungstechniken verglichen: *love oriented* und *power-assertive techniques.* Ein »permissives« Erziehungsverhalten, das eher durch Liebesentzug als durch körperliche Drohung straft, das eher auf die Intentionen des Kindes als auf das Verhalten und dessen unmittelbare Folgen gerichtet ist, das eher an Einsicht appelliert als auf äußere Sanktionen sich stützt, das eher einem Muster (»Prinzipien«) folgt als unvorhersehbar in den Erwartungshorizont des Kindes einbricht, wird mit einem »punitiven« Erziehungsverhalten konfrontiert. Die für die ersten Phasen der Kindheitsentwicklung vor allem wirksame Identifikation nach dem Anlehnungstypus scheint eher von permissiven Erziehungstechniken, die Identifikation mit dem Angreifer eher durch punitive Erziehungstechniken gefördert zu werden (vgl. einschränkend Sears, Rau und Alpert, p. 241 ff.).

Die Geschlechtsrollenidentifikation gelingt heranwachsenden Mädchen durch eine dauerhafte Bindung an das Modell einer Mutter, die sich eher permissiv verhält und ihrer eigenen Geschlechtsrolle sicher ist, während heranwachsende Jungens ihre primäre Identifikation mit der Mutter etwa im 4. Lebensjahr lösen und sich mit einem eher gewährenden als strafenden Vater identifizieren sollten. Lynne hat die Hypothese, die sich aus diesem Identifikationswechsel ergibt, bestätigt: daß es Jungens weniger oft als Mädchen gelingt, das Problem einer angemessenen Geschlechtsrollenidentifikation zu lösen. Ein punitives Erziehungsverhalten der Mutter erschwert die Geschlechts-

rollenidentifikation der Söhne. Das gleiche gilt für überfürsorgliche Mütter *(overprotection).*
Eine Reihe von Untersuchungen bestätigen die Hypothese, daß permissive Erziehungstechniken die Entfaltung eines autonomen moralischen Bewußtseins begünstigen. Reaktionen, die auf ein starkes, aber flexibles Über-Ich schließen lassen, treten umso wahrscheinlicher auf, je mehr die Eltern durch Appell an Einsicht erziehen und mit Liebesentzug strafen. Vgl. die Zusammenfassung von W. C. Becker:
Power-assertive techniques of discipline tend to be used by hostile parents, and in this context, tend to promote aggression in young children, resistance to authority, power assertion to other children, and externalized reactions to transgression (fear of punishment, projected hostility). There is suggestive evidence that, in time, consistent use of power-assertive techniques leads to an inhibition of overt aggression, but the hostility generated is still detectable in the form of prosocial-aggression and self-aggression. The aggression-inducing effects of power-assertive techniques are assumed to be mediated by the following mechanisms: (a) occurring in a hostile context, power-assertion is more likely to serve as a further frustration of the child and leads to a counter-aggressive anger reaction; (b) the model of aggressive behavior set by the parent shows the child how to be aggressive as well as implicitly sanctioning it; and (c) there is also some evidence to suggest that hostile punitive parents actually directly reinforce or encourage aggressive behaviors to others.
Love-oriented techniques of discipline tend to be used by warm parents and in this context tend to promote acceptance of self-responsibility, guilt, and related internalized reactions to transgression. Their effectiveness in promoting these behaviors are probably due to four characteristics of the parent's behavior: (a) warmth, which makes the parents important to the child and obviates the need for more-severe forms of discipline to gain compliance; (b) the providing of a model of controlled behavior; (c) the providing of verbal cues (reasons) which facilitate understanding of what is expected and aid the child's

development of an anticipation of consequences; and (d) certain aspects of the timing of punishment termination. (Strenge Eltern neigen dazu, machtsichernde Erziehungsmethoden anzuwenden; sie fördern dadurch bei ihren Kindern Aggressivität, Widerstand gegen Autorität, Machtausübung über andere Kinder und außengeleitete Raktionen bei der Nichteinhaltung von Geboten (Furcht vor Strafe, projizierte Feindschaft). Es gibt hinreichende Evidenz dafür, daß mit der Zeit die ständige Anwendung von machtsichernden Erziehungsmethoden zu einer Hemmung der offenen Aggression führt, aber die entstandene Aggressivität bleibt auch in den Formen sozial anerkannter Aggression und Selbstaggression erkennbar. Es ist zu vermuten, daß der aggressionsfördernde Effekt machtsichernder Erziehungsmethoden durch folgende Mechanismen vermittelt wird: a) in einer feindseligen Umgebung verstärkt Machtsicherung mit größerer Wahrscheinlichkeit die Frustration des Kindes und führt zu einer Trotzreaktion; b) das von den Eltern gesetzte Beispiel aggressiven Verhaltens lehrt das Kind die Aggressivität und dient zugleich implizit der Bestrafung dieses Verhaltens; und c) einiges spricht dafür, daß strenge, strafende Eltern direkt das aggressive Verhalten gegen andere verstärken oder ermutigen.

Liebevolle Eltern neigen dazu, gratifizierende Erziehungsmethoden anzuwenden; sie fördern dadurch die Bereitschaft zu Selbstverantwortlichkeit, Schuldgefühlen und ähnlichen internalisierten Reaktionen auf Regelverletzungen. Die Effektivität dieser Erziehungsmethoden ist wahrscheinlich auf vier Charakteristika des elterlichen Verhaltens zurückzuführen: a) Warmherzigkeit läßt die Eltern für das Kind wichtig erscheinen und macht strengere Erziehungsmaßnahmen überflüssig; b) sie bieten ein Modell kontrollierten Verhaltens an; c) die Verbalisierung von Gründen erleichtert das Verständnis von Erwartungen und hilft dem Kind, Konsequenzen vorauszusehen; d) bestimmte Aspekte hinsichtlich des Zeitpunkts, von dem ab die Strafe erledigt ist.

5. *Soziale Bedingungen kognitiver und sprachlicher Entwicklung*

1. *Allgemeine Vorbemerkung:* Drei Variablenbereiche sind für die Erklärung der motivationalen und der kognitiven Entwicklung vor allem relevant: organisch bedingte Reifungsprozesse, Erfahrungen im Umgang mit physischen Objekten, Erfahrungen im Umgang mit sozialen Objekten. Eine Theorie der Sozialisation bezieht die ersten beiden Bereiche ein, soweit sie Randbedingungen und abhängige Variable des Lernens in Interaktionen festlegen; unmittelbar erstreckt sie sich aber auf den dritten Bereich von Variablen: sie enthält Hypothesen über die sozialstrukturellen Bedingungen von Identifikationsprozessen, durch die Grundqualifikationen des Rollenhandelns erworben werden. »Rollenhandeln« ist dabei so spezifisch gefaßt, daß die von der Gesellschaftsstruktur abhängigen Sozialisationsvorgänge unter dem kritisch leitenden Gesichtspunkt analysiert werden können, ob sie Individuierung und Handlungsautonomie eher fördern oder hemmen.

Die Rekonstruktion geschlechts- und phasenspezifischer Identifikationsvorgänge, die unmittelbar von typischen Erziehungstechniken abhängen, dient zunächst der Erklärung der *motivationalen Basis* (Geschlechtsrolle, moralisches Bewußtsein, Aggressivität, Abhängigkeit). Sofern organische Reifung (und Reifungskrisen) wie auch kognitive Entwicklungen beim Aufbau dieser Basis eine Rolle spielen, werden sie als Randbedingungen berücksichtigt – sie sind aber nicht als solche Teil einer Sozialisationstheorie der Motivation. Hypothesen über die für die Motivationsgenese wichtigen Zusammenhänge zwischen Identifikation und Familienstruktur lassen sich an den klinischen Abweichungen des Sozialisationsvorgangs, also anhand der Entstehungsbedingungen von Neurosen und Psychosen gewinnen.

Die Sozialisationstheorie bezieht sich auf die *kognitive Entwicklung* nicht in gleicher Weise wie auf die motivationale: sie erklärt nicht die Struktur dieser Entwicklung, sondern die soziale Matrix der Entwicklungshemmung oder -beschleunigung. Die Struktur der kognitiven Entwicklung wird durch Piagets genetische Epistemologie geistreich erklärt. Diese nimmt den pragmatistischen Gesichtspunkt auf, daß sich die Kategorien der rationalen Weltauffassung (Substanz, Raum, Zeit, Zahl, Kausalität) und die Denkoperationen der logischen Verknüpfung von Symbolen (Identifikation, Negation, Konjunktion, Implikation) im Erfahrungshorizont des Umgangs mit physischen Objekten und im Zusammenspiel mit den Operationen des erfolgskontrollierten Handelns herausbilden. Für die Entwicklungsrichtung der kognitiven Fähigkeiten und Fertigkeiten ist die fortschreitende Differenzierung zwischen leibzentrischer Anschauung und ekzentrischem Begreifen maßgebend. Die Entwicklung führt von der Phase der sensomotorischen Intelligenz (bis zum 2. Lebensjahr) über die des vorbegrifflichen Denkens (bis zum 4. Lebensjahr), des intuitiven Denkens (bis zum 7. Lebensjahr), der konkret gebundenen Denkoperationen (bis zum 11. Lebensjahr) bis zur Phase der abgeschlossenen Adoleszenz (15. Lebensjahr), in der die formalen Denkoperationen ausgebildet werden. Abweichende und retardierte Entwicklungsprozesse führen zu den insbesondere in der Schule manifest werdenden Symptomen, an denen der Zusammenhang von kognitiver mit motivationaler Entwicklung greifbar wird. Das gilt a) für die Leistungsmotivation, b) für die allgemeine Motivation und c) für die Strategien des Problemlösungsverhaltens: alle drei Momente sind einerseits von phasen- und geschlechtsspezifischen Identifikationsprozessen, also von Lernprozessen in Zusammenhängen sozialer Interaktion abhängig, und haben andererseits entscheidenden Einfluß auf die kognitive Entwicklung.

Schließlich ist die *Sprache* gleichermaßen relevant für Entwicklungen auf motivationaler wie auf kognitiver Ebene. Das gilt für die Kommunikationsform innerhalb der Familie, also für Sprache als das Medium, durch das die Sozialisationsvorgänge ebenso vermittelt sind wie durch die familiale Rollenstruktur; und es gilt für die vom Kind erworbene Sprachkompetenz, also für Sprache als die Qualifikation, von der die Struktur der Handlungsmotive und das Niveau der kognitiven Leistungen auch abhängen. Für die Ausbildung der Motivationsstruktur scheinen Sprachkommunikation und Sprachkompetenz vor allem unter dem Gesichtspunkt der Einübung in die gebrochene Intersubjektivität der Verständigung zwischen den Individuen einer Gruppe von Bedeutung zu sein: die Sprache ist das Medium, in dem sich das prekäre Verhältnis von Identität und Nicht-Identität herstellt; den reflexiven Sprachgebrauch führen wir auf den Teil der Sprachkompetenz zurück, der eine indirekte Selbstdarstellung der unvertretbaren Individualität in den unvermeidlich allgemeinen und mit anderen Individuen geteilten Kategorien des Sprechens und Handelns erlaubt. Für die kognitive Entwicklung scheinen Sprachkommunikation und Sprachkompetenz eher unter dem Gesichtspunkt der qualitativen Steigerung vorsprachlicher Intelligenzleistungen Bedeutung zu haben: das kalkulierende Denken ist an das Operieren mit äußeren Symbolen gebunden. Den analytischen Sprachgebrauch führen wir auf den Teil der Sprachkompetenz zurück, der die Verwendung formallogischer Regeln und die rationale Erfassung objektivierter Sachverhalte erlaubt.[20]

2. Die soziale Matrix, die sich auf die kognitive Entwicklung der Kinder förderlich oder hemmend auswirkt, wird global durch die üblichen Messungen des sozioökonomischen Status erfaßt. Es ist durch viele Untersuchungen empirisch nachgewiesen, daß zwischen gemessener Intelligenz und Schulleistung der Kinder einerseits und dem Status der Eltern andererseits eine positive Korrelation besteht; eine Korrelation besteht zwischen Schulleistung und Elternstatus auch bei konstantgehaltenem I. Q. Eine analoge Beziehung besteht zwischen der Sprachkompetenz des Kindes und dem Elternstatus; auch diese Korrela-

20 Die Relevanz der Sprachbeherrschung für allgemeine Intelligenzleistungen ist u. a. von A. R. Jensen, »Learning ability in retarded, average and gifted Children«, in: *Merrill Palmer Quart.*, 1963, S. 123 ff.: von J. C. Spain, »Definition of familiar nouns by culturally deprived and non deprived children«, Ph. D. Diss., 1962; und von V. P. John, »The intellectual development of slum children«, in: *American Journal of Orthopsychiatry*. 1963, S. 813 ff. untersucht worden, vgl. auch C. B. Cazden, Literaturliste. Die Fähigkeit, auf Umweltreize verbal zu reagieren, scheint mit vielen Faktoren der gemessenen Intelligenz zusammenzuhängen. Die logischen Operationen, die bei Aufgaben oder Klassifikation und Definition erforderlich sind, korrelieren mit dem Wortschatz.

tion bleibt für Kinder der gleichen nichtverbalen Intelligenzstufe erhalten. Die für die kognitive Entwicklung relevanten Variablen des Elternhauses, die mit dem Sozialstatus nur grob und mittelbar erfaßt werden, sind in einer Untersuchung an 60 Schülern der fünften Klasse von Dave und Wolf[21] analysiert worden. Die stärksten Korrelationen ergaben sich zwischen Intelligenz und Schulleistung einerseits, und den Variablen andererseits, die mit dem intellektuellen Erwartungshorizont der Eltern, der Information der Eltern über die Entwicklung des Kindes, mit den Anreizen für die Erweiterung des Sprachschatzes, mit lernanregenden häuslichen Situationen, mit der Unterstützung für außerschulische und schulbezogene Lernprozesse zusammenhängen. Eine Korrelation von 0,69 ergab sich zwischen der gemessenen Intelligenz des Kindes und dem gesamten in 13 Skalen erfaßten Anregungspotential des Elternhauses; eine sehr viel schwächere für den global gemessenen Sozialstatus der Eltern.

Andere Untersuchungen zeigen den negativen Einfluß der emotionalen Abhängigkeit des Kindes, insbesondere von der Mutter, auf Schulleistung und Intelligenz. Auch in anderer Hinsicht ist der Zusammenhang von kognitiver Entwicklung und Elternverhalten schichtspezifisch (Freeberg und Payne). Im allgemeinen ist das Wertsystem bürgerlicher Elternhäuser, das permissive Erziehungstechniken stützt, für die kognitive Entwicklung förderlicher als das Wertsystem der Unterschicht, das Fügsamkeit und Ordnung prämiiert (Havighurst und Davis). M. L. Goldberg betont im Anschluß an Miller und Swanson (*Inner Defense and Conflict*) den Zusammenhang zwischen mittelschichtspezifischen Erziehungstechniken (Disziplinierung durch Liebesentzug, symbolische Belohnung, Eingehen auf die Intention, bei relativer Selbstkontrolle der Mutter) und der Entwicklung eines kognitiven Stils, der eher begrifflich verbal ist im Vergleich zu einem motorisch gerichteten Stil, der konkretistisch, dingorientiert und nicht verbal ist und seinerseits durch unterschichtspezifische Erzie-

21 R. M. Wolf, *The Identification and Measurement of Environmental Processvariables related to Intelligence.*

hungstechniken gefördert wird. Schichtspezifisch ist auch die Einstellung der Eltern zum Schulsystem.[22]
Die Sprachentwicklung des Kindes hängt mit einer Reihe ähnlicher Elternhausvariablen zusammen wie die kognitive Entwicklung im engeren Sinne.
Auf der phonologischen Ebene gehen die sozialschichtenspezifischen Entwicklungskurven für die Äußerung differenzierter Laute bereits vom 18. Lebensmonat an auseinander. Analoge Unterschiede zeigen sich vom 3. Lebensjahr an für Sprachschatz und Syntax. Die wichtigste einzelne Variable ist das Ausmaß und der Reichtum der sprachlichen Stimulierung, die das Kind im täglichen Umgang, vor allem mit der Mutter und den übrigen Familienanghörigen, erfährt. In den Elternhäusern der Unterschicht herrscht im Vergleich zur Mittelschicht eine gewisse Armut an organisierten Familientätigkeiten (z. B. geregelte Mahlzeiten), ein geringeres Maß an sprachlicher Kommunikation und ein geringerer Grad der Differenzierung im Gespräch. M. Deutsch (M. Deutsch, S. 222) hat anhand von 52 kognitiven und sprachlichen Variablen zudem ein *cumulative deficit phenomenon* nachgewiesen: im Vergleich mit Schulanfängern sind die schicht- und rassenspezifischen Unterschiede bei Schülern der fünften Klasse noch erheblich gewachsen: *what is found is a deficiency based on class and race in the measures which reflect abstract and categorical use of language, as opposed to denotative and labeling usage . . . It is found that as the complexity of the levels increases, from labeling through relating to categorizing, the negative effects of social disadvantage are enhanced. (Was festgestellt wurde, ist ein Mangel, der auf Klassen- und Rassenzugehörigkeit beruht und sich im Gegensatz von abstraktem und kategorialem Sprachgebrauch zu denotativem und etikettierendem Sprachgebrauch ausdrückt . . .*

22 M. L. Goldberg betont: *The inability to view schooling as a necessary preparation for later reward, especially when it is perceived as interfering with present gratification in terms of peer-status, earning power or independence.* (Die Unfähigkeit, die Schule als eine geeignete Vorbereitung für spätere Anerkennung zu betrachten, besonders dann, wenn sie in Terms von Verdienstchancen und Unabhängigkeit im Verhältnis zu anderen Gleichaltrigen als eine Störung unmittelbarer Gratifikation erfahren wird.)

Es wurde überdies festgestellt, daß sich mit steigendem Komplexitätsgrad von Etikettierung über Relationierung zu Kategorisierung der negative Effekt der sozialen Benachteiligung verstärkte.)

3. Wenn man Sprache nicht unter dem Gesichtspunkt einer von sozialen Lernprozessen abhängigen Variable als Sprachkompetenz, sondern als ein Medium dieser Lernprozesse betrachtet, dann tritt die Struktur der sprachlichen Kommunikation in den Vordergrund. B. Bernstein hat zwei sozialschichtenspezifische Formen der Kommunikation unterschieden. Er nennt sie Codes und bestimmt sie anhand von linguistischen Merkmalen.

Restricted Code (Unterschicht):

1. Short, grammatically simple, often unfinished sentences with a poor syntactical form stressing the active voice.

2. Simple and repetitive use of conjunctions (so, then, because).

3. Little use of subordinate clauses to break down the initial categories of the dominant subject.

4. Inability to hold a formal subject through a speech sequence; thus a dislocated informational content is facilitated.

5. Rigid and limited use of adjectives and adverbs.

6. Infrequent use of impersonal pronouns as subjects of conditional clauses.

7. Frequent use of statements where the reason and conclusion are confounded to produce a categoric statement.

8. A large number of statements/phrases which signal a requirement for the previous speech sequence to be reinforced: »Wouldn't it? You see? You know?« etc. This process is termed »sympathetic circularity«.

9. Individual selection from a group of idiomatic phrases or sequences will frequently occur.

10. The individual qualification is implicit in the sentence organization: it is a language of implicit meaning.

Elaborated Code (Mittelschicht):

1. Accurate grammatical order and syntax of what is said.

2. Logical modifications and stress are mediated through a grammatically complex sentence construction, especially through the use of a range of conjunctions and subordinate clauses.
3. Frequent use of prepositions which indicate logical relationships as well as prepositions which indicate temporal and spatial contiguity.
4. Frequent use of the personal pronoun »I«.
5. A discriminative selection from a range of adjectives and adverbs.
6. Individual qualification is verbally mediated through the structure and relationships within and between sentences.
7. Expressive symbolism discriminates between meaning within speach sequences rather than reinforcing dominant words or phrases, or accompanying the sequence in a diffuse, generalized manner.
8. It is a language use which points to the possibilities inherent in a complex conceptual hierarchy for the organizing of experience.
Restringierter Kode (Unterschicht):
1. Kurze, grammatisch einfache, oft unvollständige Sätze mit unzureichender Syntax und Bevorzugung des Aktivs.
2. Einfacher und wiederholter Gebrauch von Konjunktionen (so, dann, weil).
3. Seltener Gebrauch von Nebensätzen, die die Bestandteile des Hauptsatzes zerlegen.
4. Unfähigkeit, über eine Gesprächssequenz hinweg ein formales Subjekt beizubehalten; dadurch werden zusammenhanglose Informationsgehalte wahrscheinlicher.
5. Rigider und begrenzter Gebrauch von Adjektiven und Adverbien.
6. Seltener Gebrauch unpersönlicher Fürwörter als Subjekte von Konditionalsätzen.
7. Häufiger Gebrauch von Behauptungen, in denen Grund und Folge verwechselt werden.
8. Große Anzahl von Behauptungssätzen, die aus der Notwendigkeit resultieren, die vorangehende Sequenz zu bekräfti-

gen: »nicht wahr«, »sehen Sie«, »wissen Sie«. Diese Floskeln nennen wir »sympathetische Verstärkerformeln«.
9. Eine individuelle Auswahl aus einer Anzahl idiomatischer Ausdrücke oder Sequenzen kommt häufig vor.
10. Individualisierende Bestimmungen treten nur implizit als Bestandteil der Organisation des ganzen Satzes auf: es handelt sich um eine Sprache der impliziten Bedeutungen.
Elaborierter Kode (Mittelschicht):

1. Genaue grammatische Ordnung und Syntax des Gesagten.
2. Logische Modifizierungen und Betonung werden durch eine grammatisch komplexe Satzkonstruktion vermittelt, vor allem durch den Gebrauch einer großen Anzahl verschiedener Konjunktionen und Nebensätze.
3. Häufiger Gebrauch von Präpositionen, die logische Beziehungen anzeigen, sowie von Präpositionen, die zeitliche und räumliche Verhältnisse bezeichnen.
4. Häufiger Gebrauch des Personalpronomens »ich«.
5. Eine bewußte Auswahl aus einer großen Menge von Adjektiven und Adverbien.
6. Individualisierende Bestimmungen werden durch die Struktur und die Beziehungen innerhalb und zwischen den Sätzen explizit verbalisiert.
7. Der expressive Symbolismus kommt eher in der Unterscheidung zwischen verstärkenden Bedeutungen innerhalb einer Gesprächssequenz als in der Wiederholung dominanter Wörter und Sätze oder überhaupt in diffuser und generalisierter Weise zum Ausdruck.
8. Es handelt sich um einen Sprachgebrauch, der auf die Möglichkeiten, die eine komplexe Begriffshierarchie für die Organisierung der Erfahrung enthält, hinweist.)

Die Sprachkodes bezeichnen nicht verschiedene *Grammatiken,* die sowohl den passiven wie den aktiven Sprachgebrauch bestimmen würden. Sie bezeichnen vielmehr verschiedene *Strategien der verbalen Planung,* beziehen sich also nur auf den Spielraum sprachlicher Alternativen, zwischen denen der Sprecher aktiv wählen kann, soweit er selber spricht (und nicht bloß

versteht).[23] Die ritualistisch beschränkte Kommunikationsform *(restricted code)* gestattet mit größerer Wahrscheinlichkeit Prognosen über zu erwartende sprachliche Konstruktionen als die mit mehr Freiheitsgraden ausgestattete Planungsstrategie, die in der Mittelschicht weiter verbreitet ist *(elaborated code)*. Für den Sprecher selbst hat der beschränkte Kode Folgen, die Bernstein wie folgt beschreibt: *a low level of conceptualization, a disinterest in process, a preference for inclusive social relationships and group solidarity, socially induced conservatism and acceptance of authority. (Eine niedrige Stufe der Begriffsbildung, Uninteressiertheit an der Entwicklung einer Sache, Präferenz für in sich geschlossene Sozialbeziehungen oder Gruppensolidarität, sozial induzierter Konservativismus und Anerkennung von Autorität.)* Diese sozialpsychologischen Folgen ergeben sich aus dem *Zusammenhang der Kommunikationsformen mit spezifischen Rollenstrukturen.* Dem restringierten Kode entspricht eine konventionelle, eher am Status als an der Person ausgerichtete Interaktion, die stereotype Muster wiederholt und wenig Spielraum zu individuellen Differenzierungen bietet. Dem elaborierten Kode entspricht eine flexible und eher an der Person als am Status ausgerichtete Interaktion, die durch Verbalisierung der vom kollektiven Muster abweichenden subjektiven Intentionen des Einzelnen vermittelt ist. Kommunikationsform und Rollenstruktur unterscheiden sich schließlich nach dem *Anregungspotential* und der *Lernkapazität,* die sie demjenigen bieten, der in diesem System heranwächst, d. h. sozialisiert wird. Dieser Gesichtspunkt ist bei Bernstein angedeutet und von Hess und Shipman ausgearbeitet worden:
A person-oriented family allows the child to achieve the behavior rules (role requirements) by presenting them in a specific context for the child and by emphasizing the consequences of alternative actions. Status-oriented families present the rules in an assigned manner, where compliance is the only rule-following possibility. In these situations the role of power in the interaction is more obvious, and, indeed, coercion and defiance are

23 Vgl. im Einzelnen: U. Oevermann, *Sprache und soziale Herkunft,* Frankfurt 1972.

likely interactional possibilities. From another perspective, status-oriented families use a more rigid learning and teaching model in which compliance, rather than rational insight, is stressed. A central dimension through which we look at maternal behavior is to inquire what responses are elicited and permitted by styles of communication and interaction. There are two axes of the child's behavior in which we have a particular interest. One of these is represented by an assertive, initiatory approach to learning, as contrasted with a passive, compliant mode of engagement; the other deals with the tendency to reach solutions impulsively or hastily as distinguished from a tendency to reflect, to compare alternatives, and to choose among available options. (Eine personenorientierte Familie ermöglicht ein Rollenlernen in der Weise, daß man dem Kind die Verhaltensregeln in einem jeweils spezifischen Kontext vorführt und die Folgen alternativer Handlungen betont. Statusorientierte Familien vermitteln die Verhaltensregeln in einer so präjudizierten Form, daß Gehorsam die einzig zugelassene Möglichkeit der Regelbefolgung darstellt. In diesem Fall spielt Macht innerhalb der Interaktion eine offensichtliche Rolle, und tatsächlich sind Zwang und Trotz die wahrscheinlichsten Reaktionen. Anders ausgedrückt, statusorientierte Familien wenden eine rigidere Lern- und Lehrmethode an, bei der mehr Gewicht auf Gehorsam als auf Begründungen gelegt wird. Eine zentrale Frage bei unseren Untersuchungen mütterlichen Verhaltens ist die Untersuchung der Reaktionen, die durch Stile der Kommunikation und Interaktion geweckt und erlaubt werden. Es gibt zwei Dimensionen des kindlichen Verhaltens, an denen wir besonders interessiert sind. Eine wird repräsentiert durch selbständiges Lernen im Gegensatz zu passiver Lernbereitschaft, die andere bezieht sich auf die Tendenz zu einem impulsiven und hastigen Problemlösungsverhalten im Unterschied zu der Neigung nachzudenken, mögliche Alternativen zu vergleichen und zwischen vorhandenen Möglichkeiten rational zu wählen.)

4. Die vorbildliche Untersuchung von Hess und Shipman bedient sich des Bernsteinschen Bezugssystems, um die sozial-

schichtenspezifischen Unterschiede der Problemlösungsstrategien (kognitiven Stile) von vierjährigen Negerkindern auf die Variabeln der Familienstruktur zurückzuführen. Ihre Hypothesen erstrecken sich auf den Zusammenhang der familialen Rollenstruktur *(status vs. person-orientation)* und der Kommunikationsform *(restricted vs. elaborated code)* mit den Erziehungstechniken der Mütter *(maternal teaching styles: command vs. reasoning)* einerseits und den Lernprozessen der Kinder *(cognitive styles)* andererseits. Aber nicht nur die Interaktion zwischen Mutter und Kind, sondern die Dreipersonenstruktur Eltern-Kind kann im Rahmen der Bernsteinschen Theorie neu interpretiert werden. F. L. Strodtbeck zeigt, daß der elaborierten sprachlichen Kommunikation eher ein differenziertes Verhältnis zwischen den Eltern mit der Folge eines relativen Machtgleichgewichts entspricht und daß diese Konstellation, welche Diskrepanzen auf der Grundlage einer balancierten Solidarität erlaubt, das Kind seinerseits zu einer differenzierten sprachlichen Strategie und einem komplexen Verhalten nötigt:

The presence of both a father and a mother who are relatively equal in power provides a child with a motivation to attend closely to the state of normative integration. If he knows that the value emphasis of one parent is slightly different from that of the other, he is provided an incentive to act so as to win advantages from this insight. The task is made more complicated and challenging when there is great warmth and consensus between the parents. A child not only has to make his move at the right time with a strong case, he must also be sure that the ensuing action does not exceed the threshold of protest of the other parent, who might then, through the parental solidarity relation, object as a point of privilege. The existence of two persons of power with small value differences, yet parallel commitment to a core of common values, creates a situation in which careful use of language and recognition of differences is required to attain personal goals. (Die Anwesenheit von Vater und Mutter, unter denen die Macht etwa gleich verteilt ist, motiviert das Kind, auf einen Zustand normativer

Integration bedacht zu sein. Wenn das Kind weiß, daß sich die Wertorientierung des einen Elternteils von dem des anderen etwas unterscheidet, fühlt es sich angeregt, so zu handeln, daß es aus jener Wahrnehmung Vorteil zieht. Die Aufgabe wird zugleich komplizierter und stellt eine größere Herausforderung dar, wenn zwischen den Eltern große Warmherzigkeit und Einverständnis herrschen. Das Kind muß dann nicht nur zur rechten Zeit den richtigen Zug machen, es muß auch sicher sein, daß die folgende Handlung nicht die Protestschwelle des anderen Elternteils überschreitet, der, aufgrund der elterlichen Solidaritätsbeziehung im Bewußtsein seiner Macht dagegen sein könnte. Die Anwesenheit zweier mächtiger Personen mit gewissen Unterschieden in der Wertorientierung, aber Einigkeit in den Grundüberzeugungen schafft eine Situation, in der ein sorgfältiger Gebrauch der Sprache und ein subtiles Unterscheidungsvermögen erforderlich sind, um persönliche Ziele zu erreichen.)
In diesem Zusammenhang gewinnt auch das Resultat der Untersuchung von Farber und Jenné einen anderen Stellenwert: Eltern können den Kindern gegenüber ihre Zufriedenheit oder Unzufriedenheit in dem Maße wirksam zum Ausdruck bringen, als ihre Beziehung zueinander auf Konsensus eher als auf sei es offenem oder verschwiegenem Konflikt beruht.

6. *Abweichende Sozialisationsvorgänge*

1. Kategorien »abweichenden Verhaltens« interessieren uns an dieser Stelle nur, soweit sie auf eine relativ schwach ausgebildete Ich-Identität zurückgeführt werden können: also bestimmte Formen des kriminellen Verhaltens, psychotische Störungen, Perversionen und andere sozial »auffällige« neurotische Schwierigkeiten, sozial »unauffällige« neurotische Schwierigkeiten und psychosomatische Krankheiten. Im Unterschied zu »Abweichungen«, die eine relativ starke Ich-Identität voraussetzen (»zweckrationale« Formen der Kriminalität, künstlerische Subkulturen, politisch bewußte Opposition usw.) haben jene Kategorien abweichenden Verhaltens gemeinsam,

daß sich für das handelnde Subjekt nicht erst in identitätsbedrohenden Ausnahmesituationen, sondern schon unter der »Normalbelastung« alltäglicher Interaktionen Rollenprobleme stellen, die mit den verfügbaren Handlungsschemata nicht gelöst werden können: sie entziehen sich der bewußten Konfliktbewältigung.

Im Strukturmodell der Psychoanalyse unterscheidet sich die »bewußte« Konfliktbewältigung von der unbewußten Konfliktabwehr dadurch, daß Über-Ich-Forderungen (der Gesellschaft) und Triebansprüche (des Es) von einer die Realität (gegebener Situationen) prüfenden Ich-Instanz ausgeglichen werden (rationale Triebkontrolle). Abwehrmechanismen kommen hingegen ins Spiel, wenn das Ich die Funktion der Triebkontrolle im Dienste unbewußter Zensuren des Über-Ich ausübt, indem es Es-Ansprüche abweist und in Kanäle von Ersatzbefriedigungen symbolisch ableitet. Ebenso kann das Ich in den Dienst des Es treten: bei einem relativ schwach entwikkelten Ich und externem Über-Ich können die primären Prozesse des Es sich auch unmittelbar durchsetzen, die Ichapparate überschwemmen, die Realitätskontrollen außer Kraft setzen und unter Umständen das Individuum sogar zu einem narzißtischen Rückzug von der Umwelt nötigen. (Diese Konstruktionen bezeichnen zwei Richtungen, in denen sich unbewußte Konflikte entwickeln können: die neurotische und die psychotische.)

In das *Interaktionsmodell* der Sozialisationstheorie geht ebenfalls das Mißverhältnis zwischen interpretierten Bedürfnissen und sozialen Rollen (lizensierten Befriedigungschancen) ein. Unter idealisierten Bedingungen nicht-repressiver Rollensysteme fallen die tatsächlichen Motive des kommunikativen Handelns mit den Symbolen (der intersubjektiv reziproken Verhaltenserwartungen), an denen die Handelnden sich orientieren, zusammen. Unter den repressiven Bedingungen faktischer Rollensysteme decken sich die in öffentlicher Kommunikation geteilten Intentionen und die tatsächlichen Motive nur im Maße bewußter Konfliktbewältigung. Darüber hinaus wird das Handeln von interpretierten, aber unterdrückten Motiven bestimmt, die an abgespaltenen Symbolen festgemacht sind. Diese privatsprachlichen Symbole sind der öffentlichen Kommunikation entzogen. Im Interaktionsmodell hat also die Repression, die den Zwang der Institutionen gleichsam intrapsychisch verlängert, Folgen auf der Ebene des Handelns und der Kommunikation: die abgespaltenen Motive setzen sich in rigiden und zwanghaft wiederholten Verhaltensweisen bzw. virtuellen Handlungen durch; und die abgespaltenen Symbole, an denen jene Motive haften, restringieren und verzerren die öffentliche Kommunikation, so daß die Auffassung der Realität entstellt wird. Die Unterdrückung kommunikativen Handelns führt zu Verhaltenszwang und Illusionierung. Sie schränkt den Spielraum bewußter Handlungskontrolle (des bewußten Ertragens von Ambiguitäten; des offenen Austrags von Konflikten) ebenso ein wie auch die Fähigkeit zur adäquaten Selbstrepräsentation (und des adäquaten Zugangs zur Selbstdarstellung des jeweils anderen Subjektes). Im Interaktionsmodell zeichnen sich die durch unbewußte Konfliktabwehr bestimmten Kategorien abweichenden Verhaltens durch negative Werte in jenen drei vernachlässigten Dimensionen aus, mit deren Hilfe wir »Ich-Identität« charakterisiert haben (vgl. oben Abschnitt 2).[24]

Auf der Folie der abweichenden Verhaltensweisen, die auf Identitätsschwäche zurückgehen, können wir die sozialen Bedingungen studieren, unter denen die Grundqualifikationen des Rollenhandelns nicht hinreichend erworben werden können. An ihnen können die Annahmen kontrolliert werden, die dahin gehen, daß die Grundqualifikationen des Rollenhandelns in der primären Kindheitsentwicklung nur dann für die Ausbildung einer relativ starken Ich-Identität zureichen, wenn in dieser Periode eine bestimmte motivationale Grundlage geschaffen und eine bestimmte Form der Kommunikation erlernt (und die kognitive Entwicklung in diesen Rahmen integriert) wird. Die motivationale Grundlage wird durch eine komplexe Geschlechtsrollenidentifikation und durch eine Verinnerli-

24 Zur Deutung der Psychoanalyse als Sprachanalyse vgl. Alfred Lorenzer, *Sprachzerstörung und Rekonstruktion*, Frankfurt 1970.

chung der elterlichen Autorität (moralisches Bewußtsein) erworben; die Sprachkompetenz wird durch Einübung in die gebrochene Individuierung ermöglichende Intersubjektivität der Verständigung zwischen Familienmitgliedern (und der Familie mit ihrer Umwelt) gewonnen.

2. Gegenüber dem Strukturmodell der Psychoanalyse hat das Interaktionsmodell den Vorzug, *intrapsychische Vorgänge* in terms von *Vorgängen sozialer Systeme* darzustellen. Die unbewußte Konfliktabwehr einer Person kann auf der Ebene der Konfliktbewältigung eines Familiensystems abgebildet werden. Das ist möglich, weil das interaktionistische Persönlichkeitsmodell als Modell der inneren Kommunikation aufgefaßt werden kann: Aufbau der Motivation und Form der Kommunikation sind zwei Aspekte desselben Zusammenhangs.

Wenn die motivationale Grundlage durch Internalisierung von sog. Basisrollen (Geschlecht/Generation) zustande kommt, dann sind abweichende Sozialisationsvorgänge in zwei *Richtungen* möglich. Sie führen entweder in die Richtung einer Motivationsstruktur, die, gemessen am Desiderat bewußter Handlungssteuerung, *zu starke* Kontrollen errichtet. Rigide verinnerlichte Rollen erzwingen unbewußte Abwehr interpretierter Bedürfnisse und führen zu einer Repression, die kompensatorischen Verhaltenszwang und Realitätsentstellung im Rahmen einer eingeschränkten, aber im übrigen ungestörten Symbolverwendung zur Folge hat. Oder die Sozialisationsvorgänge führen in die andere Richtung einer Motivationsstruktur, die, gemessen am Desiderat bewußter Handlungskontrolle, *zu schwache* Kontrollen errichtet. Eine unzureichende Internalisierung führt zu einem fragmentarischen oder zu einem konkretistisch an Einzelpersonen haftenden externen Über-Ich, das ebensowenig wie das rigide Über-Ich in den Bereich bewußter Handlungskontrolle integriert werden kann und darüber hinaus die Entfaltung der Ichfunktionen beeinträchtigt. Die Repressionen sind darum weniger dauerhaft und wirksam; die unterdrückten Bedürfnisse können sich in unkontrollierte Handlungen und Ideen unmittelbar umsetzen und die Symbolverwendung als solche in Mitleidenschaft ziehen. Auf der Ebene der

Kommunikation lassen sich solche Über-Ich-Formationen (die durch Rolleninternalisierung zustande kommen) als Störungen der inneren Kommunikation darstellen. Im Falle der neurotischen Verdrängung wird eine Kommunikationssperre zwischen der öffentlichen Sprache der sanktionierten Rollen, an der das handelnde Subjekt mit seinen bewußten Intentionen teilhat, und jenen abgespaltenen Symbolen der unterdrückten Motive errichtet, die zu privatsprachlichen Deformationen führen und dem Bewußtsein des Subjekts selbst unzugänglich bleiben. Im Falle der psychotischen Störung vermischen sich Privatsprache und öffentliche Kommunikation für den Handelnden bis zur Ununterscheidbarkeit, weil der reflexive Sprachgebrauch nicht beherrscht wird: Während beim »Neurotiker« die Teilnahme an den institutionalisierten Sprachspielen dadurch erkauft wird, daß bestimmte, eng umschriebene Themenbereiche der Reflexion entzogen sind, ist beim »Psychotiker« die Fähigkeit der Reflexion als solche beeinträchtigt; »Reflexion« heißt in diesem sprachanalytischen Zusammenhang die Fähigkeit, sich der Reflexivität der Umgangssprache zu bedienen und manifeste Mitteilungen in ihrem kontextuellen Stellenwert indirekt sei es selber auszudrücken oder zu verstehen. Die Metakommunikation über das Verhältnis verschiedener Kommunikationsstufen fällt beim Psychotiker aus.[25]

3. Internalisierte Rollen hängen mit der Rollenstruktur und der Kommunikationsform des Systems zusammen, in dem der einzelne sozialisiert wird. Deshalb ist es nicht abwegig, Deformationen des Über-Ichs und die Pathologie des inneren Sprechens auf Rollenkonflikte und Kommunikationsstörungen des Familiensystems zurückzuführen. Die Pathologie des einzelnen entspricht der des sozialen Systems, in dem sich seine Persönlichkeitsstruktur gebildet hat. Die Randbedingungen eines pathogenen Familiensystems sind mit den Persönlichkeitsstrukturen von Eltern gesetzt, die eine relativ schwache Identität erworben

25 Zur Reflexivität der Umgangssprache vgl. meine Abhandlung »Der Universalitätsanspruch der Hermeneutik« in diesem Band sowie meine »Vorbereitenden Bemerkungen zu einer Theorie der kommunikativen Kompetenz«, in: J. Habermas/N. Luhmann, Theorie der Gesellschaft, Frankfurt 1971, S. 101 ff.

haben, also innerhalb eines gegebenen institutionellen Rahmens für das Rollenhandeln nur unvollständig qualifiziert sind. Die Interaktion der Eltern birgt ein Konfliktpotential, das weniger auf inhaltliche Gegensätze der Orientierung (Rollenkonflikte im üblichen Sinn), sondern eher auf strukturelle Schranken (der motivationalen Grundlage und der Sprachkompetenz) zurückgeht. Andererseits ist das Familiensystem, wenn es nicht auseinanderbrechen soll, auf eine gewisse Komplementarität der Erwartungen angewiesen. Ein nicht-stabilisierter Dauerkonflikt ist mit der Aufrechterhaltung des Systems unvereinbar. Freilich schließen pathogene Randbedingungen des Systems nicht-manipulative Konfliktlösungen aus (Spiegel: *role reversal, role modification, exploring, compromizing*). Zugänglich sind nur manipulative Möglichkeiten der Konfliktlösung, die eine Komplementarität der Erwartungen auf der Grundlage einer fehlenden Reziprozität der Bedürfnisbefriedigungen zeitweise sichern. Das führt einerseits zu einer Maskierung aller Beziehungen in der Familie, andererseits zu einer Ausbeutung des strukturellen Machtgefälles zwischen Eltern und Kindern.
Spiegel analysiert die Schritte zur pathogenen Zwangsintegration in der Reihenfolge von *role induction, coaxing, evaluating,* resp. *denying, masking.* Die systemnotwendige Verschleierung, die durch die Form der Kommunikation gesichert ist, entspricht einer Arbeitsteilung der Repression in der Familie.
In studying masking, my intention is merely to determinate its function for the way the system is working. I believe it is as significant to the function of the social system, large or small, as is repression to the function of the personality as a system. Repression is universal as an intrapsychic process, and it means that information available to certain components of the personality is either completely unavailable to another component or reaches it only in disguised form. Repression has a biological basis in the function of the organism, but the content of what is repressed is related to the content of what is masked in the social system. (Bei dem Studium des »masking« (Verschleierungsstrategie) habe ich nur die Absicht, dessen Funktion für

das Familiensystem zu untersuchen. Ich glaube, daß es für das Funktionieren eines sozialen Systems, ob groß oder klein, ebenso relevant ist wie die Verdrängung für das Funktionieren des Persönlichkeitssystems. Verdrängung ist ein allgemeiner intrapsychischer Mechanismus, der bewirkt, daß die Informationen, die einigen Teilen des Persönlichkeitssystems zugänglich sind, bestimmten anderen Teilen entweder völlig unzugänglich sind oder diese nur in verschleierter Form erreichen. Verdrängung hat im Organismus eine biologische Grundlage, aber der Inhalt dessen, was verdrängt wird, steht in Beziehung zu dem, was innerhalb des sozialen Systems »maskiert» wird.)

Es besteht ein funktionaler Zusammenhang zwischen persönlicher Konfliktstruktur und der Lösung des Systemkonfliktes. Die Zwangsintegration, die im Hinblick auf die Systemerhaltung funktional ist, ist dysfunktional für die einzelnen Mitglieder der Familie. Der Gegensatz zwischen manifesten und latenten Funktionen der Familienstruktur ist ein Zeichen dafür, daß das System einer Strategie der »unbewußten Konfliktabwehr« folgt.

Je nach den Ausgangsbedingungen und dem Konflikttypus unterscheiden sich die Strategien. Dabei ist die Pathologie der Kinder entweder unmittelbar Bestandteil oder Folge der Konfliktlösung. Einige Beispiele:

»*Sündenbockstrategie*«. Vogel/Bell haben analysiert, wie die gemeinsame Projektion von Schwierigkeiten, die sich aus einem Konflikt zwischen den Eltern ergeben, auf ein »Problemkind« das Familiensystem als ganzes entlastet.

From the point of view of the family, the primary function of scapegoating is that it permits the family to maintain its solidarity. In all the disturbed families, there were very severe strains which continually threatened to disrupt the family. In all the disturbed families, very serious dissatisfactions between spouses came to light during the course of therapy, which were much more severe than those found in the well families. In the two families with the most serverly disturbed children, when the scapegoating of the child eased up during therapy, the explosions between parents became so severe that there was serious fear that the family might break up. (Vom Standpunkt der Familie ist die primäre Funktion des »scapegoating« (Sündenbockstrategie) die der Aufrechterhaltung der familiären Solidarität. In allen gestörten Familien gab es starke Belastungen, die fortwährend die Familie aufzulösen drohten. In allen gestörten Familien kamen während der Therapie sehr ernsthafte Unzufriedenheiten zwischen den Ehepartnern ans Licht, die viel ernster waren als in den intakten Familien. In den beiden Familien mit den gestörtesten Kindern wurden, sobald die Sündenbockrolle des Kindes im Laufe der Therapie nachließ, die Zusammenstöße zwischen den Eltern so heftig, daß ernstliche Gefahr bestand, daß die Familie auseinanderbrechen würde.)

»*Verführungsstrategie*«. Giffin und Mitarbeiter haben analysiert, wie der Elternkonflikt dadurch entspannt werden kann, daß ein Elternteil unbewußte Wünsche durch Aktionen des Kindes auslebt.

Antisocial acting out is seen as a superego defect which stems from unconscious parental initiation and fostering because of poorly integrated forbidden impulses in the parents. These impulses and their permission to be acted upon are communicated usually unconsciously to the child. In his acting out, the child affords to the parents vicarious gratification for their own forbidden impulses and concomitantly satisfies parental destructive feelings toward the child. (Antisoziales Ausagieren von inneren Konflikten wird als Über-Ich-Defekt angesehen, der auf unbewußte elterliche Wünsche, d. h. auch schlecht integrierte unterdrückte Impulse der Eltern zurückgeführt werden kann. Diese Impulse und die Erlaubnis, sie (mittelbar) auszuleben, werden dem Kind gewöhnlich unbewußt signalisiert. Durch sein Ausagieren gewährt das Kind den Eltern eine stellvertretende Gratifikation ihrer eigenen verbotenen Impulse und befriedigt gleichzeitig die destruktiven Gefühle der Eltern gegen ihr Kind.)

»*Ausbeutungsstrategie*«. Eine andere Variante haben Titchener und Mitarbeiter[26] analysiert. Die Interaktion der Eltern mit dem Kind dient in diesem Falle der projektiven Befriedigung

26 »The Family in Psychosomatic Process«, in: Handel, a.a.O., S. 401 ff.

von Bedürfnissen, die im reziproken Verhältnis der Eltern untereinander keine Befriedigung finden.

In the case discussed we have attempted to show that the patient's adaptation was conditioned by an interlocking set of relationships within the family. The crucial mother-child relationship was itself conditioned by the family setting as a transacting field of object relations between its members. In our opinion it is not the mother who affects the child, but the family's mother, whose relationship with the child is a product of the dynamics operating within the family as a social system. (In dem erläuterten Fall haben wir zu zeigen versucht, daß die Anpassung des Patienten durch ein interfamiliäres Beziehungsknäuel bedingt war. Die kritische Mutter-Kind-Beziehung war selbst durch die Familienstruktur und die Objektbeziehungen unter ihren Mitgliedern bedingt. Unserer Meinung nach ist es nicht einfach die Mutter, die schädlich auf das Kind einwirkt, sondern die im Familiensystem lokalisierte Mutter, deren Beziehung zu dem Kind das Ergebnis der dynamischen Prozesse ist, die innerhalb der Familie als einem sozialen System ablaufen.)

So hängen auch die symbiotischen Mutter-Kind-Beziehungen, die das überfürsorgliche Verhältnis von Müttern zu schizophrenogenen Kindern charakterisieren, nicht unmittelbar von den Persönlichkeitsvariabeln der Mutter ab, sondern von einem Systemproblem, das sich aus der Interaktion der Eltern (und der Familie mit ihrer Umgebung) ergibt.

4. Die Lernprozesse im Erfahrungsbereich kommunikativen Handelns sind durch Identifikation mit Vorbildern und durch sprachliche Kommunikation vermittelt. Die Affektbildung ist eher durch Identifikation, die kognitive Entwicklung eher durch Sprachlernen beeinflußt, aber affektive und kognitive Momente sind in beiden Fällen nicht getrennt. Auch die beiden Lernprozesse selber hängen offenbar zusammen – ein Zusammenhang, der noch nicht zureichend analysiert ist. Für pathogene Lernprozesse lassen sich aber zwei Aspekte auseinanderhalten: der *Erwerb von bevorzugten Mechanismen der unbewußten Abwehr* auf der Ebene von Identifikationsvorgängen

einerseits (a), und die *unvollständige Aneignung des reflexiven Sprachgebrauchs* auf der Ebene von Kommunikationsvorgängen andererseits (b).

(a) Miller und Swanson begreifen den Mechanismus unbewußter Abwehr als eine Reaktionsform, die das Kind im Familiensystem lernt. Ein Abwehrmechanismus verhindert die direkte Umsetzung von Motiven in Handlungen mit dem Ziel einer Vermeidung von Sanktionen, die durch entsprechende Handlungen ausgelöst würden:

Defenses are ways of living with one's unexpressed desires and with the dangers which inhibit their expression, not of abandoning the desires or of circumventing the dangers... Defenses differ not only with regard to the degree of their importance, persistence and pervasiveness; they vary also with respect to the term of reconciliation, possible or required, between the individual and his environment. (Abwehrmechanismen sind Mittel, die uns erlauben, mit unseren unterdrückten Wünschen und mit den Gefahren, die ihre Äußerung hätte, zu leben, aber sie bedeuten nicht, daß wir die Wünsche aufgeben oder die Gefahren ihrer Äußerung vermeiden. Die verschiedenen Arten der unbewußten Abwehr von Konflikten unterscheiden sich nicht nur nach Gewicht, Dauer und Penetranz; sie variieren auch hinsichtlich der möglichen oder erforderlichen Bedingungen des Kompromisses zwischen dem einzelnen und seiner sozialen Umgebung.)

Im Hinblick darauf, daß sich Mechanismen der Abwehr nach der Strategie der Versöhnung zwischen drohenden Gefahren und unterdrückten Wünschen unterscheiden, schließt Swanson aus dem zunächst von Anna Freud vorgeschlagenen Katalog alle die Mechanismen aus, die nicht im strengen Sinne Abwehrvorgänge steuern (Identifikation, Sublimierung, Regression usw.). Die übrigbleibenden Mechanismen klassifiziert er unter zwei Gesichtspunkten: er subsumiert sie unter die gegen die Realität gerichtete *Verleugnung* bzw. unter die gegen das Subjekt selbst gerichtete *Verdrängung*. Zum ersten Typus rechnet er: Projektion, Einschränkung des Ich, Verleugnung in der Phantasie, Verleugnung in Wort und Handlung; zum anderen

Typus: Wendung gegen die eigene Person, Isolierung, Reaktionsbildung, Ungeschehenmachen. Die grundlegende Alternative in einer gegebenen Konfliktsituation besteht darin, entweder für die Durchsetzung der eigenen Motive (und die Verleugnung der Realität) oder für die Einhaltung der zugemuteten Normen (und eine Repression der eigenen Wünsche) zu optieren. Wenn wir den empirisch gestützten Zusammenhang zwischen Erziehungstechniken und Formen der Identifikation einerseits, der Formierung des Über-Ich andererseits berücksichtigen, bieten sich für den Erwerb der Abwehrmechanismen die folgenden Hypothesen an. »Punitive« Erziehungstechniken (Strafe durch körperliche Drohung, Sanktionierung von unmittelbaren Handlungsfolgen, inkonsistentes Erziehungsverhalten ohne Transparenz für das Kind) scheinen eine defensive Identifikation (mit dem Aggressor) und den Aufbau eines externen oder eines fragmentarischen Über-Ichs zu fördern: in diesem Zusammenhang lernt das Kind eher Mechanismen der Abwehr nach dem Verleugnungstypus. »Permissive« Erziehungstechniken (symbolische Strafe durch Liebesentzug, Bestrafung der Intentionen, nicht des Verhaltens, konsistentes und für das Kind transparentes Erziehungsmuster) scheinen eine anaklitische Identifikation (mit der gewährenden Pflegeperson) und ein gut internalisiertes Über-Ich zu fördern: in diesem Zusammenhang lernt das Kind eher Mechanismen der Abwehr nach dem Verdrängungstypus (Swanson gibt spezifische Bedingungen für das Erlernen bestimmter Abwehrtechniken an, vgl. S. 18–30). Swanson nimmt an, daß Abwehrmechanismen und Über-Ich-Strukturen gleichzeitig und komplementär gelernt werden. Es wäre zu überlegen, ob Mechanismen der Abwehr durch Identifikation der beiden üblichen Typen oder durch extreme Formen der Identifikation erworben werden, d. h. durch Überidentifikation, wenn eine »überfürsorgliche« Beziehung besteht, bzw. durch diffus unvollständige Identifikation, wenn irrationale Ablehnung besteht. Die »neurotische« Schwäche der Ich-Identität würde sich dann eher auf Mechanismen der Verdrängung, die »psychotische« eher auf Mechanismen der Verleugnung stützen.

(b) Dem pathologischen Rollenlernen entspricht ein pathologisches Sprachlernen. Die Stärke der Ich-Identität hat mit der Beherrschung des analytischen Sprachgebrauchs (der die Verwendung von Symbolen in Übereinstimmung mit Regeln der formalen Logik zum Zwecke der rationalen Erfassung objektivierter Sachverhalte ermöglicht) nicht unmittelbar zu tun; sie hängt vielmehr von der Beherrschung des reflexiven Sprachgebrauchs ab. Spezifische Ausfallerscheinungen im schizophrenen Sprachgebrauch sind ein Indiz für die Unfähigkeit, sich reflexiv in der Umgangssprache zu bewegen, d. h. gleichzeitig zu kommunizieren und über diese Mitteilungen (metakommunikativ) sich verständigen zu können. (Bateson, Jackson et. al., S. 181)

The ability to communicate about communication, to comment upon the meaningful actions of oneself and others, is essential for successful social intercourse. In any normal relationship there is a constant interchange of metacommunicative messages such as »What do you mean?« or »Why did you do that?« or »Are you kidding me?« and so on. To discriminate accurately what people are really *expressing we must be able to comment directly or indirectly on that expression. (Die Fähigkeit zur Metakommunikation, d. h. eine Verständigung über die eigenen Absichten oder die Bedeutung der Handlungen des Anderen herbeizuführen, ist von wesentlicher Bedeutung für erfolgreiche soziale Interaktionen. In jeder normalen Beziehung gibt es einen ständigen Austausch metakommunikativer Botschaften wie »Wie meinst du das?« oder »Warum hast du das getan?« oder: »Hältst du mich zum besten?« usw. Um präzise zu unterscheiden, was jemand* wirklich *meint, müssen wir in der Lage sein, uns explizit oder implizit über den Sinn von Äußerungen zu verständigen.)*

Die umgangssprachliche Kommunikation verknüpft die Verwendung von Symbolen mit Handlungen und leibnahen Expressionen (Erlebnisausdrücken); die Grammatik von Sprachspielen erstreckt sich auf den Zusammenhang aller drei Kategorien von Ausdrücken. Das ermöglicht eine gleichzeitige Kommunikation auf verschiedenen, aber interdependenten

Ebenen: die nichtsprachlichen Ebenen können sogar virtuell in der Sprache selbst repräsentiert werden. Der Sprecher kann verschiedene Kommunikationsstufen in Anspruch nehmen, um den Stellenwert einer manifesten Mitteilung in einem unausdrücklichen Kontext anzugeben und *dadurch* indirekt auch seine eigene Stellung zu seinen Objektivationen auszudrücken, d. h. sich selbst mittelbar zu präsentieren. Das Nicht-Identische der unvertretbaren Individualität läßt sich in den unvermeidlich allgemeinen, weil intersubjektiv geteilten Kategorien des Handelns und Sprechens nur auf diese indirekte Weise der Selbstkommentierung ausdrücken. In die situationsbezogene umgangssprachliche Äußerung geht immer auch die Dimension von Wesen und Erscheinung ein; das, was ich *eigentlich* meine, wird indirekt mitgeteilt und ergibt sich für den Anderen aus dem Kontext. Wie eine manifeste Mitteilung aufgefaßt werden soll, muß metakommunikativ mitgeteilt werden: als Spiel oder Ernst, als Fiktion oder als Dokument, als Witz oder als Ritual, als existenieller Ausdruck oder als rhetorische Gebärde, als Metapher oder buchstäblich als Betrug oder als »weiße« Lüge. Nun zeigen der Konkretismus, die Verwechslung von Symbol und Wirklichkeit, Dimensionsverschiebungen und Fehletikettierungen, daß Schizophrene zwischen Stufen der Kommunikation nicht unterscheiden. Die double-bind-Hypothese erklärt das Fehlen des reflexiven Sprachgebrauchs aus einer pathologischen Lernsituation, in der das Kind wiederholt und zur gleichen Zeit mit konträren Mitteilungen, die auf getrennten Kommunikationsebenen liegen, konfrontiert wird, ohne einen Ausweg der Objektivierung des Widerspruchs zu haben: das Kind wird in beiden Fällen bestraft, sowohl wenn es adäquat auf die manifeste Mitteilung (prätendierte Liebeszuwendung z. B.) wie auch wenn es korrekt auf die unterschwellige indirekte Mitteilung (z. B. verdeckte Ablehnung) reagiert. Diese »Beziehungsfalle« ist durch drei Bedingungen charakterisiert:

The general characteristics of this (double-bind) situation are the following:

1. When the individual is involved in an intense relationship

that is, a relationship in which he feels it is vitally important that he discriminate accurately what sort of message is being communicated so that he may respond appropriately.
2. And, the individual is caught in a situation in which the other person in the relationship is expressing two orders of message and one of these denies the other.
3. And, the individual is unable to comment on the messages being expressed to correct his discrimination of what order of message to respond to, i. e., he cannot make a metacommunicative statement. (Die allgemeinen Bedingungen einer solchen Beziehungsfalle sind erfüllt: 1. wenn der einzelne in eine intensive Beziehung verwickelt ist, bei der er das Gefühl hat, daß es lebenswichtig ist, genau zu identifizieren, was mitgeteilt wird, um entsprechend antworten zu können, 2. wenn das Individuum sich in einer Lage befindet, in der der Partner zwei verschiedene Kategorien von Mitteilungen äußert, die sich widersprechen, und 3. wenn der einzelne unfähig ist, sich in der Weise kritisch zu den [widerspruchsvollen] Äußerungen zu verhalten, daß er weiß, wie er antworten muß, d. h. wenn er zur Metakommunikation unfähig ist.)
J. H. Weakland hat diese Charakterisierung ergänzt:
(1) In a double-bind situation, a person is faced with a significant communication involving a pair of messages, of different level or logical type, which are related but incongruent with each other.
(2) Leaving the field is blocked.
(3) It is therefore important to respond adequately to the communication situation, which includes responding to its duality and contradiction.
(4) An adequate response is difficult to achieve because of the concealment, denial, and inhibition inherent in or added to the basic contradictory pair of messages.
((1) In einer Beziehungsfalle sieht sich eine Person mit relevanten Äußerungen konfrontiert, die zwei Informationen auf verschiedener Ebene oder unterschiedlichen logischen Typs enthalten, welche zusammenhängen, aber unvereinbar sind.
(2) Ein Ausweichen ist nicht möglich.

(3) Es ist daher wichtig, richtig auf die Kommunikationssituation, d. h. auf ihre Zwiespältigkeit und Widersprüchlichkeit zu reagieren.
(4) Eine angemessene Antwort ist wegen der Verschleierung, Verleugnung oder Verdrängung schwierig, die den widerspruchsvollen Informationen entweder zugrunde liegt oder hinzugefügt wird.)
Nun scheint es zwei pathologische Muster sprachlicher Kommunikation zu geben, die »Beziehungsfallen« produzieren. Beide finden sich in schizophrenogenen Familien: die eine entspricht eher dem von Wynne und seinen Mitarbeitern untersuchten »amorphen«, die andere eher dem »fragmentierten« Typus. Die Rollenstrukturen sind in beiden Fällen rigide. Aber auf der einen Seite scheint die für reflexisen Umgang (und Individuierung) notwendigerweise »gebrochene« Intersubjektivität zugunsten einer »Kollektivierung« der einzelnen Mitglieder sich »abzuschließen«, auf der anderen Seite scheint die Intersubjektivität bis zur »Isolierung« der einzelnen Mitglieder zu »zerfließen«. Unter dem Druck zu Überkonformität und Zwangsintegration *(pseudo-mutuality)* ist die Dauersituation in der Familie von der elterlichen Realitätsverleugnung bestimmt: die Eltern zwingen das Kind zur Anerkennung eines manifesten Wert- und Handlungssystems, gegen das ihre unbewußten Motive gleichzeitig gerichtet sind. Die »Beziehungsfalle« entsteht dadurch, daß die Eltern unbewußt agieren und daher in ihren konträren Mitteilungen *sich selbst betrügen.* Weil sie selbst die konkurrierenden Äußerungen der getrennten Kommunikationsebenen nicht aufeinander beziehen, lernt das Kind nicht, den double bind aufzulösen. Dies ist die Familiensituation, die Bateson und Jackson im Auge haben. J. Haley hingegen geht von einem permanenten Zwang zur wechselseitigen Distanzierung und Abwertung *(pseudohostility)* aus. Hier ist die Dauersituation in der Familie unmittelbar von der Identitätsschwäche der Eltern bestimmt: die Eltern sind nicht in der Lage, balancierte Beziehungen herzustellen. Aus Furcht, daß ihr Verhalten durch eine vom Anderen gesetzte Norm gelenkt werden könnte, disqualifizieren sie unverzüglich jede affirma-

tive Äußerung. Dadurch kommt es zu einer Inkongruenz zwischen *allen* Ebenen der Kommunikation. (Haley, in: Handel, a.a.O., S. 262)

If one family member says something, another indicates it shouldn't have been said or wasn't said properly. If one criticizes the other, he is told that he misunderstands and should behave differently. If one compliments the other, he is told he doesn't do it often enough. Should a family member try to avoid communicating, the other will indicate this »passivity« is demanding and indicates he should initiate more. (Wenn ein Familienmitglied etwas sagt, gibt der andere zu verstehen, es hätte das nicht sagen sollen oder es habe es nicht richtig gesagt. Wenn einer den anderen kritisiert, heißt es, daß er die Äußerung mißverstanden habe oder sich anders verhalten solle. Wenn jemand dem anderen ein Kompliment macht, hört er, er tue das nicht oft genug. Wenn ein Familienmitglied versucht, Kommunikationen zu vermeiden, sieht der andere diese »Passivität« als Herausforderung an und bringt zum Ausdruck, er solle mehr aus sich herausgehen.)

Während im Falle der pseudomutuality die »Beziehungsfalle« dadurch zustande kommt, daß zwei eingefahrene konträre Sprachspiele auf getrennten Kommunikationsstufen den Widerspruch zwischen manifester Familienintegration und latent gehaltenem Konflikt zum Ausdruck bringt, erzeugt die Familiensituation der pseudohostility die »Beziehungsfalle« dadurch, daß der permanente Widerruf jeder intersubjektiven Verbindlichkeit ad hoc Inkongruenzen zwischen allen Kommunikationsstufen herbeiführt. (Haley, S. 272)

The family of the schizophrenic would seem to be not only establishing and following a system of rules, as other families do, but also following a prohibition on any acknowledgement that a family member is setting rules. Each refuses to concede that he is circumscribing the behavior of others, and each refuses to concede that any other family member is governing him. Since communication inevitably occurs if people live together, and since whatever one communicates inevitably governs the behavior of others, the family members must each constantly

disqualify the communications of one another. (Die Familie des Schizophrenen scheint nicht nur ein Regelsystem aufzustellen und zu befolgen wie andere Familien auch, sondern auch das Verbot zu befolgen, anzuerkennen, daß ein Familienmitglied Regeln aufstellt. Jeder weigert sich zuzugeben, daß er das Verhalten anderer einschränkt und keiner gibt zu, daß jedes andere Familienmitglied ihn beeinflußt. Da, wenn Menschen zusammen leben, Kommunikation unvermeidlich ist, und da jede Art von Kommunikation unvermeidlicherweise das Verhalten anderer berührt, müssen die Familienmitglieder ständig ihre Äußerungen wechselseitig disqualifizieren.)
Die beiden Kommunikationsformen, die psychotische Störungen fördern (»amorphes« Muster unter Integrationszwang; »fragmentiertes« Muster unter Distanzierungszwang), hemmen den Erwerb des reflexiven Sprachgebrauchs radikal: ein Kind, das unter diesen Bedingungen aufwächst, lernt nicht, zwischen verschiedenen Kommunikationsstufen zu diskriminieren. Es gibt Indizien dafür (Wynne, *Psyche,* Mai 1965, S. 120), daß Kommunikationsformen, die neurotische Störungen fördern, eine Diskriminierung verschiedener Kommunikationsstufen sehr wohl ermöglichen, aber die Beziehung der überscharf diskrimierten Stufen aufeinander hemmen. In diesen Familien, in denen Konflikte verhältnismäßig offen zur Sprache kommen, scheint für die Heranwachsenden eine Lernsituation zu bestehen, die nur die Flexibilität des Übergangs von einer Reflexionsebene zur anderen einschränkt, nicht die Symbolverwendung als solche.
5. Die *Untersuchungen schizophrenogener Familien,* die vor allem Lidz und Mitarbeiter auf der einen, Wynne und Mitarbeiter auf der anderen Seite durchgeführt haben (für andere Ansätze vgl. Übersicht bei Foudraine und bei Misher u. Waxler), sind geeignet, die Grundannahmen einer Theorie der Sozialisation zu stützen: psychotische Störungen, die wir als eine extreme Hemmung der Genese von Ich-Identität auffassen können, treten dann ein, wenn am Ende der primären Kindheitsentwicklung die Grundqualifikationen des Rollenhandelns nicht erlernt, d. h. zwei Probleme nicht oder nicht zureichend

gelöst sind – eine komplexe Geschlechtsrollenidentifikation und eine auf dem Generationsunterschied beruhende reflexionsfähige Verinnerlichung der elterlichen Autorität einerseits, die Einübung in die gebrochene Intersubjektivität umgangssprachlicher Kommunikation, d. h. vor allem in den reflexiven Sprachgebrauch andererseits. Überdies läßt sich an jenen Untersuchungen zeigen, daß die Chancen des Kindes, diese Probleme zu lösen, von den Systemproblemen der Familie und den Strategien der kollektiven Abwehr von Konflikten abhängen.

Lidz analysiert die *Rollenstruktur in schizophrenogenen Familien.* Der Kernkonflikt, der die Systemprobleme bestimmt, besteht (in Abhängigkeit von den Persönlichkeitsvariabeln) zwischen den Eltern. Sie sind (beide mit einer relativ schwachen Ich-Identität ausgestattet) nicht in der Lage, eine Koalition in der Weise einzugehen, daß auf der Grundlage einer unangefochtenen Solidarität Unterschiede ausgedrückt, Ambiguitäten ertragen und Konflikte bewußt bewältigt werden können. Zwei Muster dominieren: marital schism und marital skew, also wechselseitige Aggression und Abwertung oder scheinbare Solidarität und Konfliktverschleierung (wobei ein Partner vom anderen abhängig ist). Diese Elternkonstellation bestimmt auch das Konfliktmuster der ganzen Familie: *pseudohostility* bzw. *pseudomutuality* (Wynne), und die Strategie der unbewußten Konfliktbewältigung des Kollektivs. Das unbalancierte Verhältnis zwischen den Eltern hat zur Folge, daß die *Generationsschranke* durchbrochen wird. Wenn ein Elternteil die unbefriedigende Beziehung zum anderen durch die Interaktion mit einem Kind ersetzt, oder wenn ein Elternteil selber regressiv eine Kinderrolle übernimmt, oder wenn beide Elternteile sich reziprok und vergeblich die Erwachsenenrolle zuschieben – in diesen und in vielen analogen Fällen werden die Generationsrollen nicht hinreichend differenziert. Deshalb kann das Kind nicht von konkretistisch gebundenen Identifikationen zu einer Verinnerlichung des Autoritätsvorbildes übergehen und von den primären Bezugspersonen durch Generalisierung Unabhängigkeit erlangen.

Ferner finden sich in schizophrenogenen Familien *keine klar differenzierten Geschlechtsrollen.* Das unbalancierte Verhältnis der Eltern hat meistens in der diffusen Ausprägung ihrer Geschlechtsrolle ihre Ursache. Wo aber die Identität der Geschlechter entweder verwaschen ist oder wo die Geschlechtsrollen zwischen den Eltern faktisch vertauscht sind, fehlen die Modelle, die für die Identifikationsprozesse der Kinder notwendig sind.

Die Deformation der Geschlechts- und Generationsrollenstruktur führt zu *Eltern-Kind-Beziehungen,* die durch Exploitation des Machtgefälles bestimmt sind. Es ergeben sich zweiseitige Koalitionen zwischen dem Kind und einem Elternteil und entsprechende Rivalitätsverhältnisse, die eine gleichzeitige Orientierung des Kindes an einer Elternkoalition unmöglich machen. So können die Kinder im Konflikthaushalt der Eltern Funktionen übernehmen, ohne daß sie Anregungen empfingen oder über den Spielraum verfügten, um eine eigene Identität auszubilden. Das Fehlen der Generationsschranke ermöglicht die Absorption der Abhängigen, die das Leben eines Elternteils leben müssen. Zusammengenommen mit der diffusen Ausprägung der Geschlechtsrolle, können sich unter diesen Bedingungen quasi-inzestuöse Bindungen und symbiotische Beziehungen in allen denkbaren Kombinationen über die frühe Kindheit hinaus erhalten. Die deformierte Rollenstruktur verhindert, was Freud den Untergang des ödipalen Konfliktes genannt hat.

As he (the child) completes his training in primary socialization and prepares to emerge into a life with his peers in play and at school, the erotic quality of his attachment must gradually be frustrated and the parent-child relationship freed of sexuality. This desexualisation of the child-parent attachment is a cardinal task of the family. I do not believe that the repression of the erotic ties depends primarily upon a biological subsidence of the sexual drive at the time of resolution of the oedipal situation, or upon the child's fears of castration or retaliatory rejection alone, but also upon his recognition and need to accept the basic bond between the parents and the discrepancy between the generations. He can enter into a latency period when he has fitted himself into a relatively conflictfree place in the family and established his position in relation to his parents. When he can identify with his family as a unit and feel secure in his dependency upon it, he can venture into the broader world with energies available to form new relationships and to invest in learning. (Sobald das Kind den primären Sozialisationsprozeß abschließt und sich anschickt, in das Leben mit Gleichaltrigen beim Spiel und in der Schule hineinzuwachsen, muß die erotische Qualität seiner Bindung allmählich enttäuscht und die Eltern-Kind-Beziehung von Sexualität frei werden. Diese Desexualisierung der Eltern-Kind-Beziehung ist die Hauptaufgabe der Familie. Ich glaube nicht, daß die Verdrängung der erotischen Bindung allein auf dem biologischen Nachlassen des sexuellen Verlangens zur Zeit der Lösung der ödipalen Situation beruht oder auf der Kastrationsangst des Kindes oder auf Zurückweisungen überhaupt, sondern auch auf seiner Einsicht und der Notwendigkeit, die Koalition zwischen den Eltern und den Generationsunterschied anzuerkennen. Das Kind kann in eine Latenzphase eintreten, wenn es einen relativ konfliktfreien Platz in der Familie gefunden und seine Position gegenüber den Eltern gefunden hat. Wenn es sich mit seiner Familie als einer Einheit identifizieren und sich in der Abhängigkeit von ihr sicher fühlen kann, kann es sich in die Welt hinauswagen, um seine Energien in neuen Beziehungen und in Lernprozessen zu verausgaben.)

Wynne analysiert die *Formen der Intersubjektivität* in schizophrenogenen Familien. Sie entsprechen einer unflexiblen und undifferenzierten Rollenstruktur. Entweder ersetzt ein stereotyper Druck zur Überkonformität (*pseudomutuality*) die gebrochene Intersubjektivität durch die Herrschaft eines abstrakten, den Einzelnen kollektivierenden Allgemeinen; oder ein wechselseitiger Distanzierungszwang zersplittert den gemeinsamen Boden der Intersubjektivität und führt zur Isolierung der Einzelnen voneinander. In beiden Fällen ist die Fähigkeit, Distanz und Nähe der Situation entsprechend zu balancieren, beeinträchtigt. Wynne beobachtet in schizophrenogenen Familien zwei typische Ausfallerscheinungen auf der Ebene sowohl der kognitiven wie auch der sozialen Distanz.[27]

»Wir beobachten sowohl in der erkennenden Einstellung wie im Kontakt-Verhalten dieser Familien ein oft jähes, den Objektbezug sprengendes Hin- und Herpendeln. Die jeweils gewählte Distanz ist entweder zu nah oder zu fern, und wenn eine Änderung in der »fokalen Distanzierung« erfolgt – die bei normalen Menschen leicht, unbemerkt und ohne Aufhebens vor sich geht – wirkt sie störend und ungelenk. Dieselben Tendenzen charakterisieren das Verhalten schizophrener Patienten, insbesondere solcher Patienten, die in hohem Maße fragmentiert sind.

Im Gegensatz zu den kommunikationssprengenden, jähen Formen der Distanzierung, die wir bei den Eltern fragmentierter Schizophrener beobachten, tendieren die Eltern amorpher Schizophrener dazu, sich in einer eher filzigen, vage eindringenden, symbiotischen Art des Kontaktes, der zugleich relativ stabil erscheint, zu verfangen. In den Aufgaben, in denen sie auf Objekte, auf die Worte und das Verhalten von anderen zu reagieren haben oder in denen sie zu einer gewissen Realitätsdefinition aufgerufen sind, erscheinen diese Eltern unfähig, von der wörtlichen, konkreten Oberflächenqualität dieser von außen kommenden Stimuli abzusehen. Sie bringen nicht das notwendige Minimum von Distanz zustande und antworten mit konkreten, wörtlichen, reduktionistischen Deutungen. Wenn sie indessen zu einer emotionalen Antwort einer anderen Person gegenüber ansetzen, oder wenn sie ihre eigenen Wort-Assoziationen und Ideen in eine Transaktion hineinbringen, dann verwenden sie in der Regel globale, unspezifische Ausdrücke.«

Analoges gilt auch für die Balancierung des Verhältnisses der schizophrenen Familie zur Umwelt: sie ist wie durch ein »Gummigitter« abgesperrt. Den beiden pathologischen Verzerrungen der Intersubjektivität entsprechen Kommunikationsformen und Denkstörungen, die Wynne als »fragmentiert« und »amorph« beschreibt.

27 Vgl. dazu auch Helm Stierlin, *Das Tun des Einen ist das Tun des Anderen*, Frankfurt 1971.

7. *Sozialisation und Gesellschaftsstruktur*[28]

1. Die allgemeinen Annahmen einer Sozialisationstheorie, die im einzelnen ausgearbeitet werden müßten, lassen sich in einer funktionalistischen Sprache wie folgt zusammenfassen:

a) Die Grundqualifikationen des Rollenhandelns, von denen Freiheitsgrade des kommunikativen Handelns abhängen, werden im Verlauf der Kindheitsentwicklung erworben. Sie bilden die Grundlage für einen sekundären Sozialisationsprozeß, der unter Bedingungen kumulativer Verstärkung der Grundqualifikationen zu einer, die Ich-Identität stärkenden Lösung der teils reifebedingten, teils aus sozialen Umständen sich ergebenden Identitätskrisen führt. Ich-Identität, die als die Fähigkeit zur Stabilisierung und Wiederherstellung eines balancierten Verhältnisses zwischen sozialer und persönlicher Identität begriffen wird, bewährt sich innerhalb gegebener Rollensysteme daran: Rollenkonflikte bewußt zu lösen und Rollenambivalenzen als solche zu ertragen (Dimension Repressivität); prinzipiell mehrdeutige Handlungssituationen aufzulösen, Rolleninkonsistenzen auszugleichen, und sich selbst indirekt ebenso angemessen zu repräsentieren wie den anderen in seiner Selbstrepräsentation anzuerkennen (Dimension Selbstrepräsentation); sich reflexiv auf verinnerlichte Normen zu beziehen, Rollen flexibel anzuwenden und Rollendistanz zu üben (Dimension Verhaltenskontrolle).

b) Die Grundqualifkationen des Rollenhandelns werden erworben, wenn bis zum Eintritt der sog. Latenzphase zwei Probleme gelöst werden: eine komplexe Geschlechtsrollenidentifikation und eine auf dem Generationsunterschied beruhende reflexionsfähige Verinnerlichung der elterlichen Autorität (moralisches Bewußtsein) einerseits, die Einübung in die gebro-

28 In Ergänzung zur Literaturliste sei hingewiesen auf: M. Horkheimer (Hrsg.), *Autorität und Familie,* Paris 1935; heute in: *Kritische Theorie* Bd. 1, Frankfurt 1968, S. 277 ff. M. Marcuse, »Trieblehre und Freiheit«, in: *Freud und die Gegenwart,* Frankfurt 1957, S. 401 ff., »Das Verhalten der Psychoanalyse«, in: *Kultur und Gesellschaft* 2, Frankfurt 1965, S. 85 ff.; A. Mitscherlich, *Die vaterlose Gesellschaft,* München 1963; D. Riesmann, *Die einsame Masse,* Hamburg, 1959.

chene Intersubjektivität einer Individuierung ermöglichenden umgangssprachlichen Kommunikation (Beherrschung des reflexiven und des analytischen Sprachgebrauchs) andererseits.

c) Die Wahrscheinlichkeit, daß Kinder die bezeichneten Sozialisationsprobleme lösen, ist umso größer, je eher die Familienstruktur und das Verhalten der Eltern folgende funktionale Imperative erfüllen:

i. Die externen Belastungen der Familie (soziale Lage und Persönlichkeitsvariabeln der Eltern) dürfen ein bestimmtes Maß an Konfliktpotential nicht über- und an Konfliktbewältigungspotenial nicht unterschreiten. Die Belastungsgrenze ist dadurch bestimmt, daß das relative Gleichgewicht des Familiensystems ohne eingefahrene Strategien der unbewußten Konfliktabwehr erhalten werden kann, daß also die auftretenden Konflikte weder durch einen Überkonformitätsdruck verschleiert noch durch permanenten Distanzierungszwang auf Dauer gestellt werden müssen (*pseudomutuality/pseudohostility*).

ii. Die Rollenstruktur der Familie soll die Aufrechterhaltung der Generationsschranke ebenso wie eine klare Differenzierung der Geschlechtsrollen erlauben. Ferner soll ein balanciertes Verhältnis zwischen den Eltern bestehen, das bei erkennbar konfligierenden Rollen, problematisierbarer Arbeitsteilung und Unterschieden der Orientierung vor den Augen der Kinder ein komplementäres Verhalten, also ein gewisses Maß an solidarischem Handeln ermöglicht, ohne daß ein Partner den anderen dominierte. Eine solche Elternkoalition läßt symbiotische Beziehungen und Rivalitätsverhältnisse auf der Basis einer die Generationsschranke verleugnenden Zweierkoalition zwischen Kind und jeweils einem Elternteil nicht entstehen.

iii. Die Kommunikationsform der Familie soll eine gebrochene Intersubjektivität der Verständigung zwischen den Familienmitgliedern herstellen, welche Individuierung ermöglicht und eine Kollektivierung des Einzelnen ebenso ausschließt wie seine Isolierung. Die Kommunikationsmuster sollen durch die Beherrschung des analytischen und des reflexiven Sprachgebrauchs bestimmt sein und sowohl eine objektivierte Erfassung der Realität als auch einen der Situation entsprechenden flexiblen Wechsel zwischen Nähe und Distanz (sowohl auf kognitiver wie auf sozialer Ebene) ermöglichen.

iv. In dem unter i bis iii bezeichneten Kontext fördern Wertorientierungen und Erziehungstechniken des gewährenden, intentionalen und übersichtlich konsistenten Musters eher Identifikationen des Anlehnungstypus. Eine Erziehung, die in verständnisvoller Interpretation der kindlichen Intentionen an einer vorweggenommenen Individuierung ausgerichtet ist und die Selbständigkeit des Kindes (einschließlich kreativer Abweichungen) prämiiert, unterstützt die Entfaltung der Ich-Identität.

d) Wenn die genannten Bedingungen nicht erfüllt sind, kann es belastende Konstellationen geben, die eine eher neurotoide oder eine eher schizoide Entwicklung wahrscheinlich machen. Diese abweichenden Sozialisationsvorgänge lassen sich durch spezielle Hypothesen über den soziogenetischen Zusammenhang von pathogener Rollenstruktur und Kommunikationsform einerseits, pathologischen Lernprozessen und Über-Ich-Formation sowie Sprachkompetenz andererseits erklären.

2. Die geschichtliche Dimension in den Sozialisationsvorgängen kann erst hervortreten, wenn die zunächst funktionalistisch gefaßte Sozialisationstheorie als Gegenstück zu einer Theorie der gesellschaftlichen Entwicklung entfaltet wird. Das kann hier nicht einmal andeutungsweise geleistet werden. Stattdessen begnügen wir uns mit einem Hinweis auf den unmittelbaren Zusammenhang der Sozialisationsvorgänge, die Gegenstand der erwähnten empirischen Untersuchungen sind, mit der Gesellschaftsstruktur. Ich nenne einige grobe Generalisierungen im Hinblick auf den sozialen Status. Sowohl die abweichenden Sozialisationsvorgänge wie auch die typischen Ausprägungen innerhalb der Toleranzgrenze dessen, was unter gegebenen Umständen als »normal« gilt, sind sozialschichtenspezifisch verteilt. Psychosen sind häufiger in der Unterschicht, neurotische Erscheinungen sind häufiger in der Mittelschicht verbreitet. Der Schulerfolg, der von einer soziogenetisch beschleunigten oder retardierten Entwicklung der kognitiven

und sprachlichen Fähigkeiten abhängt, variiert nach der Sozialschichtenzugehörigkeit der Eltern. Die innerfamiliale Rollenstruktur unterscheidet sich sozialschichtenspezifisch: sie ist eher statusorientiert in der Unterschicht, eher personenorientiert in der Mittelschicht. Die geschlechtsspezifische Arbeitsteilung und das Autoritätsgefälle zwischen den Eltern ist stärker in der Unterschicht als in der Mittelschicht (wo das Verhältnis zwischen den Eltern eher balanciert ist). Sozialschichtenspezifisch unterscheiden sich auch die Kommunikationsformen in der Familie: sie entsprechen dem *restricted code* eher in der Unterschicht, dem *elaborated code* eher in der Mittelschicht. »Punitive« Erziehungstechniken sind häufiger in der Unterschicht, »permissive« Erziehungstechniken sind häufiger in der Mittelschicht verbreitet. Dem entsprechen sozialschichtenspezifische Wertsysteme und Erziehungsorientierungen.

Im Anschluß an E. M. Duvalls Unterscheidung zwischen einem traditionalen Erziehungsstil (*they want their children to be neat and clean, to obey and respect adults, to please adults; sie möchten, daß ihre Kinder artig und sauber sind, den Erwachsenen gehorchen und sie respektieren, den Erwachsenen zu Gefallen sind*) und einem auf individuelle Entwicklung gerichteten Erziehungsstil (*they want their children to be eager to learn, to love and confide in the parents, to be happy, to share and to cooperate*[29]; *sie möchten, daß ihre Kinder bestrebt sind zu lernen, ihre Eltern zu lieben und ihnen zu vertrauen, glücklich zu sein, teilen zu können und zur Mitarbeit bereit*) hat M. L. Kohn die erziehungsrelevanten Wertsysteme von Unter- und Mittelschicht untersucht:

We, too, found that working-class parents value obedience, neatness, and cleanliness more highly than do middle-class parents, and that middle-class parents in turn value curiosity, happiness, consideration, and – most importantly – self-control more highly than do working-class parents. We further found that there are characteristic clusters of value choice in the two social classes: working-class parental values center on conform-

29 Vgl. Duvall, »Conceptions of Parenthood«, in: *American Journal of Sociology* 1946, S. 193 ff.

ity to external proscriptions, middle-class parental values on self-direction. To working-class parents, it is the overt act that matters: the child should not transgress externally imposed rules; to middle-class parents, it is the child's motives and feelings that matter: the child should govern himself. (Auch wir stellten fest, daß Eltern der Arbeiterklasse Gehorsam, Artigkeit und Sauberkeit höher bewerten als Mittelklasse-Eltern. Diese ihrerseits bewerten Neugier, Glück, Rücksichtnahme und – vor allem – Selbstbeherrschung höher als Eltern der Arbeiterklasse. Wir fanden außerdem eine charakteristische Bündelung bei der Auswahl der Werte in den beiden sozialen Schichten. In der Werthierarchie der Arbeiterklasseeltern steht Konformität mit äußeren Vorschriften im Mittelpunkt, bei den Mittelklasse-eltern dagegen Selbstbestimmung. Bei den Arbeiterklasseeltern zählt die manifeste Handlung: das Kind soll von außen auferlegte Regeln nicht verletzen; bei Mittelklasseeltern kommt es auf die Motive und Gefühle der Kinder an: das Kind soll sich selbst kontrollieren lernen.) (S. 475)

Kohn analysiert den Zusammenhang dieser Wertsysteme mit den typischen Erziehungstechniken (*punitiv vs. permissiv*) und der typischen Elternkonstellation: *The net consequence is a quite different division of parental responsibilities in the two social classes. In middle-class families, mother's and father's roles usually are not sharply differentiated. What differentiation exists is largely a matter of each parent taking special responsibility for being supportive of children of the parent's own sex. In working-class families, mother's and father's roles are more sharply differentiated, with mother almost always being the more supportive parent. In some working-class families, mother specializes in support, father in constraint; in others, perhaps in most, mother raises the children, father provides the wherewithal. (Die Folge ist eine ganz andere Verteilung der elterlichen Verantwortung bei beiden Sozialschichten. In Mittelschichtfamilien sind die Rollen von Vater und Mutter gewöhnlich nicht scharf getrennt. Der Unterschied liegt lediglich daran, daß jeder Elternteil sich besonders der Kinder des eigenen Geschlechts annimmt. In Arbeiterfamilien besteht*

ein schärferer Unterschied zwischen der Mutter- und der Vaterrolle, wobei fast immer die Mutter die Hauptrolle spielt. In manchen Arbeiterfamilien wirken die Mütter fördernd, üben die Väter Zwang aus, in anderen, vielleicht in den meisten, erzieht die Mutter die Kinder, während der Vater für den Lebensunterhalt sorgt.) (S. 479) Andererseits stellt Kohn aber auch den Zusammenhang der sozialschichtenspezifischen Wertsysteme mit der Arbeitsplatzsituation, d. h. mit der Stellung des Vaters (bzw. der Eltern) im Produktionsprozeß her:
There are at least three respects in which middle-class occupations typically differ from working-class occupations, above and beyond their obvious status-linked differences in security, stability of income, and general social prestige. One is that middle-class occupations deal more with the manipulation of interpersonal relations, ideas, and symbols, while working-class occupations deal more with the manipulation of things. The second is that middle-class occupations are more subject to standardization and direct supervision. The third ist that getting ahead in middle-class occupations is more dependent upon one's own actions, while in working-class occupation it is more dependent upon collective action, particularly in unionized industries. From these differences, one can sketch differences in the characteristics that make for getting along, and getting ahead, in middle- and working-class occupations. Middle-class occupations require a greater degree of selfdirection; working-class occupations, in larger measure, require that one follows explicit rules set down by someone in authority. – Obviously, these differences parallel the differences we have found between the two social classes in the characteristics valued by parents for children. At minimum, one can conclude that there is a congruence between occupational requirements and parental values. It is, moreover, a reasonable supposition, although not a necessary conclusion, that middle- and working-class parents value different characteristics in children because of these differences in their occupational circumstances. (Mindestens in dreierlei Hinsicht unterscheiden sich Mittel- und Unterschichtberufe, wenn man von den üblichen Statusdifferenzen in sozialer Sicher-

heit, Einkommensstabilität und allgemeinem Sozialprestige absieht. Einmal haben Mittelklasseberufe mehr mit der Handhabung von interpersonellen Beziehungen, Ideen und Symbolen zu tun, Arbeiterberufe hingegen mit der Manipulation von Dingen. Zweitens sind Unterschichtberufe eher der Standardisierung und direkter Aufsicht ausgesetzt. Schließlich hängt das Vorwärtskommen in Mittelschichtberufen mehr von der eigenen Aktivität ab, bei den Arbeiterberufen aber von kollektivem Handeln, besonders in den von den Gewerkschaften beherrschten Industrien. Aus diesen Unterschieden kann man ablesen, worauf es beim Zurande- und Vorwärtskommen in der Mittelklasse und bei den Arbeitern ankommt. Mittelschichtberufe erfordern mehr Selbstkontrolle; die Arbeiten der Unterschichtangehörigen erfordern in größerem Maße, daß explizite Regeln, die von irgendeiner Autorität gesetzt sind, befolgt werden. Offensichtlich laufen diese Unterschiede parallel zu den Unterschieden, die wir zwischen den schichtenspezifischen Erziehungseinstellungen der Eltern festgestellt haben. Zumindest läßt sich auf eine Kongruenz zwischen der Berufsanforderung und den elterlichen Werten schließen. Es scheint darüber hinaus eine plausible Annahme, wenn auch kein notwendiger Schluß, daß Mittelklasse- und Arbeitereltern unterschiedliche Eigenschaften ihrer Kinder positiv bewerten, weil Unterschiede in ihrer Berufssituation bestehen.) (S. 475 f.)

3. Der heute in industriell fortgeschrittenen kapitalistischen Gesellschaften zu beobachtende Zusammenhang zwischen sozialschichtenspezifischen Familienstrukturen und Klassenlage einerseits mit typischen Verlaufsformen der Sozialisation andererseits erinnert an die allgemeine Rolle der Sozialisationsagenturen im gesellschaftlichen System. Die Familie garantiert die Vermittlung der motivationalen und kognitiven Grundqualifikationen, welche die vergesellschafteten Individuen für die Übernahme bestimmter Klassen von Funktionen im Bereich der gesellschaftlichen Arbeit prädisponieren. Darüber hinaus garantiert die Familie aber auch die Orientierungen, die den Legitimationsbedürfnissen des politischen Herrschaftssystems entsprechen. Auch die *Form der Legitimation* (durch hochkul-

turelle Traditionen, durch bürgerliche Ideologien, durch sozialstaatliche Ersatzprogrammatiken) verlangt jeweils eine spezifische Entsprechung von subjektiven Glaubenseinstellungen.
In der modernen bürgerlichen Gesellschaft sind die Familienstrukturen in allen Sozialschichten, freilich in verschiedenem Tempo, gleichen Entwicklungstrends gefolgt. Die Kleinfamilie verselbständigt sich gegenüber den großfamilialen Verbänden. Die traditionalen Weltbilder verlieren ihre verpflichtende Kraft und werden zu subjektiven Glaubensmächten privatisiert, die eine Einübung in Wertorientierung des zweckrationalen Handelns fördern. Die Muster von alternativen Wertorientierungen, die Parsons als Handlungsuniversalien einführt, werden erst in dem Maße relevant, als die industrielle Arbeit in großem Maßstab ein »Umschalten« von Zusammenhängen kommunikativen Handelns auf instrumentales oder strategisches Handeln verlangt *(affectivity vs. affective neutrality, particularism vs. universalism, ascription vs. achievement, diffusiveness vs. specifity).* Gleichwohl haben sich diese Trends in Unterschicht und Mittelschicht bis heute nicht in gleichem Maße durchgesetzt – die Unterschichtfamilie ist in Rollenstruktur, Sprachverhalten und Erziehungsorientierung eher im Traditionalismus befangen als die Mittelschichtfamilie.
Inzwischen ist freilich der Typus der bürgerlichen Kleinfamilie mit autoritärer Stellung des Vaters und strikt leistungsorientiertem Wertsystem, der im 19. Jahrhundert geherrscht hat, zurückgedrängt worden. Marcuse und Mitscherlich haben unter dem Titel »Vaterlose Gesellschaft« eine Tendenz untersucht, die mit der Schlüsselfunktion des privaten Kleinunternehmens auch die Autorität des Mannes in der Familie schwächt, die relative Autonomie der Familie als Privatsphäre einschränkt und die Kinder unmittelbarer als bisher den Sozialisationsagenturen außerhalb der Familie aussetzt. So begründet Marcuse das »Veralten der Psychoanalyse«:
»1. Das klassische psychoanalytische Modell, nach dem der Vater und die vom Vater beherrschte Familie die Agentur psychischer Vergesellschaftung war, wird dadurch entwertet, daß die Gesellschaft das entstehende Ich unmittelbar durch

Massenmedien, Schul- und Sportgruppen, Banden von Jugendlichen usw. dirigiert.
2. Dieser Verfall der Rolle des Vaters folgt dem Rückgang des privaten und Familienunternehmens: der Sohn wird immer unabhängiger vom Vater und der Familientradition bei der Wahl und Suche eines Arbeitsplatzes und in der Art, seinen Lebensunterhalt zu verdienen. Die gesellschaftlich notwendigen Zwänge und das gesellschaftlich notwendige Verhalten werden nicht mehr erlernt – und verinnerlicht – in dem langen Kampf mit dem Vater – das Ichideal wird vielmehr dazu gebracht, auf das Ich direkt und »von außen« einzuwirken, ehe noch das Ich tatsächlich sich als das persönliche und (relativ) autonome Subjekt der Vermittlung zwischen dem eigenen Selbst und den anderen herausgebildet hat.« (S. 88 f.)

Und ferner:

»Befreit von der Autorität des schwachen Vaters, der um das Kind zentrierten Familie entwachsen, wohlausgestattet mit den Vorstellungen und Tatsachen des Lebens, wie sie durch die Massenmedien übermittelt werden, tritt der Sohn (und in einem bislang noch geringeren Maße die Tochter) in eine konfektionierte Welt herein, in der man zurechtkommen muß. Paradoxerweise stellt sich heraus, daß die Freiheit, welcher sie sich in der weitgehend autoritätslosen Familie erfreut hatten, mehr ein Preisgegebensein als ein Segen ist: das Ich, das sich ohne viel Kampf entwickelt hat, erscheint als eine ziemlich schwache Wesenheit, wenig geeignet, ein Selbst mit den anderen und gegen sie zu werden, den Mächten wirksamen Widerstand entgegenzustellen, die jetzt das Realitätsprinzip durchsetzen, und die vom Vater (und der Mutter) höchst verschieden sind – aber auch höchst verschieden von den Leitbildern, wie die Massenmedien sie liefern.« (S. 93)

Die sozialpsychologische Folge der veränderten Familienstrukturen ist ein durch Entstrukturierung des Über-Ich und durch Entsublimierung der Triebbefriedigung geprägter Sozialcharakter. Diese Diagnose bedarf allerdings der Differenzierung. Ohne weitere Einschränkung kann sie nicht zutreffen, da sie mit den nach wie vor bestehenden sozialschichtenspezifischen

Unterschieden der Sozialisation nicht vereinbar ist. Unbestreitbar ist wohl der relativ starke Zugriff außerfamilialer Instanzen auf den Erziehungsprozeß unmittelbar, obgleich auch heute diese »äußere Sozialisierung des Ich« erst nach dem Abschluß der primären Phase in nennenswertem Umfang einsetzen kann.

Allein, in historischer Perspektive kann eine Tendenz zur Entprivatisierung des abgeschirmten Binnenraums nur für die bürgerliche Familie angenommen werden; für die Unterschichtfamilien bedeutet die Ersetzung des pauperisierten Nachbarschaftsmilieus und der Fabrik durch Schule und Fernsehen wohl eher einen Zug zur »Privatisierung«. Manches deutet sogar darauf hin, daß sich die Orientierungen der Unterschicht unter dem Einfluß kleinbürgerlicher Derivate an die einst funktionierenden Leistungsideologien, an die Wettbewerbsethik und die Mentalität des persönlichen Aufstiegs (innerhalb der Grenzen eines lohnabhängigen Status) angleichen. Auf der anderen Seite ist nicht zu verkennen, daß, nach unseren Hypothesen, die mittelschichtspezifischen Kindheitsentwicklungen der Entfaltung einer relativ starken Ich-Identität eher günstig sind. Die von Marcuse und Mitscherlich diagnostizierten Veränderungen der Familienstruktur können daher in bestimmten Bereichen der Mittelschicht andere sozialpsychologische Folgen haben als die, die durch den »außengesteuerten« Sozialcharakter repräsentiert sind. Jener Strukturwandel kann hier die repressiven, von der Stellung des autoritären Vaters bestimmten Züge der bürgerlichen Familie beseitigen, ohne zugleich die positiven Züge einer auf Individuierung gerichteten Subkultur zu beeinträchtigen: in diesen Familien wäre die Chance gegeben, die Grundqualifikationen des Rollenhandelns und damit die Voraussetzungen für eine kumulative Verstärkung der Ich-Identität zu erwerben, ohne daß das Kind durch den für die bürgerliche Familie typischen, von Freud analysierten Generationskonflikt mit der väterlichen Autorität hindurchgehen und an leistungsfetischisierende Ich-Ideale gebunden bleiben müßte.

4. Das Protestpotential, das in industriell fortgeschrittenen

Gesellschaften unter Schülern und Studenten sich zu bilden beginnt, findet eine hypothetische Erklärung in solchen identitätsbegünstigenden Sozialisationsvorgängen, die sich gesamtgesellschaftlich (noch) als dysfunktional erweisen.[30] Für die folgenden Feststellungen stütze ich mich nur auf empirische Untersuchungen mit Studenten in den USA.

Die Protestgruppe der Studenten und Schüler ist privilegiert. Sie vertritt keine Interessen, die unmittelbar aus ihrer sozialen Lage hervorgehen und die sich durch Zuwachs an sozialen Entschädigungen systemkonform befriedigen ließen. Die ersten amerikanischen Untersuchungen über die studentischen Aktivisten bestätigen, daß es sich überwiegend nicht um sozial aufsteigende, sondern um die statusbegünstigten Teile der Studentenschaft handelt, die sich aus den ökonomisch entlasteten Sozialschichten rekrutieren. Die Legitimationsangebote des Herrschaftssystems sind für diese Gruppe aus plausiblen Gründen nicht überzeugend. Die sozialstaatliche Ersatzprogrammatik für zerfallene bürgerliche Ideologien setzt eine gewisse Status- und Leistungsorientierung voraus. Den genannten Untersuchungen zufolge sind die studentischen Aktivisten aber weniger privatistisch an Berufskarriere und künftiger Familie ausgerichtet als die übrigen Studenten. Ihre akademischen Leistungen, die eher über dem Durchschnitt liegen, und ihre soziale Herkunft fördern keinen Erwartungshorizont, der durch antizipierte Zwänge des Arbeitsmarktes bestimmt wäre.

Die wenigen Daten, die vorliegen, bestätigen die Vermutung, daß sich der Protest der Jugendlichen aus bürgerlichen Elternhäusern mit dem Muster des seit Generationen üblichen Autoritätskonflikts nicht mehr deckt. Die aktiven Studenten haben eher Eltern, die ihre kritischen Einstellungen teilen; sie sind relativ oft mit mehr psychologischem Verständnis und nach liberaleren Erziehungsgrundsätzen aufgewachsen als die nicht aktiven Vergleichsgruppen. Ihre Sozialisation scheint sich eher in den vom unmittelbaren ökonomischen Zwang freigesetzten Subkulturen vollzogen zu haben, in denen

30 Vgl. jetzt meine Diskussion der Annahmen bezüglich einer Motivationskrise in: *Legitimationsprobleme im Spätkapitalismus,* Frankfurt 1973.

die Überlieferungen der bürgerlichen Moral und deren kleinbürgerliche Ableitungen ihre Funktion verloren haben, so daß das Training für das »Umschalten« auf Wertorientierungen des zweckrationalen Handelns dessen Fetischisierung nicht mehr einschließt.[31]

Literatur

1a. Anthropologische Grundlagen der Sozialisation

H. Plessner, *Conditio Humana,* Pfullingen 1964

A. Gehlen, *Der Mensch,* 9. Aufl., Frankfurt 1971

A. Portmann, *Zoologie und das neue Bild vom Menschen,* Hamburg 1956 (rde)

J. Buettner-Janusch, *Origins of Man,* New York 1966

B. Rensch, *Homo Sapiens,* 3. Aufl., Göttingen 1970

H. W. Nissen, »Phylogenetic Comparison«, in: *Handbook of Experimental Psychology* (ed. S. S. Stevens), New York 1951, S. 347 ff.

K. Lorenz, »Psychologie der Stammesgeschichte«, in: *Gesammelte Abhandlungen,* Bd. II, München 1966, S. 114 ff.

E. W. Count, »Eine biologische Entwicklungsgeschichte der menschlichen Sozialität«, in: *Homo* Bd. 9, 1958, S. 119 ff., Bd. 10, 1959, S. 1 ff.

F. A. Beach, *Sex and Behavior,* New York 1965

D. O. Hebb, W. R. Thompson, »The Social Significance of Animal Studies«, in: *Handbook of Social Psychology* (ed. G. Lindzey), London 1954, S. 532 ff.

E. H. Lenneberg, *Biological Foundations of Language,* New York 1967. Deutsch: *Biologische Grundlagen der Sprache,* Frankfurt 1973

1b. Das Rollenkonzept des Sozialisationsvorgangs

Der interaktionistische Rahmen

H. Gerth, C. W. Mills, *Character and Social Structures,* New York 1953. Deutsch: *Person und Gesellschaft,* Frankfurt 1970

31 Vgl. dazu jetzt Herbert Marcuse, *Konterrevolution und Revolte,* Frankfurt 1973, und meine Rezension des Buches in diesem Bande.

A. M. Rose, »A systematic Summary of Interaction Theory«, in: A. M. Rose (ed.), *Human Behavior and Social Processes,* Boston 1962, S. 3 ff.

O. G. Brim, St. Wheeler, *Socialization after Childhood,* New York 1966

O. G. Brim, »Personality Development as Role Learning«, in: I. Iscoe und H. W. Stevenson (eds.), *Personality Development in Children,* Dallas/Texas 1960, S. 127 ff.

Identifikation

N. N. Foote, »Identification as the Basis for a Theory of Motivation«, in: J. G. Manis, B. N. Meltzer, *Symbolic Interaction,* Boston 1967, S. 343 ff.

R. R. Sears, »Identification as a Form of Behavioral Development«, in: D. B. Harris (ed.), *The Concept of Development,* University of Minneapolis Press, 1967, S. 149 ff.

N. Sanford, »Identification, Introjection and Personal Development«, in: *Self and Society,* New York 1966, S. 98 ff.

U. Bronfenbrenner, »Freudian Theories of Identification and their Derivates«, in: *Child Development,* 1960, S. 15 ff.

J. M. Whiting, »Resource Mediation and Learning by Identification«, in: I. Iscoe, H. W. Stevenson (eds.), *Personality Development in Children,* Dallas/Texas 1960, S. 112 ff.

E. E. Maccoby, »Role-Taking in Childhood and its Consequences for Social Learning«, in: *Child Development,* 1959, S. 239 ff.

J. Kagan, »The Concept of Identification«, in: *Psychological Review,* 1958, S. 296 ff.

A. Bandura, R. H. Walters, *Social Learning and Personality Development,* New York 1963

Andere Ansätze

L. Berkowitz, »The Concept of Aggressive Drive«, in: *Advances in Experimental Psychology* (ed. Berkowitz), Bd. 2, New York 1965, S. 301 ff.

J. McVicker Hunt, »Experience and the Development of Motivation«, in: I. J. Gordon, *Human Development,* Glenview 1965, S. 3 ff.

R. W. White, »Motivation Reconsidered: The Concept of Competence«, in: I. J. Gordon, *Human Development,* Glenview 1965, S. 10 ff.

H. Thomae (Hrsg.), *Die Motivation menschlichen Handelns,* Köln 1965, Teil VII, S. 425 ff. (7. Aufl. 1971)

Die vernachlässigte Dimension der Bedürfnisrepression
A. W. Gouldner, »The Norm of Reciprocity«, in: *American Sociology Review,* 1960, S. 161 ff.
W. J. Goode, »A Theory of Role Strain«, in: Backman und Secord (eds.), *Problems in Social Psychology,* New York 1966, S. 372 ff.
D. J. Levinson, »Roles in Formel Organizations«, in: *Journal of Abnormal and Social Psychology,* Bd. 58, S. 170 ff.
D. H. Wrong, »The Oversocialized Conception of Man«, in: *American Sociology Review,* 1961, S. 183 ff.
Die vernachlässigte Dimension der Ich-Spontaneität
R. H. Turner, »Role-Taking: Process vs. Conformity«, in: A. M. Rose (ed.), *Human Behavior and Social Process,* Boston 1962, S. 20 ff.
G. J. McCall, J. L. Simmons, *Identities and Interactions,* New York 1966
E. Goffman, *The Presentation of Self in Everyday Life,* New York 1959
E. Goffman, »Embarassment and the Analysis of Role Requirements«, in: *American Journal of Sociology,* 1964, S. 1 ff.
G. P. Stone, »Appearance and the Self«, in: A. M. Rose (ed.), *Human Behavior and Social Processes,* Boston 1962, S. 86 ff.
Die vernachlässigte Dimension der Selbstreflexion (Rollendistanz)
R. H. Turner, »Role Standpoint and Reference Group Behavior«, in: *American Journal of Sociology,* 1956, S. 316 ff.
E. Goffman, »Role-Distance«, in: *Encounters,* Indianapolis 1961, S. 85 ff.
R. L. Coser, »Role-Distance, Sociological Ambivalence and Transitional Status«, in: *American Journal of Sociology,* 1966, S. 173 ff.
Ich-Identität
E. H. Erikson, *Identität und Lebenszyklus,* Frankfurt 1971
H. Lynd, *On Shame and the Search for Identity,* London 1968
D. J. de Levita, *The Concept of Identity,* New York 1965. Deutsch: *Der Begriff der Identität,* Frankfurt 1971
A. L. Strauss, *Mirrors and Masks, The Search for Identity,* Glencoe 1959. Deutsch: *Spiegel und Masken. Die Suche nach Identität,* Frankfurt 1968
E. Goffman, *Stigma, Über die Techniken der Bewältigung beschädigter Identität,* Frankfurt 1972

3. Die Familie als Sozialisationsagentur

Die Relevanz der frühen Kindheit

J. Kagan, H. A. Moss, *Birth to Maturity,* New York 1962

B. S. Bloom, *Stability and Change in Human Characteristics,* New York 1964. Deutsch: *Stabilität und Veränderung menschlicher Merkmale,* Weinheim 1971

L. Casler, *Maternal Deprivation: A Critical Review of the Literature,* Society for Research in Child Development, 1961

Das soziale System der Familie

T. Parsons, *Social Structure and Personality,* Glencoe 1964, S. 1 bis 111

T. Parsons und R. F. Bales, *Family, Socialization and Interaction Process,* Glencoe 1955, S. 35-196

J. A. Clausen, »Sociological Correlates of Child Behavior«, in: H. W. Stevenson (ed.), *Child Psychology,* 62nd Yearbook of the National Society for the Study of Education, Chicago: University of Chicago Press, 1963, S. 67 ff.

R. D. Hess, G. Handel, »The Family as a Psychosocial Organization«, in: G. Handel (ed.), *The Psychosocial Interior of the Family,* Chicago 1967, S. 10 ff.

H. Fallding, »The Family and the Idea of a Cardinal Role«, in: G. Handel (ed.), *The Psychosocial Interior of the Family,* Chicago 1967, S. 220 ff.

M. E. Spiro, »Is the Family Universal? – The Israeli Case«, in: N. W. Bell, E. F. Vogel, *The Family,* New York 1960, S. 64 ff.

P. G. Herbst, »Task Differentiation of Husband and Wife in Family Activities«, in: N. W. Bell, E. F. Vogel, *The Family,* New York 1960, S. 339 ff.

4. Die soziale Entstehung von Motivationen

Moralisches Bewußtsein

W. C. Becker, »Consequences of Different Kinds of Parental Discipline«, in: Hoffman und Hoffman (eds.), *Review of Child Development Research,* Bd. 1, New York 1964, S. 169 ff.

L. Kohlberg, »Development of Moral Character and Moral Ideology«, in: Hoffman und Hoffman (eds.), *Review of Child Development Research,* Bd. 1, S. 383 ff.

L. Kohlberg, »Moral Development and Identification«, in: H. W. Stevenson (ed.), *Child Psychology*, Chicago 1963, S. 277 ff.
M. L. Hoffman, »Power Assertion by Parent and its Impact on the Child«, in: *Child Development*, 1960, S. 129 ff.
M. L. Hoffman, »Personality, Family Structure and Social Class as Antecedents of Parental Power Assertion« in: *Child Development*, 1963, S. 869 ff.
R. R. Sears, »The Growth of Conscience«, in: Iscoe und Stevenson (eds.), *Personality Development*, Dallas/Texas 1960, S. 92 ff.
L. Bloom, »A Reappraisal of Piaget's Theory of Moral Judgement«, in: *Journal of General Psychology*, 1969, S. 3 ff.
Geschlechtsrollenidentifikation
W. Mischel, »A Social Learning View of Sex Differences in Behavior«, in: E. E. Maccoby (ed.), *The Development of Sex Differences*, Stanford 1966, S. 56 ff.
L. Kohlberg, »A Cognitive-Developmental Analysis of Children's Sex-Role Concepts and Attitudes«, in: E. E. Maccoby (ed.), *The Development of Sex Differences*, Stanford 1966, S. 82 ff.
J. Kagan, »Acquisition and Significance of Sex Role Identity«, in: *Review of Child Development Research*, Bd. 1, New York 1964, S. 137 ff.
J. A. Clausen, J. R. Williams, »Sociological Correlates of Child Behavior«, in: H. W. Stevenson (ed.), *Child Psychology*, Chicago 1963
A. B. Heilbrun, »An Empirical Test of the Modelling Theory of Sexlearning«, in: *Child Development*, 1965, S. 789 ff.
B. Lynn, »Sex Role and Parental Identification«, in: I. J. Gordon (ed.), *Human Development*, Glenview 1965, S. 74 ff.
R. R. Sears, L. Rau, R. Alpert, *Identification and Child Rearing*, Stanford 1965, S. 171 ff.
R. W. White, »Competence and the Psychosexual Stages of Development«, in: M. R. Joans (ed.), *Nebraska Symposion on Motivation*, Lincoln 1960, S. 97 ff.
Leistungsmotivation
V. J. Crandall, »Achievement«, in: H. W. Stevenson, *Child Psychology*, Chicago 1963, S. 333 ff.
H. Heckhausen, »Einflüsse der Erziehung auf die Motivationsgenese«, in: Th. Herrmann (Hrsg.), *Psychologie der Erziehungsstile*, Göttingen 1966, S. 131 ff.
R. H. Dave, *The Identification and Measurement of Environmental Process Variables that are Related to Educational Achievement*, Diss. phil., Chicago 1963

R. H. Ojemann, K. Pritchett, »Piaget and the Role of Guided Experience in Human Development«, in: I. J. Gordon, *Human Development,* Glencoe 1965, S. 184 ff.
D. E. Berlyne, »Recent Developments in Piaget's Work«, in: J. P. DeCecco (ed.), *The Psychology of Language Thought and Instruction,* New York 1967, S. 259 ff.
N. E. Freeberg, D. F. Payne, »Parental Influence on Cognitive Development in Early Childhood«, in: *Child Development,* 1967, S. 66 f.
M. Deutsch, »The Role of Social Class in Language Development and Cognition«, in: H. Passow et al. (eds.), *Education of the Disadvantaged,* New York 1967, S. 214 ff.
B. Bernstein, »Elaborated and Restricted Codes: Their Social Origin and Some Consequences«, in: *American Anthropologist,* 1964, S. 55 ff.
B. Bernstein, »Social Structure, Language, and Learning«, in: H. Passow et al. (eds.), *Education of the Disadvantaged,* New York 1967, S. 225 ff.
R. D. Hess, V. C. Chipman, »Early Experience and the Socialization of Cognitive Modes in Children«, in: *Child Development,* 1965, S. 869 ff.
C. B. Cazden, »Subcultural Differences in Child Language«, in: *Child Psychology,* Chicago 1963, S. 108 ff.
M. Ervin, W. R. Miller, »Phonology, Language Socialization, Language and Cognition«, in: H. W. Stevenson, *Child Psychology,* Chicago 1963, S. 108 ff.
F. K. Strodtbeck, »The Hidden Curriculum of the Middle Class Home«, in: A. H. Passow et al. (eds.), *Education of the Disadvantaged,* New York 1967, S. 244 ff.
J. McVicker Hunt, »The Psychological Basis for Using Pre-School Enrichment as Antidote for Cultural Deprivation«, in: A. H. Passow et al. (eds.), *Education of the Disadvantaged,* New York 1967, S. 174 ff.
M. L. Goldberg, »Factors Affecting Educational Attainment in Depressed Urban Areas«, in: A. H. Passow et al. (eds.), *Education of the Disadvantaged,* New York 1967, S. 31 ff.
L. W. Jones, »The Social Unreadyness of Negro Youth«, in: A. H. Passow et al. (eds.), *Education of the Disadvantaged,* New York 1967, S. 180 ff.

B. Farber, W. Jenné, *Family Organization and Parent Child Communication: Parents and Siblings of a Retarded Child,* Society for Research and Development, 1963

6. Abweichende Sozialisationsvorgänge

Mechanismen der Abwehr

A. Freud, *Das Ich und die Abwehrmechanismen,* München 1964

D. R. Miller, G. E. Swanson, *Inner Conflict and Defense,* New York 1960

G. E. Swanson, »Determinants of the Individual's Defenses against Inner Conflict«, in: J. C. Glidewell, *Parental Attitudes and Child Behavior,* Springfield/Ill. 1961, S. 5 ff.

Die Familie als pathogenes System

J. P. Spiegel, »The Resolution of Role Conflict within Family«, in: N. W. Bell, E. F. Vogel, *The Family,* New York 1960, S. 361 ff.

E. F. Vogel, N. W. Bell, »The Emotionally Disturbed Child as the Family Scapegoat«, in: N. W. Bell, E. F. Vogel, *The Family,* New York 1960, S. 382 ff.

A. N. Cousins, »The Failure of Solidarity«, in: N. W. Bell, E. F. Vogel, *The Family,* New York 1960, S. S. 403 ff.

A. F. Henry, »Family Structure and Self Blame«, in: N. W. Bell, E. F. Vogel, *The Family,* New York 1960, S. 538

R. L. Coser, »Authority and Structural Ambivalence in the Middle-Class Family«, in: R. L. Closer (ed.), *The Family: Its Structure and Function,* New York 1964

J. Nash, »The Father in Contemporary Culture and Current Psychological Literature«, in: *Child Development,* 1965, S. 261 ff.

M. E. Giffin, A. M. Johnson, E. M. Litin, »The Transmission of Superego Defects in the Family«, in: Bell, Vogel, *The Family,* New York 1960, S. 623 ff.

M. Bowen, »A Family Concept of Schizophrenia«, in: D. Jackson, *The Etiology of Schizophrenia*«, New York 1960, S. 346 ff.

Psychosen und Neurosen

J. Foudraine, »Schizophrenia and the Family, A Survey«, in: *Acta Psychotherapeutica,* Bd. 9, 1961, S. 82 ff.

E. G. Mishler, N. E. Waxler, »Family Interaction Processes in Schizophrenia«, in: G. Handel, *The Psychosocial Interior of the Family,* Chicago 1967, S. 469 ff.

Th. Lidz, *The Family and Human Adaptation,* New York 1963, S. 39 bis 113. Deutsch: *Familie und psychosoziale Entwicklung,* Frankfurt 1971

Th. Lidz et al., »Die Familienumwelt des Schizophrenen«, in: *Psyche* XIII, 5 und 6 (1959)

L. C. Wynne, M. T. Singer, »Denkstörung und Familienbeziehung bei Schizophrenen«, in: *Psyche,* 1965, S. 81 ff.

L. C. Wynne, »Pseudo Mutuality in the Family Relations of Schizophrenics«, in: Bell, Vogel, *The Family,* New York 1960, S. 572 ff. Deutsch: »Pseudo-Gemeinschaft in den Familienbeziehungen von Schizophrenen«, in: Bateson, Jackson, Laing, Lidz, Wynne u. a., *Schizophrenie und Familie,* Frankfurt 1969

S. Fleck et al., »Comparison of the Parent Child Relationship of Male and Female Schizophrenic Patients«, in: *Archives of General Psychiatry,* 1963, S. 1 ff.

S. Reichard, C. Tillman, »Patterns of Parent-Child Relationships in Schizophrenia«, in: *Psychiatry,* 1950, S. 247 ff.

V. D. Sanua, »Sociocultural Factors in Families of Schizophrenics«, in: *Psychiatry,* 1961, S. 246 ff.

J. Henry, »Family Structure and the Transmission of Neurotic Behavior«, in: *American Journal of Orthopsychiatry,* 1951, S. 800 ff.

Die double-bind-Hypothese

J. Ruesch, »The Tangential Response«, in: P. Hoch, J. Zubin, *Psychopathology of Communication,* New York 1958, S. 37 ff.

G. Bateson, D. Jackson et al., »Towards a Theory of Schizophrenia«, in: W. G. Bennis et al., *Interpersonal Dynamics,* Homewood/Ill. 1964, S. 141 ff.

J. Haley, »An Interactional Description of Schizophrenia«, in: *Journal of Psychiatry,* 1959, S. 321 ff.

J. H. Weakland, »The Double-bind-Hypothesis of Schizophrenia and Three-Party Interaction«, in: D. Jackson (ed.), *The Etiology of Schizophrenia,* New York 1960, S. 373 ff.

P. Watzlawick, J. H. Beavin, D. D. Jackson, *Pragmatics of Human Communication,* New York 1967. Deutsch: *Menschliche Kommunikation,* Bern 1972

7. Sozialisation und Gesellschaftsstruktur

M. L. Kohn, »Social Class and Parent Child Relationship«, in: *American Journal of Sociology,* 1963, S. 471 ff.

M. L. Kohn, »Social Class and Parental Values«, in: *American Journal of Sociology,* 1959, S. 337 ff.
R. Flacks, »The Liberated Generation: An Exploration of the Students Protest«, in: *Journal of Social Issues,* 1967, 3, S. 52 ff.
K. Keniston, »The Sources of Student Dissent«, in: *Journal of Social Issues,* 1967, 3, S. 108

7. Notizen zum Begriff der Rollenkompetenz *1972*[1]

I.

Wenn wir die Ontogenese unter dem Gesichtspunkt des phasenspezifischen Erwerbs von Kompetenzen verstehen wollen, müssen wir

formal nachkonstruierbare *Regelsysteme* angeben, die in den verschiedenen *Entwicklungsdimensionen* den Endzustand eines normalen Bildungsprozesses bestimmen;

für jedes dieser Regelsysteme das *Muster* angeben, nach dem jeweils die Logik der Entwicklung als eine hierarchisch gestufte Ausdifferenzierung von Grundstrukturen begriffen werden kann;

die Mechanismen und die Randbedingungen (d. h. auch: Interdependenzen der Entwicklungsprozesse in den verschiedenen Dimensionen) angeben, die faktisch ablaufende (sowohl normale als abweichende) Bildungsprozesse zu erklären gestatten.

1. Ich halte es für aussichtsreich, drei Kompetenzen zu unterscheiden: Sprachkompetenz, kognitive Kompetenz, Rollenkompetenz. Das folgende Schema ist der Versuch, diese Kompetenzen durch Hinweise auf die bekannten Rekonstruktionsversuche spezieller Regelsysteme zu bestimmen. In der rechten Spalte sind die Operationen genannt, die wir durchführen können, wenn und soweit wir das entsprechende Regelsystem beherrschen; in der mittleren Spalte sind die Objektbereiche genannt, die wir, indem wir den entsprechenden Regelsystemen folgen, »konstituieren«; in der linken Spalte sind die Kategorien (oder kognitiven Schemata) genannt, die das Persönlichkeitssystem ausgebildet haben muß, um das entsprechende Regelsystem anzuwenden. Dadurch wird zugleich die Reali-

1 Die Notizen enthalten sehr starke und ganz ungesicherte Annahmen; sie dienten der Hypothesenanregung bei einem Projekt, über dessen theoretischen Rahmen R. Döbert und G. Nunner-Winkler berichten (»Konflikt- und Rückzugspotentiale in spätkapitalistischen Gesellschaften«, in: *Zeitschrift für Soziologie*, 2. Jg. H. 4, 1973).

tätsstufe der konstituierten Gegenstände angezeigt: nur wenn *alle* Kategorien im Spiel sind, erstreckt sich das Regelsystem auf den Bereich, den wir üblicherweise ›Realität‹ nennen, also auf Gegenstände möglicher Erfahrung. Nur in diesem Fall sprechen wir von Handlungsregeln. Die beiden Klassen von Handlungsregeln (Technologien und Interaktionsnormen) sind nicht gesondert aufgeführt. Instrumentales Handeln ergibt sich (logisch) aus den unter kognitiver Kompetenz aufgezählten Regelsystemen, sobald die Kategorientafel um »Kausalität« vervollständigt wird. In der gleichen Weise ordne ich Interaktionsnormen der Sprachkompetenz zu (wobei alle an obligatorischen Verhaltenserwartungen *angeknüpften* instrumentalen Aufgaben (tasks) Handlungen des instrumentalen Typs verlangen und kognitive Kompetenz voraussetzen). Innerhalb der beiden Rubriken sind die Regelsysteme in dem Sinne hierarchisch angeordnet, daß das jeweils folgende alle vorangehenden faktisch und logisch voraussetzt. (Die Regelsysteme 3-5 entsprechen der »Protophysik« von P. Lorenzen).

2. Rollenkompetenz nenne ich die Fähigkeit, Interaktionsnormen (im folgenden nur noch: Normen) überhaupt zu beherrschen. Sprachkompetenz ist notwendige, aber nicht zureichende Bedingung für Rollenkompetenz. Um Situationen möglichen kommunikativen Handelns zu beherrschen, genügt es nicht, Situationen möglicher Verständigung zu erzeugen; es bedarf der Fähigkeit, (motivationssichernde) Normen zu erkennen, situationsgerecht anzuwenden und zu befolgen (oder nicht zu befolgen). Vermutlich bildet sich ontogenetisch die Fähigkeit, nach universalpragmatischen Regeln die Bedingungen möglicher Kommunikation (Situationen möglicher Verständigung) herzustellen, ebenso im Zusammenhang mit Rollenhandeln aus, wie andererseits die kognitiven Fähigkeiten im Zusammenhang mit instrumentalem Handeln entstehen. Es gibt Anhaltspunkte dafür, daß Sprachkompetenz, kognitive Kompetenz und Rollenkompetenz in der frühkindlichen Entwicklung (bis zur ersten Reifungskrise) unabhängige Wurzeln haben: das grammatische Regelsystem, die kognitiven Schemata und das instrumentale Verhalten auf der Stufe präopera-

Schema 1

Regelsysteme	Kategorien	Konstituierte Gegenstände	Operationen
I. Kognitive Kompetenz			
1. Logik	–	Aussageformen	log. Operationen
2. Arithmetik	Quantität	Zahlen	rechnen
3. Geometrie	Raum	Räume	Raummessungen
4. Kinetik	Zeit	Zeiten	Zeitmessungen
5. Mechanik	Substanz	Körper	physik. Messen
6. Technologien	Kausalität	gesetzmäßiger Zshg. v. Dingen u. Ereignissen	instrument. Handeln
II. Sprachkompetenz			
1. Logik	–	Aussageformen	log. Operationen:
7. Grammatik	–	Sätze	Erzeugung von Sätzen
8. Universalpragmatik	Quantität Raum Zeit Substanz	Äußerungen	sich über etwas verständigen
9. Interaktionsnormen, Strategien	Kausalität	Institutionen	kommunikativ bzw. strategisch handeln

tionaler Intelligenz, und die asymmetrische Teilnahme an (unvollständigen) Interaktionssystemen mit symbolisch gebundenen Verhaltensdispositionen würden sich, wenn diese Hypothese stimmt, relativ unabhängig voneinander entwickeln und müßten dann, nach der Lösung der ersten Reifungskrise, in einem interdependenten System verknüpft werden. Welche Interdependenzen im einzelnen bestehen, kann ich nicht sagen. Über die groben Entwicklungssequenzen aller drei Dimensionen kann man Vermutungen anstellen. Das ist für die kognitive Entwicklung aufgrund der Untersuchungen der Piagetschule am leichtesten. In unserem Zusammenhang interessiert vor allem die Unterscheidung primärer und sekundärer *Rollenqualifikationen* und der entsprechenden *Formen der Identität.* Die Entwicklung des moralischen Bewußtseins betrachte ich als Teil der Ontogenese der Rollenkompetenz.

Schema 2

	Sprachkompetenz	Kognitive Kompetenz	Rollenkompetenz
Stufe I frühe Kindheit	syntaktisches/ phonetisches Regelsystem	Kognitive Schemata präoperative Intelligenz	unvollständige Interaktion
Stufe II Kindheit	Universalpragmatik (aktive Sprachbeherrschung)	Konkrete Operationen	primäre Rollenqualifikationen
Stufe III Jugend	Differenzieren zwischen kommunikativem Handeln und Diskurs (hypothetisches Denken)	Formale Operationen	sekundäre Rollenqualifikationen

3. Unter dem Gesichtspunkt der Evolution stellt sich Sprache als die zentrale Innovation dar, welche die bis zur Primatenstufe entwickelten Kapazitäten (die kognitiv-instrumentalen Fähigkeiten und die Formen des intraspezifischen Verhaltens) in die auf kultureller Stufe anzutreffenden Kompetenzen umformt. Das Spezifische der sprachlichen Kommunikation sehe ich in einer *Doppelstruktur,* die sich in der Form der elementaren Einheiten der Rede, nämlich der Sprechakte aus-

drückt. Der performative Bestandteil von Sprechakten dient zur Aufnahme einer interpersonalen Beziehung, die den Sinn der Verwendung eines Satzes in einer Äußerung definiert. Der vom performativen Satz abhängige Satz hat stets einen propositionalen Gehalt und dient entweder der Wiedergabe von oder der indirekten Bezugnahme auf Gegenstände oder Sachverhalte. In anderer Weise spiegelt sich die Doppelstruktur der Sprache in den beiden, einander wechselseitig voraussetzenden Modi des Sprachgebrauchs. Beim *kognitiven* Sprachgebrauch verwenden wir Sätze in Äußerungen, um etwas *über* die Wirklichkeit (die in Handlungszusammenhängen konstituierten Bereiche der Erfahrungsgegenstände) zu behaupten: dabei wird der abhängige Satz propositionalen Gehalts thematisiert. Beim *kommunikativen* Sprachgebrauch verwenden wir Sätze in Äußerungen, um uns *gegenseitig* über etwas zu verständigen: dabei wird die mit dem performativen Bestandteil hergestellte interpersonale Beziehung thematisiert. (Ich bin der Auffassung, daß sich die universalpragmatischen Bedingungen des kognitiven Sprachgebrauchs in Form einer Logik der Verwendung denotativer Ausdrücke, die des kommunikativen Sprachgebrauchs in Form einer Logik der Verwendung des Systems der Personalpronomina und einer Theorie der Sprechakte klären lassen.)

In der Doppelstruktur umgangssprachlicher Kommunikation drückt sich die eigentümliche Verbindung der Kognition einer erfahrbaren Wirklichkeit mit der Kommunikation zwischen den sprechenden Subjekten aus: daß meine Kognition von allen Anderen als Kognition muß anerkannt werden können, begründet die spezifische Objektivität der Erfahrung; daß jede Äußerung, auch wenn sie nicht zu den konstativen Sprechakten gehört, einen propositionalen Gehalt und somit einen (mindestens indirekten) Bezug zur erfahrbaren Wirklichkeit haben muß, begründet die spezifische Intersubjektivität der Lebenswelt. Beides zusammengenommen ermöglicht die Relation, die der grammatischen Beziehung zwischen dominantem und abhängigem Satz propositionalen Gehalts (ich behaupte, daß ...; ich verspreche dir, daß ...; ich verhehle nicht, daß ...) entspricht: nämlich Intentionalität. Sowohl kognitiver wie kommunikativer Sprachgebrauch setzen die Verschränkung der Ebenen der Intersubjektivität und der der Erfahrungsgegenstände oder Sachverhalte voraus. Innerhalb des kognitiven Sprachgebrauchs bzw. der Kognition wird diese Doppelstruktur noch einmal abgebildet durch eine differentielle Anwendung (bzw. Schematisierung) der denotativen Ausdrücke (bzw. der Kategorien) auf physische und soziale Umwelt (Konstituierung von zwei Gegenstandsbereichen).[2] Das müßte im Rahmen einer Logik der Verwendung denotativer Ausdrücke und im Rahmen der kognitivistischen Entwicklungspsychologie geklärt werden können.

Das universalpragmatische Regelsystem hat für die Auszeichnung von Kompetenzen, die erst auf kulturellem Entwicklungsniveau erreicht werden, eine besondere Bedeutung, weil es die Integration des kognitiv kompetenten Ichs mit dem kommunikativ kompetenten Ich zustande bringt (wobei zu berücksichtigen ist, daß diese Integration erst so etwas wie Rollenkompetenz ermöglicht). Das kognitive Ich ist durch *Objektivität* der Erfahrung ausgezeichnet. Diese ist a) durch die Kontextunabhängigkeit der Sprache, b) durch die Möglichkeit, über wahrheitsfähige Äußerungen (mit anderen und mit sich selbst, eben denkend) zu kommunizieren, und schließlich c) durch die Möglichkeit der diskursiven Einlösung von Wahrheitsansprüchen gesichert. Das sind die sprachlichen Bedingungen der Subjekt-Objekt-Beziehung, auf die sich die erkenntnistheoretischen Untersuchungen richten, soweit diese nicht Erkenntnis auf die Relation zwischen Sätzen und Tatsachen verkürzen. Das kommunikative Ich ist dadurch ausgezeichnet, daß es interpersonale Beziehungen herstellen kann. Die Struktur der *Intersubjektivität* ermöglicht a) für die Beteiligten Reflexivität der Erwartung (die Erwartung von alter kann erwartet werden: Mead); sie ermöglicht b) die Geltung identischer Bedeutungen (also sprachlicher Symbole); und c) die Ausbildung einer symbolischen Identität derjenigen, die über identische Bedeutun-

2 Vgl. mein Nachwort zur Taschenbuchausgabe von *Erkenntnis und Interesse* stw 1, Frankfurt 1973.

gen reflexive Erwartungen austauschen (die Identität von Personen im Unterschied zur Identität von Dingen oder Organismen, siehe unten). Das sind die sprachlichen Bedingungen der Subjekt-Subjekt-Objekt-Beziehung, auf die sich die kommunikationstheoretischen Fragestellungen richten, soweit sie nicht den Prozeß sprachlicher Verständigung behavioristisch verkürzen.

Phylogenetisch läßt sich die Entstehung einer Kognition, die durch *Objektivität,* und die Entstehung eines sozialen Verkehrs, der durch *Intersubjektivität* ausgezeichnet ist, vielleicht als derjenige Transformationsvorgang verstehen, in dem die auf der Primatenstufe ausgebildeten kognitiven und interaktiven Fähigkeiten durch Sprache (den eigentlichen Innovationsschub) auf ein höheres Niveau gehoben worden sind. Dieses ist strukturell der Entwicklungsstufe analog, welche ontogenetisch vom Kind nach der ersten (ödipalen) Reifungskrise erreicht wird. Die Intelligenz auf der Stufe der konkreten Operationen unterscheidet sich von subhumanen Formen der Intelligenz dadurch, daß a) die intelligenten Leistungen reflexiv werden (die Antizipation von Handlungsalternativen ist nicht an intrapsychisch flüchtige Bilder und Symbole gebunden, diese inneren Repräsentanzen können auf sprachlicher Ebene vielmehr externalisiert werden: Menschen lernen mit Symbolen in der gleichen Weise manipulieren wie mit Dingen); und daß b) die Erfahrung objektiv wird (auf sprachlicher Ebene werden Erfahrungen in einem intersubjektiv verbindlichen Bezugssystem von Gegenständen möglicher Erfahrung, das sich in der Grammatik und den Grundprädikaten unserer Beobachtungssprachen ausdrückt, organisiert). Die Fähigkeiten kommunikativen Handelns auf der Stufe der primären Rollenqualifikationen unterscheiden sich von subhumanen Formen des intraspezifischen Verkehrs andererseits dadurch, daß a) intersubjektive Regelungen zustande kommen (Verhalten braucht nicht länger über Gesten, die am einzelnen Organismus haften, gesteuert zu werden; auf sprachlicher Ebene können Verhaltenserwartungen, die kontextunabhängige und identische Bedeutungen haben und dadurch die Objektivität gesellschaftlicher Tatsachen erlangen, regulierende Funktionen übernehmen); und daß b) Handlungsnormen zugleich intentionale Handlungsorientierungen ermöglichen und Motivationen bilden (das energetische Substrat wird nicht länger durch endogene Programme auf erbfeste Funktionskreise (Nahrung, Feind, Geschlechtspartner usw.) verteilt, sondern durch die kulturelle Interpretation von Bedürfnissen geformt).

4. Die Unterscheidung der drei psychologischen Kompetenzen läßt sich auch unter Gesichtspunkten der sozialen Evolution erläutern. Wir betrachten als universale Eigenschaften soziokultureller Systeme: sprachliche Kommunikation, gesellschaftlich organisierte Arbeit, Institutionen, Deutungssysteme. *Sprache* ist wiederum die kulturelle Universale, die alle übrigen fundiert. Den strukturellen Kern der *Arbeit* bilden instrumentales Handeln und die entsprechenden Leistungen operativer Intelligenz. Den strukturellen Kern von *Institutionen* bilden Handeln unter Normen und die entsprechenden kommunikativ organisierten Bedürfnisse. Die Deutungssysteme (später: Weltbilder, Ideologien), die einerseits identitätssichernde und zugleich integrative Funktionen, andererseits die Funktion der Sicherung kognitiver Konsistenz bei wachsendem Profanwissen haben, sind eine universale Eigenschaft, welche von den drei übrigen Universalien abhängen.

An sozialen Systemen beobachten wir nun kumulatives Wachstum in drei Dimensionen: Steuerungskapazität, Produktivkräfte, Interaktionsstrukturen. Der Zuwachs an Steuerungskapazität vollzieht sich nach einer Entwicklungslogik, die in der allgemeinen Systemtheorie erfaßt wird. Soziale Systeme unterscheiden sich von biokybernetischen Systemen zwar dadurch, daß sie über diskursiv einlösbare Geltungsansprüche (wahrheitsfähige Interpretationen und rechtfertigungsfähige Normen) gesteuert werden; im übrigen sind aber das Regelsystem, das Steuerungskapazitäten bestimmt, und das Muster, nach dem Steuerungskapazitäten erweitert werden können, unspezifisch; sie finden deshalb in psychologischen Regelsystemen keine Entsprechung. Anders verhält es sich mit der Entfaltung der Produktivkräfte und der Interaktionsstrukturen. Hier stoßen wir nämlich auf die Regelsysteme, die auch die Logik der Entwicklung von kognitiver Kompetenz und Rollenkompetenz festlegen. Mit wachsender Systemkomplexität (und Steuerungsfähigkeit) kumulieren sich die Ergebnisse gesellschaftlich organisierter Arbeit (und reflexiver Arbeit) einerseits, die Veränderungen der Infrastruktur von Institutionensystemen (und ihrer »Abkömmlinge«: der Produktionsverhältnisse und der Moralsysteme) andererseits. Die Logik der Entfaltung der Produktivkräfte ist anscheinend durch eine sukzessive Verstärkung und Substituierung von Leistungen bestimmt, die sich einzelnen Bestandteilen des Funktionskreises instrumentalen Handelns zuordnen lassen (Endstufe: vollständige Substitution aller ontogenetisch auf der dritten Entwicklungsstufe möglichen instrumentalen und formalen Operationen durch lernende Maschinen). Die Logik der Entfaltung von Interaktionsstrukturen folgt vermutlich dem Muster der Entwicklung des moralischen Bewußtseins, so daß sich Normensysteme und Formen kollektiver Willensbildungsprozesse auf der Linie fortschreitender Universalisierung und Verinnerlichung ändern (Endzustand: Bindung aller politisch folgenreichen Entscheidungen an praktische Diskurse). In beiden Dimensionen bemißt sich die Entwicklung an einem Zuwachs an Autonomie gegenüber der äußeren bzw. der inneren Natur. Während der Steuerungskapazität von Gesellschaftssystemen eine Entsprechung auf ontogenetischer Ebene fehlt (es sei denn: die unspezifische Entsprechung einer mit dem Bildungsprozeß natürlich auch wachsenden Steuerungskapazität des Persönlichkeitssystems gegenüber der Umwelt), entspricht das Wachstum der Produktivkräfte (als Geschichte der Technologie nachkonstruiert) dem Zuwachs an kognitiver Kompetenz, und die mit fortschreitender Vergesellschaftung/Individuierung einhergehende Entfaltung der Interaktionsstrukturen dem Zuwachs an Rollenkompetenz. Mit diesem Umstand hängt wohl auch die Tatsache zusammen, daß krisenerzeugende Restriktionen der Steuerungsfähigkeit sozialer Systeme auf Entwicklungshemmungen entweder des ökonomischen oder des kulturellen Subsystems zurückgehen (alle Schranken der Problemverarbeitung sind in letzter Instanz

Schranken der Autonomie gegenüber äußerer oder innerer Natur).[3]

Die systematische Veränderung der Strukturen von Deutungssystemen (»Evolution der Weltbilder«)[4] steht im Zusammenhang mit Fortschritten in den beiden genannten Dimensionen. Je mehr die Produktivkräfte sich entfalten, je weiter sich das Profanwissen kumuliert, um so größer wird der Bereich von Gegenständen möglicher Erfahrung, der vorwissenschaftlich oder wissenschaftlich objektiviert und einer Deutung in Interaktionskategorien entzogen wird. Je mehr der Bereich der Phänomene schrumpft, der unter Interaktionskategorien in einen einheitsstiftenden Zusammenhang gebracht wird, um so mehr entfällt der Zwang, Ereignisse in Handlungszusammenhänge von Quasipersonen einzuordnen (Aufklärung im Sinne einer Verwissenschaftlichung der kosmologischen und ontologischen Weltbildelemente). Je mehr sich andererseits das Institutionensystem differenziert, so daß Normen und die Sanktionsgewalt gegen Normabweichung (im Ambivalenz erzeugenden und dadurch sich selbst stabilisierenden Ritus noch eins) auseinandertreten, ferner Moralsystem, Herrschaftsnormen und Rechtsordnung, die wiederum legitimierende Weltbilder verlangen, sich voneinander trennen, schließlich Religion und Kult sich spezialisieren und privatisieren; um so stärker werden einerseits die Legitimationsbürde, die die Weltbilder auf sich nehmen müssen, und damit der Zwang zu Dogmatisierung und Rationalisierung, um Ansprüchen kognitiver Konsistenz zu genügen (Aufklärung im Sinne einer Selbstreflexion der »existentiellen« und moralischen Weltbildelemente). Es könnte sein, daß die Evolution der Weltbilder einen Schlüssel für die Stufenfolge der Identitätsformationen bietet. Der Form der Identität entspricht jeweils eine bestimmte Auffassung der Relationen zwischen: Ich-Eigengruppen (Wir) – Fremdgruppen (Sie) – natürliche Umgebung (evtl. belebt/unbelebt), die

3 Diese These habe ich entfaltet in: *Legitimationsprobleme im Spätkapitalismus,* Frankfurt 1973.
4 Vgl. die Beiträge von K. Eder und R. Döbert in: K. Eder (Hg.), *Die Entstehung von Klassengesellschaften,* Frankfurt 1973.

(wenn unsere Vermutung zutrifft) mit den Strukturen des Weltbildes variiert (wobei ich zu den Weltbildstrukturen rechnen würde: objektivierter Bereich vs. Interaktionsbereich, davon abhängig: Umfang und Allgemeinheitsstufe der postulierten Einheit; Immanenz vs. Transzendenz, davon abhängig: Sub- und Suprapersonalisierung der dem explanativen Handlungszusammenhang zugeordneten Quasipersonen; schließlich formale Eigenschaften wie Konsistenz, Explikation, Rationalität usw.).

5. Ich habe bisher vorgeschlagen, drei für die Entwicklungslogik von Bildungsprozessen bestimmte Kompetenzen und die ihnen entsprechenden Regelsysteme zu unterscheiden. Für diese Unterscheidung habe ich unter Gesichtspunkten der Phylogenese und der sozialen Evolution noch einige Evidenzen sammeln wollen, weil der uns interessierende Begriff der Rollenkompetenz noch ziemlich unklar ist. Die Regelsysteme, die der linguistischen und der kognitiven Kompetenz entsprechen, sind gewiß noch nicht befriedigend nachkonstruiert, aber daß es sie gibt, kann nicht sinnvoll bezweifelt werden (allenfalls: ob es sinnvoll ist, den kognitiven Apparat mit Bezugnahme auf ein System von »Regeln« zu untersuchen). Das Regelsystem hingegen, das der Rollenkompetenz entspricht, kann ich vorerst nur postulieren.[5] Auf soziokultureller Entwicklungsstufe ist Ver-

5 Für die kognitive Entwicklung haben Piaget et al. eine gute Theorie entwickeln können; die kognitive Kompetenz läßt sich ohne große Schwierigkeiten durch formale Operationen und ein entsprechendes Kategorien- und Regelsystem (der formalen Logik und der wissenschaftlichen Methodologie) bestimmen. Ähnliches gilt für die linguistische Kompetenz, soweit darunter die Beherrschung des universalen grammatischen Regelsystems (unter Ausschluß der Pragmatik) verstanden wird. Die Sprachentwicklungstheorien, die sich auf Modelle der Transformationsgrammatik stützen, haben denselben eigentümlichen logischen und empirischen Status wie die kognitivistische Entwicklungstheorie. Gleichermaßen plausible Vorschläge für ein universales Regelsystem, anhand dessen wir (entsprechend zu kognitiver und linguistischer Kompetenz) bestimmen könnten, was wir unter motivationaler (oder kommunikativer) Kompetenz verstehen sollten, gibt es noch nicht. Daher sind Untersuchungen zur motivationalen Entwicklung in der Regel induktionistisch angelegt. Die Metapsychologie bringt die Schwierigkeit mit sich, daß die normativen Strukturen des Endzustandes eines gelungenen Bildungsprozesses oder eines autonomen Persönlichkeitssystems teils nur implizit in Begriffen wie Ichstärke, Abbau ichferner Über-Ich-Anteile, Einschränkung des Funktionsbereichs unbewußter Abwehrmechanismen usw.

halten als intentionales Handeln sprachlich organisiert. Als Grundlage dieser kommunikativen Verhaltensorganisation möchte ich das universalpragmatische Regelsystem ansehen. In diesem Rahmen werden auf der einen Seite soziale Normen und auf der anderen Seite intrapsychische Repräsentanzen ausgebildet (nämlich Rollenqualifikationen und Ich-Identität, beide rechne ich zur Rollenkompetenz). Als Über-Ich-bezogene Ichfunktion entsteht Rollenkompetenz im Zusammenhang mit der Ausdifferenzierung von Über-Ich- und Es-Instanz.

Normen (und entsprechende Über-Ich-Strukturen) ermöglichen die Unterordnung instrumentaler Handlungen (tasks) unter generalisierte und verpflichtende Verhaltenserwartungen (role-expectations). Der Mechanismus, durch den die vorsprachliche Bedürfnisstruktur mit einer kommunikativen Handlungsstruktur verschränkt wird, ist die Identifikation mit einem Vorbild, dem man gleich zu sein wünscht. Auf dem Wege der Identifikation und der Vorbildverinnerlichung (der Internalisierung der Erwartungen des Vorbildes) werden die Bedürfnisse interpretiert. Der Wunsch, zu haben, nämlich das jeweilige Triebobjekt zu besitzen und zu genießen, wird durch den kulturellen Wunsch, zu sein wie ein Vorbild, so vermittelt, daß Bedürfnisbefriedigung an die kulturelle Bedingung der Erfüllung anerkannter Normen gekoppelt werden kann. Dadurch werden die zunächst vorsprachlichen Bedürfnisse in intersubjektiv geltende Verhaltenserwartungen umgeformt. Diese nennt Parsons »kulturelle Werte«. Wir können sagen, daß den in gesellschaftlichen Normen verkörperten und ver-

enthalten oder auf die therapeutischen Ziele der analytischen Behandlung verschoben sind. Bei einer Deutung der Psychoanalyse als Sprachanalyse stellt sich heraus, daß die Grundbegriffe der Metapsychologie auf das Regelsystem unverzerrter Kommunikation bezogen sind. Im übrigen haben die bisherige psychoanalytische Theorienbildung und entsprechende interaktionistische Umformulierungen und Fortbildungen den Nachteil, daß sie sich fast ausschließlich auf den primären Sozialisationsprozeß erstrecken und die postödipal auftretenden Systemprobleme nicht berücksichtigen: es fehlen (trotz Erikson) Ansätze zu einer überzeugenden Theorie der Adoleszenz (d. h. der Transformation der ödipal ausgebildeten in »erwachsene« Motivationsstrukturen). Zum Status von »Entwicklungslogiken« vgl. jetzt U. Oevermann, *Kompetenz und Performanz*, MS Institut für Bildungsforschung, Berlin 1973.

bindlich gemachten »Werten« Bedürfnisse ›zugrunde liegen‹, wobei die Bedürfnisse ihrerseits durch die kulturellen Werte ›interpretiert‹ sind. Kulturelle Werte haben, nach diesem Sprachgebrauch, intersubjektive Geltung; sie haben konkrete Bedeutung nur »in« Handlungsnormen und für handelnde Subjekte, die einander auf der Ebene der Intersubjektivität begegnen.

Die Kehrseite dieser Bindung der Motivationsstruktur an die Kommunikationsstruktur ist die relative Freisetzung der Kognition von Handlungszwängen, d. h. die strukturelle Differenzierung von Handlungsbereich und Diskurs. Die Verknüpfung von Motivations- und Kommunikationsstruktur verlangt Vorkehrungen für eine nachträgliche und intermittierende Abkoppelung der Kommunikations- von der Motivationsstruktur: diese von Handlungszwängen (und Erfahrungsdruck) entlastete Form der Kommunikation, die erst die Prüfung hypothetischer Geltungsanspruche ermöglicht, interessiert freilich in unserem Zusammenhang nicht (Diskurs).[6]

II.

Ich möchte die Rollenkompetenz in den folgenden drei Dimensionen untersuchen: Herstellung von Reziprozität, Verhaltenskontrolle, Formen der Identität. Als empirischer Ausgangspunkt empfiehlt sich Kohlbergs Klassifikation der Stufen des moralischen Bewußtseins.[7] Soweit sich die stufenweise erworbene Kompetenz, moralisch relevante Rollenkonflikte zu beurteilen und zu bewältigen, als Teil der Rollenkompetenz auffassen läßt, muß sich eine Zuordnung der Rollenqualifikationen zu den Formen des moralischen Bewußtseins ergeben. Um eine soziologische Erklärung der Entwicklungsstadien zu ermögli-

6 Vgl. meinen Aufsatz über »Wahrheitstheorien« in: Festschrift für F. W. Schulz, Pfullingen 1973.

7 L. Kohlberg, »Stage and Sequence«, in: D. A. Goshin (ed.), *Handbook of Socialization Theory and Research,* Chicago 1969; ders., From Is to Ought, in: Th. Mishel (ed.), *Cognitive Development and Epistemology,* New York 1971, S. 151 ff.

chen, möchte ich die Formen des moralischen Bewußtseins zu einer global eingeführten Sequenz von gesamtgesellschaftlichen Normensystemen in Beziehung setzen, wobei ich unterstelle, daß philosophische Konstruktionen (oder »Ethiken«) gleichermaßen als Rationalisierungen von gesellschaftlichen Normensystemen wie von Formen des moralischen Bewußtseins gelten. Das folgende Schema gibt einen Überblick über die zunächst spekulativ hergestellten Zusammenhänge:

1. Die drei linken Spalten will ich nur kurz erläutern. Soweit mir bekannt ist, spricht einige kulturanthropologische Evidenz für die Annahme, daß sich die Normensysteme, abhängig von der Komplexität des Gesellschaftssystems, in den Dimensionen der Universalisierung und der Internalisierung verändern. In vorhochkulturellen Gesellschaften, die nach Verwandtschaftsbeziehungen strukturiert sind, bestehen Normensysteme, die man nach ihrem Geltungsbereich als Familien- oder als eine zur Stammesmoral erweiterte Familienmoral bezeichnen kann. Sie sind ethnozentrisch, d. h. eine durch eindeutige Innen/Außendifferenzierung bestimmte Binnenmoral. Freilich können wir nur in einem weiten Sinne von »Moralsystemen« sprechen, da auf dieser Stufe Moralsysteme und Rechtsordnungen kaum voneinander differenziert sind. Diese Differenzierung tritt wohl erst auf hochkultureller Stufe ein, sobald das Gesellschaftssystem nicht mehr nach Verwandtschaftsbeziehungen, sondern nach sozioökonomischen Klassen unter einer funktional verselbständigten Staatsgewalt strukturiert ist. Eine auf komplexe Klassengesellschaften ausgedehnte Staatsethik mediatisiert nun die partikularen Stammes- und Familienloyalitäten: die Pflichten des Staatsbürgers konkurrieren mit den Bindungen an die Verwandtschaft. Abhängig von der Erweiterung des Geltungsbereiches wird die Sanktionsgewalt teilweise formalisiert (Verrechtlichung), teilweise internalisiert (Verinnerlichung). Freilich sind Moralsystem und Rechtsordnung noch in einen einheitlichen Interpretationsrahmen herrschaftslegitimierender Weltbilder integriert. Sobald nun traditionale Gesellschaften in einen Modernisierungsprozeß eintreten, ergeben sich aus der wachsenden Komplexität Steuerungsprobleme,

Schema 3

Universal-histor. Stufen	Normen-systeme	„Ethiken“	Stufen des moralischen Bewußtseins	Herstellung von Rezi-prozität	Verhaltens-kontrollen	Formen der Identität	Ontogenet. Stufen
		Naturalist. Hedonis-mus	vorkonvent. 1 2	Wahrneh-mungs-Rezi-prozität	Objektbeset-zung und primäre Iden-tifikation	„natürliche“ Identität	Frühe Kindheit
vor-hoch-kulturell	Familien-u. Stammes-Moral	–	konvent. 1	interaktive Rezi-prozität	Verinnerlich. von Primär-rollen	Rollen-identität	1. Reifungs-krise
hoch-kulturell	Staats- vs. Stammes-moral	Kosmologi-sche Ethiken, traditionelles Naturrecht	2	interaktive Rezi-prozität	Verinner-lichung von Normensatz	Rollen-identität	
modern	Privat- vs. Staats-moral	rationales Naturrecht; formalist. Ethik	prinzipiell 1	Rezi-prozität als Prinzip	Verinnerlich. von Prinzipien	Ich-identität	2. Reifungs-krise
	polit. Universal-moral	Kommuni-kative Ethik	2	R. als Ver-fahr. norm z. Rechtfertig. von Prinzipien	Verinnerlich. v. Verfahrens-norm		

die verlangen, daß der Wandel sozialer Normen über das der naturwüchsigen kulturellen Überlieferung innewohnende Tempo hinaus beschleunigt wird. So entsteht das bürgerliche Formalrecht, das erlaubt, die Normeninhalte aus der Dogmatik bloßer Überlieferung zu lösen und intentional zu bestimmen.
Die positivierten Rechtsnormen werden einerseits von dem Korpus privatisierter moralischer Normen abgekoppelt, auf der anderen Seite bedürfen sie der Erzeugung (und Rechtfertigung) nach Prinzipien. Während das abstrakte Recht nur für den von der Staatsgewalt pazifizierten Bereich gilt, findet die ebenfalls auf das Niveau allgemeiner Prinzipien gehobene Moral der bürgerlichen Privatleute keine Schranke am fortwährenden Naturzustand zwischen den Staaten. Da die prinzipielle Moral allein durch die vollkommen innerliche Instanz des Gewissens sanktioniert ist, ist in ihrem Universalitätsanspruch der Konflikt mit der immer noch an ein konkretes staatliches Subjekt gebundenen öffentlichen Moral angelegt: der Konflikt zwischen dem Kosmopolitismus des »Menschen« und den Loyalitäten des Staatsbürgers (die nicht universell sein können, solange die internationalen Beziehungen der konkreten Sittlichkeit des Mächtigeren unterstehen).
Eine Auflösung dieses Konfliktes ist, wenn man (in den Dimensionen der Universalisierung und der Internalisierung) der Entwicklungslogik gesamtgesellschaftlicher Normensysteme folgt (und damit den Bereich historischer Beispiele verläßt), nur in der Weise *denkbar,* daß die Dichotomie zwischen Innen/Außenmoral verschwindet, der Gegensatz zwischen moralisch und rechtlich geregelten Bereichen relativiert, und die Geltung *aller* Normen an die diskursive Willensbildung der potentiell Betroffenen gebunden wird. Das schließt die Notwendigkeit zwingender Normen nicht aus, denn niemand kann (heute) wissen, in welchem Maße Agressivität eingeschränkt und die freiwillige Anerkennung des diskursiven Rechtfertigungsprinzips erreicht werden kann. Erst auf dieser Stufe würde die Moral streng universal, d. h. sie würde aufhören, im Sinne der Differenzierung von Recht und Moral, die auf hochkultureller Stufe einsetzt, »bloß« moralisch zu sein. Auch der

Prozeß der Internalisierung wäre erst abgeschlossen, wenn nur noch das Prinzip der Rechtfertigung möglicher Prinzipien verinnerlicht werden muß, während die Interpretation der Bedürfnisse an Kommunikationsprozesse entäußert werden kann.

2. Nun zur zweiten und dritten Spalte. Den vorkonventionellen Formen des moralischen Bewußtseins entspricht kein »Moralsystem«. Ich meine, daß die kindlichen Moralvorstellungen (vorkonventionell 1 und 2) zur autonomen Begründung eines Interaktionssystems nicht ausreichen. Damit will ich nicht ausschließen, daß punishment-obedience orientation eine Haltung ausdrückt, die man vielleicht gegenüber rituellen (selbstsanktionierenden) Normen (die um den Kern von Inzest und Tod herum gebildet sind) einnimmt. Instrumental hedonism und concrete reciprocity bezeichnen Einstellungen, die beim (oft stummen) Tausch zwischen benachbarten Stämmen eine Rolle gespielt haben mögen. Philosophische Ethiken kenne ich nur für die zweite Stufe des egozentrischen Opportunismus (naturalistisch-hedonistische Ehtiken von der Antike bis zu Luhmann).

Der konventionellen Stufe 3 des moralischen Bewußtseins möchte ich Familien- und Stammesmoral zuordnen, da das Kind seine Identität über eine Annäherung an Ich-Ideale sichert, die durch Primärrollen und Zugehörigkeit zu einer Primärgruppe bestimmt sind. Philosophische Ethiken, die diese Orientierung grundsätzlich auszeichnen, gibt es wohl nicht. Historisch gesehen, sind Familien- und Stammesmoralen durch Mythen und Kosmologien erklärt und gestützt worden. Der konventionellen Stufe 4 möchte ich die Staatsethiken zuordnen, die die Stammesmoralen überlagern, da sich hier das Kind um Konformität mit der verpflichtenden Autorität eines bestehenden Normensystems bemüht. Außer den Dogmatiken der Hochreligionen dürften das traditionelle Naturrecht und, wie in China und Indien, kosmologisch begründete Ethiken als Systematisierungen der für traditionale Gesellschaften maßgebenden Moralsysteme gelten. Die beiden prinzipiellen Stufen des moralischen Bewußtseins will ich nicht genau im Sinne Kohlbergs

verstehen. Die prinzipielle Stufe 5 möchte ich so liberal bestimmen, daß als philosophische Entsprechungen sowohl das rationale Naturrecht wie auch ein universalistischer Utilitarismus und eine formalistische Ethik (im Sinne Kants) gelten dürfen. Die Zuordnung zur universalistischen Privatmoral, die vom Formalrecht geschieden ist und mit der Staatsethik in Konkurrenz tritt, bedarf keiner Erläuterung, wohl aber der einschränkenden Bemerkung, daß sich dieser Konflikt nicht nur in modernen Gesellschaften, sondern auch in zerfallenden Hochkulturen (z. B. im Hellenismus) anbahnt. Um die prinzipielle Moral der Stufen 5 und 6 befriedigend zu differenzieren, möchte ich mich einfachheitshalber auf die philosophischen Systematisierungen beziehen.
Die Unterscheidung zwischen Norm und Prinzip (d. i. Metanorm, nach der ich Normen erzeugen kann) gewinne ich, indem ich die Operation der Generalisierung (die mir den Begriff Norm gibt) auf sich selber anwende. Weiterhin ist universale Geltung der einzige formale Gesichtspunkt, nach dem ich ein Prinzip unter beliebigen Prinzipien auszeichnen kann. Eine prinzipielle Moral ist mithin ein System, das nur allgemeine Normen zuläßt (d. h. Normen ohne Ausnahmen, ohne Privilegierungen und ohne Einschränkung des Geltungsbereichs). Das moderne Naturrecht hat Systeme von Rechtsnormen zu entwickeln versucht, die diesen Kriterien entsprechen. Die Allgemeinheit der Gleichheit verbürgenden Normen kann durch die *formale Natur* der Rechtsnormen gesichert werden. Formalität heißt, daß keine konkreten Verpflichtungen (wie im traditionellen Naturrecht oder in der Ethik), sondern nur abstrakte Erlaubnisse rechtlich normierbar sind (Handlungen dürfen nicht geboten, sondern nur freigestellt oder verboten werden). Zugelassen sind dann die und nur die Normen, die kompatible Spielräume ausgrenzen, in denen jeder Einzelne privatautonom, d. h. durch uneingeschränkten Einsatz der nicht-pönalisierten Mittel, seine besonderen Interessen verfolgen kann. Diese Interessen selbst sind moralisch neutral. Nur das Rechtssystem im ganzen wird mit Bezugnahme sei es auf wohlfahrts- oder freiheitsmaximierende Wirkungen für die Gesamtheit der

Rechtsgenossen moralisch gerechtfertigt. Insofern kann eine Ethik Grundlage der Legitimation bleiben; das ist möglich, weil das Formalrecht per definitionem mit der Eingrenzung eines Bereichs legaler Handlungen einen Komplementärbereich moralischer Handlungen ausgrenzt.

Ein Moralsystem, das auch diesen Bereich nach denselben Kriterien wie das Naturrecht normiert, stellt der universalistische Utilitarismus dar, dem zufolge alle strategischen Handlungen, die Lust oder Nutzen eines Einzelnen maximieren, erlaubt sind, soweit sie mit den *Chancen* jedes anderen, seine Lust oder seinen Nutzen zu maximieren, vereinbar sind. Der Utilitarismus fällt freilich hinter die in konventionellen Pflichtethiken erreichte Stufe der Internalisierung zurück: die Handlungsmotive bleiben dem moralisch zurechnungsfähigen Subjekt äußerlich. Wenn auch diese in den Bereich moralischer Bewertung sollen einbezogen werden können, muß gefordert werden, daß nur solche Handlungen verdienen, moralisch gut genannt zu werden, die nicht nur mit allgemeinen Gesetzen übereinstimmen, sondern allein durch Achtung vor dem Gesetz (und nicht empirisch mit Rücksicht auf die Handlungsfolgen) motiviert sind. Darum verbinden formalistische Ethiken des Kantschen Typus das Kriterium der Allgemeinheit der Normen mit dem weiteren der Autonomie, d. h. der Unabhängigkeit des Handelnden von kontingenten Motiven.

Die Schranke der formalistischen Ethik zeigt sich freilich darin, daß die mit Pflichten unvereinbaren Neigungen aus dem moralisch relevanten Bereich ausgeschlossen und unterdrückt werden sollen; dabei müssen die auf einem zufälligen Stand der Sozialisation jeweils geltenden Bedürfnisinterpretationen als gegeben hingenommen werden. Sie können nicht ihrerseits zum Gegenstand eines diskursiven Willenbildungsprozesses gemacht werden. Erst die universale Sprachethik sichert die Allgemeinheit der zulässigen Normen und die Autonomie der handelnden Subjekte allein durch die diskursive Einlösbarkeit der Geltungsansprüche, mit denen Normen auftreten, d. h. dadurch, daß nur die Normen Geltung beanspruchen dürfen, auf die sich alle Betroffenen als Teilnehmer eines Diskurses (zwanglos) einigen (oder einigen würden), wenn sie in eine diskursive Willensbildung eintreten (oder eintreten würden). Dann kann auch die Frage, welche Sektoren gegebenenfalls durch Kompromißbildung auf der Basis von Gewaltenteilung oder durch formale Handlungsnormen geregelt werden sollten, zum Gegenstand der Diskussion gemacht werden. Erst die kommunikative Ethik ist universal (und nicht wie die formalistische auf einen von Rechtsnormen abgespaltenen Bereich der Privatmoral eingeschränkt); erst sie sichert Autonomie (indem sie den Prozeß der Einfügung der Antriebspotentiale in eine kommunikative Handlungsstruktur, eben den Sozialisationsprozeß mit Bewußtsein fortzusetzen erlaubt).

3. Die dritte, vierte und fünfte Spalte sollen den (vermuteten) Zusammenhang zwischen den Stufen des moralischen Bewußtseins und der Entwicklung von Qualifikationen des Rollenhandelns andeuten.

Kohlbergs Stadieneinteilung

I. vorkonventionell: (egozentrisch)	1)	fearful dependent: punishment-obedience orientation
	2)	opportunistic: instrumental hedonism and concrete reciprocity
II. konventionell:	3)	conforming to persons: orientation to interpersonal relations of mutuality
	4)	conforming to rules: maintenance of social order and authority
III. nachkonventionell: (prinzipiell)	5)	principled-autonomous: contractual-legalistic orientation
	6)	conscience orientation: universal ethical principle

Einige Stichworte zur Erläuterung der Stufen:

Auf der *vorkonventionellen* Stufe verhält sich das Kind in seinen moralischen Urteilen so, als ob es noch nicht über das Konzept der sozialen Norm, auch nicht über die Kompetenz, sozialen Normen zu folgen, verfügte: es differenziert nicht zwischen einer generalisierten Verhaltenserwartung und der konkreten Äußerung einer Person in einer bestimmten Situation. Die Bewertung von Sanktionen/Belohnungen erfolgt entweder nach partikularistischen, von einer Bezugsperson gesetzten Regeln (Stufe 1) oder nach dem Prinzip der Gegenseitigkeit von konkret nützlichen Handlungen: freilich bezieht sich die Reziprozität nicht auf Erwartungen, sondern auf erstrebenswerte Objekte (Stufe 2).

Auf der *konventionellen* Stufe kann das Kind auch in seinen moralischen Urteilen zwischen sozialen Normen (allgemeinen Verhaltenserwartungen) und den besonderen Äußerungen (einer Person in bestimmten Situationen), welche als Normerfüllung oder -verstoß gelten kann, unterscheiden. Während auf der vorkonventionellen Stufe *an sich* partikulare Beziehungen *für* das Kind als partikulare gar nicht verständlich waren, lernt es nun zwischen universellen und partikularen Beziehungen unterscheiden (Parsons). Kriterium der Beurteilung ist die Erfüllung komplementärer Erwartungen, und zwar entweder Konformität gegenüber bestimmten clusters von Rollen (Stufe 3) oder Konformität gegenüber der Autorität eines bestehenden Normensystems im ganzen (Stufe 4). Die konventionelle Pflichtethik verlangt gegenüber der Bindung an einen jeweils ichzentrischen Ausschnitt konkreter Pflichten (to be a good boy) den höheren Grad der Abstraktion.

Auf der *nachkonventionellen Stufe* stützt sich der Jugendliche bei seinen moralischen Urteilen nicht mehr auf die Unterscheidung zwischen generellen Verhaltenserwartungen und partikularen Äußerungen, diese Unterscheidung der Dimensionen Universalismus/Partikularismus wird vielmehr reflexiv. Der Jugendliche lernt also, die Operationen der Verallgemeinerung auf sich selber anzuwenden. Damit gewinnt er einen Maßstab, an dem er den konventionellen Geltungsanspruch bestehender Normen messen und kritisieren und mit dem er neu eingeführte Normen rechtfertigen kann: Konventionen können ihres dogmatischen Charakters entkleidet und entweder als bloße Konventionen durchschaut oder als aus einem Prinzip abgeleitet und rational gerechtfertigt werden. Nun soll dieses Prinzip nicht einen beliebigen Inhalt haben, sondern aus dem Reflexivwerden der Unterscheidung genereller Verhaltenserwartungen von partikularen Erfüllungen einer Norm gewonnen werden. Das geforderte Prinzip hat deshalb den Inhalt, daß nur universelle Normen Geltung haben sollen.

4. In Schema 3 sind die vierte und die fünfte Spalte den beiden Dimensionen der Rollenkompetenz vorbehalten, die die kognitive und die motivationale Seite des Normenbezuges handelnder Personen decken: Reziprozität muß in Abhängigkeit vom Entwicklungsstand der Normensysteme, die beherrscht werden sollen, auf verschiedenen Niveaus hergestellt werden; den Reziprozitätsniveaus entsprechen wiederum die Stufen der Verinnerlichung der verhaltenssteuernden Instanzen. Die beiden Merkmalsdimensionen, die wir für den Strukturwandel von Normensystemen eingeführt haben (Universalisierung und Internalisierung) finden auf der subjektiven Seite der Rollenkompetenz ihre Entsprechung.

Kognitive Voraussetzungen des primären Rollenhandelns sind

– die Reziprozität von Wahrnehmungsperspektiven;
– die Perspektivität von Gefühlen, Gedanken, Erwartungen anderer Personen;
– die kognitive Reziprozität, d. h. der Begriff von reziproken Beziehungen (z. B. Bruder/Schwester, links/rechts).

Die »Perspektivität« ist Bedingung der Objektkonstanz bzw. der Identität von Personen. Diese systemabhängige Relativität von Gesichtspunkten, sei es der Wahrnehmung oder der Intention, begründet die in der Phase der konkreten Operationen erreichte Distanzierung des Selbst von einer objektivierten Wirklichkeit/Welt. Die kognitive Reziprozität ergibt sich aus einer Interiorisierung der Handlungsschemata in Zusammenhängen der perspektivischen Wahrnehmung von Gegenständen bzw. des perspektivischen Verstehens von Personen.

Qualifikationen des primären Rollenhandelns sind die

– Einübung in interaktive Reziprozität und die

– bewußte Verarbeitung von Rollenkonflikten.
»Interaktiv« nenne ich die wechselseitige Reflexivität von Erwartungen: in einem Interaktionssystem müssen mindestens zwei Personen jeweils die Verhaltenserwartungen des Gegenübers erwarten können. Nur reziproke Verhaltenserwartungen sind generalisierbar, d. h. von den beteiligten Persönlichkeitssystemen unabhängig zu definieren. Dadurch gewinnt die soziale Rolle, als ein System verschränkter Perspektiven, Selbständigkeit gegenüber den partikularen Rollenspielern, ihren besonderen Wahrnehmungen, Intentionen und Verhaltensweisen. Mit der sozialen Rolle entsteht somit erst die Möglichkeit, eine unvollständige Reziprozität des Handelns wahrzunehmen. Die Rolle kann differentiell wahrgenommen oder angewendet werden. Es gehört zu den primären Rollenqualifikationen, diese zufällig auftretenden Diskrepanzen zu bemerken und aufzulösen.
Die gebündelten Reziprozitäten eines *Rollensystems* verlangen gegenüber der Herstellung der Reziprozität eines einzelnen Paares von *konkreten Verhaltenserwartungen* eine komplexere Leistung. Dabei können sich Rollenkonflikte ergeben. Wenn interaktive Reziprozität trotz übereinstimmender Situationsdeutung und trotz unverzerrter Rollenperzeption nicht hergestellt werden kann, weil mindestens ein Beteiligter die Übernahme der vom anderen applizierten Rolle ablehnt, sprechen wir von Rollenkonflikt. Rollenkonflikte können unter bestimmten Umständen moralisches Urteil und moralisches Handeln erfordern.
Die allgemeinen Rollenqualifikationen, die der konventionellen Form des moralischen Bewußtseins zugrunde liegen, bestehen darin, daß das Kind
– soziale Rollen identifizieren und übernehmen kann;
– asymmetrische Wahrnehmungen von Rollen identifizieren und beheben, d. h. zufällige Unvollständigkeit der Reziprozität beseitigen kann;
– Rollenkonflikte wahrnehmen, gegebenenfalls moralisch beurteilen und sich dazu verhalten, d. h. eine konfliktbedingte Unvollständigkeit der Reziprozität bewußt verarbeiten kann.

Nach der zweiten Reifungskrise wird die Reziprozität des Rollenhandelns reflexiv, d. h. Reziprozität wird selber zu einer Metanorm, an der bestehende Normen gemessen und gegebenenfalls kritisiert werden können. Der Jugendliche lernt auf dieser Stufe die Unterscheidung zwischen Normen und Grundsätzen (nach denen wir Normen erzeugen können). Diese Erzeugungsregel nennen wir Prinzipien. Sie dienen als Maßstäbe der Kritik und der Rechtfertigung geltender Normen. Sobald ich prinzipiell urteilen kann, durchschaue ich Normen als Setzungen oder Konventionen. Um bestimmte Konventionen als vernünftig vor anderen Konventionen auszeichnen zu können, erhebe ich die interaktive Reziprozität, die in der Rollenstruktur angelegt ist, selber zum Prinzip. Danach sollen nur allgemeine Normen Geltung haben dürfen; nur allgemeine Normen sichern nämlich die Reziprozität der Rechte und Pflichten eines jeden gegenüber jedermann. Freilich macht es einen Unterschied, ob ich Reziprozität an den Folgen der Handlungen messe (rationales Naturrecht und Utilitarismus), oder an den Motiven (Formalismus), oder ob ich Reziprozität nicht sowohl für die Rechtfertigung von Normen als vielmehr für die Prozedur fordere, nach der ich zur Rechtfertigung von Normen gelangen kann (universale Sprachethik). In diesem Fall ist Reziprozität als das Verfahrensprinzip angenommen, das die chancengleiche Wahrnehmung von Dialogrollen bzw. Sprechakten (und damit eine ideale Sprechsituation) regelt.

Im Hinblick auf das moralische Urteil können wir vollständige und unvollständige Reziprozität unterscheiden. Zwei Personen stehen in einem unvollständig reziproken Verhältnis, sofern der eine y tut oder erwartet, wenn der andere x tut oder erwartet; vollständig reziprok ist ihr Verhältnis erst dann, wenn beide in vergleichbaren Situationen *dasselbe* tun oder erwarten. Die Stufen des moralischen Bewußtseins lassen sich dann aus den jeweils thematischen Bestandteilen der Kommunikationsstruktur und entsprechenden Reziprozitätsforderungen ableiten. Moralisch relevant sind auf den Stufen 1 und 2 einzig die konkreten Handlungen und Handlungsfolgen; aber auf Stufe 1 *(punishment-obedience-orientation)* wird unvollständige Reziprozität, auf Stufe 2 *(instrumental hedonism)* prinzipielle Reziprozität in Form eines Austauschs von Äquivalenten gefordert. Auf Stufe 3 werden konkrete Verhaltenserwartungen, auf Stufe 4 moralisch relevant; gefordert wird aber in beiden Fällen nur eine unvollständige Reziprozität zwischen den Interaktionspartnern. Auf den Stufen 5 und 6 *(contractual-legalistic and conscience orientation)* werden Rechtsnormen bzw. Handlungsnormen im allgemeinen moralisch relevant, auf der Stufe einer universalen Sprachethik schließlich auch die Bedürfnisinterpretationen selber, also das, was jeder einzelne glaubt, als seine Interessen vertreten zu sollen: gefordert wird in allen drei Fällen prinzipielle Reziprozität.

Stufen des moralischen Bewußtseins

Reziprozität	konkrete Handlungen Handlungsfolgen	partikulare Rollen	Systeme von Rollen	Rechtsnormen	Handl. normen	Bedürfnisinterpretationen
unvollständig	1	3	4			
vollständig	2			5a	6	x

III.

Kognitive und motivationale Leistungen, Systeme von Rollen machen den einen Teil der Rollenkompetenz aus; der andere Teil besteht in der Ausbildung und Erhaltung der Identität des handelnden und sprechenden Subjekts.

1. Personen gewinnen ihre Struktur als Personen allein in symbolischen Systemen, die durch intersubjektive Beziehungen bestimmt sind. Die Identität einer Person kann des-

halb nur auf der Ebene der Intersubjektivität gesichert werden. So kann sich meine Identität nicht unabhängig von den Identifikationen ausbilden, die andere mit mir vornehmen. Andererseits sind nur die Identitätsmerkmale konstitutiv für die Ausbildung meiner Identität, die sich für eine *Selbstidentifikation* eignen. Die in der Kriminalistik üblichen Identitätsmerkmale sind in der Regel körperliche Merkmale wie Größe, Augenfarbe, Fingerabdruck, in jedem Fall aber Merkmale, die einem dritten Beobachter die Identifikation des Leibes gestatten, welcher Leib einer bestimmten Person ist. Diese externen Merkmale der Identität gehören offenbar nicht zu den persönlichkeitskonstitutiven Merkmalen der Selbstidentifikation. Denn zur Identifikation reichen die kriminalistischen Indizien nicht aus; zureichend ist allein die Selbstrepräsentation: ich muß mich als derjenige, der ich bin, zu erkennen geben. Falls das nicht geschieht, besteht die Möglichkeit, daß ich a) meine wahre Identität verleugne oder b) in meiner Persönlichkeit gespalten, eben nicht eine Person bin, die ihre Identität wahren kann oder c) ein anderer bin, als die externen Merkmale der Identität vermuten lassen. Zwar ziehen die körperlichen Identitätsmerkmale ihre Überzeugungskraft daraus, daß die Identität des Leibes in gewisser Weise mit der Identität der Person verwachsen ist, aber in Grenzfällen wie dem erwähnten zeigt sich, daß die beiden Identitäten nicht zusammenfallen. Identitätsmerkmale sind Merkmale der Selbstidentifikation. Ich kann einen anderen prinzipiell nur nach den Merkmalen identifizieren, nach denen er sich selber identifiziert.

Freilich kann ich mich umgekehrt nur nach Merkmalen selber identifizieren, mit denen andere auch mich identifizieren. Merkmale der Selbstidentifikation müssen intersubjektiv anerkannt sein, wenn sie die Identität einer Person begründen sollen. Wir können jedenfalls davon ausgehen, daß intersubjektiv anerkannte Selbstidentifikation, das Sich-Unterscheiden von Anderen und die Anerkennung dieses Sich-von-Anderen-Unterscheidens durch die Anderen, eine Existenzbedingung aller Persönlichkeitssysteme ist. Jedes sprach- und handlungsfähige Subjekt muß in der Lage sein, in diesem Sinne seine Identität zu sichern; andernfalls zerfällt es als Subjekt.

Zum Zwecke der Selbstidentifikation bedienen wir uns des Ausdrucks »Ich«. Für meinen Gesprächs- und Handlungspartner hat dieser Ausdruck, wenn ich ihn auf mich anwende, drei Funktionen. ›Ich‹ hat erstens *referentiellen Sinn*: den Anderen weist er auf dessen Gegenüber als den Sprecher hin. ›Ich‹ hat zweitens *performatorischen Sinn*: ich weise mich, indem ich diesen Ausdruck auf mich anwende, als sprach- und handlungsfähig (als eine Person überhaupt) aus. ›Ich‹ hat drittens *pronominalen Sinn*: ich weise mir als dieser Person, die einen bestimmten Namen hat, einen unverwechselbaren Platz in dem symbolischen Kontext einer Welt zusammen lebender Personen zu. Mit dem referentiellen Hinweis wird das Ich als überhaupt identifizierbarer Gegenstand möglicher Prädikationen; mit dem performatorischen Ausweis als Element der Klasse aller der Entitäten, die »Ich« zu sich sagen können; und mit der pronominalen Zuweisung als eine ganz bestimmte und unverwechselbare Person ausgezeichnet.

Für Ego selbst hat indessen die Verwendung des Ausdrucks ›Ich‹ in erster Linie pronominalen Sinn. Ihm geht es darum, die Kontinuität seines Lebensprozesses und die Erhaltung der symbolischen Grenzen des Persönlichkeitssystems durch Selbstidentifikation in der Weise zu sichern, daß es sich in der sozialen Welt eindeutig, d. h. zugleich unverwechselbar und wiedererkennbar lokalisiert. Dafür stehen logisch die gleichen Operationen zur Verfügung, deren wir uns bei Gegenständen der äußeren Erfahrung bedienen: Prädikation und Identifikation. »Dieser Stein« ist ein Gegenstand, dem sich a) alle die Prädikate zusprechen lassen (Schwere, Härte, mineralische Färbung usw.), die Steinen zugesprochen werden dürfen, und der b) identifizierende Merkmale aufweist, die pragmatisch hinreichen, um diesen Stein von allen übrigen Steinen (Elementen der gleichen Klasse) zu unterscheiden. Die Raumzeitstelle ist das abstrakteste (und gegenüber dem Kontext neutralste) unter den möglichen identifizierenden Merkmalen. Von dieser Ding-Ereignis-Identität, die nur für denjenigen besteht, der ein Ding oder ein Ereignis wahrnimmt oder darüber eine Aussage macht, möchte ich die Identität grenzerhaltender organischer Systeme unterscheiden, die gewissermaßen nicht nur eine Identität »für uns«, sondern auch eine Identität »für es« darstellt. Es mag sein, daß die »natürliche Identität« der frühkindlichen Phase auf dem zeitüberwindenden Charakter eines grenzerhaltenden Organismus, eben des jeweils eigenen Leibes beruht, den das kleine Kind von der physischen/sozialen Umgebung zu unterscheiden lernt. Die durch Selbstidentifikation erzeugte symbolische Einheit der Person beruht hingegen auf der Zugehörigkeit zur symbolischen Realität einer Gruppe und auf der Möglichkeit einer Lokalisierung innerhalb dieser Gruppe. Die logischen Operationen sind die gleichen wie bei der Identifikation von Dingen und Ereignissen, aber die möglichen Prädikate und die identifizierenden Merkmale sind kategorial von den Bestimmungen verschieden, die wir Dingen und Ereignissen (auch organischen Systemen) zuschreiben. An die Stelle empirischer Prädikate und raumzeitlicher Bestimmungen für bewegte Körper treten Rollenprädikate und reflexive raumzeitliche Bestimmungen für die möglichen Interaktionszusammenhänge, in denen sich Personen äußern.

2. Ich möchte nun die These vertreten, daß die Operation der Selbstidentifikation, durch die Ego sich einer Gruppe zurechnet und in dieser Gruppe von anderen unterscheidet, mit den Strukturen des Normensystems, innerhalb dessen Ego seine Identität sichert, variiert, und daß daraus verschiedene Formen der Identität, die sich gattungsgeschichtlich ebenso wie ontogenetisch nachweisen lassen, resultieren.

Im Rahmen einer *Familien- oder Stammesmoral* wird das Problem der Klassenbildung, welche über die Gruppenzugehörigkeit entscheidet, binär eindeutig durch die Entgegensetzung von Eigengruppe und Fremdgruppe gelöst. Zur Unterscheidung innerhalb der eigenen Gruppe genügen die im Verwandtschaftssystem vorgegebenen Primärrollen Geschlecht und Alter, wobei die Generationsrolle die Stelle im Lebenszyklus inhaltlich klar definiert. In primitiven Gesellschaften kommt der pronominale Sinn des ›Ich‹ in der Form der Namensgebung, die einerseits die Familienzugehörigkeit, andererseits Geschlecht und Generationenstatus anzeigt (Sohn des...) zum Ausdruck. In Grenzfällen kann sich der performatorische Sinn mit dem pronominalen Sinn des Ich-Ausdrucks decken, dann nämlich, wenn die Angehörigen der Fremdgruppe überhaupt nicht als kompetente sprach- und handlungsfähige Subjekte angesehen werden, sondern als »Barbaren«.

Schema 4

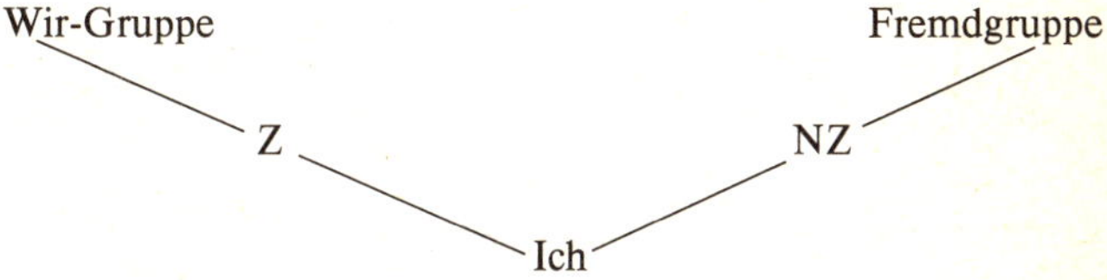

identifizierende Merkmale: Primärrollen

Z: Zugehörigkeitsrelation
NZ: Nichtzugehörigkeitsrelation

Sobald in hochkulturellen Gesellschaftssystemen eine *Staatsmoral* die Stammesmoralen mediatisiert, verlangt die Selbstidentifikation eine komplexere Leistung. Das Problem der Klassenbildung, das über die Gruppenzugehörigkeit entscheidet, kann eindeutig nur dann entschieden werden, wenn Ego die binäre Struktur Eigengruppe/Fremdgruppe auf das abstraktere politische System und dessen Umgebung überträgt. Indem Ego sich um Konformität mit den allgemeineren Normen des Staates bemüht, überwindet es den Stammespartikularismus und zerbricht eine ältere Identität. Zum identifizierenden Merkmal wird nun diese Integrationsleistung; von anderen Staatsbürgern unterscheidet sich Ego nicht mehr hinreichend durch seine Primärrollen, sondern dadurch, daß es als Angehöriger einer Familie, deren Namen Ego trägt, die individuelle Leistung vollbringt, der Autorität des staatlichen Normensystems den Vorrang zu geben. Damit wird für die Identitätsbildung zum erstenmal die Lösung eines biographischen Problems relevant, obgleich auch auf dieser Stufe für die Identitätsbildung nur ein vorgegebenes konkretes Rollensystem zur Verfügung steht. Die Spannung der idealen Staatsbürgerrolle zu den älteren Identitätsmerkmalen ist die strukturelle Grundlage für die im Feudalismus, überhaupt in traditionalen Gesellschaften herrschende Kategorie der Ehre und des Ruhmes.

Schema 5

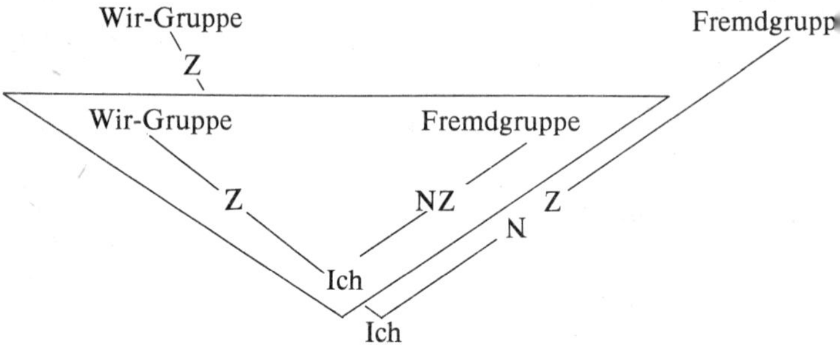

Sobald in modernen Gesellschaften eine Moral der Privatleute mit der Staatsmoral konkurriert, verliert die Ausbildung einer staatsbürgerlichen Identität in Abgrenzung von den staatsfremden Gruppen, und entsprechend die Überwindung der Familien- oder Stammesidentität an Gewicht. Nicht die Innen-Außenbeziehung des Staates ist Thema, sondern die Binnendifferenzierung der Rechtsgenossen untereinander. Schon auf der vorangegangenen Stufe stellt sich das Problem, Staatsbürger, die nicht zur eigenen Familie (oder zum eigenen Stamm) gehören, als eine Gruppe aufzufassen, *der man zugleich zugehört und nicht zugehört.* Auf der Stufe der universalistischen Privatmoral verschärft sich dieses Problem. Für Ego sind nicht nur alle Staatsangehörigen, sondern alle beliebigen Personen, soweit sie als Privatpersonen betrachtet werden, gleich. Universalistische Normensysteme zeichnen keine bestimmte Gruppe mehr aus, die durch Abgrenzung von Fremdgruppen identitätsbildende Kraft haben könnte. Dadurch bildet sich die Kategorie des »Anderen«, der nicht mehr durch seinen Gegensatz zur Eigengruppe als Fremder definiert ist, sondern für Ego beides in einem ist: gleich und verschieden, Nächster und Fernster. Für Ego stellt sich auf dieser Stufe das Problem der Ausbildung einer Erweiterung der staatsbürgerlichen oder nationalen Identität zur weltbürgerlichen und universalistischen Identität. Insofern setzt sich der Prozeß der Überwindung und Integration älterer Identitäten fort. Das Pathos der Menschheitsmoral, die die Schranken der Rasse, der Nation, des Staates, der Konfession usw. sprengt, bestimmt die bis heute wirksamen Traditionen der Aufklärung.

Schema 6

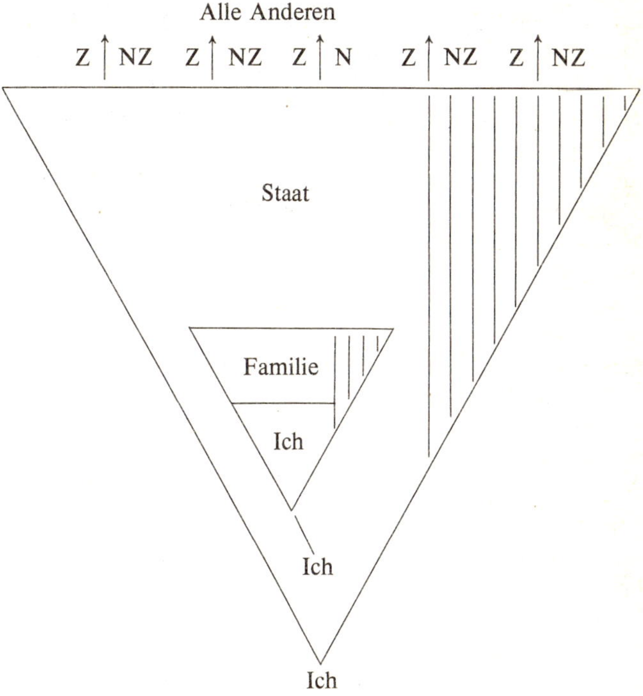

Innerhalb des Staates stellt sich freilich im Verkehr der Privatleute untereinander bereits das Problem, das auf der Stufe einer heute noch nicht verwirklichten *politischen Universalmoral* allein bestehenbleibt. Sobald die Identität der Menschheit ausgebildet ist, gewinnt die Beziehung zwischen Ego und *allen* Anderen, mit denen es zugleich identisch und nicht-identisch ist, Ausschließlichkeit. Die Selbstidentifikation kann dann nur noch dadurch zustande kommen, daß der performatorische Sinn des »Ich« die Klasse bestimmt, der Ego als Person überhaupt zugehört, während die identifizierenden Merkmale ausschließlich aus der Biographie stammen, soweit diese durch *die fortgesetzte Überwindung alter und den Aufbau neuer Identitäten* bestimmt ist: Kontinuität stiftet allein die Integrationsleistung, die an der (dialektischen) Aufhebung der im Familien- und im Staatssystem verankerten Identitäten eingeübt worden ist, und die nun paradigmatisch in *jedes* Rollenspiel aufgenommen wird. Die Selbstidentifikation kann nur noch in Form einer Selbstrepräsentation im Rollenspiel vorgenommen werden. Als identifizierende Merkmale auf der Stufe der Familien- und Stammesidentität genügten die Primärrollen Geschlecht und Alter, auf der Stufe der staatlichen Identität die Staatsbürgerrolle, die mit den Rollen Geschlecht, Alter und Familie konkurriert, auf der Stufe der universalistischen Privatmoral die ideale Menschheitsrolle, die mit den älteren Identitätsmerkmalen konkurriert. Auf der Stufe der universalistischen Sprachethik kann hingegen keine einzelne Rolle mehr als Identitätsmerkmal ausgezeichnet werden, sondern nur noch die unverwechselbare Art der biographischen Organisation des Rollenspiels insgesamt.

3. Ontogenetisch entspricht den beiden ersten Stufen die Ausbildung einer *Rollenidentität,* welche die organismusabhängige »natürliche« Identität des kleinen Kindes ablöst. Die symbolische Einheit der Person konstituiert sich zuerst durch Einverleibung der symbolischen Allgemeinheit einiger fundamentaler Rollen (des Verwandtschaftssystems) und dann eines Satzes von Normen (des außerfamilialen gesellschaftlichen Systems). Der kontinuitätsstiftende Charakter der Rollenidentität beruht

auf der Stabilität der Verhaltenserwartungen, die über die Ich-Ideale in das Persönlichkeitssystem hereingenommen werden. Diese Identität zerbricht in der zweiten Reifungskrise, weil sich das Ich hinter alle partikularen Rollen, die prinzipiell hinterfragt und kritisiert werden, zurückziehen muß. Ein Ich, dem zugemutet wird, alle bestimmten Normen nach verinnerlichten Prinzipien zu setzen (oder als gesetzt aufzufassen), kann seine Identität an keine konkreten Rollen und an keinen bestimmten Satz von Normen mehr binden, sondern nur noch an die Fähigkeit, sich in beliebigen Rollen als derjenige zu repräsentieren, der angesichts divergenter aktueller Rollenerwartungen und im Durchgang durch die biographische Folge von Rollensystemen und davon abhängigen Identitäten den Forderungen nach Konsistenz genügt.

Ich versuche, meine Thesen zusammenzufassen:

In Abhängigkeit von der wachsenden Komplexität des gesellschaftssystems und dem (in Spalte 1/Schema 3) bezeichneten Strukturwandel des Normensystems werden vom erwachsenen Subjekt Rollenkompetenzen verlangt, die darin bestehen, daß Reziprozitäten auf immer abstrakterer Stufe hergestellt und die verhaltenssteuernden Instanzen immer weiter verinnerlicht werden können. Diesem Prozeß entspricht eine Wandlung der Identitätsformation, die wir anhand der Frage verfolgt haben: wie in den aufeinanderfolgenden Normensystemen die gleichbleibende Aufgabe der Selbstidentifikation gelöst werden kann. Abgebildet auf die Ebene der Ontogenese geben diese Überlegungen Anhaltspunkte für die Identitätsbildung in Kindheit und Jugend: sie reicht von der »natürlichen« Identität über die Rollenidentität, die mit der Lösung der ersten Reifungskrise, zur Ich-Identität, die mit der Lösung der zweiten Reifungskrise entsteht. Die Entwicklung der Rollenidentität zur Ich-Identität läßt sich so vorstellen, daß die Identität des Heranwachsenden zunächst ausschließlich davon abhängt, daß die Person von ihrer Umgebung als diese Person identifiziert wird, während sie am Ende ausschließlich davon abhängt, wie sich die Person selber identifiziert (was nicht ausschließt, daß eine Interdependenz zwischen der Identifikation durch Andere und der Selbstidentifikation besteht, aber so, daß die induzierende Kraft von den Anderen allmählich auf Ego übergeht). Im Verlaufe dieser Entwicklung verschiebt sich das Problem der Ausbildung und Erhaltung der Identität von der Anstrengung der Identifizierung mit immer abstrakteren Gruppen zur Aufgabe der Differenzierung innerhalb dieser Gruppen. Die Identität wird anfänglich dadurch gesichert, daß der Heranwachsende sich über die Konformität mit symbolischen Allgemeinheiten in ein soziales System erst einmal integriert, während am Ende Identiät gerade auf dem Wege der Individuierung gesichert werden muß. Deshalb läßt sich diese Entwicklung auch als eine fortschreitende Autonomisierung nun nicht des kognitiven, sondern des kommunikativen Ich auffassen, das zunächst von vorgegebenen Normensystemen abhängig ist, während es am Ende gegenüber diesen Normensystemen eine gewisse Distanz erlangt und innerhalb gewisser Grenzen die Organisation der Rollen, die es spielt, gleichsam selbst in die Hand nimmt.

Auf der universalhistorischen Anfangsstufe eines durch Familien- oder Stammesmoral bestimmten Normensystems lassen sich die drei mit Selbstidentifikation gestellten Aufgaben befriedigend lösen: a) die Abgrenzung der Klasse, welche die Zugehörigkeit festlegt (Familie, Stamm); b) die Festlegung der identifizierenden Merkmale (Geschlecht, Generation); c) die inhaltliche Deutung der Relation von Besonderem und Allgemeinem (als blutsverwandtschaftliche, genealogische Beziehung – bei der Identifikation von Dingen und Ereignissen durch einen Beobachter bedarf die logische Beziehung der Inklusion keiner Deutung, sie ist formal; auf der reflexiven Ebene der Selbstidentifikation ist das aber nötig: die logische Zugehörigkeit eines Elementes zu einer Klasse wird als soziale Zugehörigkeit einer Person zu einer Gruppe interpretiert). Wenn wir nun die Randbedingungen, abhängig vom Strukturwandel der Normensysteme, in der angegebenen Weise variieren, verlieren die Lösungen der drei Probleme ihre Eindeutigkeit: a) die Klassen, welche die Gruppenidentität festlegen, werden abstrakter (Universum der Angehörigen einer staatlich-organisierten Großgruppe, Universum der Privatpersonen); b) die identifizierenden Merkmale der ersten Stufe werden unzureichend und daher integriert mit der bereits lebensgeschichtlich differenzierenden Leistung des einzelnen, Konformität mit den jeweils abstrakteren Einheiten zu üben und die älteren partikularen Verpflichtungen zu relativieren; c) die Interpretation der Zugehörigkeitsrelation wird unscharf; daraus erklärt sich der historisch vielfach zu belegende Versuch, die soziale Zugehörigkeit in der abstrakteren Einheit nach dem Bilde der Verwandschaftsbeziehungen zu deuten (der Staat als Oikos, die »Brüderlichkeit« der moralischen Privatpersonen untereinander usw.).

4. Die Formation der Ich-Identität, die ich ableiten möchte, kann nun als Lösung eines Problems begriffen werden, das sich auf der letzten (antizipatorisch entworfenen) Stufe der politischen Universalmoral stellt. Hier läßt sich die Aufgabe der Selbstidentifikation überhaupt nicht mehr in der Weise lösen, daß a) eine Klasse abgegrenzt wird, die die Zugehörigkeit definiert, b) identifizierende Merkmale festgelegt werden, die eine Differenzierung innerhalb der Gruppe erlauben und c) die Zugehörigkeitsrelation nach einem konkreten Modell (Familie) gedeutet wird; denn: a) das Universum aller Personen erlaubt keine auf innersozialer Abgrenzung beruhende Gruppenidentität mehr, b) alle partikularen Rollen sind beliebig geworden, während die Konformitätsleistung gegenüber einer idealen Rolle (Staatsbürger-, abstrakte Menschrolle: 18. Jhdt.) nach unseren Voraussetzungen kein individuell auszeichnendes Kriterium mehr ist (Ehrenhaftigkeit, Tugendhaftigkeit) und c) ist die Zugehörigkeits-/Nichtzugehörigkeitsrelation außer Kraft gesetzt: in gewisser Weise können alle Anderen als zugehörig zur abstrakten Gemeinschaft aller lebenden und toten Personen (Kants Reich der intelligiblen Wesen), und doch zugleich als Fremde angesehen werden. Diese Suspendierung der Unterscheidung des Angehörigen und des Fremden konstituiert die Kategorie des »Anderen«. Wie ist angesichts dieser Schwierigkeiten das Problem der Selbstidentifikation zu lösen?

Immerhin hat das kommunikative Ich auf dem Wege bis zu der Stufe, auf der sich dieses Problem stellt, mit der Überwindung älterer Gruppenidentitäten und ihrer Integration in höherstufige Identitäten (Hegels dialektischer Begriff der Aufhebung ist an diesem Paradigma gewonnen) eine eigentümliche Fähigkeit erworben: es hat gelernt, einerseits jeweils bestimmte Gruppen von Personen zugleich als Zugehörige und als Nicht-Zugehörige anzusehen und zu behandeln (die Staatsbürger, die nicht Familienangehörige sind; die Privatpersonen, die nicht Staatsangehörige sind); und andererseits sich selber zugleich mit etwas zu identifizieren und nicht zu identifizieren (nämlich als Familienmitglied, wenn Ego als Staatsbürger, bzw. als Staatsbürger, wenn Ego als moralische Privatperson handelt). Wenn es diese Fähigkeit, die an wenigen bestimmten Identitäten ausgebildet worden ist (und vermutlich ihre Grundlage in der Introjektion der Elternfiguren hat, deren Erwartungen generalisiert und verbindlich gemacht werden, während zugleich eine relative Lösung von ihnen als den konkreten Bezugspersonen möglich wird); wenn also das Ich jene spezifische Fähigkeit generalisiert und somit lernt, überhaupt Identitätskrisen dadurch zu lösen, daß auf jeder neuen Stufe »aufgegebener« und hinzuerworbener Rollensysteme eine gestörte Balance wiederhergestellt wird, dann kann es darauf verzichten, eine Rollenidentität herzustellen. Es kann darauf verzichten, seine Identität an bestimmten Rollen festzumachen, die einerseits eine Gruppenidentität auszeichnen und andererseits identifizierende Merkmale entweder darstellen oder zu gewinnen gestatten. Das Ich kann dann vielmehr seine Identität gegenüber »Anderen« wahren, indem es in *allen* relevanten Rollenspielen das paradoxe Verhältnis, dem Anderen gleich und doch von ihm absolut verschieden zu sein, zum Ausdruck bringt und so sich selbst repräsentiert: als derjenige, der seine Interaktionen in einem unverwechselbaren lebensgeschichtlichen Zusammenhang organisiert. Selbstidentifikation auf einer Stufe, auf der das Verhältnis von Ich zu »Anderen« Ausschließlichkeit gewinnt, ist möglich, wenn Ego kraft seiner eben charakterisierten Fähigkeit gleichzeitig seine soziale Identität und seine personale Identität wahrt. Mit der sozialen Identität erfüllt es die Forderung nach Konsistenz zwischen den *gleichzeitig* angesonnenen und übernommenen Rollen; mit der personalen Identität erfüllt es die Forderung nach Konsistenz in der *lebensgeschichtlichen Vertikale* zwischen den in den verschiedenen Stadien übernommenen Rollensystemen. Freilich könnte die soziale Identität durch Rollenkonformismus allein nur um den Preis der Reïfizierung der Person, personale Identität durch Rollenabstinenz allein nur um den Preis der pathologischen Isolierung »gesichert«, also nicht sinnvoll stabilisiert werden. Statt dessen bedarf es der Sicherung einer prekären und verletzbaren Balance einerseits zwischen Rollenkomplementarität und Rollenambiguität, um die soziale Identität und gleichzeitig deren fiktiven Charakter, ihre Scheinnormalität zu erhalten und kommunikativ sichtbar zu machen; und andererseits einer Balance zwischen Rollendistanz und Rollenflexibilität, um die personale Identität und gleichzeitig den fiktiven Charakter ihres Absolutheitsanspruchs, ihre Scheinindividualität zu erhalten und kommunikativ sichtbar zu machen.[8]

8 Das folgende Schema stellt in einer von U. Oevermann vorgeschlagenen Form die Dimensionen des soziologischen Begriffs der Ich-Identität dar.

Identität	Rollenqualifikationen	
soziale	Rollen-ambiguität	Rollen-komplementarität
personale	Rollendistanz	Rollen-flexibilität

8. Aus einem Brief an Helmuth Plessner *1972*

...

Ihre Grundintention, verehrter Herr Plessner, zielt auf eine philosophische Rehabilitierung der Natur, besonders der biologischen Grundlagen des menschlichen Lebens. Nun ist es heute so ungewöhnlich nicht mehr, die Menschengattung als ein Stück Natur zu betrachten. Sie jedoch vollziehen sehr energisch die naturalistische Wendung, ohne dafür den Preis eines philosophischen Naturalismus zu entrichten. Im Bewußtsein der politischen Folgen, die Sie am eigenen Leibe spüren mußten, sind Sie gegen den Biologismus alter, sozialdarwinistischer und neuer, humanethologischer Prägung ebenso immun wie gegenüber dem Bahaviorismus angesichts seiner erkenntniskritischen Ungereimtheiten. Sie bringen, wenn ich das à la Nicolai Hartmann sagen darf, die niederen Kategorien gegen die höheren zu ihrem Recht, ohne dabei die soziokulturelle Lebensform so tief anzusetzen, daß das erkennende Subjekt (und erst recht das lachende) sich selbst nicht mehr ernst nehmen darf. Diese Perspektive ist, wie ich meine, typisch für Aufklärungsphilosophien: sie können die idealistischen Nebelbildungen durchdringen, weil ihnen nicht alle Ideen gleich nebelhaft sind. An Ihren großen Untersuchungen zur politischen Philosophie und zur Geschichte sehe ich das bestätigt. Eine nicht-empiristische, gleichsam Feuerbachsche Parteinahme für das Sinnliche, Widerständige, Äußere, das gleichwohl mit der Sphäre des Sinns, des immer schon Zugänglichen, Inwendigen verwoben ist, verbindet Ihre Position mit der des Marxschen Materialismus.

Gleichwohl rücken Sie Marx, wie auch Freud, in eine Reihe mit den Liquidatoren der Vernunft. Beide erscheinen als Strategen des Reduktionismus, die, wie immer unfreiwillig, »der Selbstentwertung des Menschen in die Hände arbeiten«. Diese Interpretation wäre im Augenblick kein Grund zum Streiten, wenn sie sich nicht konsequent aus einer sehr bemerkenswerten Abwehr des Evolutionismus ergäbe – und darauf bezieht sich meine erste Frage:

Der naive Evolutionismus um 1900 ist für Sie zum Schlüssel geworden für die barbarischen Implikationen einer im Namen der Wissenschaft auftretenden Zerstörung der Vernunft. Nun trifft aber die gut marxistische Kritik, die Sie am Darwinismus anbringen (»die Überzeugung von der Macht der Konkurrenz und dem Wert der Industrie«), den Sozialdarwinismus, jedoch kaum die Theorie der natürlichen Evolution. Und nicht jede Theorie der gesellschaftlichen Evolution, auch nicht die Marxsche, setzt sich Einwänden aus, die mit Recht gegen Überdehnungen der biologischen (heute der biokybernetischen) Begrifflichkeit gemacht werden können. Die Absage des Historismus an den Fortschrittsgedanken, an evolutionistische Deutungsschemata überhaupt, hat Ihre philosophischen Überzeugungen geprägt. Ich habe den Eindruck, daß sich dabei der Entwicklungsgedanke mit dem empiristisch gewendeten Evolutionismus der Jahrhundertwende so eng verknüpft hat, daß sich Ihnen die Universalgeschichte in antievolutionistischer Perspektive darstellen mußte: *semper aliter, semper idem.* Gehen Sie darum nicht doch wohl zu unbedenklich von der Annahme aus, daß ein humaner Begriff der menschlichen Natur – und damit die Optik einer erneuerten Aufklärungsphilosophie – nur mit einem historischen Begriff von Geschichte und Kultur vereinbar sei? Woher nehmen Sie, lieber Herr Plessner, die Sicherheit, daß ein Bildungsprozeß der Gattung nicht stattfindet?
Meine andere Frage bezieht sich auf den Kern Ihrer Anthropologie – auf die kategoriale Abgrenzung der soziokulturellen von der tierischen und pflanzlichen Organisationsform des Lebens. Ihr Begriff der *exzentrischen Position* hat sich als überaus fruchtbar erwiesen. Die geniale Deutung von Lachen und Weinen bestätigt die Modellvorstellung, daß der Mensch unter dem Zwang steht, zwischen dem Leib-Sein und dem Körper-Haben immer wieder einen Ausgleich herbeizuführen; er muß den Abstand zwischen zuständlicher Leibexistenz und gegenständlicher Körperexistenz überwinden. Gelingt das in extremen Lagen nicht, kann der Körper in den eigentümlichen Ausdrucksfunktionen des Lachens und des Weinens stellvertretend für die Person, die ihren Leib nicht mehr beherrscht, die Antwort über-

nehmen – wir lachen und weinen *über etwas!* Was immer uns Ethologen über lachende und weinende Tiere berichten werden – *so,* nämlich propositional, können sie gar nicht lachen und weinen. Oder sollten jene kalifornischen Schimpansen, die soeben dabei sind, eine Taubstummensprache, d. h. *grammatische* Äußerungen zu lernen, eines Tages so ins Lachen geraten oder so ins Weinen verfallen, daß ihr Verhalten mit Plessners Theorie angemessen beschrieben werden kann?

Ich führe dieses Gedankenexperiment ein wenig hinterhältig ein. Denn verhielte es sich so, dann wäre der Erwerb der Sprache für die Menschwerdung unseres Schimpansen der wichtigste Umstand. Sie, lieber Herr Plessner, halten hingegen die Sprache für eines unter mehreren menschlichen Monopolen, die einen Zusammenhang bilden und ihrerseits aus der zugrunde liegenden Leib-Körper-Struktur erklärt werden müssen: nicht die Struktur der sprachlichen Kommunikation, in welche die naturgeschichtlichen Potentiale eingearbeitet sind, erklärt die besonderen Kompetenzen des Menschen, sondern seine exzentrische Position.

Mit George Herbert Mead, dem Geistesverwandten, der in seinen Chicagoer Vorlesungen ungefähr zur gleichen Zeit wie Sie eine Anthropologie entwickelt hat, sehen Sie das Besondere der menschlichen Sozialbeziehungen in *»der Reziprozität der Perspektiven«*. Die Verschränkung der Perspektiven zwischen Ich und *alter ego* ist für jene Intersubjektivität wesentlich, in der sprach- und handlungsfähige Subjekte einander begegnen. Intersubjektivität leiten Sie nun nicht aus Sprache, sondern aus der exzentrischen Position der menschlichen Natur ab. Darum legen Sie dem Spiegelbild eine entscheidende Bedeutung bei. Indem ich mich im Spiegel sehe, erfahre ich mich über den im Spiegel gegenständlich gewordenen Leib, meinen Körper. Ich kann, mein Spiegelbild identifizierend, im Gegenüber derselbe bleiben – diese Struktur, die in der Spiegelung nur aufgedeckt wird, soll auch der intersubjektiven Beziehung zum Anderen, in dessen Blick ich mich spiegele, zugrunde liegen.

Wäre es statt dessen nicht plausibler, die Struktur des Spiegel-Ichs (Cooley hat so das *looking-glass* »I« schon 1902 in die

Diskussion eingeführt) unmittelbar aus der Struktur der sprachlichen Kommunikation abzuleiten – und die Bildung der Ich-Identität aus dem Erwerb der Sprachkompetenz, insbesondere aus der Einübung in das System der Personalpronomina? Dann würde sich in dem Doppelaspekt von Leib und Körper die Doppelstruktur der Sprache bloß *abbilden.* Diese besteht darin, daß sich Sprecher und Handelnde auf intersubjektiver Ebene nur begegnen, wenn sie zugleich über Gegenstände oder Sachverhalte kommunizieren, und daß sie umgekehrt propositionale Gehalte nur austauschen können, wenn sie zugleich eine intersubjektive, d. h. nicht vergegenständlichte Beziehung zueinander aufnehmen.

Ich weiß, lieber Herr Plessner, daß Sie gute Gründe haben, gegen modische Überlagerungen der Anthropologie durch Sprachtheorie mißtrauisch zu sein. Gerade in Ihrer jüngsten Arbeit über die Anthropologie der Sinne haben Sie wiederum jene sprachlosen Räume begangen, die dem Menschen sehr wohl zugehören und doch einer, gegenüber dem nicht-sprachlichen Ausdruck blinden Hermeneutik verschlossen bleiben müssen. Ich bin in dieser Hinsicht durch Ihre aufregenden Untersuchungen zur Ästhesiologie des Hörens belehrt. Ihre Theorie der Musik, deren Nichtsprachlichkeit gleichwohl von einem inneren Bezug zur Sprache lebt, widerlegt einleuchtend jenen philologischen Imperialismus, dem zufolge alles, was Sinn hat, auch sprachlich soll ausgedrückt werden können.

III. Hermeneutik und Kritik

9. Zu Nietzsches Erkenntnistheorie (ein Nachwort) 1968

Nietzsches Werk hat zwischen den Kriegen, zumal in Deutschland, eine eigentümliche Faszination ausgeübt. Das Pathos seiner Urteile und seiner Vorurteile, die einprägsamen Formeln seiner Philosophie der Dekadenz und das verführerisch Affirmative der ›jasagenden Affekte‹ haben den geistigen Duktus und die Fragestellung einer ganzen Generation scheinradikaler, mit westlichen Traditionen zerfallener Intellektueller bestimmt. Heterogene Köpfe wie Oswald Spengler, Carl Schmitt, Gottfried Benn, Ernst Jünger, Martin Heidegger und auch Arnold Gehlen lassen auf dieser Folie Verwandtschaften erkennen; sie sind Beispiele für einen Effekt, der sich der Gebärde des Denkens stärker mitteilt als dem einzelnen Argument. Nietzsche hat damals eine Mentalität geprägt und verstärkt, die freilich keineswegs auf die ›Revolutionäre von rechts‹ beschränkt geblieben ist. Das alles liegt hinter uns und ist fast schon unverständlich geworden. Nietzsche hat nichts Ansteckendes mehr.

Zur philosophischen Nietzsche-Diskussion

Die unmittelbar literarische Wirkung ging in den zwanziger und in den frühen dreißiger Jahren mit einer philosophischen Diskussion der weltanschaulichen Lehren Nietzsches einher. Vor allem die drei zentralen Lehrstücke: die Heraufkunft des Nihilismus, der Wille zur Macht und die Ewige Wiederkehr des Gleichen sind als Thesen eines philosophischen Schriftstellers rekonstruiert und in ihrem Zusammenhang untersucht worden. Die implizite Form einer nicht nur unsystematisch vorgetragenen, sondern der Argumentation vorsätzlich entrückten Philosophie, die allein der Zucht der aphoristischen Triftigkeit gehorcht, bietet der Interpretation einen ungewöhnlichen Spielraum. Er hat die Interpreten nur zu oft eingeladen, Nietzsche als Projektionswand der eigenen Philosophie zu benützen. So illustriert Klages an Nietzsche einen metaphysischen Gegensatz von Leben und Geist (*Die psychologischen Errungenschaften Nietzsches,* 1924); Bäumler extrahiert aus Nietzsche eine sehr zeitgenössische Philosophie der Macht (*Nietzsche, Der Philosoph und Politiker,* 1931); Jaspers läßt Nietzsches affirmative Sätze zu Chiffren verblassen und heftet den Blick auf die transzendierende Bewegung des Denkens (*Nietzsche, Einführung in das Verständnis seines Philosophierens,* 1936). Heidegger deutet Nietzsche als Ende und Wende der abendländischen Metaphysik – ein letztes großes Exempel für die Verborgenheit der Wahrheit des Seins (*Nietzsches Wort ›Gott ist tot‹*); und selbst Löwith, der sehr sorgfältig das gesamte philosophische Werk Nietzsches im Auge behält, benützt doch die Lehre von der Ewigen Wiederkehr zur Demonstration seines eigenen Rückstiegs von der Spitze des modernen, und das heißt des historischen Denkens zur kosmologischen Weltansicht der Antike (*Nietzsches Philosophie der Ewigen Wiederkehr des Gleichen,* 1934).

Nach dem zweiten Weltkrieg findet die deutsche Nietzschediskussion ein Echo in den USA und in Ungarn. Walter Kaufmann (*Nietzsche, Philosopher, Psychologist, Antichrist,* 1950) rückt Nietzsches philosophische Lehrstücke energisch in den Zusammenhang der Religionskritik und damit der aufklärerischen Tradition der Neuzeit. Eine klassizistische Abmilderung des Konzepts vom ›Übermenschen‹ erlaubt ihm, von jenen Implikationen ganz abzusehen, die doch für Nietzsches politische Wirkungsgeschichte entscheidend gewesen sind. Auf sie konzentriert sich Lukács (*Die Zerstörung der Vernunft,* 1955, S. 244-317). Er begreift Nietzsche als den Philosophen, der in der imperialistischen Periode die mit der Romantik einsetzende Strömung eines spezifisch deutschen, mit der retardierten gesellschaftlichen Entwicklung zusammenhängenden Irrationalismus zum ersten Mal explizit zum Ausdruck bringt.

Die bisherige philosophische Auseinandersetzung mit Nietzsche hat, so heterogen die Gesichtspunkte der Interpretation gewesen sind und so wenig die Interpretationen miteinander sich haben vereinbaren lassen, eines gemeinsam: sie hat sich in der von Nietzsche selbst gewählten Dimension bewegt. Sie ist dem Impuls gefolgt, der von dem Bruch mit der Tradition der großen Philosophie in der Mitte des 19. Jahrhunderts ausgegangen und von Nietzsche unter dem Titel des Nihilismus in seinen praktischen Folgen schrill zu Bewußtsein gebracht worden ist. Die philosophische Diskussion hat an Nietzsches Grunderfahrung angeknüpft, daß der klassische Anspruch der Theorie, das Wesen der Welt zu erkennen und *dadurch* die Menschen im Handeln zu orientieren, den Maßstäben der modernen Wissenschaft (und einer nach ihnen positivistisch richtenden Ideologiekritik) nicht mehr standhalten kann. Nietzsche hat die Glaubensüberlieferungen der jüdisch-christlichen Religion und der griechischen Philosophie ihrerseits des theoretischen Anspruchs entkleidet und auf Antriebe der moralischen Gesetzgebung, auf Motive des Handelns und der normativen Befestigung von Macht zurückgeführt. Die Orientierungen des Handelns selbst hängen dann freilich nur noch an ›Werten‹, die eines theoretischen Zusammenhangs und damit der Möglichkeit einer kritischen Begründung entbehren: eben dies ist der Skandal. Weil Nietzsche sich vom Anspruch der Philosophie, was ist und was sein soll, zu *begreifen,* nicht lösen kann und gleichwohl diesen Anspruch für *philosophisch* unerfüllbar halten muß, stellt sich für ihn ein Problem, das für den Positivismus gar nicht auftritt.

Nietzsche bescheidet sich nicht bei der skeptischen Lösung jenes passiven Nihilismus, der in Gleichgültigkeit gegenüber einem Pluralismus von Werten verharrt; er findet ebensowenig am Dezisionismus als einer aktivistischen Besiegelung der Irrationalität von Werten überhaupt Genüge. Er versucht vielmehr durch Reflexion auf die Entstehung des Nihilismus den Grund zurückzugewinnen, der eine im Handeln orientierende Einsicht wiederum ermöglicht: »Denn warum ist die Heraufkunft des Nihilismus *notwendig?* Weil unsere bisherigen Werte selbst es sind, die in ihm ihre letzte Folgerung ziehen; weil der Nihilismus die zu Ende gedachte Logik unsrer großen Werte und Ideale ist, – weil wir den Nihilismus erst erleben müssen, um dahinter zu kommen, was eigentlich der Wert dieser ›Werte‹ war... Wir haben, irgendwann, *neue* Werte nötig...« (Ausgabe Schlechta Bd. III, S. 635). Die neuen Werte verlangen einen philosophisch begründeten Entwurf von Orientierungen künftigen Handelns, nicht beliebige Projektionen für eine einsichtslose Praxis.

Diese philosophische Begründung der Umwertung aller Werte hat Nietzsche mit einer Theorie des Willens zur Macht und mit der Hypothese von der Ewigen Wiederkehr des Gleichen zu geben versucht. Der Zusammenhang jedes dieser beiden Lehrstücke mit einem ›zuendegedachten‹ Nihilismus als dem Ergebnis einer die abendländische Tradition umfassenden Kritik der Moral ist einleuchtend: das Ende des teleologischen Denkens, das Ende eines Objektivismus, vor dem die subjektiven Hervorbringungen zu an sich seienden Strukturen geronnen waren, wird durch die freigesprochene Produktivität eines seiner selbst gewissen Willens zur Macht ebensogut ratifiziert wie durch die gelassene Anerkennung des gegen die Subjekte gleichgültigen Kreislaufes der Natur. Weniger einleuchtend ist aber der dialektische Zusammenhang jener beiden zunächst unvereinbaren Thesen miteinander. In der philosophischen Diskussion, die ich erwähnt habe, zeichnen sich prinzipiell vier Lösungsvorschläge ab. Die beiden ersten sind simpel, aber offensichtlich greifen sie zu kurz: entweder wird eine der beiden Thesen, nämlich die Lehre von der Ewigen Wiederkehr, zugunsten der anderen These vernachlässigt, oder beide Konzepte werden so entschärft, daß ihre Vereinbarkeit unproblematisch ist. Die anderen Versuche gehen dahin, zwischen beiden Thesen eine zugleich logische und historisch-psychologische Reihenfolge herzustellen. Auf der einen Seite steht der Versuch, die Hypothese von der Ewigen Wiederkehr als die eigentlich affirmative Lehre Nietzsches zu begreifen: die Theorie vom Willen zur Macht stellt nur die Reflexionsstufe dar, auf der das moderne Bewußtsein seiner bis dahin verborgenen nihilistischen Voraussetzungen inne wird und sich selbst zugunsten einer Rückkehr zur antiken Ansicht der Welt überwindet. Dem steht der andere Versuch gegenüber, die These von der Ewigen Wiederkehr des

Gleichen als bloßen Übergang zu konstruieren: diese Lehre hat den Stellenwert eines Exerzitiums, das uns vom Bann teleologischen Denkens löst und dadurch erst instand setzt, hinter die moralischen Überlieferungen, in denen jeweils ein besonderer Komplex von Lebensbedingungen dogmatisiert ist, zurückzugehen und den Willen zur Macht als die *allgemeine* Bedingung praktischer Vernunft zu erkennen.

Ich möchte auf diese Diskussion nicht eingehen, weil ich nicht sicher bin, ob eine direkte Auseinandersetzung mit Nietzsches Philosophie der Vollendung des Nihilismus noch sinnvoll ist. Der philosophische Ansatz der Auseinandersetzung, nämlich die Annahme, daß es tunlich sei, die Aphorismen in ihrer Gesamtheit als ein System aufzufassen, war immer fraglich. Das Fragment ist nicht zufällig die literarische Form eines Denkens, das sich dem Systemzwang zu entwinden sucht. Fraglich ist heute aber überhaupt, ob der Zusammenhang jener drei Theoreme mehr als ein isoliert geistesgeschichtliches Interesse beanspruchen kann. Die kontroversen Deutungen, welche die bisherige Diskussion bestimmt haben, können nur geprüft und korrigiert werden, wenn man sich inhaltlich auf Nietzsches Destruktion der abendländischen Überlieferungen, nicht nur auf Ideologiekritik im allgemeinen, sondern auf die bestimmte moralkritische Grundannahme einläßt, daß ›die Niedergangsinstinkte Herr geworden sind über die Aufgangsinstinkte‹. Man braucht sich nur einen der Kernsätze dieser Dekadenzphilosophie herauszusuchen, um darin die Linien jener spezifisch bürgerlichen Kulturkritik des fin de siècle zu erkennen, die weniger als Ideologiekritik denn selber als deren Gegenstand ernstgenommen zu werden Aussicht hat.

Anders verhält es sich mit den formalen Argumenten, die der inhaltlichen Entfaltung der Nihilismusthese vorausliegen. Die Kritik der Moral hat die Einsicht in den Zusammenhang von Theorie und Lebenspraxis überhaupt zur Voraussetzung. Nietzsche hat gesehen, daß die Normen der Erkenntnis von den Normen des Handelns nicht prinzipiell unabhängig sind, daß ein immanenter Zusammenhang von Erkenntnis und Interesse besteht. Hier, scheint mir, sind Elemente einer unkonventionel-

len Erkenntnistheorie angelegt, die eine philosophische Untersuchung in systematischer Absicht verdienen.
Ansätze zu einer Rekonstruktion der vor allem in Stücken des Nachlasses implizierten Erkenntnistheorie finde ich in einem Aufsatz von Alfred Schmidt, der Nietzsches Pragmatismus für eine an Marx geschulte Erkenntniskritik fruchtbar zu machen versucht[1]; und ferner in dem bemerkenswerten Buch von Arthur C. Danto, der an die Sprachkritik Nietzsches anknüpft und überraschende Parallelen zu der vom späten Wittgenstein ausgehenden analytischen Philosophie herstellt.[2] Bis dahin hatte seit den frühen Darstellungen von Rudolf Eisler (*Nietzsches Erkenntnistheorie und Metaphysik,* 1902) und Hans Vaihinger (*Nietzsche als Philosoph,* 1916) Nietzsches Erkenntnistheorie ein ernstliches Interesse kaum gefunden.[3] So muß die Diskussion heute von neuem einsetzen.

Kritik des Historismus

Nietzsches Kritik richtet sich gleichermaßen gegen den kontemplativen Begriff der Erkenntnis wie gegen den Korrespondenzbegriff der Wahrheit. Reine Theorie, die, aller praktischen Lebensbezüge entbunden, die Strukturen der Wirklichkeit in der Weise erfaßt, daß theoretische Sätze wahr sind, wenn sie einem Ansichseienden korrespondieren, ist Schein. Denn die Akte der Erkenntnis sind in Sinnzusammenhänge eingelassen, die sich in der Lebenspraxis, im Sprechen und Handeln bedürftiger Wesen, erst konstituieren. Freilich hat Philosophie unter jenem Schein reiner Theorie, wie vorher Mythen und Religionen, ein Wissen hervorgebracht, das auf Praxis bezogen blieb: der Ordnung der Natur waren die Normen der Menschenwelt zu entnehmen; was als Kosmos angeschaut wurde, konnte in

1 »Zur Frage der Dialektik in Nietzsches Erkenntnistheorie«, in: Max Horkheimer (Hrsg.), *Zeugnisse,* T. W. Adorno zum 60. Geburtstag, Frankfurt 1963.
2 *Nietzsche as Philosopher,* New York 1965.
3 Ausnahmen sind in gewisser Weise Hans Barth, *Ideologie und Utopie,* 2. Aufl., Zürich 1961 und Michael Landmann, *Geist und Leben,* Varia Nietzscheana, Bonn 1951.

Ethos sich umsetzen. Aber mit dieser Kategorie von Wesenserkenntnis hat die moderne Wissenschaft gebrochen. Den Schein reiner Theorie mag diese Wissenschaft sich nach wie vor vindizieren, aber mit den Ontologien, den insgeheim immer auch praxisbezogenen Interpretationen des Seienden im ganzen, verändert sie das Verhältnis von Theorie und Praxis von Grund auf. Aus wissenschaftlichen Theorien folgt technisch verwertbares, aber kein normatives, kein handlungsorientierendes Wissen: »Wissenschaft ergründet den Naturverlauf, kann aber niemals dem Menschen *befehlen.* Neigung, Liebe, Lust, Unlust, Erhebung, Erschöpfung – das kennt alles die Wissenschaft nicht. Das, was der Mensch lebt und erlebt, muß er sich irgendworaus *deuten;* dadurch abschätzen« (Schlechta, Bd. III, 343). Nietzsche hat damals, in der ersten Hälfte der siebziger Jahre, noch ein Modell für eine »im Dienste des Lebens stehende« Erkenntnis vor Augen gehabt: die Erkenntnis des Historikers. Hier, im Bereich der historisch-philologischen Wissenschaften, die mit der Historischen Schule soeben ihren großen Aufschwung genommen hatten, schien jener Zusammenhang von Leben und Erkennen wenigstens prinzipiell noch gewahrt werden zu können, den die moderne Naturwissenschaft, und eine positivistische Zerstörung der Philosophie in ihrem Gefolge, zerrissen hatten. Die Zweite Unzeitgemäße Betrachtung befaßt sich mit dem *Nutzen und Nachteil der Historie für das Leben,* weil Nietzsche in der methodischen Entfaltung der zeitgenössischen Geisteswissenschaften die Gefahr sieht, daß handlungsorientierendes Wissen auch noch aus diesem Refugium vertrieben wird. Der Historismus ist die Form, in der sich die Geisteswissenschaften gegenüber der Praxis verselbständigen und das letzte Band zwischen Erkenntnis und Interesse lösen.
Noch bevor der ›historische Sinn‹ und die ›Kultur des Allesverstehens‹ in Dilthey ihren großen methodologischen Anwalt und hervorragenden Theoretiker gefunden haben, untersucht Nietzsche die Problematik einer Einstellung, die beliebige Objektivationen des Geistes zum Anlaß bloß reproduzierender Einfühlung nimmt. Die ästhetische Vergegenwärtigung eines Universums geistiger Tatsachen führt in Wahrheit zur Anästhesie des

geschichtlichen Sinnes: sie reichert eine chaotische Innerlichkeit an, aber macht unempfindlich für eine museal zum Stillstand gebrachte Tradition. Soweit nämlich die positivistischen Verfahrensweisen der Geisteswissenschaften nicht nur die Reflexion der Abhängigkeit von dogmatisch hemmenden Interessen, sondern, als Preis für die Objektivität von Erkenntnis, überhaupt eine Auslöschung der Subjektivität des Erkennenden verlangen, verliert der Historiker den Zugang zur Geschichte selber. Nur im Maße einer Partizipation am fortwirkenden Lebenszusammenhang der Geschichte läßt Geschichte theoretisch sich aneignen: »Sind die Persönlichkeiten erst in der geschilderten Weise zu ewiger Subjektlosigkeit oder, wie man sagt, Objektivität ausgeblasen: so vermag nichts mehr auf sie zu wirken; es mag was Gutes und Rechtes geschehen als Tat, als Dichtung, als Musik: sofort sieht der ausgehöhlte Bildungsmensch über das Werk hinweg und fragt nach der Historie des Autors« (S. 47).[4]

Wiederum ist es die Verselbständigung der Erkenntnis gegenüber Praxis, die Nietzsche beunruhigt. Die verwissenschaftlichte Historie entrückt wirkende Traditionen ins Unverbindliche, statt deren reflexive Aneignung praktisch folgenreich zu betreiben. Ihre einzige praktische Schlußfolgerung ist die: »in allen Zeiten war es anders, es kommt nicht darauf an, wie du bist!« (S. 62). Dieser Neutralisierung der handlungsorientierenden Folgen historischen Wissens entspricht freilich die sehr handgreifliche Folge einer von Theorie unberührten, den naturwüchsigen Interessen überlassenen, den mündig machenden Impulsen entzogene Praxis: »Das heißt eben doch nur: die Menschen sollen zu den Zwecken der Zeit abgerichtet werden, um so zeitig als möglich mit Hand anzulegen: sie sollen in der Fabrik der allgemeinen Utilitäten arbeiten, bevor sie reif sind, ja damit sie gar nicht mehr reif werden – weil dies ein Luxus wäre, der ›dem Arbeitsmarkt‹ eine Menge von Kraft entziehen würde« (S. 62).

Nietzsche erörtert die Funktionen, die eine der Lebenspraxis

4 Seitenangaben in Klammern beziehen sich auf Friedrich Nietzsche, *Erkenntnistheoretische Schriften*, Frankfurt 1968.

nicht enfremdete Historie übernehmen kann, und im historischen Bewußtsein der Völker übernommen hat, an den Beispielen der monumentalischen, der antiquarischen und der kritischen Geschichtsschreibung. Alle drei folgen dem Prinzip, daß Kenntnis der Vergangenheit im Dienste der Gegenwart und der Zukunft gewollt wird. Sie reagieren auf Bedürfnisse, die aus dem objektiven Lebenszusammenhang selbst hervorgehen und bestimmte *Formen der Traditionsverarbeitung* verlangen. Die monumentalische Geschichtsschreibung richtet sich auf ›das vergangene Große‹, das der Gegenwart mit dem imperativen Anspruchs des Modells entgegentritt. Wo die Gewalt erstorbener Traditionen das gegenwärtige Leben lähmt, wo die Kontinuität der Geschichte aufgesprengt werden soll, ermutigt das vergangene Exempel, ›das einmal *möglich* war und deshalb auch wohl wieder einmal möglich sein wird‹, zum Ausbruch aus den gegenwärtigen Routinen. Die antiquarische Geschichtsschreibung tritt hingegen in ihr Recht, wenn die Kontinuität der Geschichte abzureißen droht und Interpretationen des Lebens, die der Gegenwart allein Sinn zu geben vermögen, sei es unterdrückt oder in einem unhistorischen Bewußtsein nivelliert zu werden drohen. Dieser Erosion des Überlieferten wirkt ein anknüpfendes Denken, das die Dimension der Erinnerung offenhält, entgegen. Freilich kann Aneignung der Tradition nur in dem Maße lebendige Anwendung auf die gegenwärtige Situation bleiben, als die zukunftsträchtigen Ideen vom mitgeschleppt Apologetischen und Verdunkelnden energisch geschieden werden. Nur die kritische Geschichtsschreibung, die zeigt, ›daß jede Vergangenheit (auch) wert ist, verurteilt zu werden‹, kann zur befreienden Reflexion auf Geschichte als auf eine Folge von Repressionen, uneingelösten Wünschen und vertanen Möglichkeiten anleiten.
Die drei Typen der Geschichtsschreibung bezeichnen drei Momente der geschichtlichen Reflexion überhaupt. Diese entziffert den Spruch der Geschichte als Orakelspruch: »Nur als Baumeister der Zukunft, als Wissende der Gegenwart werdet ihr ihn verstehen« (S. 57). Das bedeutet aber, daß das erkennende Subjekt in Ansehung der Geschichte den Horizont seiner

Welt nicht negieren darf; nur aus ihm heraus kann es Wissen aneignen, das wiederum in die Perspektiven seines Handelns eingeht und dessen Horizont selbst umbildet und erweitert. Nicht die methodische Entbindung von den kognitiven Beziehungen der hermeneutischen Ausgangslage garantiert Weite und Ungetrübtheit des historischen Bewußtseins, sondern jene selektive Kraft der Kommunikation, die Nietzsche die »plastische Kraft« eines Menschen, einer Kultur nennt: »ich meine jene Kraft, aus sich heraus eigenartig zu wachsen, Vergangenes und Fremdes umzubilden und einzuverleiben, Wunden auszuheilen, Verlorenes zu ersetzen, zerbrochene Formen aus sich nachzuformen« (S. 14).

Allerdings führen diese Überlegungen nicht eigentlich zu einer Selbstreflexion der Geisteswissenschaften. Nietzsche ist der Überzeugung, daß es die Verwissenschaftlichung der Historie als solche ist, die unvermeidlich die Geschichtsschreibung der Lebenspraxis entfremdet. Die Kritik am Historismus als geisteswissenschaftlichem Objektivismus richtet sich deshalb nicht gegen ein falsches szientistisches Selbstverständnis der zeitgenössischen Historie, sondern gegen Historie als Wissenschaft: die Konstellation von Leben und Erkennen habe sich allein ›durch die Forderung, daß die Historie Wissenschaft sein soll‹ verändert. Die philosophische Hermeneutik, die sich aus einer phänomenologisch vermittelten immanenten Kritik an Dilthey und den lebensphilosophischen Grundlagen der Historischen Schule entwickelt hat, ist inzwischen zu einem anderen Resultat gelangt. Auch die strengen Verfahrensweisen einer objektivierenden Forschung können den logischen Zusammenhang des hermeneutischen Verstehens mit dem perspektivischen Vorverständnis der Interpreten nicht auflösen.[5] Jene Konstellation von Leben und Erkennen, die Nietzsche für die Geschichtsschreibung postuliert, kann von der verwissenschaftlichten Historie gewiß verdeckt, aber niemals ganz aufgehoben werden: sie bestimmt unveräußerlich die Logik der Geisteswissen-

5 H. G. Gadamer, *Wahrheit und Methode,* 2. Aufl. Tübingen 1965, Teil II; vgl. auch meine Untersuchung: »Zur Logik der Sozialwissenschaften«, Beiheft 5 der *Philosophischen Rundschau,* Tübingen 1967, bes. S. 149 ff.

schaften, wie immer auch ein objektivistisches Selbstverständnis darüber hinwegtäuschen mag. Nietzsche hingegen trägt seine Forderung von außen an die Historie heran: sie soll ihre Bedeutung für die Lebenspraxis dadurch zurückgewinnen, daß sie sich, um den Preis möglicher Objektivität, der Zwangsjacke wissenschaftlicher Methodik entkleidet und aufhört, strikte Wissenschaft zu sein.
Nun, schon gegenüber den Geisteswissenschaften war dieses Postulat eine Zumutung. Hier mochte sich Nietzsche noch bei der Überlegung beruhigen: »Nicht der Sieg der *Wissenschaft* ist das, was unser 19. Jahrhundert auszeichnet, sondern der Sieg der wissenschaftlichen *Methode* über die Wissenschaft« (Schlechta Bd. III, 814). Aber offenbar verschlägt eine solche Formel erst recht nicht gegenüber den Naturwissenschaften. Eine analoge Zumutung, aus methodischem Denken auszubrechen, hätte sich hier angesichts des unerschütterlichen Korpus der Forschung selbst gerichtet. Zudem wußte Nietzsche, daß der Nihilismus auf Maßstäbe der Kritik sich stützte, die die moderne Wissenschaft erst etabliert hatte. Wenn er die Intentionen des anspruchsvolleren Begriffs einer Theorie, die für das Leben Bedeutung hat, trotz des anerkannten Bruchs mit der Tradition retten wollte, so konnte er sie gewiß nicht *gegen* die wissenschaftliche Methode retten – also gegen die Logik der Natur- wie der Geisteswissenschaften, deren Standards jenen Bruch doch erzwungen hatten. Wenn Nietzsche die Möglichkeit handlungsorientierenden Wissens erweisen wollte, konnte sich seine Kritik nicht auf die Verwissenschaftlichung der Historie richten, sie mußte vielmehr hinter die wissenschaftliche Weltauffassung radikal zurückgehen, um Erkenntnis als solche gegen jeden, auch den szientistischen Schein des Objektivismus, aus ihrem vorgängigen und unveräußerlichen Zusammenhang mit Praxis zu begreifen. Das ist der Sinn der ›Vollendung des Nihilismus‹.
Merkwürdigerweise hatte diese radikale Erkenntniskritik schon 1873 mit der Abhandlung über *Wahrheit und Lüge im außermoralischen Sinn* eingesetzt, ohne daß sie eine Spur in der erst ein Jahr darauf publizierten Zweiten Unzeitgemäßen

Betrachtung hinterlassen hätte.[6] Aber seit Mitte der siebziger Jahre nimmt Nietzsche diese Kritik wieder auf. Er unterwirft nun auch die moderne Naturwissenschaft demselben moralkritisch gewendeten Ideologieverdacht, für den sie bis dahin nur die Standards geliefert hatte. Er durchschaut, daß ihr szientistisches Selbstverständnis zwar den normativen Anspruch von Wesenserkenntnis preisgegeben, aber insgeheim, mit dem Anspruch auf deskriptive Erfassung der Naturgesetze und auf kausale Erklärung der Naturereignisse, doch die Erbschaft des kontemplativen Erkenntnisbegriffs und des Korrespondenzbegriffs der Wahrheit angetreten hat: »Es dämmert jetzt vielleicht in fünf, sechs Köpfen, daß Physik auch nur eine Welt-Auslegung und -Zurechtlegung ... und nicht eine Welt-Erklärung ist« (S. 158).

Ein revidierter Begriff des Transzendentalen

Die Abhandlung *Über Wahrheit und Lüge im außermoralischen Sinn,* welche die moralischen Grundlagen des Wahrheitsbegriffs bloßlegen soll, läßt den Umriß von Nietzsches »Erkenntnistheorie« schon erkennen. Nietzsche geht von zwei Funktionen der Erkenntnis aus. Der Intellekt ist ein Mittel der Selbstbehauptung: er dient der ›Verstellung‹ und der ›Naturbeherrschung‹. Der Entwurf von symbolischen Welten spiegelt einerseits Illusionen und Wunschphantasien, die virtuelle Befriedigungen, die Kompensation von Versagungen und die Verleugnung realer Schwächen und Gefahren erlauben. Das Netz der symbolischen Formen, das wir der Natur überwerfen, hat andererseits die Funktion, eine existenzbedrohende Umwelt unter Kontrolle zu bringen und die Reproduktion des Lebens ›ohne Hörner und scharfes Raubtiergebiß‹ zu sichern. In beiden Fällen stützt sich der Intellekt auf den ›Trieb zur Metaphernbildung‹, also auf die fundamentale Kraft, symbolischen Sinn zu erzeugen. In beiden Fällen tritt die fiktive Welt der Symbole in

6 Vgl. dazu K. Schlechta u. A. Anders, *F. Nietzsche, Von den verborgenen Anfängen des Philosophierens,* Stuttgart 1962.

den Dienst der Befriedigung von elementaren Bedürfnissen; sie ermöglicht dort phantastische Verleugnung und Substitution, hier technische Verfügung und faktische Machtausübung. In beiden Fällen muß freilich die zusätzliche Bedingung erfüllt sein, daß der Mensch seine eigenen Hervorbringungen nicht als solche durchschaut. Nur der objektivistische Schein, daß seine Interpretationen grundsätzlich wahr, seine Illusionen Erkenntnis sein können, gewährt ihm Sicherheit: »Nur durch das Vergessen der primitiven Metaphernwelt ... nur dadurch, daß der Mensch sich als Subjekt, und zwar als künstlerisch schaffendes Subjekt, vergißt, lebt er in Ruhe, Sicherheit und Konsequenz« (S. 105).

Der tiefliegende Objektivismus, der verdeckt, daß die sinnschöpfende Subjektivität die Bedingungen möglicher Interpretation dessen, was wir für die Wirklichkeit halten, hervorbringt, ist Existenzbedingung einer kraft Intelligenz sich erhaltenden Gattung. Ist jener Schein erst einmal durchschaut, dann löst sich auch der Korrespondenzbegriff der Wahrheit im Sinne eines sprachlichen Konventionalismus auf. Die Möglichkeit von Wahrheit, als der Objektivität der Geltung von Sätzen, ist mit der Sprache eo ipso gesetzt, weil sprachliche Verständigung die intersubjektive Anerkennung von Regeln verlangt. Der eigentümliche ›Trieb zur Wahrheit‹ ist nur eine moralische Verpflichtung, »die die Gesellschaft, um zu existieren, stellt: wahrhaft zu sein, das heißt, die usuellen Metaphern zu brauchen, also moralisch ausgedrückt: ... nach einer festen Konvention zu lügen ...« (S. 103).

Die elementare Schicht der symbolischen Bedeutung besteht aus Bildern, die aus Anlaß externer Reize poetisch erzeugt werden. Zwischen ›Bild‹ und ›Nervenreiz‹ existiert daher keine umkehrbar eindeutige Beziehung der Korrespondenz; es hängt vielmehr von der sinnschöpfenden Subjektivität ab, wie sie den äußeren Anlaß in metaphorische Bedeutung umschlägt – so treiben wir ein ›tastendes Spiel auf dem Rücken der Dinge‹. Erst das konventionelle Erstarren bestimmter Metaphern verleiht den Phantasieerzeugnissen einen Schein von Korrespondenz und damit ›Wahrheit‹. Allerdings vollzieht sich diese dichtende Assimilation der Umgebung, die ›Metamorphose der Welt in den Menschen‹ immer schon im Rahmen grammatischer Urformen. Wenn wir uns nur in der Schicht der Metaphern bewegten, blieben wir in Traumwelten befangen. Erst der Apparat von Begriffen und Abstraktionen begründet eine intersubjektive Welt des wachen Lebens. Dieser Bau der Begriffe ist in der Sprache vorgeformt.

In der Grammatik der Sprache sind die Regeln enthalten, nach denen wir die metaphorischen Gehalte kategorial ordnen: »Jene künstlerische Metaphernbildung, mit der in uns jede Empfindung beginnt, (setzt) bereits jene Formen voraus; ... nur aus dem festen Verharren dieser Urformen erklärt sich die Möglichkeit, wie nachher wieder aus den Metaphern selbst ein Bau der Begriffe konstituiert werden konnte« (S. 108). Die Wissenschaft läßt sich als eine reflektierte Fortsetzung der sprachimmanent schon angelegten Abstraktion begreifen so wie die Kunst als eine Fortführung der ursprünglichen Metaphernbildung auf dem Niveau der ausgebildeten Sprache. Der Typus des ›vernünftigen Menschen‹ ist der Wissenschaftler, der den Intellekt im Dienst der Naturbeherrschung entwickelt; der Künstler hingegen ist der ›intuitive Mensch‹. Jener wehrt Übel ab, ohne aber aus seinen Abstraktionen Glück zu gewinnen; dieser bannt, indem er Intuitionen zur Sprache bringt, nicht nur Gefahren – er erfährt zugleich ›Erhellung, Aufheiterung, Erlösung‹. Nietzsche deutet übrigens bei dieser Gelegenheit eine Art negative Dialektik an, die auf der Ebene wissenschaftlicher Einsicht die Kategorien der Wissenschaft selber sprengt und von Intuition sich leiten läßt – ein alternativer Weg zur Mystik: »... der Mensch verstummt, ... oder redet in lauter verbotenen Metaphern und unerhörten Begriffsfügungen, um wenigstens durch das Zertrümmern und Verhöhnen der alten Begriffsschranken dem Eindruck der mächtigen gegenwärtigen Intuition schöpferisch zu entsprechen« (S. 110 f.). Nietzsche hat, soweit ich sehen kann, von der Möglichkeit, seine eigene Theorie, auch seine Erkenntnistheorie unter diesem Gesichtspunkt indirekten Sprechens zu rechtfertigen, keinen Gebrauch gemacht.

Wenn nun die Wissenschaft den in Sprache eingebauten Kategorienapparat nur entfaltet, und Natur in diesem quasi-transzendentalen Rahmen objektiviert sowie im Hinblick auf mögliche technische Verfügung analysiert, dann ist es die nächste Aufgabe einer Theorie der wissenschaftlichen Erkenntnis, Kants transzendentale Bewußtseinskritik sprachlogisch zu wiederholen und zu revidieren. Ein großer Teil der verstreuten Analysen, die sich vor allem im Nachlaß, aber auch im ersten Buch der *Morgenröte* und in den wieder abgedruckten Texten aus *Menschliches, Allzumenschliches,* aus *Jenseits von Gut und Böse* sowie aus der *Götzendämmerung* finden, läßt sich denn auch als Versuch verstehen, die Kategorien sprachtranszendental abzuleiten. Die Kategorien oder ›Vernunft-Vorurteile‹ »haben unsere Sprache zum beständigen Anwalt. Die Sprache gehört ihrer Entstehung nach in die Zeit der rudimentärsten Form von Psychologie: wir kommen in ein grobes Fetischwesen hinein, wenn wir uns die Grundvoraussetzungen der Sprach-Metaphysik, auf deutsch: der Vernunft, zum Bewußtsein bringen« (S. 173).
Der älteste Glaubensartikel ist der Begriff des ›Ich‹ als einer Identität. Diese Identität wird auf alle Dinge projiziert, wodurch die Kategorie des ›Dinges‹, dem Eigenschaften prädiziert werden können, erst entsteht – »wenn wir uns nicht für Einheiten hielten, hätten wir nie den Begriff ›Ding‹ gebildet«. In der grammatischen Urform des Satzes ist die Subjekt-Prädikat-Beziehung zu einem allgemeinen Auslegungsschema geronnen. Ebenso ist die fiktive Unterscheidung zwischen tätigem Subjekt und dem Tun selber als grammatische Form festgelegt. Sie zieht die Kategorien von Ursache und Wirkung nach sich, denn Kausalität wird nach dem Muster eines Gehorsams von handelnden Subjekten gegenüber Gesetzen vorgestellt: »Wir finden eine Formel, um eine immer wiederkehrende Art der Folge auszudrücken: damit haben wir kein Gesetz entdeckt, noch weniger eine Kraft, welche die Ursache der Wiederkehr von Folgen ist. Daß etwas immer so und so geschieht, wird hier interpretiert, *als ob* ein Wesen infolge eines Gehorsams gegen ein Gesetz oder einen Gesetzgeber immer so und so handelte:

...der Fehler steckt in der Hineindichtung eines Subjektes« (S. 185). Wie die Verstandeskategorien (und die Regeln der Logik) begreift Nietzsche auch die Auffassungsschemata von Raum und Zeit und die Operationen des Zählens und des Messens (von Räumen, Zeiten und Massen) als Fiktionen, die wir durch Einübung in die Grammatik unserer Sprache als zwingendes Apriori jeder möglichen alltäglichen wie wissenschaftlichen Interpretation erwerben.

Wenn aber die Vernunft-Vorurteile, die Kant synthetische Urteile apriori genannt hatte, in der Struktur der Sprache wurzeln, und wenn gar die Identität des sprechenden Subjektes, aus der Kant die Einheit des transzendentalen Bewußtseins überhaupt das weltkonstituierende Ich, gebildet hatte, auch noch eine sprachliche Fiktion ist – dann kann der Kategorienapparat nicht mehr im Kantischen Sinne transzendental heißen. Nietzsche kehrt die Frage »Wie sind synthetische Urteile apriori möglich?« in die Frage um: »Warum ist der Glaube an solche Urteile nötig?«. Transzendental sind jene Vernunft-Vorurteile gewiß immer noch im Sinne unvermeidlicher subjektiver Bedingungen jeder möglichen sprachlichen Interpretation der Wirklichkeit; aber transzendental sind sie keineswegs im Sinne apriorischer, d. h. unbedingter Geltung. Denn nun sind sie nur noch an der kontingenten Form unserer Sprache festgemacht, und die grammatischen Regeln der Sprache sind, wie alles Symbolische, ein Erzeugnis der Poiesis, der sinnschöpferischen Tätigkeit. Der Zwang, die apriorischen Vorurteile der Vernunft für wahr zu halten, ergibt sich nicht daraus, daß sie in einem transzendentalen Sinn ›wahr‹ sind; vielmehr ergibt sich der Sinn von ›Wahrheit‹ umgekehrt aus der Funktion der Nötigung des Für-Wahr-Haltens. Daher Nietzsches Frage: warum ist der Glaube an die synthetischen Urteile apriori *nötig*?

Nietzsches Antwort ist: weil sich in dieser logischen Nötigung der metalogische Zwang der Naturgeschichte durchsetzt, eben die praktische Notwendigkeit der Reproduktion des Lebens: »Wie weit unser Intellekt eine Folge von Existenzbedingungen ist –: wir hätten ihn nicht, wenn wir ihn nicht *nötig* hätten, und hätten ihn nicht *so,* wenn wir ihn nicht *so* nötig hätten, wenn wir auch *anders* leben könnten« (S. 178). Noch schärfer: »In der Bildung der Vernunft, der Logik, der Kategorien ist das *Bedürfnis* maßgebend gewesen: das Bedürfnis, nicht zu ›erkennen‹, sondern zu subsumieren, zu schematisieren, zum Zweck der Verständigung, der Berechnung... Die Kategorien sind ›Wahrheiten‹ nur in dem Sinne, als sie lebensbedingend für uns sind: wie der Euklidische Raum eine solche lebensbedingende ›Wahrheit‹ ist... Die subjektive Nötigung, hier nicht widersprechen zu können, ist eine biologische Nötigung...« (S. 214). Der Glaube an die Wahrheit der synthetischen Urteile apriori geht auf *Wertschätzungen* zurück: wir ziehen jeweils die Symbolik vor, die der Aufgabe der Existenzsicherung, also der Erweiterung unserer technischen Verfügungsgewalt über Natur am besten entspricht. Die Kategorie der ›Wertschätzung‹ trägt die Last eines revidierten Begriffs des Transzendentalen. Nietzsche begreift die synthetischen Urteile apriori als Werturteile. Die in der Grammatik der Sprache implizit enthaltenen transzendentalen Regeln, nach denen wir eine empirische Welt, ›eine Welt identischer Fälle‹ konstituieren, nennt er physiologische Werturteile: »der Bann bestimmter grammatischer Funktionen ist im letzten Grunde der Bann physiologischer Werturteile« (S. 164 f.). Das gleiche gilt für die Regeln der formalen Logik: »Auch hinter aller Logik und ihrer anscheinenden Selbstherrlichkeit der Bewegung stehen Wertschätzungen, deutlicher gesprochen, physiologische Forderungen zur Erhaltung einer bestimmten Art von Leben« (S. 147).

Diese und ähnliche Formulierungen sind unvorsichtig; sie rechtfertigen eine naturalistische Deutung. Oft decken sie sich mit der kruden Form von Pragmatismus, die später F. C. Schiller (*Humanism,* 1903) entwickelt hat und die im deutschen Sprachbereich von W. Jerusalem aufgenommen worden ist. Gleichwohl wird eine genauere Interpretation herausfinden, daß Nietzsche den Kantischen Ansatz nicht überspringt, sondern zunächst sprachkritisch fortsetzt und dann erst mit einer eigentümlichen Wendung radikalisiert. Die Zurückführung der transzendentalen Regeln auf ›Wertschätzungen‹ besagt nur, daß die weltkonstituierenden Leistungen des in der Sprache enthaltenen Kategorienapparats als unter empirischen Bedingungen entstanden gedacht werden müssen. Dieser Sinn von ›empirisch‹ kann freilich nicht mehr unter Kategorien gedacht werden, die ihrerseits auf die in den transzendentalen Wertschätzungen zum Ausdruck gelangenden ›empirischen‹ Erhaltungs- und Wachstumsbedingungen des Gattungssubjektes zurückgehen sollen. Jener Sinn von ›empirisch‹ kann nur auf einer metatheoretischen Ebene ausgewiesen werden. Und nur unter einem analogen Vorbehalt dürfte der Erkenntniskritiker Nietzsche von ›biologischer Nötigung‹ oder von ›physiologischen Forderungen‹ sprechen, dürfte er überhaupt vom kategorialen Rahmen der Evolutionstheorie Gebrauch machen. Um die methodische Zweideutigkeit der quasi-biologischen Sprache zu explizieren, in der er die Entstehungsbedingungen des Kategorienapparates andeutet, müßte Nietzsche jene Dimension einer Erfahrung des Bewußtseins betreten, die Hegels *Phänomenologie des Geistes* einst, freilich unter idealistischen Voraussetzungen, eröffnet hat. Dieser Selbstreflexion der Erkenntniskritik hat er sich aber nicht überlassen. Er gibt vielmehr mit seiner Umkehrung der Transzendentalphilosophie den Begriff der ›Wahrheit‹ selber preis und sucht einen Ausweg im grandiosen Subjektivismus seiner Lehre vom Willen zur Macht. Dieser ruht auf einer Perspektivenlehre der Affekte, welche die traditionelle Erkenntnistheorie ablösen soll.

Perspektivenlehre der Affekte

Weil die Vernunftvorurteile von transzendentalen Wertschätzungen bestimmt sind, kann die ›Wahrheit‹ synthetischer Urteile apriori nicht in einer Korrespondenz zu einer Verfassung der Wirklichkeit selber bestehen, sondern allein darin, daß sie sich in einem vorgängigen Interessenzusammenhang an der Wirklichkeit bewährt haben. Aus dieser Reduktion von Wahrheit auf Lebensdienlichkeit folgert Nietzsche nicht nur die Unbrauchbarkeit des Korrespondenzbegriffs der Wahrheit, sondern des Wahrheitsbegriffes als solchen. Er substituiert die

Wahrheit von Aussagen durch den subjektiven Glauben an die Wahrheit von Aussagen: »Die bestgeglaubten apriorischen ›Wahrheiten‹ sind für mich – *Annahmen bis auf weiteres,* z. B. das Gesetz der Kausalität, sehr gut eingeübte Gewöhnungen des Glaubens, so einverleibt, daß nicht daran glauben das Geschlecht zugrunde richten würde. Aber sind es deswegen Wahrheiten? Welcher Schluß! Als ob die Wahrheit damit bewiesen würde, daß der Mensch bestehen bleibt!« (S. 178 f.). Dieses Argument erscheint zunächst plausibel. Es ist häufg gegen die naiveren Formen des Instrumentalismus ins Feld geführt worden: die Brauchbarkeit eines Instruments steht in keiner logisch zwingenden Beziehung zur Geltung von Sätzen. Entsprechend dürfen wir aus dem Faktum der Nützlichkeit bestimmter Fiktionen nicht schon auf deren Wahrheit schließen: »Das Nicht-widersprechen-Können beweist ein Unvermögen, nicht eine ›Wahrheit‹« (S. 214). Nietzsche zögert deshalb nicht, jene fundamentalen Werturteile, die für Kant synthetische Urteile apriori waren, nicht trotz, sondern wegen ihrer faktischen Unentbehrlichkeit ›die falschesten Urteile‹ und ›die tiefsten Irrtümer‹ zu nennen. Dabei ist die Negation von ›wahr‹ natürlich ironischer Sprachgebrauch. Unmittelbar wird für die Geltung der Kategorien nur der Anspruch des klassischen Wahrheitsbegriffs bestritten. Das unterscheidet Nietzsche noch nicht von Kant; denn subjektiven Bedingungen möglicher Objektivität der Erkenntnis kann nicht eine Struktur des Seienden selbst, kann kein An-Sich korrespondieren.

Nun stellt Nietzsche aber die weitergehende Behauptung auf, daß es unter Voraussetzung transzendentaler Wertschätzungen sinnlos ist, überhaupt von möglicher Erkenntnis, also von Urteilen, die objektiv wahr sein können, zu sprechen. Wir können nur Interpretationen geben, deren Geltung auf eine in Wertschätzungen ausgedrückte ›Perspektive‹ bezogen, also grundsätzlich relativ ist: »Was bedeutet das Wertschätzen selbst? weist es auf eine andere, eine metaphysische Welt zurück oder hinab? (wie noch Kant glaubte, der *vor* der großen historischen Bewegung steht). Kurz: wo ist es entstanden? Oder ist es nicht ›entstanden‹? Antwort: das moralische Wertschätzen ist eine Auslegung, eine Art zu interpretieren. Die Auslegung selbst ist ein Symptom bestimmter physiologischer Zustände, ebenso eines bestimmten geistigen Niveaus von herrschenden Urteilen: Wer legt aus? – Unsre Affekte« (Schlechta, Bd. III, 480). An die Stelle der Erkenntnis der phänomenalen Natur tritt daher ›perspektivistischer Schein‹; und weil die Perspektiven ihrerseits in unseren Affekten gründen, tritt an die Stelle der Erkenntnistheorie eine Perspektivenlehre der Affekte. Deren oberster Grundsatz ist, »daß *jeder* Glaube, jedes Für-wahr-Halten notwendig falsch ist, weil es eine wahre Welt nicht gibt« (S. 196). Darin ›vollendet‹ sich der Nihilismus.

Ich möchte die Frage, welchen Status Nietzsches Perspektivenlehre selber haben kann, nicht aufnehmen. Mich interessiert vielmehr, ob sie sich aus den vorangehenden erkenntniskritischen Untersuchungen überhaupt konsequent ergibt. Es ist nämlich keineswegs einzusehen, warum die transzendentalen Bedingungen, wenn sie nicht länger als apriori gültiges Inventar eines dem Werden enthobenen und allein durch die Einheit seiner synthetischen Leistungen bestimmten Subjektes gedacht werden können, nicht gleichwohl nach wie vor als subjektive Bedingungen der möglichen Objektivität von Erkenntnis verstanden werden dürfen. Gewiß müssen wir jenen absoluten Geltungsanspruch einer Erkenntnis der unter Formen der Anschauung und unter Kategorien des Verstandes erscheinenden Natur preisgeben, den Kant durch die transzendentale Deduktion einzulösen getrachtet hatte. Und ohne diese Deduktion ist es in der Tat nicht angebracht, den Sinn der Regeln, nach denen die Synthesis vollzogen wird, in der Form unbedingt wahrer synthetischer Urteile apriori auszudrücken. Diese haben, wenn sie unter dem erkenntnisleitenden Interesse der Selbstbehauptung eines kontingenten Gattungssubjektes entstanden sein sollten, den Status von subjektiv erzeugten Regeln, von ›Fiktionen‹, die unmittelbar auf unsere eigentümliche Fähigkeit der Symbolisierung, Nietzsche spricht von: Sinnschöpfung, Poiesis, Erdichtung, zurückgeführt werden mögen – aber offenbar haben sie doch den Status von gattungsgeschichtlich ›bewährten‹ Fiktionen. Denn nach Maßgabe genau dieser

Fiktionen, die sprachlich sedimentiert sind, wird die Wirklichkeit derart unter dem Gesichtspunkt möglicher technischer Verfügung objektiviert, daß intersubjektiv geltende, an ihrer technischen Verwertbarkeit geprüfte empirische Aussagen gewonnen und kumuliert werden können. Der Sinn der empirischen Triftigkeit von Aussagen kann im Hinblick auf die Möglichkeit einer Übersetzung in technische Empfehlungen erläutert werden. Aber der Erfolg der Operationen, zu denen diese Empfehlungen führen, ist darum nicht identisch mit der Wahrheit der Sätze, aus denen die Empfehlungen unter Zuhilfenahme von Zielen deduziert worden sind. Informationen sind nur in dem Maße ›lebensdienlich‹, eben: technisch verwertbar, als sie an der im transzendentalen Rahmen möglicher technischer Verfügung objektivierten Wirklichkeit ›etwas treffen‹. Dieser transzendentale Rahmen kann zwar nicht mehr im Sinne Kants absolute Geltung beanspruchen. Die Welt, die wir in diesem Rahmen konstituieren, ist nämlich ein gattungsspezifischer Entwurf, eine Perspektive, die auch von der bestimmten organischen Ausstattung des Menschen und den Konstanten der ihn umgebenden Natur kontingent abhängt. Aber sie ist darum nicht beliebig.

Nietzsche selbst spricht von der ›Nötigung‹, mit der sich die transzendentalen Wertschätzungen unserer ›Vernunftvorurteile‹ durchsetzen; darin manifestiert sich doch der Zwang der Natur, einer objektiv umgebenden wie einer subjektiven Natur des Menschen, unter deren faktischen Bedingungen die »Vernunftvorurteile« sich in einem transzendentalen Lernprozeß gattungsgeschichtlich erst gebildet haben: sie sind nur in dem Maße ›erfunden‹, als sie empirisch triftige Sätze über die Realität auch zu *finden* ermöglicht haben. Wenn es richtig ist, »daß ohne ein Geltenlassen der logischen Fiktionen, ohne ein Messen der Wirklichkeit an der rein erfundenen Welt des Unbedingten, Sich-selbst-Gleichen, ohne eine beständige Fälschung der Welt durch die Zahl der Mensch nicht leben könnte – daß Verzichtleisten auf falsche Urteile ein Verzichtleisten auf Leben, eine Verneinung des Lebens wäre« (S. 148), dann sind die subjektiven Bedingungen der Konstituierung einer verfügbaren Welt identischer Fälle eben doch keine ›reinen‹ Erfindungen und erst recht keine ›Fälschungen‹, sondern die in einem kollektiven Bildungsprozeß erworbenen Elemente eines gattungsspezifischen Entwurfs möglicher Naturbeherrschung. Nietzsches erkenntniskritische Untersuchungen legen Konsequenzen im Sinne eines solchen transzendental-logisch bestimmten Pragmatismus nahe. Aber Nietzsche hat diese Konsequenzen nicht gezogen. Er beharrt darauf: »Unser Erkenntnisapparat ist nicht auf ›Erkenntnis‹ eingerichtet« (S. 178).

Ein Motiv für die Leugnung des Unterschieds zwischen Illusion und Erkenntnis ist sicher ein uneingestandener Tradtionalismus: Nietzsche hat immer den ontologischen Wahrheitsbegriff im Sinne gehabt. An diesem klassischen Anspruch gemessen, vernichten subjektive Bedingungen möglicher Objektivität zugleich mit dem überlieferten Objektivismus (Kant sprach von Subreption) auch die Möglichkeit ontologisch wahrer Sätze. Aber der Perspektivismus, den Nietzsche behauptet, rechnet mit der Universalität nicht der Erscheinung von Natur, sondern des perspektivistischen Scheins als solchen: es gibt nur noch Interpretationen und keinen Text mehr. Diese irrationalistische Wendung, die übrigens an wenigen Stellen bis zu einer monadologischen Lebensphilosophie zu Ende gedacht wird (»Hypothese, daß es nur Subjekte gibt – daß ›Objekt‹ nur eine Art Wirkung von Subjekt auf Subjekt ist...« S. 192), ist durch eine Verallgemeinerung ästhetischer Grunderfahrungen motiviert. Wenn man indessen nach einem Grund sucht, der der philosophischen Bewegung des Gedankens immanent ist, dann könnte jene substanzialisierende Verselbständigung des Interpretierens auch als Abwehrreaktion gegen ein naturalistisches Mißverständnis, dem Nietzsche in der Tat oft genug Vorschub geleistet hat[7], verständlich gemacht werden. Nietzsche mag gesehen haben, daß eine unvermittelte Beziehung zwischen Kategorienapparat und Gesetzmäßigkeiten der organischen Reproduktion des Lebens, der häufige Rekurs also auf sogenannte physiologi-

7 Vgl. meine These im 12. Kapitel von: *Erkenntnis und Interesse*, Neuausgabe Frankfurt/M. 1973.

sche Forderungen und biologische Notwendigkeiten, ihn in die Widersprüche einer darwinistischen Erkenntnisanthropologie[8] verwickeln mußte.

Nietzsche hat die Spannung zwischen Kant und Darwin nicht reflektiert, aber ihm war wohl bewußt, daß er die Ebene einer transzendentallogischen Sprachkritik nicht schlicht durch den Übergang zur Ebene empirischer Untersuchungen unterlaufen konnte. Dieser Verlegenheit konnte er entgehen, wenn er einerseits die ›Wertschätzungen‹ auf jenen poetischen Grundtrieb, den er einst in der Metaphernbildung identifiziert hatte, also auf die Projektion von Sinn, die Erzeugung von Fiktionen zurückführte, und wenn er gleichzeitig diesen schöpferischen Akt der Dauerinterpretation, des Dichtens in Permanenz, mit dem Grundvorgang des organischen Lebensprozesses in eins setzte: »In Wahrheit ist Interpretation ein Mittel selbst, um Herr über etwas zu werden. Der organische Prozeß setzt fortwährend Interpretieren voraus« (S. 185). Damit ist freilich der Vorgang des Interpretierens zum Wesen einer natura naturans erhoben. Eine solche, zum Willen zur Macht hypostasierte Sinnschöpfung ist absolut. In ihr geht die Unterscheidung zwischen einem gattungsspezifischen Entwurf, der sich an kontingenten Bedingungen bewähren muß, und den träumerischen Projektionen, in denen unsere Wunschphantasien zerbrechliche Gestalt annehmen, unter. In ihr verschwindet eben jene Differenz, die Nietzsche in seiner ersten erkenntniskritischen Schrift angedeutet hatte: der Unterschied zwischen der Erzeugung von Schematen der Weltauslegung im Dienste der Naturbeherrschung und der Erzeugung illusionären Scheins im Dienste der ›Verstellung‹.

Nur auf der Grundlage dieser Differenz aber hätte Nietzsche auch die Vereinbarkeit von zwei Kategorien der Erkenntnis: von Wissenschaft und Reflexion einsehen können. Wenn sich Wissenschaft ›nominalistisch‹ als ein Erkenntnisprozeß begreifen läßt, der davon abhängt, daß der Wirklichkeit ein konven-

8 Ein interessantes Beispiel für diesen theoretischen Ansatz gibt K. Lorenz, »Gestaltwahrnehmung als Quelle wissenschaftlicher Erkenntnis« (1959), in: *Über tierisches und menschliches Verhalten*, Bd. II, München 1966, S. 255-300.

tionelles Auslegungsschema übergestülpt wird, so daß Natur stets nur als eine unter dem Gesichtspunkt möglicher technischer Verfügung *erscheinende* Natur empirisch erfaßt werden kann, dann sind die Erfahrungen, die das Gattungssubjekt an seinen eigenen poetischen Hervorbringungen und Projekten in Auseinandersetzung mit der Faktizität der Natur macht, der Irrationalität enthoben: der Bildungsprozeß, den unsere Fiktionen erzeugende Gattung unter den Nötigungen der gleichsam von außen rationalisierten Natur durchläuft, hat eine Struktur, die wir nicht erfunden haben, durch die wir vielmehr konstituiert werden. Eine Rekonstruktion jenes Bildungsprozesses kann deshalb nicht nominalistisch verfahren; sie ist vielmehr, im Sinne von Hegels phänomenologischer Erfahrung Reflexion, eine den Text der eigenen Vergangenheit immanent aufschließende Erinnerung – vor deren kritischer Gewalt die undurchschauten Objektivationen zergehen. Nietzsches erkenntniskritische Vollendung des Nihilismus verdankt sich allein der Kraft dieser Reflexion. Aber er darf sie nicht wahrhaben, er bedient sich ihrer nur zur Mobilmachung aller Argumente gegen das Recht der Reflexion selber.

Literatur

H. Barth, *Ideologie und Utopie,* 2. Aufl., Zürich 1961

A. Bäumler, *Nietzsche, Der Philosoph und Politiker,* Leipzig 1931

E. Bertram, *Nietzsche, Versuch einer Mythologie,* 8. Aufl., Bonn 1965

C. Brinton, *Nietzsche,* New York 1941

A. Camus, »Nietzsche und der Nihilismus«, in: *Der Mensch in der Revolte,* Hamburg 1952

A. C. Canto, *Nietzsche as Philosopher,* New York 1965

A. Drews, *Nietzsches Philosophie,* Jena 1904

R. Eisler, *Nietzsches Erkenntnistheorie und Metaphysik,* Leipzig 1902

E. Fink, *Nietzsches Philosophie,* Stuttgart 1960

L. Giess, *Nietzsche, Existentialismus und Wille zur Macht,* Heidelberg 1950

E. Heftrich, *Nietzsches Philosophie, Identität von Welt und Nichts,* Frankfurt/M. 1962

M. Heidegger, »Nietzsches Wort ›Gott ist tot‹«, in: *Holzwege,* 3. Aufl., Frankfurt/M. 1957, 4. Aufl., 1963

ders., »Wer ist Nietzsches Zarathustra?« in: *Vorträge und Aufsätze,* Pfullingen 1964, 3. Aufl., 1967

ders., *Nietzsche,* 2 Bde., Pfullingen 1961

K. Jaspers, *Nietzsche, Einführung in das Verständnis seines Philosophierens,* Berlin 1936, 3. Aufl., 1950

ders., *Nietzsche und das Christentum,* Hameln 1947

F. G. Jünger, *F. Nietzsche,* Frankfurt/M. 1949

W. Kaufmann, *Nietzsche, Philosopher, Psychologist, Antichrist,* Princeton 1950

L. Klages, *Die psychologischen Errungenschaften Nietzsches,* Berlin 1924

G. W. Knight, *Some Aspects of the Life and Work of Nietzsche,* New York 1933

M. Landmann, *Geist und Leben, Varia Nietzscheana,* Bonn 1951

Th. Lessing, *Nietzsche,* Berlin 1925

Th. Litt, »Nietzsche und die Philosophie des Lebens«, in: *Handbuch der Philosophie,* München 1931

K. Löwith, *Nietzsches Philosophie der Ewigen Wiederkehr des Gleichen,* Stuttgart 1934, 2. Aufl., 1956

G. Lukács, *Die Zerstörung der Vernunft,* Berlin 1955, Neuwied 1962

Th. Mann, *Nietzsches Philosophie im Lichte unserer Erfahrung,* Berlin 1948. Heute in: *Adel des Geistes,* Frankfurt 1967

R. Müller-Freienfels, »Nietzsche und der Pragmatismus«, in: *Archiv für Geschichte der Philosophie,* Nr. 26, Berlin 1913

K. Schlechta, *Der Fall Nietzsche,* München 1959

K. Schlechta u. A. Anders, *F. Nietzsche. Von den verborgenen Anfängen des Philosophierens,* Stuttgart 1962

A. Schmidt, »Zur Frage der Dialektik in Nietzsches Erkenntnistheorie«, in: M. Horkheimer (Hrsg.), *Zeugnisse, T. W. Adorno zum 60. Geburtstag,* Frankfurt/M. 1963, S. 115 ff.

G. Simmel, *Schopenhauer und Nietzsche,* Leipzig 1907

H. Vaihinger, *Nietzsche als Philosoph,* Berlin 1916

K. H. Volkmann-Schluck, *Interpretationen zur Philosophie Nietzsches,* Frankfurt/M. 1968

10. Der Universalitätsanspruch der Hermeneutik *1970*

I.

Hermeneutik bezieht sich auf ein ›Vermögen‹, das wir in dem Maße erwerben, als wir eine natürliche Sprache ›beherrschen‹ lernen: auf die Kunst, sprachlich kommunizierbaren Sinn zu verstehen und, im Falle gestörter Kommunikationen, verständlich zu machen. Sinnverstehen richtet sich auf die semantischen Gehalte der Rede, aber auch auf die schriftlich fixierten oder in nichtsprachlichen Symbolsystemen enthaltenen Bedeutungen, soweit sie prinzipiell in Rede ›eingeholt‹ werden können. Wir sprechen nicht zufällig von der Kunst des Verstehens und des Verständlichmachens, weil das Interpretationsvermögen, über das jeder Sprecher verfügt, stilisiert, eben zu einer Kunstfertigkeit ausgebildet werden kann. Diese Kunst verhält sich symmetrisch zur Kunst der Überzeugung und Überredung in Situationen, in denen praktische Fragen zur Entscheidung gebracht werden. Für Rhetorik gilt das gleiche: auch sie stützt sich auf ein Vermögen, das zur kommunikativen Kompetenz eines jeden Sprechers gehört, aber artifiziell zu einer besonderen Fertigkeit entwickelt werden kann. Rhetorik und Hermeneutik sind als Kunstlehren entstanden, die ein natürliches Vermögen methodisch in Zucht nehmen und kultivieren[1].

Anders verhält es sich mit der philosophischen Hermeneutik[2]: sie ist nicht Kunstlehre, sondern Kritik. Sie bringt nämlich in reflexibler Einstellung Erfahrungen zu Bewußtsein, die wir in Ausübung unserer kommunikativen Kompetenz, also indem wir uns in der Sprache bewegen, an der Sprache machen. Weil Rhetorik und Hermeneutik der Anleitung und disziplinierten Ausbildung kommunikativer Kompetenz dienen, hat die hermeneutische Reflexion an deren Erfahrungsbereich anknüpfen

1 ›Natürlich‹ verwenden wir in dem Sinne, in dem wir ›natürliche‹ von ›künstlichen‹ Sprachen unterscheiden.

2 H.-G. Gadamer, »Rhetorik, Hermeneutik und Ideologiekritik«, in: *Kleine Schriften 1,* Tübingen 1967, S. 113-130.

können. Aber die Reflexion des kunstgerechten Verstehens und Verständlichmachens einerseits (1), des Überzeugens und Überredens andererseits (2) steht im Dienst nicht einer Kunstlehre, sondern der philosophischen Besinnung auf Strukturen der umgangssprachlichen Kommunikation.

(1) Der Kunst des Verstehens und des Verständlichmachens verdankt die philosophische Hermeneutik die eigentümliche Erfahrung, daß die Mittel einer natürlichen Sprache prinzipiell ausreichen, um den Sinn beliebiger symbolischer Zusammenhänge, so fremd und unzugänglich sie zunächst sein mögen, aufzuklären. Wir können aus jeder Sprache in jede Sprache übersetzen. Wir können die Objektivationen der entferntesten Epoche und der abliegendsten Kultur zu dem vertrauten, d. h. vorverstandenen Kontext der eigenen Umgebung verständlich in Beziehung setzen. Gleichzeitig gehört freilich zum Horizont jeder natürlichen Sprache der tatsächliche Abstand von fremden Traditionen. Auch der immer schon verstandene Kontext der vertrauten Umgebung kann jederzeit als fragwürdig enthüllt werden; er ist das potentiell Unverständliche. Erst beide Momente zusammen umschreiben die hermeneutische Erfahrung: die Intersubjektivität umgangssprachlicher Verständigung ist prinzipiell ebenso unbegrenzt wie gebrochen. Unbegrenzt: denn sie kann beliebig ausgedehnt, und gebrochen: denn sie kann niemals vollständig hergestellt werden. Das gilt für die zeitgenössischen Kommunikationen innerhalb einer soziokulturell homogenen Sprachgemeinschaft ebenso wie über die Distanz verschiedener Klassen, Kulturen und Zeiten hinweg.

Die hermeneutische Erfahrung hebt die Stellung des sprechenden Subjekts zur Sprache ins Bewußtsein. Das sprechende Subjekt kann sich der Selbstbezüglichkeit der natürlichen Sprache bedienen, um metakommunikativ beliebige Änderungen zu paraphrasieren. Zwar lassen sich auf der Grundlage der Umgangssprache als jeweils ›letzter‹ Metasprache Hierarchien von Formalsprachen bilden. Diese verhalten sich zueinander wie Objekt- zu Meta- zu Metametasprache usw. Die förmliche Konstruktion solcher Sprachsysteme schließt aus, daß die

Anwendungsregeln für einzelne Sätze ad hoc festgelegt, kommentiert oder verändert werden. Und die Typenregel verbietet, daß Metakommunikation über Sätze einer Sprache auf der Stufe dieser Objektsprache selbst stattfindet. Beides ist aber in der Umgangssprache möglich. Das System einer natürlichen Sprache ist nicht geschlossen, sondern erlaubt ad hoc die Festlegung, Kommentierung oder Veränderung der Applikationsregeln für beliebige Äußerungen. Und die Metakommunikation kann sich nur der Sprache bedienen, über die zugleich als Objekt gesprochen wird: denn jede natürliche Sprache ist ihre eigene Metasprache. Darauf beruht jene Reflexivität, die es, entgegen der Typenregel, erlaubt, daß der semantische Gehalt sprachlicher Äußerungen neben der manifesten Mitteilung zugleich eine indirekte Mitteilung über deren Applikation enthält. Das gilt beispielsweise für den metaphorischen Sprachgebrauch. Dank der reflexiven Struktur natürlicher Sprachen gewinnt also der eingeborene Sprecher einen einzigartigen metakommunikativen Bewegungsspielraum.
Die Kehrseite dieser Freizügigkeit ist eine empfindliche Bindung an sprachliche Überlieferung. Natürliche Sprachen sind informell, deshalb können die sprechenden Subjekte ihrer Sprache nicht als einem geschlossenen System gegenübertreten. Die Sprachkompetenz bleibt gleichsam hinter dem Rücken der Subjekte: sie können sich eines Sinnzusammenhangs explizit nur in dem Maße vergewissern, als sie von einem insgesamt dogmatisch überlieferten und implizit immer schon vorgegebenen Kontext auch abhängig bleiben. Das hermeneutische Verstehen kann nicht vorurteilslos in die Sache eindringen, sondern ist unvermeidlich vom Kontext, in dem das verstehende Subjekt seine Deutungsschemata zunächst erworben hat, voreingenommen. Dieses Vorverständnis kann thematisiert, es muß in jeder hermeneutisch bewußten Analyse an der Sache erprobt werden. Aber auch die Modifikation der unvermeidlichen Vorgriffe bricht nicht die Objektivität der Sprache gegenüber dem sprechenden Subjekt: im Belehrtwerden bildet es nur ein neues, beim nächsten hermeneutischen Schritt wiederum leitendes Vorverständnis aus. Das meint Gadamers Satz: »wirkungsge-

schichtliches Bewußtsein ist auf eine unaufhebbare Weise mehr Sein als Bewußtsein«[3].

(2) Der Kunst des Überzeugens und Überredens verdankt die philosophische Hermeneutik andererseits die eigentümliche Erfahrung, daß im Medium umgangssprachlicher Kommunikation nicht nur Mitteilung ausgetauscht, sondern handlungsorientierende Einstellungen gebildet und verändert werden. Die Rhetorik gilt herkömmlicherweise als die Kunst, einen Konsensus in Fragen herbeizuführen, die nicht mit zwingender Beweisführung entschieden werden können. Die klassische Überlieferung hat der Rhetorik daher den Bereich des bloß ›Wahrscheinlichen‹ vorbehalten, im Unterschied zu dem Bereich, in dem theoretisch die Wahrheit von Aussagen zur Diskussion steht. Es handelt sich also um praktische Fragen, die auf Entscheidungen über die Annahme oder die Ablehnung von Standards, von Kriterien der Bewertung und Normen des Handelns zurückgeführt werden können. Wenn diese Entscheidungen rational getroffen werden, »fallen« sie weder theoretisch zwingend, noch bloß arbiträr: sie sind vielmehr durch überzeugende Rede motiviert. In der merkwürdigen Ambivalenz zwischen Überzeugung und Überredung, die dem rhetorisch hervorgebrachten Konsensus anhängt, zeigt sich nicht nur das Moment Gewalt, das bis auf den heutigen Tag an den, wie immer auch diskussionsförmigen Willensbildungsprozessen nicht getilgt worden ist. Vielmehr ist jene Zweideutigkeit auch ein Indiz dafür, daß praktische Fragen nur dialogisch entschieden werden können und darum dem Kontext der Umgangssprache verhaftet bleiben. Vernünftig motivierte Entscheidungen bilden sich nur auf der Grundlage eines Konsensus, der durch überzeugende Rede, und das heißt: in Abhängigkeit von den zugleich kognitiv und expressiv angemessenen Mitteln der umgangssprachlichen Darstellung herbeigeführt wird.

Auch die rhetorische Erfahrung belehrt uns über das Verhältnis des sprechenden Subjekts zu seiner Sprache. Der Sprecher kann sich der Kreativität der natürlichen Sprache bedienen, um auf

3 a.a.O., S. 127.

wechselnde Lebenslagen spontan zu antworten und neue Situationen durch grundsätzlich unvorhersehbare Äußerungen zu definieren. Das setzt formal eine Sprachstruktur voraus, die es erlaubt, mit Hilfe einer endlichen Anzahl von Elementen nach allgemeinen Regeln eine unendliche Menge von Sätzen zu produzieren und zu verstehen. Diese Produktivität erstreckt sich aber nicht nur auf die kurzfristige Erzeugung von Sätzen überhaupt, sondern auf den langfristigen Bildungsprozeß von umgangssprachlich formulierten Deutungsschemata, die Erfahrungen zugleich ermöglichen und präjudizieren. Die gekonnte Rede, die einen Konsensus über die Entscheidung praktischer Fragen herbeiführt, bezeichnet nur die Stelle, an der wir in diesen naturwüchsigen Prozeß bewußt einzugreifen und eingelebte Deutungsschemata mit dem Ziel zu ändern versuchen, traditionell Vorverstandenes zugleich anders sehen und neu beurteilen zu lernen (und zu lehren). Dieser Typus von Einsicht ist innovatorisch kraft der Wahl des richtigen Wortes. Dank der Kreativität natürlicher Sprachen gewinnt also der eingeborene Sprecher eine einzigartige Macht über das praktische Bewußtsein zusammenlebender Menschen. Sie kann, wie die Weltgeschichte der Sophistik zeigt, zur vernebelnden Agitation ebenso wie zur Aufklärung gebraucht werden.

Die andere Seite dieser Macht ist freilich eine spezifische Ohnmacht des sprechenden Subjekts gegenüber eingewöhnten Sprachspielen. Wer diese modifizieren will, muß erst einmal daran partizipieren. Das wiederum gelingt im Maße der Verinnerlichung der Regeln, die das Sprachspiel bestimmen. Die Einübung in sprachliche Traditionen erfordert deshalb, zumindest virtuell, die Anstrengung eines Sozialisationsvorgangs: die ›Grammatik‹ von Sprachspielen muß zum Bestandteil der Persönlichkeitsstruktur werden. Die gekonnte Rede verdankt ihre Gewalt über das praktische Bewußtsein dem Umstand, daß sich eine natürliche Sprache nicht zureichend als ein System von Regeln zur Erzeugung systematisch geordneter und semantisch sinnvoller Symbolzusammenhänge auffassen läßt, sondern immanent zwingend auch auf den Kontext von Handlungen und leibgebundenen Expressionen angewiesen ist. So lehrt die rhetorische Erfahrung die Verschränkung von Sprache und Praxis. Umgangssprachliche Kommunikation wäre außerhalb eines grammatisch geregelten Zusammenhangs mit normativ eingespielten Interaktionen und begleitenden oder intermittierenden Erlebnisausdrücken nicht nur unvollständig, sondern unmöglich. Sprache und Handeln interpretieren sich wechselseitig: das ist ja in Wittgensteins Konzept des Sprachspiels, das zugleich eine Lebensform ist, entfaltet. Die Grammatik von Sprachspielen im Sinne einer kompletten Lebenspraxis regelt nicht nur die Verknüpfung von Symbolen, sondern zugleich die Interpretation sprachlicher Symbole durch Handlungen und Expressionen.[4]

Die philosophische Hermeneutik entfaltet also, und daran sollen meine Hinweise nur erinnern, die Einsichten in die Struktur natürlicher Sprachen, die sich aus einem reflektierten Gebrauch kommunikativer Kompetenz gewinnen lassen: *Reflexivität und Objektivität sind Grundzüge der Sprache ebenso wie Kreativität und die Integration von Sprache in Lebenspraxis.* Ein solches Reflexionswissen, das sich im ›hermeneutischen Bewußtsein‹ zusammenfaßt, unterscheidet sich ersichtlich vom Kunstverstand disziplinierten Verstehens und Redens selber. Ebenso unterscheidet sich Hermeneutik von Sprachwissenschaft. Die Linguistik bezieht sich nicht auf kommunikative Kompetenz, also auf die Fähigkeit der eingeborenen Sprecher, an umgangssprachlicher Kommunikation verstehend und redend teilzunehmen; sie beschränkt sich auf linguistische Kompetenz im engeren Sinne. Dieser Ausdruck ist von Chomsky[5] eingeführt worden, um die Fähigkeit eines idealen Sprechers zu charakterisieren, der das abstrakte Regelsystem einer natürlichen Sprache beherrscht. Der Begriff des Sprachsystems im Sinne von ›langue‹ sieht von der pragmatischen Dimension ab, in der ›langue‹ in ›parole‹ umgesetzt wird. Auf Erfahrungen des Sprechers in dieser Dimension bezieht sich aber die Hermeneu-

4 Vgl. J. Habermas, *Erkenntnis und Interesse,* Frankfurt 1968, S. 206 ff. Neuausgabe 1973, stw 1.

5 N. Chomsky, *Aspekte der Syntax-Theorie,* Frankfurt 1969. Neuausgabe 1974, stw 42.

tik. Weiterhin zielt Linguistik auf eine Nachkonstruktion des Regelsystems, das die Erzeugung aller möglichen grammatisch richtigen und semantisch sinnvollen Elemente einer natürlichen Sprache gestattet, während Hermeneutik Grunderfahrungen eines kommunikativ kompetenten Sprechers (dessen linguistische Kompetenz stillschweigend vorausgesetzt wird) reflektiert. Die Unterscheidung von rationaler Nachkonstruktion und Selbstreflexion möchte ich nur mit einem intuitiven Hinweis einführen.

Auf dem Wege der *Selbstreflexion* wird sich ein Subjekt über unbewußte Voraussetzungen seiner geradehin vollzogenen Leistungen klar. So ist das hermeneutische Bewußtsein Ergebnis einer Selbstreflexion, in der das sprechende Subjekt seiner eigentümlichen Freiheiten und Abhängigkeiten von Sprache inne wird. Dadurch wird sowohl ein subjektivistischer wie auch ein objektivistischer Schein, in dem das naive Bewußtsein befangen ist, aufgelöst. Die Selbstreflexion klärt Erfahrungen auf, die dem sprechenden Subjekt im Gebrauch seiner kommunikativen Kompetenz widerfahren, aber sie kann diese Kompetenz nicht erklären. Die rationale *Nachkonstruktion* eines sprachlichen Regelsystems dient hingegen der Erklärung der linguistischen Kompetenz. Sie macht Regeln explizit, die der eigeborene Sprecher implizit beherrscht; aber sie bringt nicht eigentlich dem Subjekt unbewußte Voraussetzungen zu Bewußtsein. Die Subjektivität des Sprechers, in deren Horizont die Erfahrung der Reflexion allein möglich ist, bleibt grundsätzlich ausgespart. Man kann sagen, daß eine gelungene linguistische Nachkonstruktion den unbewußt funktionierenden Sprachapparat ins Bewußtsein hebt. Das wäre jedoch ein uneigentlicher Sprachgebrauch. Das Bewußtsein des Sprechenden verändert sich durch dieses linguistische Wissen nicht.

Wenn nun philosophische Hermeneutik mit der Kunst des Verstehens und der Rede so wenig zu tun hat wie mit Linguistik, wenn sie für den vorwissenschaftlichen Gebrauch der kommunikativen Kompetenz so wenig hergibt wie für die Sprachwissenschaft, worin besteht dann die Bedeutung des hermeneutischen Bewußtseins?

Vier Gesichtspunkte lassen sich immerhin nennen, unter denen Hermeneutik für die Wissenschaften und die Interpretation ihrer Ergebnisse Bedeutung gewinnt. (1) Das hermeneutische Bewußtsein zerstört das objektivistische Selbstverständnis der traditionellen Geisteswissenschaften. Aus der Bindung des interpretierenden Wissenschaftlers an seine hermeneutische Ausgangslage folgt, daß die Sachlichkeit des Verstehens nicht durch die Abstraktion von Vormeinungen gesichert werden kann, sondern allein durch eine Reflexion des wirkungsgeschichtlichen Zusammenhanges, der die erkennenden Subjekte mit ihrem Gegenstand immer schon verbindet.[6] (2) Das hermeneutische Bewußtsein erinnert ferner die Sozialwissenschaften an Probleme, die sich aus der symbolischen Vorstrukturierung ihres Objektbereiches ergeben. Wenn der Zugang zu den Daten nicht durch kontrollierte Beobachtung, sondern durch umgangssprachliche Kommunikation vermittelt ist, können die theoretischen Begriffe nicht mehr im Rahmen des vorwissenschaftlich eingeübten Sprachspiels physikalischen Messens operationalisiert werden. Die Probleme, die sich auf der Ebene des Messens ergeben, kehren auf der Ebene der Theoriebildung wieder: die Wahl des kategorialen Rahmens und der theoretischen Grundprädikate muß einem tentativen Vorbegriff des Objektbereichs selber korrespondieren.[7] (3) Das hermeneutische Bewußtsein betrifft auch das szientistische Selbstverständnis der Naturwissenschaften, natürlich nicht deren Methodologie. Die Einsicht, daß die natürliche Sprache für alle formalsprachlichen Theorien stets die Rolle einer ›letzten‹ Metasprache hat, erklärt den erkenntnistheoretischen Stellenwert der Umgangssprache im Forschungsprozeß. Die Legitimation der Entscheidungen, die die Wahl von Forschungsstrategien, den Aufbau und die Methoden der Überprüfung von Theorien, mithin den ›Fortschritt der Wissenschaft‹ bestimmen, ist von Diskussionen der Forschergemeinschaft abhängig. Diese auf metatheoretischer Ebene geführten Diskussionen sind aber grund-

6 Diesen Nachweis führt Gadamer im zweiten Teil von *Wahrheit und Methode*, 2. Aufl. Tübingen 1965.

7 Vgl. J. Habermas, *Zur Logik der Sozialwissenschaften*, Frankfurt 1970.

sätzlich an den Kontext natürlicher Sprachen und an die Explikationsform umgangssprachlicher Kommunikation gebunden. Die Hermeneutik kann Gründe dafür angeben, warum auf dieser metatheoretischen Ebene wohl ein rational motivierter, aber kein zwingender Konsensus erzielt werden kann. (4) Schließlich hat heute ein Bereich der Interpretation gesellschaftliche Aktualität erlangt, der wie kein anderer hermeneutisches Bewußtsein herausfordert: nämlich die Übersetzung folgenreicher wissenschaftlicher Informationen in die Sprache der sozialen Lebenswelt: »Was wüßten wir von der modernen Physik, die unser Dasein so sichtbarlich umgestaltet, allein aus der Physik? Alle Darstellungen derselben, die sich über den Kreis der Fachleute hinaus richten, verdanken ihre Wirkung dem rhetorischen Element... Alle Wissenschaft, die praktisch werden soll, ist auf Rhetorik angewiesen.«[8]

Die Funktionen, die dem wissenschaftlich-technischen Fortschritt für die Systemerhaltung entwickelter Industriegesellschaften zugewachsen sind, erklären das objektive Bedürfnis, das technisch verwertbare Wissen zum praktischen Bewußtsein der Lebenswelt rational in Beziehung zu setzen. Ich glaube, daß die Hermeneutik dieses Bedürfnis mit ihrem Universalitätsanspruch zu befriedigen sucht. Das hermeneutische Bewußtsein bahnt dann und nur dann einen Weg, um »an unsere eigene, allgemeine und menschliche Lebenserfahrung auch die Erfahrung der Wissenschaft wieder einzuschließen«[9], wenn »die Universalität der menschlichen Sprachlichkeit als ein in sich grenzenloses Element« behauptet werden darf, »das alles, nicht nur die durch Sprache überlieferte Kultur, trägt«[10]. Gadamer beruft sich auf Platos Wort, daß, wer die Dinge im Spiegel der Reden betrachte, ihrer in ihrer vollen und unverkürzten Wahrheit gewahr wird – »im Spiegel der Sprache reflektiert sich alles, was ist«[11].

8 Gadamer, »Rhetorik, Hermeneutik und Ideologiekritik«, a.a.O., S. 117 f.

9 H.-G. Gadamer, »Die Universalität des hermeneutischen Problems«, in: *Kleine Schriften 1*, a.a.O., S. 109.

10 H.-G. Gadamer, »Rhetorik, Hermeneutik und Ideologiekritik«, a.a.O., S. 118.

11 Ebd. S. 123.

Gerade jenes geschichtliche Motiv, das die Anstrengungen einer philosophischen Hermeneutik erst auf den Plan gerufen hat, steht aber nun mit der Behauptung Platos nicht im Einklang. Denn offensichtlich kann die moderne Wissenschaft legitim den Anspruch erheben, dadurch zu wahren Aussagen über »die Dinge« zu gelangen, daß sie monologisch verfährt, statt auf den Spiegel der menschlichen Rede zu achten: indem sie nämlich monologisch aufgebaute und durch kontrollierte Beobachtung gestützte Theorien aufstellt. Weil die hypothetisch-deduktiven Aussagensysteme der Wissenschaft kein Element der Rede sind, entfernen sich die Informationen, die aus ihnen abgeleitet werden können, von der in natürlicher Sprache artikulierten Lebenswelt. Wohl verlangt die Umsetzung des technisch verwertbaren Wissens in den Kontext der Lebenswelt ein Verständlichmachen monologisch erzeugten Sinnes in der Dimension der Rede, also des alltagssprachlichen Dialogs; und gewiß stellt uns diese Übersetzung vor ein hermeneutisches Problem – aber eben vor ein für die Hermeneutik selbst neues Problem. Das hermeneutische Bewußtsein entspringt ja der Reflexion auf unsere Bewegung *innerhalb* natürlicher Sprachen, während die Interpretation der Wissenschaften für die Lebenswelt die Vermittlung *zwischen* natürlicher Sprache *und* monologischen Sprachsystemen leisten muß. Dieser Übersetzungsprozeß überschreitet die Grenzen der rhetorisch-hermeneutischen Kunst, die es mit der umgangssprachlich konstituierten und überlieferten Kultur allein zu tun hatte. Über das hermeneutische Bewußtsein, das sich an der reflektierten Übung jener Kunst gebildet hat, hinausgehend, müßte Hermeneutik nun die Bedingungen klären, die es ermöglichen, aus der Dialogstruktur der Umgangssprache gleichsam herauszutreten und Sprache für strenge Theorienbildung und für die Organisation zweckrationalen Handelns monologisch zu verwenden.

Ich möchte an dieser Stelle in Parenthese eine Überlegung einschieben. Die genetische Erkenntnistheorie von Jean Piaget[12] legt die sprachunabhängigen Wurzeln des operativen

12 Vgl. die vorzügliche Untersuchung von H. G. Furth, *Intelligenz und Erken-*

Denkens frei. Gewiß kann dieses nur kraft einer Integration der vorsprachlich im Funktionskreis instrumentalen Handelns entstandenen kognitiven Schemata mit dem sprachlichen Regelsystem zur Reife gedeihen. Aber hinreichende Indizien sprechen dafür, daß die Sprache auf Kategorien wie Raum, Zeit, Kausalität und Substanz und auf Regeln der formallogischen Verknüpfung von Symbolen, die ein *vor*sprachliches Fundament haben, bloß »aufsitzt«. Mit dieser Hypothese ließe sich der monologische Gebrauch der Sprache für die Organisation zweckrationalen Handelns und für die Konstruktion wissenschaftlicher Theorien verständlich machen: in diesem Falle würde die natürliche Sprache gleichsam aus der Struktur der Intersubjektivität herausgelöst; sie träte, ohne ihre dialogkonstituierenden Elemente und abgetrennt von Kommunikation, allein unter Bedingungen der operativen Intelligenz.[13] Die Klärung dieses Komplexes steht noch aus; sie wird für die Entscheidung unserer Frage aber in jedem Fall relevant sein. Wenn es zutrifft, daß die operative Intelligenz auf vorsprachliche kognitive Schemata zurückgeht und darum Sprache instrumentell in Dienst nehmen kann, dann findet der Universalitätsanspruch der Hermeneutik an den Sprachsystemen der Wissenschaft und den Theorien rationaler Wahl eine Grenze. Unter dieser Voraussetzung kann nämlich plausibel gemacht werden, warum monologisch aufgebaute Sprachsysteme zwar nicht ohne Bezug auf eine natürliche Sprache interpretiert, wohl aber unter Ausschaltung der hermeneutischen Problematik ›verstanden‹ werden können: die Bedingungen des Verstehens wären nicht zugleich die Bedingungen der umgangssprachlichen Kommunikation. Das wäre erst in dem Augenblick der Fall,

nen. Die Grundlagen der genetischen Erkenntnistheorie Piagets, Frankfurt 1972.

13 Übrigens stimmt die von Lorenzen vorgeschlagene operative Begründung der Logik mit dieser Auffassung überein. Das Konzept würde erklären, warum die Elemente des Aussagenkalküls sprachunabhängig so eingeführt werden können, daß die zur Einführung verwendete natürliche Sprache nur hilfsweise, zu didaktischen Zwecken in Anspruch genommen wird, nicht aber systematisch vorausgesetzt werden muß. Vgl. P. Lorenzen, *Normative Logic and Ethics,* Mannheim 1969. Ferner K. Lorenz/J. Mittelstraß, »Die Hintergehbarkeit der Sprache«, *Kantstudien 58* (1967), S. 187-208.

wenn der Gehalt strenger Theorien in den lebensweltlichen Kontext der Rede übersetzt werden soll.

Dieses Problem kann ich nicht behandeln; ich möchte die Frage nach der Geltung des Universalitätsanspruches der Hermeneutik anders stellen. Ist für umgangssprachliche Symbolzusammenhänge selber ein Sinnverstehen möglich, das an die hermeneutischen Voraussetzungen kontextabhängiger Verstehensprozesse nicht gebunden ist, das in diesem Sinne die natürliche Sprache als letzte Metasprache hintergeht? Da hermeneutisches Verstehen stets ad hoc verfahren muß und sich nicht zu einer wissenschaftlichen Methode ausbilden (allenfalls zu einer Kunst disziplinieren) läßt, ist jene Frage gleichbedeutend mit dem Problem: ob es eine der Struktur natürlicher Sprachen angemessene Theorie geben kann, die ein methodisch gesichertes Sinnverstehen begründet.

Ich sehe zwei Wege, auf denen wir erfolgversprechend nach einer Antwort suchen können.

Einerseits stoßen wir auf nichttriviale Grenzen des Anwendungsbereichs hermeneutischen Verstehens in Fällen, die die Psychoanalyse und, soweit es sich um kollektive Zusammenhänge handelt, die Ideologiekritik aufzuklären beansprucht. Beide haben es mit umgangssprachlichen Objektivationen zu tun, in denen das Subjekt, das diese Lebensäußerungen hervorbringt, seine eigenen Intentionen nicht wiedererkennt. Diese Äußerungen lassen sich als Teile einer systematisch verzerrten Kommunikation begreifen. Sie können nur in dem Maße verstanden werden, als die allgemeinen Bedingungen der Pathologie umgangssprachlicher Kommunikation erkannt sind. Eine Theorie der umgangssprachlichen Kommunikation muß mithin den Zugang zum pathologisch verschütteten Sinnzusammenhang erst bahnen. Wenn der Anspruch, eine solche Theorie darzustellen, zu Recht bestünde, wäre ein explanatorisches Verstehen möglich, das die Grenzen des hermeneutischen Sinnverstehens überschreitet.

Andererseits ist von den Vertretern einer generativen Linguistik seit mehr als einem Jahrzehnt das Programm einer allgemeinen Theorie natürlicher Sprachen erneuert worden. Diese Theorie soll die rationale Nachkonstruktion eines Regelsystems darstellen, das die allgemeine Sprachkompetenz zureichend definiert. Wenn dieser Anspruch in der Weise eingelöst werden könnte, daß sich jedem Element einer natürlichen Sprache theoriesprachliche Strukturbeschreibungen eindeutig zuordnen lassen, dann würden die in der Theoriesprache ausgedrückten Strukturbeschreibungen an die Stelle des hermeneutischen Sinnverstehens treten können.

Auch dieses Problem kann ich im gegenwärtigen Zusammenhang nicht behandeln. Ich werde im folgenden nur der Frage nachgehen, ob eine kritische Wissenschaft wie die Psychoanalyse die Bindung der geschulten Interpretation an die natürliche Kompetenz umgangssprachlicher Kommunikation durch eine theoretisch begründete semantische Analyse unterlaufen und damit den Universalitätsanspruch der Hermeneutik abweisen kann. Diese Untersuchung wird uns helfen, zu präzisieren, in welchem Sinn gleichwohl die hermeneutische Grundthese verteidigt werden kann: daß wir, in Gadamers romantischer Formulierung, »das Gespräch, das wir sind«, nicht transzendieren können.

II.

Das hermeneutische Bewußtsein ist solange unvollständig, als es die Reflexion der Grenze hermeneutischen Verstehens nicht in sich aufgenommen hat. Die hermeneutische Grenzerfahrung bezieht sich auf spezifisch unverständliche Lebensäußerungen. Diese spezifische Unverständlichkeit läßt sich durch eine noch so kunstvolle Ausübung der natürlich erworbenen kommunikativen Kompetenz nicht überwinden; ihre Hartnäckigkeit darf als Anzeichen dafür gelten, daß sie nicht aus der durch Hermeneutik zu Bewußtsein gebrachten Struktur umgangssprachlicher Kommunikation allein zu erklären ist. In diesem Falle sind es nicht die Objektivität der sprachlichen Überlieferung, die Horizontgebundenheit des sprachlichen Weltverständnisses, die potentielle Unverständlichkeit des implizit Selbstverständli-

chen, die der Anstrengung der Interpretation zunächst widerstehen.
Bei Verständnisschwierigkeiten, die sich aus einem großen kulturellen, zeitlichen oder sozialen Abstand ergeben, können wir prinzipiell angeben, über welche zusätzlichen Informationen wir verfügen müßten, um zu verstehen: wir wissen, daß wir ein Alphabet entziffern, das Lexikon kennenlernen oder kontextspezifische Anwendungsregeln erschließen müssen. Innerhalb der Toleranzgrenzen der üblichen umgangssprachlichen Kommunikation können wir beim Versuch, unverständliche Sinnzusammenhänge hermeneutisch aufzuklären, wissen, was wir (noch) nicht wissen. Dieses hermeneutische Bewußtsein erweist sich als unzulänglich im Falle systematisch verzerrter Kommunikation: die Unverständlichkeit resultiert hier aus einer fehlerhaften Organisation der Rede selber. Offen pathologische Sprachstörungen, die beispielsweise bei Psychotikern auftreten, kann die Hermeneutik ohne Kränkung ihres Selbstverständnisses vernachlässigen. Der Anwendungsbereich der Hermeneutik deckt sich, solange nur die pathologischen Fälle ihrem Zugriff entzogen sind, mit den Grenzen normaler umgangssprachlicher Kommunikation. Das Selbstverständnis der Hermeneutik kann erst dann erschüttert werden, wenn sich zeigt, daß Muster systematisch verzerrter Kommunikation auch in der »normalen«, sagen wir: in der pathologisch unauffälligen Rede wiederkehren. So verhält es sich im Falle der Pseudokommunikation, in der für die Beteiligten eine Kommunikationsstörung nicht erkennbar ist. Erst ein von außen Hinzutretender bemerkt, daß einer den anderen mißversteht. Die Pseudokommunikation erzeugt ein System von Mißverständnissen, das im Scheine eines falschen Konsensus nicht durchschaut wird. Nun hat uns Hermeneutik darüber belehrt, daß wir, solange wir uns in einer natürlichen Sprache bewegen, stets beteiligt sind und hinter die Rolle des reflektierten Mitspielers nicht zurücktreten können. Wir verfügen deshalb über kein allgemeines Kriterium, das uns festzustellen erlaubte, wann wir im falschen Bewußtsein einer pseudonormalen Verständigung befangen sind und etwas, das in Wahrheit der systematischen Erklärung bedürfte, bloß für

hermeneutisch aufzuklärende Schwierigkeiten halten. Die hermeneutische Grenzerfahrung besteht also darin, daß wir systematisch erzeugte Mißverständnisse als solche entdecken – ohne sie zunächst zu ›begreifen‹.

Freud hat diese Erfahrung systematisch entstellter Kommunikation ausgeschöpft, um einen Bereich von spezifisch unverständlichen Lebensäußerungen abzugrenzen. Er hat stets den Traum als ›Normalvorbild‹ dieser Phänomene angesehen. Diese Phänomene selbst reichen von harmlosen Pseudokommunikationen und Fehlleistungen des Alltags bis zu den pathologischen Erscheinungen der Neurosen, der Geisteskrankheiten und der psychosomatischen Störungen. In seinen kulturtheoretischen Schriften hat Freud den Bereich systematisch verzerrter Kommunikation weiter gefaßt und die an klinischen Phänomenen gewonnenen Einsichten als Schlüssel für die Pseudonormalität, d. h. die verdeckte Pathologie gesamtgesellschaftlicher Systeme benützt. Wir konzentrieren uns zunächst auf den am besten geklärten Bereich neurotischer Erscheinungen.

Drei Kriterien bieten sich an, um neurotisch verzerrte, in diesem Sinne spezifisch unverständliche Lebensäußerungen abzugrenzen. Auf der Ebene sprachlicher Symbole macht sich die verzerrte Kommunikation durch die Anwendung von Regeln bemerkbar, die vom Regelsystem der öffentlichen Sprache abweichen. Davon können einzelne semantische Gehalte und ganze Bedeutungsfelder betroffen sein; in extremen Fällen ist auch die Syntax beeinträchtigt. Freud hat an Traumtexten insbesondere Verdichtung, Verschiebung, Agrammatikalität und die Rolle von Oppositionsworten untersucht. Auf der Ebene des Verhaltens macht sich ein deformiertes Sprachspiel durch Rigidität und Wiederholungszwang bemerkbar. Stereotype Verhaltensmuster kehren in Situationen mit gleichen, Affektstöße auslösenden Reizen wieder. Diese Inflexibilität ist ein Zeichen dafür, daß der semantische Gehalt des Symbols die spezifisch sprachliche Situationsunabhängigkeit eingebüßt hat. Wenn wir schließlich das System verzerrter Kommunikation insgesamt betrachten, dann fällt die eigentümliche Diskrepanz zwischen den Ebenen der Kommunikation auf: die übliche Kongruenz zwischen sprachlicher Symbolik, Handlungen und begleitenden Expressionen ist zerfallen. Die neurotischen Symptome sind nur das hartnäckigste und greifbarste Zeugnis dieser Dissonanz. Gleichviel auf welcher Kommunikationsebene die Symptome auftreten, in der sprachlichen Äußerung, als leibgebundene Symbolik oder in Verhaltenszwängen, stets verselbständigt sich darin ein aus dem öffentlichen Sprachgebrauch exkommunizierter Gehalt. Dieser Gehalt bringt eine Intention zum Ausdruck, die nach den Regeln öffentlicher Kommunikation unverständlich, in diesem Sinne privatisiert ist und auch dem Autor, dem sie zugerechnet werden muß, unzugänglich bleibt. Im Selbst besteht eine Kommunikationssperre zwischen dem sprachkompetenten Ich, das an den intersubjektiv eingelebten Sprachspielen partizipiert, und jenem ›inneren Ausland‹ (Freud), das durch privatsprachliche oder primärsprachliche Symbolik vertreten ist.

Alfred Lorenzer hat das analytische Gespräch zwischen Arzt und Patient unter dem Gesichtspunkt der Psychoanalyse als einer Sprachanalyse untersucht.[14] Er begreift die tiefenhermeneutische Entschlüsselung des Sinnes spezifisch unverständlicher Objektivationen als ein Verstehen von analogen Szenen. Das Ziel der analytischen Deutung ist, hermeneutisch gesehen, die Aufklärung des unverständlichen Sinnes symptomatischer Äußerungen. Soweit es sich um Neurosen handelt, sind diese Äußerungen Teil eines deformierten Sprachspiels, in dem der Kranke ›agiert‹: er spielt eine unverständliche Szene, indem er auffällig stereotyp gegen geltende Verhaltenserwartungen verstößt. Der Analytiker sucht den Sinn der symptomatischen Szene verständlich zu machen, indem er sie zu analogen Szenen der Übertragungssituation in Beziehung setzt. Diese enthält den Schlüssel für die chiffrierte Beziehung der symptomatischen Szene, die der erwachsene Patient außerhalb der Behandlung spielt, einerseits, zu einer früh-

14 A. Lorenzer, *Sprachzerstörung und Rekonstruktion. Vorarbeiten zu einer Metatheorie der Psychoanalyse*, Frankfurt 1970. Neuausgabe 1973, stw 7.

kindlichen Originalszene andererseits. Denn in der Übertragungssituation wird der Arzt vom Patienten in die Rolle der konfliktbesetzten primären Bezugsperson gedrängt. Der Arzt kann in der Rolle des reflektierten Mitspielers die Übertragungssituation als Wiederholung frühkindlicher Szenen deuten und so ein Lexikon für die privatsprachlichen Bedeutungen der symptomatischen Äußerungen aufbauen. Das szenische Verstehen geht mithin von der Entdeckung aus, daß sich der Kranke in seinen symptomatischen Szenen so verhält wie in bestimmten Übertragungsszenen; es zielt auf die in einem Akt der Selbstreflektion des Kranken beglaubigte Rekonstruktion der Originalszene.

Die wiederhergestellte Ursprungsszene ist, wie Lorenzer an der Phobie des von Freud untersuchten Kleinen Hans dargestellt hat, typischerweise eine Situation, in der das Kind einen unerträglichen Konflikt erleidet und abwehrt. Die Abwehr ist mit einem Vorgang der *Desymbolisierung* und der Bildung eines Symptoms verbunden. Das Kind schließt die Erfahrung der konfliktreichen Objektbeziehung aus der öffentlichen Kommunikation aus (und macht sie damit auch für das eigene Ich unzugänglich); es spaltet den konfliktgeladenen Anteil der Objektrepräsentanz ab und desymbolisiert gewissermaßen die Bedeutung der relevanten Bezugsperson. Die im semantischen Feld enstandene Lücke wird durch das Symptom geschlossen, indem an die Stelle des abgespaltenen symbolischen Gehalts ein unverdächtiges Symbol tritt. Dieses Symbol hat freilich die Auffälligkeit eines Symptoms, weil es eine privatsprachliche Bedeutung gewonnen hat und nicht mehr nach Regeln der öffentlichen Sprache verwendet werden kann. Das szenische Verstehen, das Bedeutungsäquivalenzen zwischen den Elementen von drei Mustern: der Alltagsszene, der Übertragungsszene und der Ursprungsszene herstellt und dadurch die spezifische Unverständlichkeit des Symptoms aufhebt, verhilft also zur *Resymbolisierung,* d. h. zur Wiedereinführung abgespaltener symbolischer Gehalte in die öffentliche Kommunikation. Der latente Sinn der gegenwärtigen Situation wird durch Bezugnahme auf die unverstümmelte Bedeutung der infantilen Ursprungsszene greifbar. Das szenische Verstehen ermöglicht also eine »Übersetzung« des der öffentlichen Kommunikation bis dahin unzugänglichen, aber verhaltensdeterminierenden Sinnes des pathologisch erstarrten Kommunikationsmusters.

Das szenische Verstehen unterscheidet sich vom einfachen hermeneutischen Sinnverstehen durch seine explanatorische Kraft: es erschließt den Sinn der spezifisch unverständlichen Lebensäußerungen nur in dem Maße, als es gelingt, mit der Rekonstruktion der Ursprungsszene auch die Bedingungen der Genesis des Unsinns aufzuklären. Das Was, der Bedeutungsgehalt der systematisch verzerrten Äußerung, läßt sich nicht ›verstehen‹, wenn nicht zugleich das Warum, die Entstehung der Symptomszene mit Bezugnahme auf die Ausgangsbedingungen der systematischen Verzerrung selber, ›erklärt‹ werden kann.

Das Verstehen kann freilich explanatorische Funktion im strengen Sinne nur übernehmen, wenn sich die Bedeutungsanalyse nicht allein auf die geschulte Anwendung kommunikativer Kompetenz verläßt, sondern von theoretischen Annahmen sich leiten läßt. Ich nenne zwei Indizien dafür, daß sich das szenische Verstehen auf theoretische Voraussetzungen stützt, die sich keineswegs aus der natürlichen Kompetenz eines eingeborenen Sprechers von selbst ergeben.

Erstens ist das szenische Verstehen an eine eigentümliche hermeneutische Versuchsanordnung gebunden. Die von Freud eingeführte analytische Grundregel sichert eine Kommunikation zwischen Arzt und Patient, die gleichsam experimentelle Bedingungen erfüllt: Virtualisierung der Ernstsituation und freies Assoziieren auf seiten des Kranken, zielgehemmte Reaktion und reflektiertes Mitspielen auf seiten des Analytikers ermöglichen das Zustandekommen einer Übertragungssituation, die als Übersetzungsfolie dienen kann. Zweitens richtet sich das Vorverständnis des Analytikers auf einen kleinen Ausschnitt möglicher Bedeutungen: auf konfliktgestörte frühe Objektbeziehungen. Das sprachliche Material, das sich aus Gesprächen mit dem Patienten ergibt, wird in einen eng umschriebenen Kontext möglichen Doppelsinns eingeordnet. Dieser Kontext besteht aus einer allgemeinen Interpretation frühkindlicher Interaktionsmuster, die einer phasenspezifischen Bildungsgeschichte der Persönlichkeit zugeordnet werden. Beide Umstände lassen erkennen, daß das szenische Verstehen nicht wie das hermeneutische als eine theoriefreie, ihrerseits Theorien erst ermöglichende Anwendung kommunikativer Kompetenz begriffen werden kann.

Die theoretischen Annahmen, die der tiefenhermeneutischen Sprachanalyse stillschweigend zugrunde liegen, lassen sich unter drei Gesichtspunkten entfalten. Der Psychoanalytiker hat einen Vorbegriff von der Struktur unverzerrter umgangssprachlicher Kommunikation (1); er führt die systematische Verzerrung von Kommunikation auf die Konfusion von zwei entwicklungsgeschichtlich getrennten Stufen vorsprachlicher und sprachlicher Symbolorganisation zurück (2); er erklärt die Entstehung der Deformation mit Hilfe einer Theorie abweichender Sozialisationsvorgänge, die sich auf den Zusammenhang von Mustern frühkindlicher Interaktion mit der Bildung von Persönlichkeitsstrukturen erstreckt (3). Hier brauche ich die theoretischen Annahmen nicht systematisch zu entwickeln. Ich möchte aber die genannten Gesichtspunkte kurz erläutern.

1. Der erste Satz von theoretischen Annahmen bezieht sich auf die strukturellen Bedingungen, die erfüllt sein müssen, wenn von »normaler« umgangssprachlicher Kommunikation die Rede sein soll.

a) Bei einem nicht deformierten Sprachspiel besteht Kongruenz der Äußerungen auf allen drei Ebenen der Kommunikation: die sprachlich symbolisierten, die in Handlungen repräsentierten und die in leiblichen Expressionen verkörperten Äußerungen widersprechen sich nicht, sondern ergänzen sich metakommunikativ. Intendierte Widersprüche, die ihrerseits eine Mitteilung enthalten, sind in diesem Sinne normal. Weiterhin gehört es zur Normalform der umgangssprachlichen Kommunikation, daß ein soziokulturell wechselnder, aber innerhalb einer sprachgemeinschaft konstanter Anteil der

extraverbalen Bedeutungen intentional, d. h. grundsätzlich verbalisierbar sein muß.
b) Die normale umgangssprachliche Kommunikation richtet sich nach intersubjektiv geltenden Regeln: sie ist öffentlich. Die kommunizierten Bedeutungen sind für alle Mitglieder der Sprachgemeinschaft grundsätzlich identisch. Die verbalen Äußerungen werden in Übereinstimmung mit dem geltenden grammatischen Regelsystem gebildet und kontextspezifisch angewendet; für die extraverbalen Äußerungen, die nicht grammatisch geregelt sind, besteht ebenfalls ein innerhalb bestimmter Grenzen soziokulturell wechselndes Lexikon.
c) In normaler Rede sind sich die Sprecher des kategorialen Unterschieds zwischen Subjekt und Objekt bewußt. Sie differenzieren zwischen äußerer und innerer Rede und trennen private und öffentliche Welt. Die Differenzierung zwischen Sein und Schein ist darüber hinaus abhängig von der Unterscheidung zwischen dem sprachlichen Symbol, seinem Bedeutungsinhalt (Signifikatum) und dem Gegenstand, den das Symbol bezeichnet (Referent, Denotatum). Nur auf dieser Grundlage ist eine situationsunabhängige Verwendung von sprachlichen Symbolen möglich (Dekontextualisierung). Das sprechende Subjekt wird der Unterscheidung von Sein und Schein in dem Maße mächtig, als Sprache für es eine distinkte, von den denotierten Gegenständen und den repräsentierten Sachverhalten ebenso wie von den privaten Erlebnissen abgehobene Realität erhält.
d) In der normalen umgangssprachlichen Kommunikation bildet und erhält sich die identitätsverbürgende Intersubjektivität der Beziehung einander anerkennender Individuen. Während der analytische Gebrauch der Sprache die Identifizierung von Sachverhalten erlaubt (also die Kategorisierung von Gegenständen, mit Hilfe der Identifikation des Besonderen, der Subsumtion des einzelnen Elementes unter Klassen und der Inklusion von Mengen) sichert der reflexive Sprachgebrauch ein Verhältnis des sprechenden Subjekts zur Sprachgemeinschaft, das mit den genannten analytischen Operationen nicht zureichend dargestellt werden kann. Die Intersub-

jektivität der Welt, in der die Subjekte allein kraft ihrer umgangssprachlichen Kommunikation gemeinsam leben, ist kein Allgemeines, dem die Individuen in der gleichen Weise untergeordnet wären wie Elemente ihren Klassen. Die Relation zwischen Ich, Du (anderem Ich) und Wir (Ich und die anderen Ichs) wird vielmehr erst durch eine analytisch paradoxe Leistung hergestellt. Die Sprechenden identifizieren sich gleichzeitig mit zwei unvereinbaren Dialogrollen und sichern dadurch die Identität des Ich wie der Gruppe. Der Eine (Ich) behauptet gegenüber dem Andern (Du) seine absolute Nicht-Identität; zugleich erkennen aber beide, indem sie sich wechselseitig als unvertretbare Individuen anerkennen, auch ihre Identität, wobei das, was sie verbindet, wiederum ein Gemeinsames (Wir) ist, eine Gruppe, die ihrerseits gegenüber anderen Gruppen ihre Individualität behauptet, so daß sich auf der Ebene der intersubjektiv verbundenen Kollektive die gleiche Beziehung herstellt wie zwischen den Individuen.[15]
Das Spezifische an der sprachlichen Intersubjektivität ist, daß auf ihrem Boden individuierte Einzelne kommunizieren. Im reflexiven Sprachgebrauch stellen wir unveräußerlich Individuelles in unvermeidlich allgemeinen Kategorien derart dar, daß wir die direkten Mitteilungen metakommunikativ gewissermaßen revozieren (und mit Vorbehalt bestätigen), um am Ich das Nicht-Identische, das jeweils in den allgemeinen Bestimmungen nicht aufgeht und doch nur durch diese hindurch repräsentiert werden kann, indirekt zum Ausdruck zu bringen.[16] Der analytische Sprachgebrauch ist in den reflexiven eingebettet, weil die Intersubjektivität umgangssprachlicher Verständigung nicht ohne eine wechselseitige Selbstre-

15 Diese spiegelt sich auch in unserem Verhältnis zu Fremdsprachen. Prinzipiell können wir uns jede fremde Sprache aneignen, weil alle natürlichen Sprachen auf ein allgemeines generatives Regelsystem zurückgeführt werden können. Und doch lernen wir die fremde Sprache nur in dem Maße, als wir den Sozialisierungsvorgang der eingeborenen Sprecher wenigstens virtuell nachholen und dadurch, wiederum virtuell, in eine individuelle Sprachgemeinschaft hineinwachsen: ein Allgemeines ist die natürliche Sprache nur als ein Konkretes.

16 Zum Begriff des Nicht-Identischen vgl. T. W. Adorno, *Negative Dialektik*, Frankfurt 1966. Ges. Schriften Bd. 6, Frankfurt 1973.

präsentation der sprechenden Subjekte aufrechterhalten werden kann. In dem Maße, als der Sprecher jener indirekten Mitteilungen auf metakommunikativer Ebene mächtig ist, unterscheidet er Wesen und Erscheinung. Über Sachverhalte können wir uns direkt verständigen, aber die Subjektivität, auf die wir treffen, wenn wir miteinander reden, kommt in direkten Mitteilungen bloß zum Vorschein. Der kategoriale Sinn der indirekten Form der Mitteilung, in der das unaussprechlich Individuierte zur Sprache kommt, wird im Begriff des in seinen Erscheinungen existierenden Wesens bloß onthologisiert.

e) Schließlich ist die normale Rede dadurch ausgezeichnet, daß der Sinn von Substanz und Kausalität, Raum und Zeit verschieden ist, je nachdem ob diese Kategorien auf Gegenstände in der Welt oder auf die sprachlich konstituierte Welt der sprechenden Subjekte selber angewendet werden. Für die Identität von Gegenständen, die analytisch eindeutig kategorisiert werden können, hat das Auslegungsschema ›Substanz‹ einen anderen Sinn als für sprechende und handelnde Subjekte, deren Ich-Identität sich, wie gezeigt, den analytisch eindeutigen Operationen gerade entzieht. Das kausale Auslegungsschema führt in Anwendung auf empirische Folgen von Ereignissen zum Begriff der »Ursache« und in Anwendung auf einen Zusammenhang von intentionalen Handlungen zum Begriff des »Motivs«. Analog werden auch Raum und Zeit im Hinblick auf die physikalisch meßbaren Eigenschaften von Gegenständen und Ereignissen anders schematisiert als im Hinblick auf die intersubjektive Erfahrung von Zusammenhängen symbolisch vermittelter Interaktionen. Die Kategorien dienen dort als Koordinatensystem der am Erfolg instrumentalen Handelns kontrollierten Beobachtung, hier als Bezugsrahmen der subjektiven Erfahrung des sozialen Raums und der historischen Zeit. Der Umfang des Erfahrungsbereichs der Intersubjektivität verändert sich komplementär zu dem des Erfahrungsbereichs objektivierter Gegenstände und Ereignisse.

2. Der zweite Satz von Annahmen bezieht sich auf den

Zusammenhang von zwei genetisch aufeinanderfolgenden Stufen der menschlichen Symbolorganisation.

a) Die ältere Symbolorganisation, die sich gegen eine Umsetzung ihrer Gehalte in grammatisch geregelte Kommunikation sperrt, läßt sich nur anhand von Daten der Sprachpathologie und aufgrund der Analyse von Traummaterial erschließen. Dabei handelt es sich um verhaltenssteuernde Symbole, und nicht bloß um Zeichen, denn die Symbole haben echte Bedeutungsfunktion; sie stellen Interaktionserfahrungen dar. Im übrigen fehlen aber dieser Schicht der Paläosymbole alle Eigenschaften der normalen Rede.[17] Paläosymbole sind nicht in ein grammatisches Regelsystem eingefügt. Sie sind keine geordneten Elemente und treten nicht in Zusammenhängen auf, die grammatisch transformiert werden können. Man hat deshalb die Funktionsweise dieser vorsprachlichen Symbole mit der von Analogrechnern im Unterschied zu der von Digitalrechnern verglichen. Schon Freud hat in seinen Traumanalysen das Fehlen der logischen Beziehungen bemerkt. Er weist insbesondere auf die Oppositionsworte hin, die auf sprachlichem Niveau noch die genetisch ältere Eigentümlichkeit einer Vereinigung logisch unvereinbarer, nämlich konträrer Bedeutung bewahrt haben.[18] Die vorsprachlichen Symbole sind stark affektiv geladen und haften jeweils an bestimmten Szenen. Eine Trennung von sprachlichem Symbol und leibgebundener Expression fehlt. Die Bindung an einen besonderen Kontext ist so stark, daß das Symbol auch nicht frei gegenüber Handlungen variieren kann.[19] Obgleich die Paläosymbole

17 Vgl. S. Arieti, *The Intrapsychic Self,* New York 1967, bes. Ch. 7 und 16; ferner H. Werner und B. Kaplan, *Symbol Formation,* New York 1967; P. Watzlawick, J. H. Beavin, D. D. Jackson, *Menschliche Kommunikation,* Bern 1972, bes. Kap. 6 und 7.

18 Die Oppositionsworte mit konträrer Bedeutung belegen freilich nicht nur die Agrammatikalität, sie halten vermutlich auch Ursituationen der Verhaltens- und Einstellungsambivalenz fest, die mit der Entdifferenzierung des Antriebssystems und dem Ausfallen artspezifischer Auslöser chronisch geworden und durch die vorsprachliche Symbolik aufgefangen und stabilisiert worden ist. Vgl. A. Gehlen, *Urmensch und Spätkultur,* Frankfurt 1964; A. S. Diamond, *The History and Origin of Language,* London 1959.

19 Die gleichen Merkmale findet Lorenzer (*Kritik des psychoanalytischen Symbolbegriffs,* Frankfurt 1970, S. 87 ff.) für die unbewußten Repräsentanzen, die

eine vorsprachliche Grundlage der Intersubjektivität des Zusammenlebens und Miteinanderhandelns darstellen, erlauben sie keine im strikten Sinne öffentliche Kommunikation. Denn die Konstanz der Bedeutungen ist gering und die privaten Bedeutungsanteile erheblich: sie verbürgen noch keine intersubjektiv verbindliche Identität der Bedeutungen. Der Privatismus der vorsprachlichen Symbolorganisation, der bei allen Formen der Sprachpathologie auffällt, geht darauf zurück, daß die für die umgangssprachliche Kommunikation übliche Distanz zwischen Sender und Adressat und die Unterscheidung zwischen Symbolzeichen, semantischem Gehalt und Referenten noch nicht entwickelt sind. Die Realitätsstufen von Sein und Schein, von öffentlicher und privater Welt, können mit Hilfe der Paläosymbole noch nicht klar differenziert werden (Adualismus).

Schließlich erlaubt die vorsprachliche Symbolorganisation keine analytisch befriedigende Kategorisierung der erfahrenen Objektwelt. Unter den Kommunikations- und Denkstörungen der Psychotiker[20] findet man zwei extreme Ausfallerscheinungen; in beiden Fällen sind die analytischen Operationen der Klassenbildung gestört. Auf der einen Seite zeigt sich eine Struktur der Fragmentierung, die nicht erlaubt, desintegrierte Einzelelemente unter allgemeinen Kriterien zu Klassen zusammenzufassen. Auf der anderen Seite zeigt sich eine amorphe Struktur, die nicht erlaubt, Aggregate von oberflächlich ähnlichen und vage zusammengefaßten Dingen zu analysieren. Der Symbolgebrauch ist nicht insgesamt destruiert. Aber die Unfähigkeit, Hierarchien von Klassen zu bilden und Elemente von Klassen zu identifizieren, belegt beidemal den Zusammenbruch des analytischen Sprachgebrauchs. Freilich läßt die zweite Variante darauf schließen, daß eine

die neurotischen Verhaltensweisen steuern: die Konfusion von Erlebnisausdruck und Symbol, die enge Koordinierung mit einer partikularen Verhaltensweise, der szenische Gehalt, Kontextabhängigkeit. Die unbewußten Schemata sind Teil der konkret eingelebten Interaktionen, sie sind ›Beziehungsschablonen‹.

20 Vgl. Arieti, a.a.O., S. 286 ff., Werner und Kaplan, a.a.O., S. 253 ff. und L. C. Wynne, »Denkstörung und Familienbeziehung bei Schizophrenen«, in: *Psyche,* Mai 1965, S. 82 ff.

archaische Klassenbildung mit Hilfe der vorsprachlichen Symbole möglich ist. Jedenfalls finden wir auf ontogenetisch und gattungsgeschichtlich frühen Entwicklungsstufen ebenso wie bei sprachpathologischen Fällen sogenannte Primärklassen, die nicht auf der abstrakten Grundlage der Identität von Eigenschaften gebildet werden. Die Aggregate umfassen vielmehr konkrete Gegenstände im Hinblick darauf, daß sie, unangesehen ihrer identifizierbaren Eigenschaften, in einem übergreifenden subjektiv überzeugenden Motivationszusammenhang einbezogen sind. Aniministische Weltbilder sind nach solchen Primärklassen gegliedert. Da sich übergreifende intentionale Zusammenhänge nicht ohne Erfahrungen der Interaktion entwerfen lassen, besteht Grund zu der Annahme, daß sich schon auf der Stufe der vorsprachlichen Symbolorganisation Vorformen der Intersubjektivität ausbilden. Die Paläosymbole bilden sich offenbar in Interaktionszusammenhängen, bevor sie in ein grammatisches Regelsystem aufgenommen und mit der operativen Intelligenz verbunden werden.

b) Die beschriebene Symbolorganisation, die der Sprache genetisch vorangeht, ist eine theoretische Konstruktion. Wir können sie nirgends beobachten. Die psychoanalytische Entschlüsselung systematisch verzerrter Kommunikation setzt aber eine solche Konstruktion voraus, weil die Tiefenhermeneutik Verwirrungen der normalen Rede entweder als eine erzwungene Regression auf ältere Stufen der Kommunikation oder aber als einen Einbruch der älteren Kommunikationsform in die Sprache begreift. Ausgehend von Erfahrungen des Analytikers mit neurotischen Patienten, sieht Alfred Lorenzer, wie gezeigt, den Sinn der Psychoanalyse darin, daß abgespaltene symbolische Gehalte, die zu einer privatsprachlichen Einengung der öffentlichen Kommunikation führen, wieder in den allgemeinen Sprachgebrauch integriert werden. Die analytische Arbeit, die den Vorgang der Verdrängung rückgängig macht, dient der ›Resymbolisierung‹; die Verdrängung selber kann daher als ›Desymbolisierung‹ verstanden werden. Der fluchtanaloge Abwehrmechanismus der Verdrängung, die der

Patient im Widerstand gegen triftige Deutungen des Analytikers zu erkennen gibt, ist eine Operation, die an und mit der Sprache durchgeführt wird; sonst wäre es nicht möglich, den Vorgang der Abwehr hermeneutisch, eben durch Sprachanalyse rückgängig zu machen. Das flüchtende Ich, das sich in einer Konfliktlage den Ansprüchen der äußeren Realität unterwerfen muß, verbirgt sich vor sich selbst, indem es den Text seines alltäglichen Selbstverständnisses von den Repräsentanten der unerwünschten Triebansprüche reinigt. Durch diese Zensur wird die Repräsentanz des verpönten Liebesobjekts aus dem öffentlichen Sprachgebrauch exkommuniziert und in die genetisch ältere Stufe der Paläosymbole gleichsam verstoßen.

Die Annahme, daß das neurotische Verhalten paläosymbolisch gesteuert und durch eine sprachliche Deutung erst nachträglich rationalisiert wird, bietet auch eine Erklärung für die Charakteristika dieser Verhaltensform: für pseudokommunikativen Stellenwert, Stereotypie und Zwangshaftigkeit, für emotionale Besetzung, expressiven Gehalt und starre Situationsbindung.

Wenn nun Verdrängung als Desymbolisierung begriffen werden kann, dann ergibt sich auch für den komplementären Abwehrmechanismus, der sich nicht gegen das eigene Selbst, sondern gegen die äußere Realität wendet, nämlich für Projektion und Verleugnung, eine sprachanalytische Deutung. Während dort der öffentliche Sprachgebrauch durch die anstelle der exkommunizierten Sprachelemente gebildeten Symptome verstümmelt wird, resultiert die Verzerrung hier unmittelbar aus dem unkontrollierten Eindringen paläosymbolischer Abkömmlinge in die Sprache. Hier zielt die Sprachanalyse nicht auf eine Rückverwandlung des desymbolisierten Gehaltes in sprachlich artikulierten Sinn, sondern auf eine bewußt vollzogene Exkommunikation der vorsprachlichen Einsprengsel. In beiden Fällen erklärt sich die systematische Verzerrung der umgangssprachlichen Kommunikation dadurch, daß sich paläosymbolisch gebundene semantische Gehalte in die sprachlich geregelte Symbolverwendung wie

Fremdkörper einkapseln. Die Sprachanalyse hat die Aufgabe, die Syndrome aufzulösen, d. h. die beiden Sprachschichten zu isolieren.

In Prozessen der Sprachschöpfung hingegen vollzieht sich eine echte Integration: das paläosymbolisch gebundene Bedeutungspotential wird im kreativen Sprachgebrauch öffentlich eingeholt und für eine grammatisch geregelte Symbolverwendung verfügbar gemacht.[21] Diese Übertragung von semantischen Gehalten aus dem vorsprachlichen in den sprachlichen Aggregatzustand erweitert den Bereich kommunikativen Handelns auf Kosten des unbewußt motivierten. Das Moment des Gelingens am kreativen Sprachgebrauch ist eines der Emanzipation.

Anders verhält es sich mit dem Witz. Das Lachen, mit dem wir fast zwangshaft auf die Komik des Witzes reagieren, hält die befreiende Erfahrung des Übergangs von der Stufe des paläosymbolischen zum sprachlichen Denken fest: komisch ist die entlarvte Zweideutigkeit des Witzes, die darin besteht, daß uns der Erzähler zur Regression auf die Stufe vorsprachlicher Symbolik, z. B. zur Verwechslung von Identität und Ähnlichkeit verführt und uns zugleich des Fehlers dieser Regression überführt. Das Lachen ist eines der Erleichterung. In der Reaktion auf den Witz, der uns virtuell und versuchsweise die gefährliche Passage über die archaische Grenze zwischen vorsprachlicher und sprachlicher Kommunikation wiederholen läßt, vergewissern wir uns der Kontrolle, die wir über die Gefahren einer überwundenen Bewußtseinsstufe erlangt haben.

3. Die Tiefenhermeneutik, die die spezifische Unverständlichkeit systematisch verzerrter Kommunikation aufklärt, läßt sich strenggenommen nicht mehr, wie das einfache hermeneutische Verstehen, nach dem Modell der Übersetzung fassen. Denn das kontrollierte »Übersetzen« von der vorsprachlichen Symbolik zur Sprache beseitigt Unklarheiten, die nicht innerhalb der Sprache entstehen, sondern mit Sprache selber: die

21 S. Arieti, a.a.O., S. 327 ff.

Struktur umgangssprachlicher Kommunikation, die jeder Übersetzung zugrunde liegt, ist als solche betroffen. Das tiefenhermeneutische Verstehen bedarf deshalb eines systematischen Vorverständnisses, das sich auf Sprachen im ganzen erstreckt, während das hermeneutische Verstehen jeweils von einem traditionsbestimmten Vorverständnis ausgeht, das sich innerhalb sprachlicher Kommunikation bildet und verändert. Die theoretischen Annahmen, die sich einerseits auf zwei Stufen der Symbolorganisation, und andererseits auf die Vorgänge der De- und Resymbolisierung, des Eindringens paläosymbolischer Elemente in Sprache und der bewußten Exkommunikation dieser Einsprengsel sowie auf die sprachliche Integration von vorsprachlichen Symbolgehalten beziehen – diese theoretischen Annahmen lassen sich in ein Strukturmodell einordnen, das Freud aus Grunderfahrungen der Analyse von Abwehrvorgängen gewonnen hat. Die Konstruktionen des ›Ich‹ und des ›Es‹ interpretieren Erfahrungen des Analytikers mit dem *Widerstand* des Patienten.

›Ich‹ ist die Instanz, die die Aufgabe der Realitätsprüfung und der Triebzensur erfüllt. ›Es‹ ist der Name für die vom Ich isolierten Teile des Selbst, deren Repräsentanz im Zusammenhang mit den Abwehrvorgängen zugänglich wird. Das ›Es‹ ist mittelbar repräsentiert durch die Symptome, die die durch Desymbolisierung entstandenen Lücken im normalen Sprachgebrauch schließen; und unmittelbar ist das ›Es‹ repräsentiert durch die wahnhaften paläosymbolischen Elemente, welche durch Projektion und Verleugnung in die Sprache eingeschleppt werden. Nun zeigt dieselbe klinische Erfahrung des »Widerstandes«, die zur Konstruktion von Ich- und Es-Instanz nötigt, auch, daß die Tätigkeit der abwehrenden Instanz meistens unbewußt verläuft. Darum führt Freud die Kategorie des ›Über-Ich‹ ein: eine ichfremde Abwehrinstanz, die aus aufgelassenen Identifikationen mit den Erwartungen primärer Bezugspersonen gebildet wird. Alle drei Kategorien, Ich, Es und Über-Ich, sind mithin an den spezifischen Sinn einer systematisch verzerrten Kommunikation gebunden, in die Arzt und Patient mit dem Ziel eintreten, einen dialogischen Aufklärungsprozeß in Gang zu setzen und den Kranken zur Selbstreflexion anzuleiten. Die Metapsychologie kann nur als Metahermeneutik begründet werden.[22]

Das Instanzmodell stützt sich unausdrücklich auf ein Modell der Deformation umgangssprachlicher Intersubjektivität: die Dimensionen, die Es und Über-Ich für die Persönlichkeitsstruktur festlegen, entsprechen eindeutig den Dimensionen der Verformung der in zwangloser Kommunikation gegebenen Intersubjektivitässtruktur. Das Strukturmodell, das Freud als kategorialen Rahmen der Metapsychologie eingeführt hat, kann also auf eine Theorie der Abweichungen kommunikativer Kompetenz zurückgeführt werden.

Nun besteht die Metapsychologie hauptsächlich in Annahmen über die Entstehung von Persönlichkeitsstrukturen. Auch das erklärt sich aus der metahermeneutischen Rolle der Psychoanalyse. Das *Verstehen* des Analytikers verdankt ja, wie wir gesehen haben, seine explanatorische Kraft dem Umstand, daß die Aufklärung eines systematisch unzugänglichen Sinnes nur in dem Maße gelingt, als die Entstehung des Unsinns *erklärt* wird. Die Rekonstruktion der Originalszene ermöglicht beides in einem: sie eröffnet ein Sinnverständnis des deformierten Sprachspiels und erklärt zugleich die Entstehung der Deformation selber. Darum setzt szenisches Verstehen Metapsychologie im Sinne einer Theorie der *Entstehung* von Ich-, Es- und Über-Ich-Strukturen voraus. Ihr entspricht auf soziologischer Ebene eine Theorie des Erwerbs von Grundqualifikationen des Rollenhandelns. Aber beide Theorien sind Teile einer Metahermeneutik, die die psychologische Entstehung von Persönlichkeitsstrukturen und den Erwerb von Grundqualifikationen des Rollenhandelns auf die Ausbildung kommunikativer Kompetenz, und das heißt: auf die sozialisierende Einübung in Formen der Intersubjektivität umgangssprachlicher Verständigung zurückführt. Damit ergibt sich eine Antwort auf unsere Ausgangsfrage: explanatorisches Verstehen im Sinne der tiefenhermeneutischen Entschlüsse-

22 Vgl. *Erkenntnis und Interesse,* S. 290 ff.

lung spezifisch unzulänglicher Lebensäußerungen setzt nicht nur, wie das einfache hermeneutische Verstehen, die geübte Anwendung natürlich erworbener kommunikativer Kompetenz, sondern eine Theorie der kommunikativen Kompetenz voraus. Diese erstreckt sich auf die Formen der Intersubjektivität von Sprache und auf die Entstehung ihrer Deformationen. Ich behaupte nicht, daß eine Theorie der kommunikativen Kompetenz heute schon befriedigend in Angriff genommen, geschweige denn explizit entwickelt worden ist. Freuds Metapsychologie müßte von ihrem szientistischen Selbstmißverständnis befreit werden, bevor sie als Teil einer Metahermeneutik fruchtbar werden könnte. Ich behaupte aber, daß jede tiefenhermeneutische Deutung einer systematisch verzerrten Kommunikation, gleichviel ob sie im analytischen Gespräch oder informell gefunden wird, implizit jene anspruchsvollen theoretischen Annahmen voraussetzen muß, die nur im Rahmen einer *Theorie der kommunikativen Kompetenz* entfaltet und begründet werden könnten.

III.

Was folgt daraus für den Universalitätsanspruch der Hermeneutik? Würde nicht die Theoriesprache einer Metahermeneutik gelten, was für alle Theorien in Anschlag gebracht werden muß: daß eine gegebene, nicht rekonstruierte Umgangssprache letzte Metasprache ist? Und bedürfte die Anwendung der aus einer solchen Theorie ableitbaren allgemeinen Interpretationen auf ein gegebenes umgangssprachliches Material nicht nach wie vor des schlichten hermeneutischen Verstehens, das durch kein generalisiertes Meßverfahren zu ersetzen ist? Beide Fragen brauchten nicht mehr umstandslos im Sinne des Universalitätsanspruches der Hermeneutik beantwortet werden, wenn sich das erkennende Subjekt, das sich seiner vorgängig erworbenen sprachlichen Kompetenz gewiß immer schon bedienen muß, dieser Kompetenz auf dem Wege einer theoretischen Rekonstruktion ausdrücklich versichern könnte. Wir haben dieses

Problem einer allgemeinen Theorie natürlicher Sprachen ausgeklammert. Aber vor aller Theorienbildung können wir uns bereits auf die Kompetenz berufen, die der Analytiker (und der Ideologiekritiker) bei der Erschließung spezifisch unverständlicher Lebensäußerung faktisch handhaben muß. Schon *die implizite Kenntnis der Bedingungen systematisch verzerrter Kommunikation,* die im tiefenhermeneutischen Gebrauch der kommunikativen Kompetenz tatsächlich vorausgesetzt wird, *genügt, um das ontologische Selbstverständnis der Hermeneutik,* das Gadamer im Anschluß an Heidegger expliziert, *in Frage zu stellen.*

Gadamer wendet die hermeneutisch zu Bewußtsein gebrachte Kontextabhängigkeit des Sinnverstehens, die uns nötigt, jeweils von einem traditionsgestützten Vorverständnis auszugehen und in allem Belehrtwerden beständig neues Vorverständnis auszubilden, ontologisch zu einem unabwendbaren Primat der sprachlichen Überlieferung.[23] Gadamer stellt die Frage: »Ist das Phänomen des Verstehens angemessen definiert, wenn ich sage: Verstehen heißt, Mißverstehen vermeiden? Liegt nicht in Wahrheit allem Mißverstehen etwas wie ein ›tragendes Einverständnis‹ voraus?«[24] Über die affirmative Antwort sind wir uns einig, nicht einig darüber, wie dieser vorgängige Konsensus zu bestimmen ist.

Gadamer ist, wenn ich recht sehe, der Auffassung, daß die hermeneutische Klärung unverständlicher oder mißverstandener Lebensäußerungen stets auf einen Konsensus zurückführen muß, der vorgängig durch konvergierende Überlieferung verläßlich eingespielt ist. Diese Überlieferung aber ist für uns objektiv in dem Sinne, daß wir sie nicht einem prinzipiellen Wahrheitsanspruch konfrontieren können. Die Vorurteilsstruktur des Verstehens verbietet nicht nur, sondern läßt es als

23 Zu Gadamers Metakritik an meinen Einwänden gegen die im dritten Teil von *Wahrheit und Methode* gegebene ontologische Deutung des hermeneutischen Bewußtseins (*Zur Logik der Sozialwissenschaften,* a.a.O., S. 172-180) vgl. jetzt: C. v. Bormann, »Die Zweideutigkeit der hermeneutischen Erfahrung«, in: *Phil. Rundschau,* 16. Jg. 1969, S. 92 ff.

24 Gadamer, »Die Universalität des hermeneutischen Problems«, in: *Kleine Schriften I,* a.a.O., S. 104.

sinnlos erscheinen, jenen faktisch eingespielten, unserem Mißverständnis und Unverständnis jeweils zugrunde liegenden Konsensus wiederum in Frage zu stellen. Hermeneutisch sind wir gehalten, uns auf konkrete Vorverständigungen, die letztlich auf Sozialisation, auf die Einübung in gemeinsame Traditionszusammenhänge zurückgeht, zu beziehen. Keine ist der Kritik grundsätzlich entzogen, aber keine kann abstrakt in Frage gestellt werden. Das wäre nur dann möglich, wenn wir einen durch wechselseitige Verständigung herbeigeführten Konsensus gleichsam von der Seite einsehen und hinter dem Rücken der Beteiligten erneuten Legitimationsforderungen unterwerfen könnten. Aber Forderungen dieser Art können wir nur im Angesicht der Beteiligten stellen, indem wir uns auf ein Gespräch mit ihnen einlassen. Damit unterwerfen wir uns wiederum dem hermeneutischen Zwang, einen klärenden Konsensus, zu dem das wiederaufgenommene Gespräch führen mag, als tragendes Einverständnis vorerst zu akzeptieren. Der Versuch, dieses gewiß kontingente Einverständnis abstrakt als falsches Bewußtsein zu verdächtigen, ist sinnlos, weil wir das Gespräch, das wir sind, nicht transzendieren können. Daraus schließt Gadamer auf den ontologischen Vorrang der sprachlichen Überlieferung vor möglicher Kritik: wir können daher nur an jeweils einzelnen Traditionen, indem wir selbst dem umfassenden Traditionszusammenhang einer Sprache angehören, Kritik üben.

Diese Überlegungen erscheinen zunächst plausibel. Sie werden aber durch die tiefenhermeneutische Einsicht, daß ein scheinbar »vernünftig« eingespielter Konsensus sehr wohl auch das Ergebnis von Pseudokommunikation sein kann, erschüttert. Albrecht Wellmer hat darauf hingewiesen, daß in der Tradition der Aufklärung jene traditionsfeindliche Einsicht generalisiert worden ist. Die Aufklärung fordert bei allem Interesse an Verständigung, daß Vernunft als das Prinzip gewaltloser Kommunikation gegenüber der erfahrenen Wirklichkeit einer durch Gewalt verzerrten Kommunikation zur Geltung gebracht wird: »Die Aufklärung wußte, was die Hermeneutik vergißt: Daß das ›Gespräch‹, das wir nach Gadamer ›sind‹, auch ein Gewaltzu-

sammenhang und gerade darin kein Gespräch ist... Der universale Anspruch des hermeneutischen Ansatzes (läßt sich) nur dann aufrechterhalten, wenn man davon ausgeht, daß der Überlieferungszusammenhang als der Ort möglicher Wahrheit und faktischen Verständigtseins zugleich auch der Ort faktischer Unwahrheit und fortdauernder Gewalt ist.«[25]
Wir wären nur dann legitimiert, das tragende Einverständnis, das Gadamer zufolge der verfehlten Verständigung jeweils vorausliegt, mit dem jeweiligen faktischen Verständigtsein gleichzusetzen, wenn wir sicher sein dürften, daß jeder im Medium der sprachlichen Überlieferung eingespielte Konsensus zwanglos und unverzerrt zustande gekommen ist. Nun lehrt aber die tiefenhermeneutische Erfahrung, daß sich in der Dogmatik des Überlieferungszusammenhangs nicht nur die Objektivität der Sprache überhaupt, sondern die Repressivität eines Gewaltverhältnisses durchsetzt, das die Intersubjektivität der Verständigung als solche deformiert und die umgangssprachliche Kommunikation systematisch verzerrt. Deshalb steht jeder Konsensus, in dem Sinnverstehen terminiert, grundsätzlich unter dem Verdacht, pseudokommunikativ erzwungen zu sein: die Alten nannten es Verblendung, wenn sich im Schein des faktischen Verständigtseins Mißverständnis und Selbstmißverständnis ungerührt perpetuierten. Die Einsicht in die Vorurteilsstruktur des Sinnverstehens deckt nicht die Identifizierung des tatsächlich herbeigeführten Konsensus mit dem wahren. Diese vielmehr führt zur Ontologisierung der Sprache und zur Hypostasierung des Überlieferungszusammenhangs. Eine kritisch über sich aufgeklärte Hermeneutik, die zwischen Einsicht und Verblendung differenziert, nimmt das metahermeneutische Wissen über die Bedingungen der Möglichkeit systematisch verzerrter Kommunikation in sich auf. Sie bindet Verstehen an das Prinzip vernünftiger Rede, demzufolge Wahrheit nur durch *den* Konsensus verbürgt sein würde, der unter den idealisierten Bedingungen unbeschränkter und herrschaftsfreier Kommunikation

25 A. Wellmer, *Kritische Gesellschaftstheorie und Positivismus,* Frankfurt 1969, S. 48 f.

erzielt worden wäre und auf Dauer behauptet werden könnte.

K. O. Apel hat mit Recht betont, daß hermeneutisches Verstehen zugleich der kritischen Vergewisserung der Wahrheit nur in dem Maße dient, als es sich dem regulativen Prinzip unterstellt: Universale Verständigung im Rahmen einer unbegrenzten Interpretationsgemeinschaft herbeizuführen.[26] Erst dieses Prinzip sichert nämlich, daß die hermeneutische Anstrengung nicht ablassen darf, bevor nicht im gewaltsamen Konsensus die Täuschung und im scheinbar zufälligen Mißverstehen die systematische Entstellung durchschaut sind. Wenn Sinnverstehen nicht a fortiori gegenüber der Idee der Wahrheit indifferent bleiben soll, müssen wir mit dem Begriff einer Wahrheit, die sich an der idealisierten, in unbegrenzter und herrschaftsfreier Kommunikation erzielten Übereinstimmung bemißt, zugleich die Struktur eines Zusammenlebens in zwangloser Kommunikation vorwegnehmen. Wahrheit ist der eigentümliche Zwang zu zwangloser universaler Anerkennung; diese aber ist gebunden an eine ideale Sprechsituation, und das heißt Lebensform, in der zwanglose universale Verständigung möglich ist. Insofern muß sich kritisches Sinnverstehen die formale Antizipation richtigen Lebens zumuten. Das hat schon G. H. Mead ausgesprochen: »Das universale Gespräch ist also das formale Ideal der Kommunikation. Wenn Kommunikation verwirklicht und perfektioniert werden kann, dann kann auch jene ... Form der Demokratie existieren, in der jeder in sich die Reaktion trägt, von der er weiß, daß er sie in der Gemeinschaft auslöst. Dadurch wird die signifikante Kommunikation zum Organisationsprozeß der Gemeinschaft.«[27] Die Idee der Wahrheit, die sich am wahren Konsensus bemißt, impliziert die des wahren Lebens. Wir können auch sagen: sie schließt die Idee der Mündigkeit ein. Erst die formale Vorwegnahme des idealisierten Gesprächs als einer in Zukunft zu realisierenden Lebensform garantiert das letzte tragende kontrafaktische Einver-

26 K.-O. Apel, »Szientismus oder transzendentale Hermeneutik?«, in: *Hermeneutik und Dialektik*, hrsg. v. Rüdiger Bubner u. a., Tübingen 1970, S. 105.
27 G. H. Mead, *Geist, Identität und Gesellschaft*, Frankfurt 1968, S. 276 f.

ständnis, das uns vorgängig verbindet und an dem jedes faktische Einverständnis, wenn es ein falsches ist, als falsches Bewußtsein kritisiert werden kann.

Allerdings sind wir erst dann in der Lage, jenes regulative Prinzip des Verstehens nicht bloß zu fordern, sondern auch zu begründen, wenn wir nachweisen können, daß die Antizipation möglicher Wahrheit und richtigen Lebens für jede nicht monologisch sprachliche Verständigung konstitutiv ist. Die metahermeneutische Grunderfahrung bringt zwar den Umstand zu Bewußtsein, daß sich Kritik, nämlich ein penetrierendes Verstehen, welches an Verblendungen nicht abprallt, am Begriff der idealen Übereinstimmung orientiert und insofern dem regulativen Prinzip vernünftiger Rede folgt. Dafür aber, daß wir in jedem durchdringenden Verstehen jene formale Antizipation nicht nur tatsächlich vornehmen, sondern vornehmen müssen, können wir uns nicht allein auf Erfahrung berufen. Um Rechtsgründe namhaft zu machen, müssen wir das implizite Wissen, von dem eine tiefenhermeneutische Sprachanalyse sich immer schon leiten läßt, zu einer Theorie entfalten, die gestattet, aus der Logik der Umgangssprache das Prinzip vernünftiger Rede als das notwendige Regulativ jeder wirklichen Rede, und sei sie noch so entstellt, abzuleiten.

Ohne Vorgriff auf eine allgemeine Theorie natürlicher Sprachen genügen indessen die bisherigen Überlegungen, um zwei Auffassungen zu kritisieren, die nicht aus Hermeneutik, wohl aber aus einem wie mir scheint, falschen ontologischen Selbstverständnis der Hermeneutik folgen.

1. Gadamer hat aus der hermeneutischen Einsicht in die Vorurteilsstruktur des Verstehens eine Rehabilitierung des Vorurteils abgeleitet. Er sieht keinen Gegensatz zwischen Autorität und Vernunft. Die Autorität der Überlieferung setzt sich nicht blind durch, sondern durch die reflektierte Anerkennung derer, die, in einer Tradition stehend, diese verstehen und durch Applikation fortbilden. In seiner Entgegnung auf meine Kritik[28] klärt Gadamer seine Position noch einmal: »Zugegeben,

28 *Zur Logik der Sozialwissenschaften,* a.a.O., S. 174 ff.

daß Autorität in unzähligen Formen von Herrschaftsordnungen Gewalt ausübt ... Aber dieses Bild des der Autorität erwiesenen Gehorsams kann niemals zeigen, warum das alles Ordnungen sind, und nicht die Unordnung handfester Gewaltausübung. Es scheint mir zwingend, wenn ich für die wirklichen Autoritätsverhältnisse Anerkennung bestimmend finde ... Man braucht nur Vorgänge wie den von Autoritätsverlust oder Autoritätsverfall ... zu studieren, und man sieht, was Autorität ist und woraus sie lebt. Nicht von dogmatischer Gewalt, sondern von dogmatischer Anerkennung her. Was aber soll dogmatische Anerkennung sein, wenn nicht dies, daß der Autorität eine Überlegenheit an Erkenntnis zugebilligt wird ...«[29] Dogmatische Anerkennung einer Überlieferung, und das bedeutet die Annahme des Wahrheitsanspruchs dieser Tradition, kann freilich nur mit Erkenntnis selber gleichgesetzt werden, wenn in der Tradition Zwanglosigkeit und Unbeschränktheit der Verständigung über Tradition gesichert wären. Gadamers Argument setzt voraus, daß sich die legitimierende Anerkennung und das Autorität begründende Einverständnis gewaltlos einspielen. Die Erfahrung systematisch verzerrter Kommunikation widerstreitet dieser Voraussetzung. Permanenz gewinnt Gewalt ohnehin nur durch den objektiven Schein der Gewaltlosigkeit eines pseudokommunikativen Einverständnisses. Eine derart legitimierte Gewalt nennen wir mit Max Weber Autorität. Deshalb bedarf es des prinzipiellen Vorbehalts universaler und herrschaftsfreier Verständigung, um dogmatische Anerkennung von wahrem Konsensus grundsätzlich zu unterscheiden. Vernunft im Sinne des Prinzips vernünftiger Rede ist der Fels, an dem bisher faktische Autoritäten eher zerschellt sind, als daß sie auf ihn sich gegründet hätten.

2. Wenn aber der von der Aufklärung reklamierte Gegensatz von Autorität und Vernunft zu Recht besteht und hermeneutisch nicht aufgehoben werden kann, dann wird auch der Versuch problematisch, dem Aufklärungsanspruch des Interpreten grundsätzliche Einschränkungen aufzuerlegen. Gada-

29 H.-G. Gadamer, »Rhetorik, Hermeneutik und Ideologiekritik«, a.a.O., S. 124.

mer hat aus der hermeneutischen Einsicht in die Vorurteilsstruktur des Verstehens auch eine Zurücknahme des Moments der Aufklärung in den Horizont der geltenden Überzeugungen abgeleitet. Das Besserwissen des Interpreten findet seine Schranke an den anerkannten und traditionell eingelebten Überzeugungen der soziokulturellen Lebenswelt, der er selber angehört: »Wie verhält sich das Wissen des Psychoanalytikers zu seiner Stellung innerhalb der gesellschaftlichen Wirklichkeit, der er angehört? Daß er die bewußteren Oberflächeninterpretationen hinterfragt, maskiertes Selbstverständnis durchbricht, die repressive Funktion gesellschaftlicher Tabus durchschaut, das gehört zur emanzipatorischen Reflexion, in die er seinen Patienten hereinführt. Aber wenn er dieselbe Reflexion dort ausübt, wo er nicht als Arzt dazu legitimiert ist, sondern wo er selber sozialer Spielpartner ist, fällt er aus seiner sozialen Rolle. Wer seine Spielpartner auf etwas jenseits ihrer Liegendes durchschaut, d. h. nicht ernst nimmt, was sie spielen, ist ein Spielverderber, dem man aus dem Wege geht. Die emanzipatorische Kraft der Reflexion, die der Psychoanalytiker in Anspruch nimmt, muß mithin an dem gesellschaftlichen Bewußtsein ihre Grenze finden, in welchem sich der Analytiker, ebenso wie sein Patient, mit allen anderen versteht. Denn die hermeneutische Reflexion lehrt uns, daß soziale Gemeinschaft bei allen Spannungen und Störungen immer wieder auf ein soziales Einverständnis zurückführt, durch das sie existiert.«[30]

Nun haben wir aber Veranlassung anzunehmen, daß der Hintergrundkonsensus eingelebter Traditionen und Sprachspiele nicht nur im pathologischen Einzelfall gestörter Familiensysteme, sondern auch in gesamtgesellschaftlichen Systemen ein zwangsintegriertes Bewußtsein, ein Ergebnis von Pseudokommunikation sein kann. Die Bewegungsfreiheit eines zur Kritik erweiterten hermeneutischen Verstehens darf daher nicht an den Traditionsspielraum geltender Überzeugungen gebunden werden. Weil eine auf das regulative Prinzip vernünftiger Rede

30 Ebd., S. 129 f.

verpflichtete Tiefenhermeneutik auch in den fundamentalen Übereinstimmungen und anerkannten Legitimationen noch die naturgeschichtlichen Spuren gestörter Kommunikation suchen muß und antreffen kann, wäre eine Privatisierung ihres Aufklärungsanspruchs und die Einschränkung der Ideologiekritik auf die Rolle einer im Arzt-Patientenverhältnis institutionalisierten Behandlung unvereinbar mit ihrem methodischen Ansatz. Die Aufklärung, die ein radikales Verstehen bewirkt, ist stets politisch. Freilich bleibt auch Kritik an den Überlieferungszusammenhang, den sie reflektiert, gebunden. Gegenüber einer monologischen Selbstgewißheit, die Kritik sich bloß anmaßt, behält Gadamers hermeneutischer Einwand recht. Für die tiefenhermeneutische Deutung gibt es keine Bestätigung außer der im Dialog gelingenden, vollzogenen Selbstreflexion aller Beteiligten. Aus dem hypothetischen Status allgemeiner Interpretationen ergeben sich in der Tat *a priori* zwingende Beschränkungen bei der Wahl des Modus, nach dem jeweils der immanente Aufklärungsanspruch kritischen Verstehens eingelöst werden soll.[31]

Vielleicht ist es unter den gegenwärtigen Umständen dringlicher geboten, auf Grenzen des falschen Universalitätsanspruchs der Kritik als auf die des Universalitätsanspruchs der Hermeneutik hinzuweisen. Soweit es aber um die Klärung eines Rechtsstreites geht, bedarf auch dieser der Kritik.

31 Vgl. Habermas, *Protestbewegung und Hochschulreform,* Frankfurt 1969, Einleitung S. 43 Anm. 6.

11. Bewußtmachende oder rettende Kritik – Die Aktualität Walter Benjamins *1972*

Auch in einem trivialen Sinne ist Benjamin aktuell: an ihm scheiden sich heute die Geister. Die Fronten, die sich seit dem Erscheinen der »Schriften« Benjamins[1] während der kurzen, fast eruptiven Wirkungsgeschichte in der Bundesrepublik abzeichnen, sind in der Biographie Benjamins vorgezeichnet. Für Benjamins Lebensgeschichte ist die Konstellation Scholem, Adorno und Brecht bestimmend gewesen, auch die jugendliche Abhängigkeit von Gustav Wyneken, dem Schulreformer, und später die Nähe zu den Surrealisten. Scholem, der nächste Freund und Mentor, ist heute durch Scholem vertreten, durch den unpolemischen, überlegenen und ganz unnachgiebigen Anwalt des Bezirks in Benjamin, der von Überlieferungen der jüdischen Mystik eingenommen war.[2] Adorno, Erbe, kritischer Partner und Wegbereiter in einer Person, hat die erste Welle der posthumen Benjaminrezeption nicht nur eingeleitet, sondern auch geprägt[3]; nach dem Tode Peter Szondis (der ohne Zweifel hier und heute an meiner Stelle gestanden hätte) wird Adornos Position vor allem durch Benjamins Herausgeber, Tiedemann und Schweppenhäuser, gewahrt.[4] Brecht hat Benjamin, für den

1 W. Benjamin, *Schriften,* 2. Bde., Frankfurt 1955.
Im folgenden zitiere ich nach: *Ausgewählte Schriften* (A.S.) Bd. 1: *Illuminationen,* Frankfurt 1961 und Bd. 2: *Angelus Novus,* Frankfurt 1966. Ferner nach den Einzelausgaben: *Ursprung des deutschen Trauerspiels,* Frankfurt 1963; *Versuche über Brecht,* Frankfurt 1966; *Charles Baudelaire,* Frankfurt 1969.

2 G. Scholem, »Walter Benjamin«, in: *Über W. Benjamin,* Frankfurt 1968, S. 132-164;
ders., Nachwort zu: W. Benjamin, *Berliner Chronik,* Frankfurt 1970, S. 125 bis 135;
ders., »Zum Verständnis der messianischen Idee im Judentum«, in: G. Scholem, *Über einige Grundbegriffe des Judentums,* Frankfurt 1970, S. 121-167.

3 T. W. Adorno, *Über Walter Benjamin,* Frankfurt 1970.

4 P. Szondi, Nachwort zu: W. Benjamin, *Städtebilder,* Frankfurt 1963, S. 79 bis 99.
R. Tiedemann, *Studien zur Philosophie W. Benjamins,* Frankfurt 1965;
ders., Nachwort zu: W. Benjamin, *Charles Baudelaire,* Frankfurt 1969, S. 165-191;

er eine Art Realitätsprinzip gewesen sein muß, dazu gebracht, mit der Esoterik des Stils und des Gedankens zu brechen; im Gefolge Brechts können marxistische Kunsttheoretiker, wie H. Brenner, Lethen und Scharang, heute Benjamins Spätwerk entschieden in die Perspektive des Klassenkampfes einrücken.[5] Gustav Wyneken, von dessen Vorbild sich der in der Freien Schulgemeinde aktive Benjamin während seiner Studienzeit losgesagt hat[6], signalisiert fortbestehende Bindungen und Impulse; dieses Jungkonservative in Benjamin hat heute in Hannah Arendt, die den suggestiblen, verletzbaren Ästheten, Sammler und Privatgelehrten Benjamin gegen die ideologischen Ansprüche der marxistischen und zionistischen Freunde in Schutz nehmen möchte, eine intelligente und streitbare Apologetin gefunden.[7] Benjamins Nähe zum Surrealismus schließlich ist mit der zweiten Welle der Benjaminrezeption, die ihre Anstöße durch die studentische Revolte erhalten hat, wieder bewußt geworden; das belegen unter anderem die Arbeiten von Bohrer und Bürger.[8] Zwischen diesen Fronten entsteht eine

ders., Nachwort zu: W. Benjamin, *Versuche über Brecht,* Frankfurt 1966, S. 117-138.

H. Schweppenhäuser, Einleitung zu: W. Benjamin, *Über Haschisch,* Frankfurt 1972, S. 7-30.

5 H. Brenner, »Die Lesbarkeit der Bilder. Skizzen zum Passagenentwurf«, in: *Alternative* H. 59/60 1968, S. 48 ff.

H. Lethen, »Zur materialistischen Kunsttheorie Benjamins«, in: *Alternative* H. 56/57 1967, S. 225-234.

M. Scharang, *Zur Emanzipation der Kunst,* Neuwied 1971.

H. H. Holz, *Vom Kunstwerk zur Ware,* Neuwied 1972.

6 W. Benjamin, *Briefe* Bd. 1, Frankfurt 1966, S. 120 ff.

7 H. Arendt, *Benjamin, Brecht.* Zwei Essays, München 1971.

8 P. Bürger, *Der französische Surrealismus,* Frankfurt 1971.

K. H. Bohrer, *Die gefährdete Phantasie oder Surrealismus und Terror,* München 1970.

E. Lenk, *Der springende Narziß,* München 1971.

G. Steinwachs, *Mythologie des Surrealismus oder die Rückverwandlung von Kultur in Natur,* Neuwied 1971;

Adornos Kritik des Surrealismus findet sich in: *Noten zur Literatur* I, Frankfurt 1958, S. 153-160; ihm folgt:

H. M. Enzensberger, »Die Aporien der Avantgarde«, in: *Einzelheiten,* Frankfurt 1962, S. 290-315;

Über den Stand der Sekundärliteratur unterrichtet

W. S. Rubin, The D-S Expedition, in: *The New York Review of Books,* Vol. XVIII, 9/10 1972.

Benjaminphilologie, die sich zu ihrem Gegenstand gelehrt verhält und dem Unvorsichtigen respektabel anzeigt, daß dieses kein unbetretenes Terrain mehr ist.[9] Zum Streit der Parteien, in dem das Bild Benjamins nahezu zersplittert, bietet die akademische Behandlung der Sache womöglich ein Korrektiv, aber sicher keine Alternative. Zudem sind die konkurrierenden Interpretationen Benjamin nicht übergestülpt; es ist wohl nicht bloß Geheimniskrämerei, die, wie Adorno berichtet, Benjamin veranlaßt hat, seine Freunde voneinander fernzuhalten: nur als surrealistische Szene vollziehbar wäre etwa die Vorstellung, Scholem, Adorno und Brecht zum friedlichen Symposion am runden Tisch, unter dem Breton oder Aragon hocken, während Wyneken an der Tür steht, versammelt zu sehen, sagen wir zu einem Disput über den »Geist der Utopie« oder gar den »Geist als Widersacher der Seele«. Benjamins intellektueller Existenz hat soviel Surreales angehaftet, daß man sie nicht mit unbilligen Konsistenzforderungen konfrontieren sollte. Benjamin hat auseinanderstrebende Motive verknüpft, aber nicht eigentlich vereinigt; und hätte er sie vereinigt, dann in so vielen Einheiten, wie es Momente gibt, in denen ein interessierter Blick nachgeborener Interpreten die Kruste durchbohrt und dorthin vordringt, wo das Gestein noch lebt. Benjamin gehört zu jenen unübersichtlichen Autoren, deren Werk auf eine disparate Wirkungsgeschichte angelegt ist; diese Autoren treffen wir immer nur an in der aufblitzenden Aktualität eines für historische Sekunden die Herrschaft antretenden Gedankens. Was Aktualität sei, pflegte Benjamin anhand der talmudischen Legende zu erläutern, derzufolge »die Engel – neue jeden Augenblick in unzähligen Scharen – geschaffen (sind), um, nachdem sie vor Gott ihren Hymnus gesungen, aufzuhören und in Nichts zu vergehen.« (A. S. Bd. 2, S. 374)

Ich möchte ausgehen von einem Satz, den Benjamin einmal gegen das Verfahren der Kulturgeschichte gewendet hat: »Sie

9 Vgl. das Benjamin gewidmete Heft der Zeitschrift *Text und Kritik* (H. 31/32 1971), darin Aufsätze von B. Lindner, L. Wiesenthal, P. Krumme und eine kommentierte Bibliographie (S. 85 ff.) mit Hinweisen auf Dissertationen über Benjamin, die in Arbeit sind.

(die Kulturgeschichte) vermehrt wohl die Last der Schätze, die sich auf dem Rücken der Menschheit häufen. Aber sie gibt ihr die Kraft nicht, diese abzuschütteln, um sie dergestalt in die Hand zu bekommen.« (ebd., S. 312) Eben darin sieht Benjamin die Aufgabe der Kritik. Nicht unter dem historischen Gesichtspunkt der aufgespeicherten Kulturgüter betrachtet Benjamin die Dokumente der Kultur, die zugleich solche der Barbarei sind, sondern unter dem kritischen Gesichtspunkt, wie er sich steif ausdrückt, des Zerfalls der Kultur »in Güter, die der Menschheit ein Objekt des Besitzes« werden können. Von »Aufhebung der Kultur« spricht Benjamin freilich nicht.

I.

Von Aufhebung der Kultur spricht Herbert Marcuse 1937 in einem Aufsatz über den affirmativen Charakter der Kultur.[10] An der klassischen bürgerlichen Kunst kritisiert er den Doppelcharakter einer Welt des schönen Scheins, die sich autonom, d. h. jenseits des bürgerlichen Konkurrenzkampfes und der gesellschaftlichen Arbeit etabliert hat. Diese Autonomie ist scheinhaft, weil die Kunst den Glücksanspruch der Individuen nur im Bereich der Fiktion gelten läßt und die Glücklosigkeit der täglichen Realität verschleiert; zugleich ist an der Autonomie der Kunst auch etwas Wahres, weil das Ideal des Schönen die Sehnsucht nach einem glücklicheren Leben, nach der im Alltag vorenthaltenen Humanität, Freundlichkeit und Solidarität auch zum Ausdruck bringt und damit das Bestehende transzendiert: »Die affirmative Kultur war die geschichtliche Form, in der die über die materielle Reproduktion des Daseins hinausgehenden Bedürfnisse der Menschen aufbewahrt blieben, und insofern gilt von ihr wie von der Form der gesellschaftlichen Wirklichkeit, der sie zugehört: das Recht ist auch auf ihrer Seite. Sie hat zwar die ›äußeren Verhältnisse‹ von der Verantwortung für die ›Bestimmung des Menschen‹ entlastet –

10 H. Marcuse, *Kultur und Gesellschaft* I, Frankfurt 1965, S. 56-101.

so stabilisiert sie deren Ungerechtigkeit –, aber sie hält ihnen auch das Bild einer besseren Ordnung vor, die der gegenwärtigen aufgegeben ist.« (ebd., S. 88) Dieser Kunst gegenüber bringt Marcuse den ideologiekritischen Anspruch zur Geltung, die Wahrheit, die in den bürgerlichen Idealen ausgesprochen, aber der Sphäre des schönen Scheins vorbehalten ist, beim Wort zu nehmen, und das heißt: Kunst als eine von der Realität abgespaltene Sphäre aufzuheben.

Wenn der schöne Schein das Medium ist, in dem die bürgerliche Gesellschaft ihre eigenen Ideale zwar ausdrückt, aber deren Suspendierung zugleich verschleiert, dann führt die Ideologiekritik der Kunst zur Forderung, autonome Kunst aufzuheben, Kultur überhaupt in den materiellen Lebensprozeß zurückzunehmen. Die Revolutionierung der bürgerlichen Lebensverhältnisse bedeutet Aufhebung der Kultur: »Insoweit die Kultur die erfüllbaren aber faktisch unerfüllten Sehnsüchte und Triebe der Menschen gestaltet hat, wird sie ihren Gegenstand verlieren ... Die Schönheit wird eine andere Verkörperung finden, wenn sie nicht mehr als realer Schein dargestellt werden, sondern die Realität und die Freude an ihr ausdrücken soll.« (ebd., S. 98 f.)

Marcuse hat sich damals, im Anblick der faschistischen Massenkunst, über die Möglichkeit einer falschen Aufhebung der Kultur nicht täuschen können. Ihr hat er eine andere Politisierung der Kunst entgegengehalten, die dreißig Jahre später, auf den blumengeschmückten Barrikaden der Pariser Studenten, für einen Augenblick konkrete Gestalt anzunehmen schien. In seinem Essay über Befreiung hat Marcuse die surrealistische Praxis der Jugendrevolte als die Aufhebung der Kultur gedeutet, mit der die Kunst ins Leben übertritt.[11]

Ein Jahr vor Marcuses Aufsatz über den affirmativen Charakter der Kultur war am gleichen Ort, in der Zeitschrift für Sozial-

11 H. Marcuse, *Versuch über Befreiung,* Frankfurt 1969, insbes. Kap. II, S. 43 ff. Marcuse hat diese Perspektive in seinem jüngsten Buch entfaltet und teilweise auch modifiziert: *Counterrevolution and Revolt,* Boston 1972, Ch. 3: Art and Revolution, S. 79-128.
Vgl. G. Rohrmoser, *Herrschaft und Versöhnung, Ästhetik und die Kulturrevolution des Westens,* Freiburg 1972.

forschung, Benjamins Abhandlung über *Das Kunstwerk im Zeitalter seiner technischen Reproduzierbarkeit* erschienen. (A. S. Bd. 2, S. 148–185) Es scheint so, als habe Marcuse die subtileren Beobachtungen Benjamins nur auf den ideologiekritischen Begriff gebracht. Thema ist wiederum die Aufhebung der autonomen Kunst. Der profane Schönheitsdienst hat sich erst mit der Renaissance herausgebildet, um für dreihundert Jahre in Geltung zu bleiben. (ebd., S. 155) In dem Maße, wie die Kunst von ihrem kultischen Fundament abgelöst wird, erlischt der Schein ihrer Autonomie. (ebd., S. 159) Benjamin begründet seine These, »daß die Kunst aus dem Bereich des ›schönen Scheins‹ entwichen ist«, mit dem veränderten Status des Kunstwerks und einer veränderten Rezeptionsweise.
Mit der Zertrümmerung der Aura verschiebt sich die innerste symbolische Struktur des Kunstwerks derart, daß die dem materiellen Lebensprozeß enthobene und ihm gegenübertretende Sphäre zerfällt. Das Kunstwerk zieht seinen ambivalenten Anspruch auf gebieterische Echtheit und Unantastbarkeit ein. Es gibt sowohl historische Zeugenschaft wie auch das kultische Gefälle zum Kunstbetrachter preis. Schon 1927 hatte Benjamin notiert: »Was wir Kunst nannten, beginnt erst zwei Meter vom Körper entfernt.« (A. S. Bd. 2, S. 160) Das banalisierte Kunstwerk gewinnt auf Kosten seines Kulturwertes Ausstellungswert.[12]
Der veränderten Struktur des Kunstwerks entspricht eine veränderte Organisation der Wahrnehmung und der Rezeption von Kunst. Als autonome ist Kunst auf individuellen Kunstgenuß angelegt, nach dem Verlust ihrer Aura auf Massenrezeption. Der Kontemplation des vereinzelten kunstbetrachtenden Individuums stellt Benjamin die reizstimulierte Zerstreuung im Kollektiv gegenüber: »Der Versenkung, die in der Entartung des Bürgertums eine Schule asozialen Verhaltens wurde, tritt die Ablenkung als eine Spielart des sozialen Verhaltens gegen-

12 »Gewisse Madonnenbilder bleiben fast das ganze Jahr über verhangen, gewisse Skulpturen an mittelalterlichen Domen sind für den Betrachter zu ebener Erde nicht sichtbar. Mit der Emanzipation der einzelnen Kunstausübungen aus dem Schoße des Rituals wachsen die Gelegenheiten zur Ausstellung ihrer Produkte.« (A. S. Bd. 1, S. 157).

über.« (A. S. Bd. 1, S. 171) In der Kollektivrezeption sieht Benjamin zudem einen Kunstgenuß, der instruktiv und kritisch zugleich ist.
Den nicht ganz konsistenten Äußerungen meine ich den Begriff einer Rezeptionsweise entnehmen zu können, den Benjamin an den Reaktionen eines entspannten und doch geistesgegenwärtigen Filmpublikums gewonnen hat: »Man vergleiche die Leinwand, auf welcher der Film abrollt, mit der Leinwand, auf welcher sich das Gemälde befindet. Das letztere lädt den Betrachter zur Kontemplation ein; vor ihm kann er sich seinem Assoziationsablauf überlassen. Vor der Filmaufnahme kann er das nicht... In der Tat wird der Assoziationsablauf dessen, der diese (Film)bilder betrachtet, sofort durch ihre Veränderung unterbrochen. Darauf beruht die Chokwirkung des Films, die, wie jede Chokwirkung, durch gesteigerte Geistesgegenwart aufgefangen sein will. Kraft seiner technischen Struktur hat der Film die physische Chokwirkung, welche der Dadaismus gleichsam in der moralischen noch verpackt hielt, aus dieser Emballage befreit.« (ebd., S. 171 f.) Das entauratisierte Kunstwerk setzt in einer diskreten Folge von Choks Erfahrungen frei, die bisher im esoterischen Stil eingeschlossen waren. An der geistesgegenwärtigen Verarbeitung dieser Choks beobachtet Benjamin die exoterische Auflösung jenes kultischen Bannes, mit dem die bürgerliche Kultur den einsamen Betrachter kraft ihres affirmativen Charakters belegt.
Benjamin begreift den Funktionswandel der Kunst, der im Augenblick der Emanzipation des Kunstwerks »von seinem parasitären Dasein am Ritual« eintritt, als Politisierung der Kunst: »An die Stelle ihrer Fundierung aufs Ritual tritt ihre Fundierung auf eine andere Praxis: nämlich ihre Fundierung auf Politik.« (ebd., S. 156) Freilich sieht Benjamin wie Marcuse im Anblick der faschistischen Massenkunst, die mit dem Anspruch einer politischen auftritt, die Gefahr einer falschen Aufhebung autonomer Kunst. Diese Propagandakunst der Nazis vollstreckt zwar die Liquidierung der Kunst als eines autonomen Bereichs, aber hinter dem Schleier der Politisierung dient sie in Wahrheit der Ästhetisierung nackter politischer

Gewalt. Sie ersetzt den zerstörten Kultwert der bürgerlichen Kunst durch den manipulativ hergestellten. Der kultische Bann wird nur gebrochen, um synthetisch erneuert zu werden: die Massenrezeption wird zur Massensuggestion.[13]

Benjamins Kunsttheorie entfaltet anscheinend den ideologiekritischen Begriff von Kultur, an den Marcuse ein Jahr später anknüpfen wird. Allein, die Parallelen täuschen. Ich sehe vier wesentliche Unterschiede.

(a) Marcuse verfährt mit den exemplarischen Gestalten der bürgerlichen Kunst ideologiekritisch, indem er den Widerspruch zwischen Ideal und Wirklichkeit feststellt; aus dieser Kritik ergibt sich die Aufhebung der autonomen Kunst nur als die Konsequenz eines Gedankens. Benjamin hingegen erhebt nicht kritische Forderungen gegen eine in ihrer Substanz noch unerschütterte Kultur. Er beschreibt vielmehr den tatsächlichen Prozeß des Zerfalls der Aura, auf die die bürgerliche Kunst den Schein ihrer Autonomie gründet. Er verfährt deskriptiv. Er beobachtet einen Funktionswandel der Kunst, den Marcuse erst für den Augenblick der Revolutionierung der Lebensverhältnisse antizipiert.

(b) Auffällig ist sodann, daß sich Marcuse, wie die idealistische Ästhetik überhaupt, auf die im bürgerlichen Bewußtsein selbst als klassisch anerkannten Perioden beschränkt. Er orientiert sich an einem Begriff des Kunstschönen, der am Symbolischen, worin das Wesen zur Erscheinung kommt, gewonnen ist. Die klassischen Kunstwerke – in der Literatur sind es insbesondere der Roman und das bürgerliche Trauerspiel – eignen sich wie im Bereich der politischen Philosophie das rationale Naturrecht, eben wegen ihres affirmativen Charakters als Gegenstände der Ideologiekritik. Benjamins Interesse aber gilt den nicht-affirmativen Formen der Kunst; in der Untersuchung

13 »Die faschistische Kunst wird nicht nur für Massen, sondern auch von Massen exekutiert ... (Sie) versetzt die Exekutierenden ebenso wie die Rezipierenden in einen Bann, unter dem sie sich selber monumental, d. h. unfähig zu wohlüberlegten und selbständigen Aktionen erscheinen müssen ... Mit der Haltung, die der Bann ihnen auferlegt, kommen, so lehrt der Faschismus, die Massen überhaupt erst zu ihrem Ausdruck.« (A. S. Bd. 2, S. 509 f.).

über das barocke Trauerspiel hat er am Allegorischen einen Kontrastbegriff zur individuellen Totalität des verklärenden Kunstwerks gewonnen.[14] Die Allegorie, die die Erfahrung des Leidvollen, Unterdrückten, Unversöhnten und Verfehlten, die Erfahrung des Negativen ausdrückt, widerstreitet einer positiv Glück, Freiheit, Versöhnung und Erfüllung vorspiegelnden und vorschießenden symbolischen Kunst. Während diese der Ideologiekritik zur Entschlüsselung und Überwindung bedarf, ist jene selber Kritik – oder vielmehr auf Kritik verweisend: »Was dauert, ist das seltsame Detail der allegorischen Verweisungen: ein Gegenstand des Wissens, der in den durchdachten Trümmerbauten nistet. Kritik ist Mortifikation der Werke. Dem kommt das Wesen dieser mehr als jeder anderen Produktion entgegen.« (Ursprung des deutschen Trauerspiels, S. 202)

(c) In diesem Zusammenhang ist ferner bemerkenswert, daß Marcuse die avantgardistischen Transformationen der bürgerlichen Kunst, die sich dem direkten Zugriff der Ideologiekritik entziehen, ausspart, während Benjamin den Prozeß der Aufhebung autonomer Kunst an der Geschichte der Moderne nachweist. Benjamin, der das Auftreten der großstädtischen Massen als eine matrix ansieht, »aus der alles gewohnte Verhalten Kunstwerken gegenüber neugeboren hervorgeht« (A. S. Bd. 1, S. 172), entdeckt die Berührung mit diesem Phänomen gerade in den Werken, die sich ihm gegenüber hermetisch zu verschließen scheinen: »Die Masse ist Baudelaire derart innerlich, daß man ihre Schilderung bei ihm vergebens sucht« (Ch. Baudelaire, Ein Lyriker im Zeitalter des Hochkapitalismus, S. 128).[15] Benjamin folgt den Spuren der Moderne, weil

14 »Während im Symbol mit der Verklärung des Untergangs das transfigurierte Antlitz im Lichte der Erlösung sich flüchtig offenbart, liegt in der Allegorie die facies hippocratica der Geschichte als erstarrte Urlandschaft vor Augen . . . Das ist der Kern der allegorischen Betrachtung, der barocken, weltlichen Exposition der Geschichte als Leidensgeschichte der Welt; bedeutend ist diese nur in den Stationen ihres Verfalls.« (*Ursprung des deutschen Trauerspiels,* S. 182 f.).

15 Darum wendet sich Benjamin gegen das oberflächliche Verständnis des l'art pour l'art: »Es wäre der Augenblick, an ein Werk zu gehen, das wie kein anderes die Krisis der Künste, von der wir Zeuge sind, erhellen würde: eine Geschichte der esoterischen Dichtung . . . Auf ihrem letzten Blatt müßte man das Röntgenbild des Surrealismus finden.« (A. S. Bd. 2, S. 207).

sie zu dem Punkt führen, wo »der Bereich der Dichtung von innen gesprengt wird«. (A. S. Bd. 2, S. 201) Die Einsicht in die Notwendigkeit der Aufhebung autonomer Kunst entspringt der Rekonstruktion dessen, was die avantgardistische Kunst, indem sie die bürgerliche transformiert, von dieser preisgibt.

(d) Schließlich besteht die entscheidende Differenz zu Marcuse darin, daß Benjamin die Auflösung der autonomen Kunst als Ergebnis einer Umwälzung in den Reproduktionstechniken begreift. Am Vergleich der Funktionen von Malerei und Photographie zeigt Benjamin exemplarisch die Folgen der mit dem 19. Jahrhundert vordringenden neuen Techniken, die gegenüber den traditionellen Abdruckverfahren des Gießens, Prägens und Holzschneidens, des Kupferstichs und des Steindrucks eine neue, allenfalls mit der Erfindung des Buchdrucks vergleichbare Stufe darstellen. Zu seiner Zeit konnte Benjamin an Schallplatte, Film und Rundfunk eine Entwicklung beobachten, die sich mit den elektronischen Medien beschleunigt fortgesetzt hat. Die Reproduktionstechniken greifen in die innere Struktur der Kunstwerke ein. Das Werk büßt einerseits eine raumzeitliche Individualität ein, andererseits gewinnt es an dokumentarischer Authentizität. Die Zeitstruktur von Flüchtigkeit und Wiederholbarkeit, die die fürs autonome Kunstwerk typische Zeitstruktur von Einzigkeit und Dauer ersetzt, zerstört die Aura, »die einmalige Erscheinung einer Ferne« und schärft den »Sinn für das Gleichartige in der Welt«. Die ihrer Aura entkleideten Dinge rücken zudem den Massen dadurch näher, daß das technische Medium, das sich zwischen die selektiven Sinnesorgane und den Gegenstand schiebt, diesen genauer und realistischer abbildet. Die Authentizität der Sache verlangt freilich einen konstruktiven Einsatz der abbildrealistischen Mittel, also Montage und literarische Interpretation (Beschriftung der Photographie).[16]

16 Auch hier sieht Benjamin den Dadaismus als einen Vorläufer der technischen Künste mit anderen Mitteln: »Die revolutionäre Stärke des Dadaismus bestand darin, die Kunst auf ihre Authentizität zu prüfen. Man stellte Stilleben aus Billetts, Garnrollen, Zigarettenstummeln zusammen, die mit malerischen Elementen verbunden waren. Man tat das ganze in einen Rahmen. Und damit zeigte man dem Publikum: Seht, Euer Bilderrahmen sprengt die Zeit; das win-

Benjamin läßt sich, wie diese Unterschiede zeigen, nicht von einem ideologiekritischen Begriff der Kunst leiten; er hat mit der Auflösung autonomer Kunst etwas anderes im Sinn als Marcuse mit seiner Forderung nach Aufhebung der Kultur. Während Marcuse Ideal und Wirklichkeit konfrontiert und den unbewußten Gehalt der bürgerlichen Kunst, welche die bürgerliche Realität zugleich rechtfertigt und wider Willen denunziert, ins Bewußtsein hebt, verzichtet Benjamins Analyse auf die Form der Selbstreflexion. Während Marcuse durch die analytische Zersetzung eines objektiven Scheins die Veränderung der entschleierten materiellen Lebensverhältnisse vorbereiten und die Aufhebung der Kultur, in der diese Lebensverhältnisse sich stabilisieren, einleiten möchte, kann Benjamin seine Aufgabe nicht in der Attacke gegen eine Kunst sehen, die schon in Auflösung begriffen ist. Seine Kunstkritik verhält sich zu ihren Gegenständen konservativ, gleichviel ob es sich ums barocke Trauerspiel, um Goethes Wahlverwandtschaften, Baudelaires Fleurs du Mal oder den sowjetrussischen Film der frühen zwanziger Jahre handelt; sie zielt zwar auf »die Mortifikation der Werke« (*Ursprung des deutschen Trauerspiels,* S. 202), aber die Kritik verübt am Kunstwerk eine Abtötung nur, um das Wissenswürdige aus dem Medium des Schönen ins Medium des Wahren zu transponieren – und dadurch zu *retten.*

Den Impuls zur Rettung erklärt Benjamins eigentümliche Konzeption der Geschichte.[17] In der Geschichte waltet eine mystische Kausalität derart, daß »eine geheime Verabredung (besteht) zwischen den gewesenen Geschlechtern und unserem ... Uns ist wie jedem Geschlecht, das vor uns war, eine *schwache* messianische Kraft mitgegeben, an welche die Vergangenheit Anspruch hat.« (*Geschichtsphilosophische Thesen,* A. S. Bd. 1,

zigste authentische Bruchstück des täglichen Lebens sagt mehr als die Malerei. So wie der blutige Fingerabdruck eines Mörders auf einer Buchseite mehr sagt als der Text. Von diesen revolutionären Gehalten hat sich vieles in die Photomontage hineingerettet.« (*Versuche über Brecht,* S. 206).

17 Tiedemann, *Studien,* a.a.O., S. 103 ff.; H. D. Kittsteiner, »Die Geschichtsphilosophischen Thesen«, in: *Alternative* H. 55/56, S. 243-251.

S. 269) Dieser Anspruch kann nur durch eine immer wieder erneuerte kritische Anstrengung des historischen Blicks auf eine erlösungsbedürftige Vergangenheit erfüllt werden; und diese Anstrengung ist im eminenten Sinne konservativ, »denn es ist ein unwiederbringliches Bild der Vergangenheit, das mit jeder Gegenwart zu verschwinden droht, die sich nicht als in ihm gemeint erkannte«. (ebd., S. 270) Wird der Anspruch verfehlt, dann droht Gefahr »sowohl dem Bestand der Tradition wie ihren Empfängern«.[18]

Das Kontinuum der Geschichte besteht für Benjamin in der Permanenz des Unerträglichen; Fortschritt ist die ewige Wiederkehr der Katastrophe: »Der Begriff des Fortschritts ist in der Idee der Katastrophe zu fundieren«, notiert Benjamin in einem Entwurf zur Baudelaire-Arbeit, »daß ›es so weiter geht‹, ist die Katastrophe.« Darum muß sich »die Rettung an den kleinen Sprung in der Katastrophe« halten. (A. S. Bd. 1, S. 260) Der Begriff einer Gegenwart, in der die Zeit anhält und zum Stillstand kommt, gehört zu Benjamins ältesten Einsichten. In den geschichtsphilosophischen Thesen, kurz vor seinem Tode, steht der zentrale Satz: »Die Geschichte ist Gegenstand einer Konstruktion, deren Ort nicht die homogene und leere Zeit, sondern die von ›Jetztzeit‹ erfüllte bildet. So war für Robespierre das antike Rom eine mit Jetztzeit geladene Vergangenheit, die er aus dem Kontinuum der Geschichte heraussprengte.« (A. S. Bd. 1, S. 276) Eine der frühesten Abhandlungen, die über »Das Leben der Studenten«, beginnt im gleichen Sinne: »Es gibt eine Geschichtsauffassung, die im Vertrauen auf die

18 Die rettende Kraft der zurückdenkenden Kritik ist freilich nicht mit der Einfühlung und dem Nacherleben zu verwechseln, das der Historismus von der Romantik übernommen hat: »Mit der Romantik setzt die Jagd nach dem falschen Reichtum ein, nach der Einverleibung jeder Vergangenheit, nicht durch die fortschreitende Emanzipation des Menschengeschlechts, kraft deren es seiner eigenen Geschichte immer geistesgegenwärtiger in das Auge sieht und immer neue Winke ihr abgewinnt, sondern durch die Nachahmung, das Ergattern aller Werke aus abgelebten Völkerkreisen und Weltepochen.« (A. S. Bd. 2, S. 360 f.). Dieser Hinweis ist andererseits keine Empfehlung, die Geschichte hermeneutisch als ein wirkungsgeschichtliches Kontinuum aufzufassen oder als einen Bildungsprozeß der Gattung zu rekonstruieren. Dem steht die zutiefst antievolutionistische Geschichtskonzeption entgegen.

Unendlichkeit der Zeit nur das Tempo der Menschen und Epochen unterscheidet, die schnell oder langsam auf der Bahn des Fortschritts dahinrollen ... Die folgende Betrachtung geht dagegen auf einen bestimmten Zustand, in dem die Historie als in einem Brennpunkt gesammelt ruht, wie von jeher in den utopischen Bildern der Denker. Die Elemente des Endzustandes liegen nicht als gestaltlose Fortschrittstendenzen zutage, sondern sind als gefährdete, verrufenste und verlachte Schöpfungen und Gedanken in *jeder* Gegenwart eingebettet.« (ebd., S. 9)

Gewiß hat sich seit der Ideenlehre des Trauerspielbuchs die Interpretation des *rettenden Eingriffs in eine Vergangenheit* verschoben. Der retrospektiv gewendete Blick sollte damals das gerettete Phänomen, indem es dem Werden und Vergehen entspringt, ins Gehege der Ideenwelt einsammeln: mit dem Eintritt in die Sphäre des Ewigen streift das ursprüngliche Ereignis seine virtuell gewordene Vor- und Nachgeschichte wie ein naturhistorisches Gewand ab. (*Ursprung des deutschen Trauerspiels*, S. 28-33) Diese Konstellation von Naturgeschichte und Ewigkeit weicht später der Konstellation von Geschichte und Jetztzeit: den Ort des Ursprungs nimmt die messianische Stillstellung des Geschehens ein.[19] Der Feind jedoch, von dem, wenn die rettende Kritik ausbleibt und Vergessen Platz greift, die Toten so bedroht sind wie die Lebendigen, der Feind ist derselbe geblieben, nämlich die Herrschaft des mythischen Schicksals. Der Mythos zeichnet das seiner Bestimmung zum guten und gerechten Leben hoffnungslos depravierte Menschengeschlecht, das in den Kreislauf der Reproduktion des bloßen Lebens und Überlebens gebannt ist.[20] Das mythische Schicksal kann immer nur für einen hinfälligen Moment stillgestellt werden. Die Bruchstücke der Erfahrung, die in solchen Momenten dem Schicksal, dem Kontinuum der leeren Zeit für

19 B. Lindner, »›Natur-Geschichte‹ – eine Geschichtsphilosophie und Welterfahrung in Benjamins Schriften«, in: *Text und Kritik*, a.a.O., S. 56.
20 In diesem Sinne konzipieren aufgeklärte Wissenschaften wie Systemtheorie und verhaltenswissenschaftliche Psychologie den Menschen als »mythisches« Wesen.

die Aktualität der Jetztzeit abgerungen werden, bilden den Bestand der gefährdeten Tradition; zu ihr gehört die Geschichte der Kunst. Tiedemann zitiert aus dem Passagenwerk den Satz: »In jedem wahren Kunstwerk gibt es die Stelle, an der es den, der sich darein versetzt, kühl wie der Wind einer kommenden Frühe anweht. Daraus ergibt sich, daß die Kunst, die man oft als refraktär gegen jede Beziehung zum Fortschritt ansah, dessen *echter* Bestimmung dienen kann. Fortschritt ist nicht in der Kontinuität des Zeitverlaufs, sondern in seinen Interferenzen zu Hause: dort wo ein wahrhaft Neues zum ersten Mal mit der Nüchternheit der Frühe sich fühlbar macht.« (Tiedemann, *Studien*, S. 103 f.)

In diesem Zusammenhang steht auch Benjamins nur in Bruchstücken ausgeführter Plan einer Urgeschichte der Moderne. Baudelaire ist für Benjamin zentral geworden, weil seine Dichtung »das Neue am Immerwiedergleichen und das Immerwiedergleiche am Neuen« in Erscheinung bringt. (*Zentralpark*, Schriften I, S. 482)

Benjamins Kritik deckt in den voranhastenden Prozessen des Veraltens, die sich selbst als Fortschritt verstehen und mißverstehen, die Koinzidenz mit dem Unvordenklichen auf. Sie identifiziert in der von den Produktivkräften angetriebenen Modernisierung der Lebensformen den unterm Kapitalismus sich gleichwohl durchsetzenden mythischen Wiederholungszwang – das Immerwiedergleiche am Neuen. Aber indem sie das tut, zielt diese Kritik, und das unterscheidet sie von Ideologiekritik, auf die Rettung einer mit Jetztzeit geladenen Vergangenheit; sie vergewissert sich der Momente, in denen die künstlerische Sensibilität dem als Fortschritt drapierten Schicksal Einhalt gebietet und die utopische Erfahrung im dialektischen Bild verschlüsselt – das Neue am Immerwiedergleichen. Der Umschlag der Moderne in Urgeschichte hat bei Benjamin einen zweideutigen Sinn. Urgeschichtlich ist der Mythos ebenso wie der Gehalt der Bilder, die allein aus dem Mythos herausgebrochen werden können, und die, damit sie als Tradition für den wahren Fortschritt aufbewahrt bleiben, in einer anderen, gleichsam erwarteten Gegenwart kritisch erneuert und zur »Lesbarkeit«

gebracht werden müssen.[21] Benjamins antievolutionistische Geschichtskonzeption, derzufolge die Jetztzeit quersteht zum naturgeschichtlichen Kontinuum, macht sich nicht vollends blind gegen Fortschritte in der Emanzipation des Menschengeschlechts. Aber tief pessimistisch beurteilt sie die Chance, daß die punktuellen Durchbrüche, die das Immerwiedergleiche unterminieren, zu einer Tradition sich verbinden und *nicht* der Vergessenheit anheimfallen.

Daneben kennt Benjamin freilich eine Kontinuität, die den Kreislauf der Naturgeschichte in linearem Fortschritt durchbricht und dabei doch den Traditionsbestand gefährdet. Das ist die Kontinuität der Entzauberung, als deren letztes Stadium Benjamin den Verlust der Aura diagnostiziert: »Wie in der Urzeit das Kunstwerk durch das absolute Gewicht, das auf seinem Kultwert lag, in erster Linie zu einem Instrument der Magie wurde, das man als Kunstwerk gewissermaßen erst später erkannte, so wird heute das Kunstwerk durch das absolute Gewicht, das auf seinem Ausstellungswert liegt, zu einem Gebilde mit ganz neuen Funktionen, von denen die uns bewußte, die künstlerische als diejenige sich abhebt, die man später als eine beiläufige erkennen mag.« (A. S. Bd. 1, S. 157) Benjamin erklärt diese Entritualisierung der Kunst nicht; man muß sie wohl als Teil jenes weltgeschichtlichen Rationalisierungsprozesses verstehen, den mit den Umwälzungen der Produktionsweise die Entwicklungsschübe der Produktivkräfte in den sozialen Lebensformen bewirken – auch Max Weber verwendet den Terminus »Entzauberung«. Autonome Kunst etabliert sich erst in dem Maße, als, mit der Entstehung der bürgerlichen Gesellschaft, das ökonomische und das politische System vom kulturellen abgekoppelt werden und die traditionalistischen, durch die Basisideologie des gerechten Tausches unterwanderten Weltbilder die Künste aus dem rituellen

21 »Und zwar ist dieses zur Lesbarkeit Gelangen ein bestimmter kritischer Punkt in ihrem (der dialektischen Bilder) Inneren. Jede Gegenwart ist durch diejenigen Bilder bestimmt, die mit ihr synchronistisch sind: jedes Jetzt ist das Jetzt einer bestimmten Erkennbarkeit. In ihm ist die Wahrheit mit Zeit bis zum Zerspringen geladen.« (zit. nach Tiedemann, *Studien*, S. 310).

Gebrauchszusammenhang entlassen.[22] Dem Warencharakter verdankt die Kunst zunächst ihre Freisetzung für den privaten Genuß des im 17. und 18. Jahrhundert sich konstituierenden bürgerlichen Lese- und Theater-, Ausstellungs- und Konzertpublikums.[23] Die Fortsetzung desselben Prozesses, dem die Kunst ihre Autonomie verdankt, führt auch zu deren Liquidierung. Schon im 19. Jahrhundert zeichnet sich ab, daß das Publikum der bürgerlichen Privatleute den großstädtischen Kollektiven der arbeitenden Bevölkerung weicht. Deshalb konzentriert sich Benjamin auf Paris als die Großstadt par excellence und auf die Phänomene der Massenkunst, denn – so schließt Benjamin den soeben zitierten Passus über die Entritualisierung der Kunst, »soviel ist sicher, daß gegenwärtig die Photographie und weiter der Film die brauchbarsten Handhaben zu dieser Erkenntnis geben«. (ebd.)

III.

An keiner Stelle hat Adorno Benjamin so energisch widersprochen wie an dieser. Adorno begreift die mit den neuen Reproduktionstechniken entstehende Massenkunst als eine Degeneration von Kunst. Der Markt, der die Autonomie der bürgerlichen Kunst zunächst ermöglicht hat, läßt eine Kulturindustrie entstehen, die in die Poren des Kunstwerks selber eindringt und mit dem Warencharakter der Kunst dem Betrachter die Einstellungsmuster eines Konsumenten aufdrängt. Adorno hat diese Kritik zuerst 1938, am Beispiel des Jazz, in seinem Aufsatz über den »Fetischcharakter in der Musik und die Regression des Hörens« (Adorno, Dissonanzen, S. 9-45) entfaltet. Die seither an einer Fülle von Gegenständen durchgeführte Kritik hat Adorno in dem nachgelassenen Band über Ästhetische Theorie

22 »Autonomie« bezeichnet hier die Selbständigkeit der Kunstwerke gegenüber kunstexternen Verwendungsansprüchen; die Autonomie der Kunst*produktion* konnte sich bereits früher, nämlich innerhalb mäzenatischer Formen der Alimentierung entfalten.

23 A. Hauser, *Sozialgeschichte der Kunst,* 2 Bde., München 1953. J. Habermas, *Strukturwandel der Öffentlichkeit,* 5. Aufl., Neuwied 1971, S. 46 ff.

(Ges. Schriften Bd. 7) unter dem Titel ›Entkunstung der Kunst‹ generalisiert und zusammengefaßt: »Von der Autonomie der Kunstwerke, welche die Kulturkunden zur Empörung darüber aufreizt, daß man sie für etwas Besseres hält, ist nichts übrig als der Fetischcharakter der Ware ... Als tabula rasa subjektiver Projektionen wird das Kunstwerk entqualifiziert. Die Pole seiner Entkunstung sind, daß es sowohl zum Ding unter Dingen wird wie zum Vehikel der Psychologie des Betrachters. Was die verdinglichten Kunstwerke nicht mehr sagen, ersetzt der Betrachter durch das standardisierte Echo seiner selbst, das er aus ihnen vernimmt. Diesen Mechanismus setzt die Kulturindustrie in Gang und exploitiert ihn.« (ebd., S. 33)

Die historische Erfahrung, die in diese Kritik der Kulturindustrie eingeht, ist Enttäuschung nicht sowohl über die Verfallsgeschichte von Kunst, Religion und Philosophie als vielmehr über die Geschichte der Parodien ihrer Aufhebung. Die Konstellation der bürgerlichen Kultur im Zeitalter ihrer klassischen Entfaltung war, wenn eine grobe Andeutung gestattet ist, gekennzeichnet durch die Auflösung traditionalistischer Weltbilder, also einmal durch den Rückzug der Religion in den Bezirk privatisierter Glaubensmächte, sodann durch das Bündnis einer empiristischen und einer rationalistischen Philosophie mit der neuen Physik, und schließlich durch eine autonom gewordene Kunst, die komplementär Auffangstellungen für die Opfer der bürgerlichen Rationalisierung einnimmt. Die Kunst ist das Reservat für eine, sei es auch nur virtuelle Befriedigung jener Bedürfnisse, die im materiellen Lebensprozeß der bürgerlichen Gesellschaft gleichsam illegal werden: ich meine das Bedürfnis nach einem mimetischen Umgang mit Natur, der äußeren ebenso wie der des eigenen Leibes; das Bedürfnis nach solidarischem Zusammenleben, überhaupt nach dem Glück einer kommunikativen Erfahrung, die den Imperativen der Zweckrationalität enthoben ist und der Phantasie ebenso Spielraum läßt wie der Spontaneität des Verhaltens. Diese Konstellation der bürgerlichen Kultur war keineswegs stabil; sie währte, wie der Liberalismus selber, sozusagen nur einen Moment und verfiel dann der Dialektik der Aufklärung (oder vielmehr dem Kapitalismus als deren unwiderstehlichem Vehikel).

Schon Hegel verkündet in seinen Vorlesungen über die Ästhetik[24] den Verlust der Aura der Kunst. Indem er Kunst und Religion als beschränkte Formen des absoluten Wissens, welche die Philosophie als das freie Denken des absoluten Geistes durchdringt, begreift, setzt er die Dialektik einer »Aufhebung« in Gang, die alsbald die Grenzen der Hegelschen Logik überschreitet. Hegels Schüler vollziehen eine profane Kritik erst der Religion und dann der Philosophie, um schließlich die Aufhebung der Philosophie und deren Verwirklichung in der Aufhebung der politischen Gewalt terminieren zu lassen: das ist die Geburtsstunde der Marxschen Ideologiekritik. Was in der Hegelschen Konstruktion noch verschleiert war, tritt nun hervor: die Sonderstellung, die die Kunst unter den Gestalten des absoluten Geistes insofern einnimmt, als sie nicht, wie die subjektivierte Religion und eine szientifizierte Philosophie, Aufgaben für das ökonomische und das politische System übernimmt, sondern residuale Bedürfnisse, die im »System der Bedürfnisse«, eben der bürgerlichen Gesellschaft, nicht befriedigt werden können, auffängt. Deshalb blieb die Sphäre der Kunst von Ideologiekritik eigentümlich verschont – bis in unser Jahrhundert. Als auch sie schließlich der Ideologiekritik verfiel, stand die ironische Aufhebung von Religion und Philosophie bereits vor Augen.

Die Religion ist heute nicht einmal mehr Privatsache; aber im Atheismus der Massen sind auch die utopischen Gehalte der Überlieferung untergegangen. Die Philosophie ist ihres metaphysischen Anspruchs entkleidet, aber im herrschenden Szien-

24 »Die Kunst in ihren Anfängen läßt noch Mysteriöses, ein geheimnisvolles Ahnen und eine Sehnsucht übrig ... Ist aber der vollkommene Inhalt vollkommen in Kunstgestalten hervorgetreten, so wendet sich der weiterblickende Geist von dieser Objektivität in sein Inneres zurück *und stößt sie von sich fort.* Solche eine Zeit ist die unsere. Man kann wohl hoffen, daß die Kunst immer mehr steigen und sich vollenden werde, aber ihre Form hat aufgehört, das höchste Bedürfnis des Geistes zu sein. Mögen wir die griechischen Götterbilder noch so vortrefflich finden und Gottvater, Christus, Maria noch so würdig und vollendet dargestellt sehen – es hilft nichts, unser Knie beugen wir doch nicht mehr.« (Theorie Werkausgabe, Bd. 13, S. 142).

tismus sind auch die Konstruktionen zerfallen, vor denen eine schlechte Realität sich rechtfertigen mußte. Inzwischen steht gar eine »Aufhebung« der Wissenschaft vor der Tür, die zwar den Schein der Autonomie zerstört, aber weniger um diskursiver Steuerung, als vielmehr einer Funktionalisierung des Wissenschaftssystems für naturwüchsige Interessen zu weichen.[25] In diesem Zusammenhang steht auch Adornos Kritik einer falschen Aufhebung der Kunst, welche zwar die Aura zerstört, aber mit der herrschaftlichen Organisation des Kunstwerks zugleich dessen Wahrheitsanspruch liquidiert.

Die Enttäuschung an der *falschen* Aufhebung, sei es der Religion, der Philosophie oder der Kunst, kann eine Reaktion des Innehaltens, wenn nicht des Zögerns derart hervorrufen, daß man eher gegen das Praktischwerden des absoluten Geistes überhaupt mißtrauisch wird als seiner Liquidierung zustimmt. Damit verbindet sich eine Option für die esoterische Rettung der wahren Momente. Das unterscheidet Adorno von Benjamin, welcher darauf besteht, daß die wahren Momente der Überlieferung für den messianischen Zustand entweder exoterisch oder gar nicht gerettet werden. Gegen die falsche Aufhebung der Religion setzt Adorno, atheistisch wie Benjamin (wenn auch nicht in der gleichen Weise), die Einbringung der utopischen Gehalte als Ferment eines unnachgiebigen kritischen Denkens, aber eben nicht in der Form einer verallgemeinerten profanen Erleuchtung. Gegen die falsche Aufhebung der Philosophie setzt Adorno, antipositivistisch wie Benjamin, die Einbringung des transzendierenden Impetus in eine Kritik, die in gewisser Weise autark ist, aber eben nicht in die positiven Wissenschaften eindringt, um in Form einer Selbstreflexion der Wissenschaften allgemein zu werden. Gegen die falsche Aufhebung der autonomen Kunst setzt Adorno Kafka und Schönberg, die hermetische Moderne, aber eben nicht die Massenkunst, welche die auratisch eingekapselten Erfahrungen öffentlich macht. Nach der Lektüre des Manuskripts zum Kunstwerkaufsatz wendet Adorno (in einem Brief vom 18. März 1936:

25 Diese These vertreten J. Behrmann, G. Böhme, W. van den Daele, W. Krohn, *Alternativen in der Wissenschaft* (Manuskript).

Adorno, *Über Walter Benjamin,* S. 126-134) gegen Benjamin ein, »daß die Mitte des autonomen Kunstwerks nicht selber auf die mythische Seite gehört... So dialektisch Ihre Arbeit auch ist, sie ist es nicht beim autonomen Kunstwerk selbst; sie sieht vorbei an der elementaren und mir in der eigenen musikalischen Erfahrung täglich evidenteren Erfahrung, daß gerade die äußerste Konsequenz in der Befolgung des technologischen Gesetzes von autonomer Kunst diese verändert und sie anstelle der Tabuierung und Fetischisierung dem Stand der Freiheit, des bewußt Herstellbaren, zu Machenden annähert.« (ebd., S. 127 f.) Nur das den Massen unzugängliche formalistische Kunstwerk widersteht, nach dem Zerfall der Aura, den Zwängen der Assimilation an die vom Markt bestimmten Bedürfnisse und Einstellungen der Konsumenten.
Adorno verfolgt eine Strategie des Überwinterns, deren Schwäche ersichtlich in ihrem defensiven Charakter liegt. Interessanterweise läßt sich Adornos These mit Beispielen aus Literatur und Musik belegen, soweit diese von Reproduktionstechniken abhängig bleiben, die einsame Lektüre und kontemplatives Hören, also den Königsweg bürgerlicher Individuierung vorschreiben. Für die kollektiv rezipierten Künste – Architektur, Theater, Malerei – zeichnet sich hingegen ebenso wie für die Gebrauchsliteratur und -musik, die von den elektronischen Medien abhängig geworden ist, eine Entwicklung ab, die über bloße Kulturindustrie hinausweist und Benjamins Hoffnung auf eine verallgemeinerte profane Erleuchtung nicht *a fortiori* entkräftet.
Freilich behält die Entritualisierung der Kunst auch für Benjamin einen zweideutigen Sinn. Es ist, als befürchte Benjamin eine Tilgung des Mythos ohne eintretende Befreiung – so als würde der Mythos sich am Ende geschlagen geben müssen, aber seine Gehalte der Umsetzung in Tradition gleichwohl vorenthalten können, um noch in der Niederlage zu triumphieren. Die Bilder, welche die Tradition allein dem Innersten des Mythos abjagen kann, drohen, nachdem der Mythos das Gewand des Fortschritts angelegt hat, zu Boden zu fallen und der rettenden Kritik auf immer verlorenzugehen. Der in der

Moderne nistende Mythos, der sich im Fortschrittsglauben des Positivismus ausdrückt, ist der Feind, dem Benjamin das ganze Pathos der Rettung entgegensetzt. Die Entritualisierung, weit davon entfernt, ein Garant der Befreiung zu sein, droht mit einem spezifischen Verlust an Erfahrung.

IV.

Benjamin hat sich gegenüber dem Verlust der Aura stets ambivalent verhalten.[26] In der Aura des Kunstwerkes ist nämlich die der Erneuerung bedürftige historische Erfahrung einer vergangenen Jetztzeit eingeschlossen; der undialektische Zerfall der Aura wäre ein Verlust jener Erfahrung. Schon zu einer Zeit, als Benjamin, der Student, sich noch zutraute, das Programm der kommenden Philosophie zu entwerfen (A. S. Bd. 2, S. 27–41), steht der Begriff einer unverstümmelten Erfahrung im Zentrum der Überlegungen. Benjamin polemisiert damals gegen die »gleichsam auf den Nullpunkt, das Minimum von Bedeutung reduzierte Erfahrung«, d. h. gegen die Erfahrung physikalischer Objekte, an der Kant paradigmatisch seinen Versuch der Analyse der Bedingungen möglicher Erfahrung orientiert hatte. Benjamin verteidigt demgegenüber die komplexeren Erfahrungsarten der Naturvölker und der Wahnsinnigen, der Hellseher und der Künstler. Damals verspricht er sich noch von der Metaphysik die Wiederherstellung eines systematischen Erfahrungskontinuums. Später hat er der Kunstkritik diese Aufgabe zugemutet; *sie* soll das Schöne ins Medium des Wahren transponieren, wobei »Wahrheit nicht Enthüllung ist, die das Geheimnis vernichtet, sondern Offenbarung, die ihm gerecht wird.« (*Ursprung des deutschen Trauerspiels,* S. 12) Die Stelle des schönen Scheins als der notwendigen Hülle nimmt schließlich der Begriff der Aura ein, die, indem sie zerfällt, das Geheimnis der komplexen Erfahrung offenbart: »Die Erfah-

26 »Im flüchtigen Ausdruck eines Menschengesichts wirkt aus den frühen Photographien die Aura zum letzten Mal. Das ist es, was deren schwermutvolle und mit nichts zu vergleichende Schönheit ausmacht.« (A. S. Bd. 1, S. 158).

rung der Aura beruht auf der Übertragung einer in der menschlichen Gesellschaft geläufigen Reaktionsform auf das Verhältnis des Unbelebten oder der Natur zum Menschen. Der Angesehene oder angesehen sich Glaubende schlägt den Blick auf. Die Aura einer Erscheinung erfahren, heißt, sie mit dem Vermögen belehnen, den Blick aufzuschlagen.« (Baudelaire, S. 157)

Die auratische Erscheinung kann nur im intersubjektiven Verhältnis des Ichs zu seinem Gegenüber, dem alter ego, eintreten. Wo die Natur so »belehnt« wird, daß sie die Augen aufschlägt, verwandelt sich der Gegenstand in ein Gegenüber. Universale Beseelung der Natur ist das Zeichen magischer Weltbilder, in denen die Trennung zwischen der Sphäre des Objektivierten, über das wir manipulativ verfügen, und dem Bereich des Intersubjektiven, in dem wir einander kommunizierend begegnen, noch nicht vollzogen ist. Statt dessen ist die Welt nach Analogien und Entsprechungen organisiert, wofür die totemistischen Klassifikationen ein Beispiel geben. Ein subjektivistischer Rest der Wahrnehmung solcher Korrespondenzen sind die synästhetischen Verbindungen.[27]

An der auratischen Erscheinung entwickelt Benjamin den emphatischen Begriff einer Erfahrung, die der kritischen Bewahrung und Aktualisierung bedarf, wenn anders das messianische Versprechen des Glücks je soll eingelöst werden können; andererseits handelt er aber affirmativ vom Verlust der Aura. Diese Zweideutigkeit drückt sich auch darin aus, daß Benjamin an autonomer Kunst genau jene Leistungen hervorhebt, die auch das entritualisierte Kunstwerk auszeichnen. Auch die des Kultischen vollends entkleidete Kunst, exemplarisch die surrealistische (deren Vertreter Baudelaires Begriff

27 »Wesentlich ist, daß die correspondances einen Begriff der Erfahrung festhalten, der kultische Elemente in sich schließt. Nur indem er sich diese Elemente zueigen machte, konnte Baudelaire voll ermessen, was der Zusammenbruch eigentlich bedeutete, dessen er, als ein Moderner, Zeuge war. Nur so konnte er ihn als die ihm allein zugedachte Herausforderung erkennen, die er in den Fleurs du Mal aufgenommen hat.« (Ebd., S. 147) »Baudelaire beschreibt Augen, von denen man sagen möchte, daß ihnen das Vermögen, zu blicken, verloren gegangen ist.« (Ebd., S. 158).

der correspondances wieder aufgenommen haben), zielt auf dasselbe wie die autonome Kunst, nämlich darauf: Gegenstände im Netz der wiederentdeckten Korrespondenzen als beglückendes Gegenüber zu erfahren: »Die correspondances stellen die Instanz dar, vor der der Gegenstand der Kunst als ein treulich abzubildender, dadurch allerdings durch und durch aporetischer, vorgefunden wird. Wollte man versuchen, im Material der Sprache selbst diese Aporie nachzubilden, so käme man dahin, das Schöne zu bestimmen als den Gegenstand der Erfahrung im Stande des Ähnlichseins.« (ebd., S. 148 Anm.) Die Zweideutigkeit läßt sich nur auflösen, wenn wir die *kultischen* Momente im Begriff der auratischen Erscheinung von den *allgemeinen* Momenten trennen. Mit der Aufhebung der autonomen Kunst und dem Verfall der Aura verschwinden der esoterische Zugang zum Kunstwerk und dessen kultischer Abstand vom Betrachter, damit auch die Kontemplation des einsamen Kunstgenusses; aber jene Erfahrung, welche die zerborstene Hülle der Aura freigibt, war in der Erfahrung der Aura auch schon enthalten: nämlich die Verwandlung des Gegenstandes in ein Gegenüber. Dadurch öffnet sich ein Hof überraschender Korrespondenzen der belebten Natur mit der unbelebten, worin uns auch die *Dinge* in den Strukturen verletzbarer Intersubjektivität begegnen. In solchen Strukturen entzieht sich das erscheinende Wesen dem distanzlosen Zugriff auf Unmittelbares; die in der Ferne gebrochene Nähe des Anderen ist die Signatur möglicher Erfüllung und eines wechselseitigen Glücks.[28] Benjamins Intention zielt auf einen Zustand, in dem die esoterischen Erfahrungen des Glücks öffentlich und allgemein geworden sind. Denn erst in einem Kommunikationszusammenhang, in den Natur geschwisterlich, als wäre sie wieder aufgerichtet, einbezogen ist, können auch die Subjekte ihren Blick aufschlagen.

Die Entritualisierung der Kunst birgt das Risiko, daß das Kunstwerk mit seiner Aura auch den Erfahrungsgehalt preis-

28 Zu Adornos, insbesondere in den *Minima Moralia* (Frankfurt 1951) vorgetragenen Spekulationen über Naturversöhnung vgl. meine beiden Essays in: *Philosophisch-politische Profile*, Frankfurt 1971, S. 176-199.

gibt und nur noch banal ist; der Aurazerfall eröffnet andererseits erst die Chance der Verallgemeinerung und der Verstetigung der Glückserfahrung. Die Hüllenlosigkeit des exoterisch gewordenen Glücks, das der auratischen Brechung entbehrt, begründet eine Verwandtschaft mit der Erfahrung des Mystikers, der im Zustand der Ergriffenheit mehr an der Aktualität der Nähe und der fühlbaren Präsenz Gottes als an Gott selber interessiert ist. Allein der Mystiker schließt die Augen und ist einsam; seine Erfahrung ist so esoterisch wie deren Überlieferung. Genau dieses Moment trennt die Glückserfahrung, der Benjamins rettende Kritik gilt, von der religiösen. *Profan* nennt deshalb Benjamin *die* Erleuchtung, die er an der Wirkung surrealistischer Werke erläutert, welche nicht mehr Kunst sind, im Sinne der autonomen, sondern Manifestation, Parole, Dokument, Bluff und Fälschung. Solche Werke bringen uns zu Bewußtsein, daß »wir das Geheimnis nur in dem Grade durchdringen, als wir es im Alltäglichen wiederfinden, kraft einer dialektischen Optik, die das Alltägliche als undurchdringlich, das Undurchdringliche als alltäglich erkennt«. (A. S. Bd. 2, S. 213). Profan ist diese Erfahrung, weil sie exoterisch ist.[29]

Keine noch so inständig um die Seele des Freundes ringende Interpretation, von der Scholems Beitrag zu dem Band *Zur Aktualität Walter Benjamins* ein faszinierendes Beispiel ist[30], kann Benjamins Bruch mit der Esoterik hinwegreden. Politische Einsichten nötigen Benjamin, angesichts des heraufziehenden Faschismus, mit jener Esoterik des Wahren zu brechen, für welche der junge Benjamin den dogmatischen Begriff der Lehre reserviert hatte.[31] Benjamin schreibt einmal an Adorno, »daß die Spekulation ihren notwendig kühnen Flug nur dann

29 Dies ist auch der Grund, warum Benjamin den privaten Haschischrausch nicht als Modell dieser Erfahrung akzeptiert: »Der Leser, der Denkende, der Wartende, der Flaneur, sind ebensowohl Typen des Erleuchteten wie der Opiumesser, der Träumer, der Berauschte. Und sind profanere.« (Ebd., S. 213).

30 *Zur Aktualität Walter Benjamins.* Aus Anlaß des 80. Geburtstages von Walter Benjamin herausgegeben von Siegfried Unseld, st 150, Frankfurt 1972.

31 »Und damit läßt sich die Forderung an die kommende Philosophie endlich in die Worte fassen: aufgrund des Kantischen Systems einen Erkenntnisbegriff zu schaffen, der dem Begriff einer Erfahrung korrespondiert, von der die Erkenntnis Lehre ist.« (A. S. Bd. 2, S. 39).

mit einiger Aussicht auf Gelingen antritt, wenn sie, statt die wächsernen Schwingen der Esoterik anzulegen, ihre Kraftquelle allein in der Konstruktion sieht.« (Briefe 2, S. 793) Ebenso entschieden wendet sich Benjamin gegen die Esoterik der Erfüllung und des Glücks. Benjamin will, und das klingt wie eine Absage an Scholem, »die wahre, schöpferische *Überwindung* religiöser Erleuchtung ... Sie liegt in einer *profanen* Erleuchtung, einer materialistischen, anthropologischen Inspiration«, zu der der einsame Rausch allenfalls die Vorschule abgeben kann. (A. S. Bd. 2, S. 202)

Wenn wir von hier aus auf Benjamins These von der Aufhebung der autonomen Kunst zurückschauen, sehen wir, warum sie eine ideologiekritische These nicht sein kann: Benjamins Theorie der Kunst ist eine Theorie der Erfahrung (aber nicht der Erfahrung der Reflexion)[32]. Die Erfahrung der Aura hat in den Formen der profanen Erleuchtung die auratische Hülle gesprengt und ist exoterisch geworden. Sie verdankt sich nicht einer Analyse, die Verdrängtes ans Licht hebt, ein Reprimiertes freisetzt. Sie wird auf andere Weise gewonnen, als Reflexion es vermöchte: nämlich durch das Wiederaufnehmen einer Semantik, die Stück für Stück aus dem Inneren des Mythos herausgelöst und in den Werken der großen Kunst messianisch, d. h. für den Gebrauch der Emanzipation freigesetzt und zugleich aufbewahrt worden ist. Unerklärlich in dieser Konzeption ist freilich der eigentümliche Sog, gegen den eine rettende Kritik sich stemmen muß: ohne deren permanente Anstrengung müßten, so ist die Vorstellung, die tradierten Zeugnisse punktueller Befreiungen vom Mythos und die ihm abgerungenen semantischen Gehalte ins Leere fallen; die Gehalte der Tradition verfielen einem spurenlosen Vergessen. Warum? Benjamin war offensichtlich der Meinung, daß Sinn kein vermehrbares Gut ist und daß Erfahrungen des ungekränkten Umgangs mit Natur, mit den Anderen und mit dem eigenen Ich nicht beliebig

32 »Es wäre nachzuweisen, daß die Theorie der Erfahrung das keineswegs geheime Zentrum aller Konzeptionen Benjamins darstellt.« P. Krumme, »Zur Konzeption der dialektischen Bilder«, in: *Text und Kritik*, a.a.O., S. 80 Anm. 5.

erzeugt werden können. Benjamin hat wohl eher daran gedacht, daß das semantische Potential, aus dem die Menschen schöpfen, um die Welt mit Sinn zu belehnen und erfahrbar zu machen, zunächst im Mythos niedergelegt ist und von diesem entbunden werden muß – daß aber dieses Potential nicht erweitert, sondern immer nur transformiert werden kann. Benjamin befürchtet, daß während dieser Transformationen die semantischen Energien entweichen und der Menschheit verlorengehen könnten. Anhaltspunkte für diese verfallsgeschichtliche Perspektive gibt Benjamins Sprachphilosophie; in ihr ist die Theorie der Erfahrung fundiert.[33]

V.

Benjamin hat zeitlebens an einer mimetischen Theorie der Sprache festgehalten. Auch in den späteren Arbeiten kommt er auf den onomatopoetischen Charakter der einzelnen Worte, sogar der Sprache im ganzen zurück. Unvorstellbar ist ihm, daß sich das Wort zur Sache zufällig verhalte. Worte begreift Benjamin als Namen; indem jedoch der Mensch den Dingen Namen gibt, kann er deren Wesen treffen oder verfehlen: die Benennung ist eine Art Übersetzung des Namenlosen in den Namen, die Übersetzung aus der unvollkommeneren Sprache der Natur in die Sprache des Menschen. Benjamin hat das Eigentümliche der Menschensprache nicht in ihrer syntaktischen Organisation (für die er sich nicht interessierte), noch in der Darstellungsfunktion gesehen (die er gegenüber der Ausdrucksfunktion für untergeordnet hält[34]). Nicht die humanspezifischen Eigenschaften der Sprache interessieren Benjamin,

33 Schon im Programm der kommenden Philosophie findet sich der Hinweis: »Ein in der Reflexion auf das sprachliche Wesen der Erkenntnis gewonnener Begriff von (Philosophie) wird einen korrespondierenden Erfahrungsbegriff schaffen, der auch Gebiete, deren wahrhafte systematische Einordnung Kant nicht gelungen ist, umfassen wird.« (A. S. Bd. 2, S. 38 f.). Das habe zu Lebzeiten Kants schon Hamann versucht.

34 »Das Wort soll *etwas* mitteilen. Das ist wirklich der Sündenfall des Sprachgeistes. Das Wort als äußerlich miteilendes, gleichsam eine Parodie des ausdrücklich mitteilbaren Wortes.« (A. S. Bd. 2, S. 22)

sondern die Funktion, die sie mit den Tiersprachen verbindet: die expressive Sprache, so meint er, ist nur eine Form jenes animalischen Instinkes, der sich in den Ausdrucksbewegungen manifestiere. Diese wiederum bringt Benjamin mit dem mimetischen Vermögen zusammen, Ähnlichkeiten wahrzunehmen und zu reproduzieren. Ein Beispiel ist der Tanz, in dem Expression und Mimesis verschmelzen. Er zitiert einen Satz von Mallarmé: »Die Tänzerin ist nicht eine Frau, sondern eine Metapher, die aus den elementaren Formen unseres Daseins einen Aspekt zum Ausdruck bringen kann: Schwert, Becher, Blume oder andere.« (A. S. Bd. 2, S. 91) Die ursprüngliche Mimesis ist Abbildung der Korrespondenzen: »Bekanntlich war der Lebenskreis, der ehemals vom Gesetz der Ähnlichkeit durchwaltet schien, umfassend; im Mikrokosmos wie im Makrokosmos regierte sie. Jene natürlichen Korrespondenzen erhalten erst ihr eigentliches Gewicht in der Erkenntnis, daß sie samt und sonders Stimulanten und Erwecker des mimetischen Vermögens sind, welches im Menschen ihnen Antwort gibt.« Was sich in der sprachlichen Physiognomik wie in den Ausdrucksgebärden überhaupt äußert, ist nicht ein bloß subjektiver Zustand, sondern durch diesen hindurch der noch nicht unterbrochene Zusammenhang des menschlichen Organismus mit der umgebenden Natur: die expressiven Bewegungen sind mit den auslösenden Qualitäten der Umgebung systematisch verknüpft.

So abenteuerlich diese mimetische Theorie der Sprache klingt, recht hat Benjamin mit der Vermutung, daß die älteste semantische Schicht die der Expressionen ist. Der expressive Reichtum der Primatensprache ist gut erforscht, und »soweit Sprache lautgebender emotionaler Ausdruck ist, besteht kein grundsätzlicher Unterschied zum vokalen Ausdrucksvermögen der nichtmenschlichen Primatenfamilie.«[35]

35 D. Ploog, »Kommunikation in Affengesellschaften und deren Bedeutung für die Verständigungsweisen des Menschen«, in: H.-G. Gadamer u. P. Vogler (Hrsg.), *Neue Anthropologie,* Bd. 2, Stuttgart 1972, S. 141 f. Zu Benjamins Sprachphilosophie, die in der bisherigen Diskussion eher vernachlässigt worden ist, vgl. H. H. Holz, »Prismatisches Denken«, in: *Über W. Benjamin,* a.a.O., S. 62-110.

Man könnte spekulieren, daß ein semantischer Grundbestand aus den subhumanen Formen der Kommunikation in die Menschensprache eingegangen ist und ein nicht vermehrbares Potential an Bedeutungen darstellt, mit denen die Menschen die Welt im Lichte ihrer Bedürfnisse interpretieren und dadurch ein Netz von Korrespondenzen erzeugen. Wie dem auch sei, Benjamin rechnet mit einem solchen mimetischen Vermögen, mit dem die Gattung an der Schwelle zur Menschwerdung, bevor sie in den Prozeß ihrer Selbsterzeugung eintritt, ausgestattet war. Es gehört zu Benjamins (unmarxistischen) Grundüberzeugungen, daß Sinn nicht wie Wert durch Arbeit produziert, sondern allenfalls in Abhängigkeit vom Produktionsprozeß umgeformt werden kann.[36] Die geschichtlich sich wandelnde Interpretation der Bedürfnisse schöpft aus einem Potential, mit dem die Gattung haushalten muß, weil sie es wohl transformieren, aber nicht bereichern kann: »Dabei ist zu bedenken, daß weder die mimetischen Kräfte, noch die mimetischen Objekte oder Gegenstände (die, könnte man hinzufügen, etwas von den Auslöserqualitäten des Zwingenden und des Prägnanten behalten haben) im Laufe der Jahrtausende die gleichen blieben. Vielmehr ist anzunehmen, daß die Gabe, Ähnlichkeiten hervorzubringen – zum Beispiel in den Tänzen, deren älteste Funktion das ist – und daher auch die Gabe, solche zu erkennen, sich im Wandel der Geschichte verändert hat. Die Richtung dieser Änderung scheint durch die wachsende Hinfälligkeit des mimetischen Vermögens bestimmt zu sein.« (ebd., S. 96 f.) Dieser Vorgang hat eine ambivalente Bedeutung. In dem mimetischen Vermögen sieht Benjamin nicht nur die Quelle des Bedeutungsreichtums, den die in der soziokulturellen Lebensform entbundenen Bedürfnisse in der Sprache über eine dadurch erst humanisierte Welt ausgießen; er sieht in der Gabe, Ähnlichkeiten wahrzunehmen, auch das Rudiment des einst gewaltigen Zwangs, ähnlich zu *werden,*

36 Die These, »daß Sinn, Bedeutung usw. – marxistisch – nur durch die weltgeschichtlichen Arbeitsprozesse der Menschengattung – in denen diese sich selbst produziert – erzeugt wird, hat Benjamin sich nicht zu eigen gemacht«. B. Lindner, a.a.O., S. 55.

d. h. zur Adaptation gezwungen zu sein – das animalische Erbe also. Insofern ist das mimetische Vermögen auch die Signatur einer ursprünglichen Abhängigkeit von den Gewalten der Natur: sie spricht sich in den magischen Praktiken aus, lebt in der Urangst animistischer Weltbilder fort, bleibt im Mythos erhalten. Die Bestimmung der Menschengattung ist es dann, jene Abhängigkeit zu liquidieren, ohne daß die Kräfte der Mimesis und die Ströme der semantischen Energien versiegen; denn damit würde die poetische Fähigkeit, die Welt im Lichte menschlicher Bedürfnisse zu interpretieren, versagen. Dies ist der profane Inhalt der messianischen Verheißung. Benjamin hat die Geschichte der Kunst, vom kultischen bis zum nachauratischen Kunstwerk, als Geschichte der Versuche begriffen, jene unsinnlichen Ähnlichkeiten oder Korrespondenzen abzubilden, aber gleichzeitig den Bann zu lösen, der einst auf dieser Mimesis ruhte. Göttlich nannte Benjamin diese Versuche, weil sie den Mythos brechen und dessen Reichtum gleichwohl erhalten und freisetzen.
Wenn wir Benjamin bis hierher folgen, stellt sich die Frage, woher denn jene göttlichen Kräfte rühren, die zugleich bewahren und befreien. Auch die Kritik, auf deren konservativ-revolutionäre Kraft Benjamin setzt, muß sich ja retrospektiv auf vergangene Jetztzeiten richten; sie findet die Gebilde, in denen die dem Mythos abgejagten Gehalte abgelagert sind, also die Dokumente vergangener Befreiungstaten vor. Wer bringt diese Dokumente hervor, wer sind ihre Verfasser? Offensichtlich wollte Benjamin nicht idealistisch einer unableitbaren Erleuchtung großer Autoren, also einer ganz und gar nicht profanen Quelle vertrauen. Wohl war er der idealistischen Beantwortung der Frage nahe genug; denn eine Theorie der Erfahrung, die in einer mimetischen Theorie der Sprache begründet ist, erlaubt keine andere. Dem aber standen Benjamins politische Einsichten entgegen. Benjamin, der an Bachofen die Vorwelt entdeckt hat, der Schuler kannte, Klages studierte und schätzte, mit Carl Schmitt korrespondierte, dieser Benjamin konnte als jüdischer Intellektueller im Berlin der zwanziger Jahre dennoch nicht ignorieren, wo seine (und unsere) Feinde standen. Dieses

Bewußtsein hat ihn zu einer materialistischen Antwort genötigt.

Das ist der Hintergrund der Rezeption des Historischen Materialismus, den Benjamin freilich mit der am Modell der rettenden Kritik entwickelten messianischen Geschichtsauffassung vereinigen mußte. Dieser gezähmte Historische Materialismus sollte auf die offene Frage nach dem Subjekt der Kunst- und Kulturgeschichte eine zugleich materialistische und doch mit Benjamins eigener Theorie der Erfahrung kompatible Antwort geben. Daß dies gelungen sei, war Benjamins Irrtum – und der Wunsch seiner marxistischen Freunde.

Der ideologiekritische Begriff der Kultur hat den Vorzug, die kulturelle Überlieferung methodisch als einen Teil der sozialen Evolution einzuführen und einer materialistischen Erklärung zugänglich zu machen. Benjamin ist hinter diesen Begriff zurückgegangen, weil sich diejenige Kritik, die die Geschichte der Kunst unter dem Aspekt der Rettung messianischer Augenblicke und der Bewahrung eines gefährdeten semantischen Potentials aneignet, nicht als Reflexion eines Bildungsprozesses, sondern als Identifikation und *Wieder*holen von emphatischen Erfahrungen und utopischen Gehalten verstehen muß. Benjamin hat auch die Philosophie der Geschichte als Theorie der Erfahrung konzipiert.[37] In diesem Rahmen ist aber eine materialistische Erklärung der Geschichte der Kunst, auf die Benjamin aus politischen Gründen nicht verzichten will, unmittelbar nicht möglich. Darum versucht er eine Integration dieser Lehre mit Grundannahmen des Historischen Materialismus. Seine Absicht spricht er in der ersten geschichtsphilosophischen These aus: der bucklige Zwerg Theologie soll die Puppe Historischen Materialismus in Dienst nehmen. Dieser Versuch muß scheitern, weil der anarchistischen Konzeption der Jetztzeiten, die das Schicksal intermittierend gleichsam von

37 Das belegt u. a. die 14. Geschichtsphilosophische These; Benjamin interessiert eher der Erfahrungsgehalt der Französischen Revolution als die objektiven Veränderungen, zu denen sie geführt hat: »Die Französische Revolution verstand sich als ein wiedergekehrtes Rom. Sie zitierte das alte Rom genau so, wie die Mode eine vergangene Tracht zitiert.«

oben durchschlagen, die materialistische Theorie der gesellschaftlichen Entwicklung nicht einfach eingefügt werden kann. Dem Historischen Materialismus, der mit Fortschritten in der Dimension nicht nur der Produktivkräfte, sondern auch der Herrschaft rechnet, kann eine antievolutionistische Geschichtskonzeption nicht wie eine Mönchskapuze übergestülpt werden. Meine These ist, daß Benjamin seine Intention, Aufklärung und Mystik zu vereinigen, nicht eingelöst hat, weil der Theologe in ihm sich nicht dazu verstehen konnte, die messianische Theorie der Erfahrung für den Historischen Materialismus dienstbar zu machen. Soviel, meine ich, ist Scholem zuzugeben.
Auf zwei der Mißlichkeiten möchte ich eingehen: auf die merkwürdige Adaptierung der Marxschen Ideologiekritik und auf die Idee einer politisierten Kunst.

VI.

Benjamin hat 1935 auf Wunsch des Instituts für Sozialforschung ein Exposé angefertigt, in dem er zum ersten Mal Motive der Passagenarbeit vorstellt (*Paris, die Hauptstadt des XIX. Jahrhunderts*). Rückblickend auf die lange Entstehungsgeschichte spricht Benjamin in einem Brief an Adorno von einem Umschmelzungsprozeß, »der die ganze, ursprünglich metaphysisch bewegte Gedankenmasse einem Aggregatzustand entgegengeführt hat, in dem die Welt der dialektischen Bilder gegen Einreden gesichert ist, welche die Metaphysik provoziert«. (Briefe 2, S. 664) Er verweist dabei auf »die neuen und eingreifenden soziologischen Perspektiven, die den gesicherten Rahmen der interpretativen Verspannungen hergeben«. (ebd., S. 665) Adornos Antwort auf dieses Exposé und seine Kritik an der ersten Baudelairestudie, die Benjamin drei Jahre darauf der »Zeitschrift für Sozialforschung« anbietet, reflektieren, wie ich meine, sehr genau die Art, wie sich Benjamin marxistische Kategorien anverwandelt, – und zwar sowohl durch das, was Adorno versteht, als auch durch das,

was er mißversteht.[38] Adornos Eindruck ist, daß sich Benjamin in der Passagenarbeit Gewalt antue, um dem Marxismus Tribute zu zollen, die weder diesem noch Benjamin selber zum Guten ausschlagen. Er moniert das Verfahren, »einzelne sinnfällige Züge aus dem Bereich des Überbaus materialistisch zu wenden, indem man sie zu entsprechenden Zügen des Unterbaus unvermittelt und wohl gar kausal in Beziehung setzt«. (ebd., S. 705) Insbesondere bezieht er sich auf den bloß metaphorischen Gebrauch der Kategorie des Warenfetischs, von dem Benjamin in einem Brief an Scholem angekündigt hatte, er stünde in derselben Weise im Zentrum der neuen Arbeit wie der Begriff des Trauerspiels im Mittelpunkt seines Barockbuches. Adorno spießt die vordergründig materialistische Tendenz auf, die »Inhalte Baudelaires unmittelbar auf benachbarte Züge der Sozialgeschichte seiner Zeit, und zwar möglichst solche ökonomischer Art, zu beziehen«. Dabei mache Benjamin den Eindruck eines Schwimmers, »der mit mächtiger Gänsehaut ins kalte Wasser sich stürzt«. Dieses scharfsichtige Urteil, das auch dann nichts an Triftigkeit verliert, wenn man Adornos Rivalität zu Brecht in Rechnung stellt, kontrastiert nun eigentümlich mit dem uneinsichtigen Insistieren darauf, daß der Freund die »ausgesparte Theorie« und die »fehlende Interpretation« nachholen möge, damit die dialektische Vermittlung zwischen den kulturellen Charakteren und dem gesamtgesellschaftlichen Prozeß sichtbar werde. Adorno hat niemals erkennbar gezögert, Benjamin genau die ideologiekritische Intention zu unterstellen, der seine eigenen Arbeiten folgen – zu Unrecht.
Das zeigt sich exemplarisch an den Einwänden, die Benjamin bewegen sollten, den für die Theorie der Erfahrung zentralen Begriff des dialektischen Bildes zu revidieren – damit »eine Bereinigung der Theorie selbst gelingen könne«. (ebd., S. 672) Adorno sieht nicht, wie legitim es ist, das Vorhaben einer Urge-

38 Ich beziehe mich auf die beiden Briefe Adornos an Benjamin vom 2. August 1935 und vom 10. November 1938 (*Briefe,* Bd. 1, S. 671 ff. und S. 782 ff.) Dazu die Antwort Benjamins ebd., S. 790 ff. Zu diesem Komplex vgl. auch: J. Taubes, »Kultur und Ideologie«, in: *Spätkapitalismus oder Industriegesellschaft?*, Stuttgart 1969, S. 117-138.

schichte der Moderne, die ja auf die Entschlüsselung einer verschütteten und vom Vergessen bedrohten Semantik abzielt, mit hermeneutischen Mitteln, eben durch die Deutung dialektischer *Bilder*, bewältigen zu wollen. Für Benjamin lösen sich unter den Anstoß des Neuen, in dem sich die Kontinuität des Immergleichen durchsetzt, Bildphantasien des Urvergangenen ab, sie »erzeugen, in Durchdringung mit dem Neuen, die Utopie«. Benjamin spricht, in seinem Exposé, von dem kollektiven Unbewußten, in dem die Erfahrungen ihr Depot haben. An diesem Sprachgebrauch stößt sich Adorno mit Recht. Aber zu Unrecht meint er, daß die Entzauberung des dialektischen Bildes in ungebrochen mythisches Denken zurückführen müsse; denn die Archaik in der Moderne, in der Adorno eher die Hölle als das goldene Zeitalter sehen möchte, enthält eben jene Erfahrungspotentiale, die auf den utopischen Zustand der befreiten Gesellschaft hinweisen. Modell ist der Rückgriff der Französischen Revolution auf die römische Antike. Hier benützt Benjamin den Vergleich mit der Verwertung der Traumelemente beim Erwachen, die ja im Surrealismus zu einer Technik ausgebildet worden ist und die Benjamin, irreführend genug, einen Schulfall dialektischen Denkens nennt. Adorno nimmt dieses Wort zu wörtlich. Das dialektische Bild als Traum ins Bewußtsein zu verlegen, erscheint ihm der bare Subjektivismus. Der Fetischcharakter der Ware, so hält er Benjamin entgegen, ist keine Tatsache des Bewußtseins, sondern dialektisch in dem eminenten Sinn, daß er Bewußtsein produziert, nämlich archaische Bilder in den bürgerlich entfremdeten Individuen. Aber Benjamin braucht sich diesem ideologiekritischen Anspruch nicht zu stellen; Benjamin will nicht hinter die Bewußtseinsformationen zurückgreifen auf die Objektivität eines Verwertungsprozesses, durch den der Warenfetisch Gewalt gewinnt über das Bewußtsein der Individuen. Benjamin will und braucht in der Tat nur »die Auffassungsweise des Fetischcharakters im Kollektivbewußtsein« zu untersuchen, weil die dialektischen Bilder Bewußtseinsphänomene *sind,* und nicht – wie Adorno meint – ins Bewußtsein verlegt werden.

Freilich hat sich auch Benjamin selbst über die Differenz

getäuscht, die zwischen seiner Verfahrungsweise und der marxistischen Ideologiekritik besteht. In den nachgelassenen Manuskripten zur Passagenarbeit heißt es einmal: »Wenn der Unterbau gewissermaßen im Denk- und Erfahrungsmaterial den Überbau bestimmt, diese Bestimmung aber nicht die des einfachen Abspiegelns ist, wie ist sie dann, *ganz abgesehen von ihrer Entstehungsursache* (!), zu charakterisieren? Als deren Ausdruck. Der Überbau ist der Ausdruck des Unterbaus. Die ökonomischen Bedingungen, unter denen die Gesellschaft existiert, kommen im Überbau zum Ausdruck.« (zit. nach Tiedemann, a.a.O., S. 106) Ausdruck ist eine Kategorie der Benjaminschen Theorie der Erfahrung; sie bezieht sich auf jene unsinnlichen Korrespondenzen zwischen belebter und unbelebter Natur, auf denen der physiognomische Blick sowohl des Kindes wie des Künstlers liegt. Ausdruck ist für Benjamin eine semantische Kategorie, die dem, was Kassner, selbst Klages intendiert haben, eher gerecht wird als dem Basis-Überbau-Theorem. Dasselbe Mißverständnis zeigt sich gegenüber der Ideologiekritik, wie Adorno sie geübt hat, wenn Benjamin zu Kapiteln des späteren Wagnerbuches bemerkt: »*Eine* Tendenz dieser Arbeit (hat mich) besonders interessiert: das Physiognomische unmittelbar, fast ohne psychologische Vermittlung, im gesellschaftlichen Raum anzusiedeln.« (Briefe 2, S. 741) In der Tat hatte Benjamin Psychologie nicht im Sinn, aber ebensowenig eine Kritik des notwendig falschen Bewußtseins. *Seine* Kritik galt den kollektiven, in den Ausdruckscharakteren des täglichen Lebens wie in Literatur und Kunst sich niederschlagenden Bildphantasien, die der geheimen Kommunikation des ältesten Bedeutungspotentials menschlicher Bedürfnisse mit den kapitalistisch erzeugten Lebensbedingungen entspringen.

Adorno appelliert im Briefwechsel über die Passagenarbeit an das Ziel, »deretwillen Sie das Opfer der Theologie bringen«. (Briefe 2, S. 672) Benjamin hat zwar dieses Opfer gebracht, indem er die mystische Erleuchtung nur mehr als profane, d. h. verallgemeinerbare, exoterische Erfahrung akzeptierte. Aber Adorno, der gegenüber Benjamin gewiß der bessere Marxist gewesen ist, hat nicht gesehen, daß der Freund insofern das theologische Erbe preiszugeben niemals bereit gewesen ist, als er seine mimetische Theorie der Sprache, seine messianische Theorie der Geschichte und sein konservativ-revolutionäres Verständnis von Kritik gegen Einwendungen des Historischen Materialismus, soweit diese Puppe nicht einfach in Regie zu nehmen war, immer immun gehalten hat. Das zeigt sich auch dort, wo sich Benjamin als engagierter Kommunist bekannte: in seiner Zustimmung zur instrumentellen Politisierung der Kunst. Ich verstehe diese Zustimmung, die in dem Vortrag »Der Autor als Produzent« (*Versuche über Brecht,* S. 95–116) am deutlichsten wird, als eine Verlegenheit, die daraus resultiert, daß aus der *rettenden* Kritik keineswegs, wie aus der *bewußtmachenden,* eine immanente Beziehung zur politischen Praxis zu gewinnen ist.

Ideologiekritik ist, wenn sie im scheinbar allgemeinen Interesse das partikulare der Herrschenden aufdeckt, eine politische Kraft. Soweit sie die normativen Strukturen, die das Bewußtsein der Unterdrückten gefangenhalten, erschüttert und in politischem Handeln terminiert, zielt Ideologiekritik auf die Entbindung der in die Institutionen eingelassenen strukturellen Gewalt. Sie ist auf die partizipatorische Tilgung der freigesetzten Gewalt gerichtet. Strukturelle Gewalt kann auch präventiv oder reaktiv von oben entbunden werden. Dann hat sie die Form der faschistischen Teilmobilisierung von Massen, die die freigesetzte Gewalt nicht tilgen, sondern diffus »ausagieren«.

Ich habe gezeigt, daß in *diesem* ideologiekritischen Bezugsrahmen der von Benjamin entwickelte Typus von Kritik keinen Platz findet. Eine Kritik, die zum Sprung in vergangene Jetztzeiten ansetzt, um semantische Potentiale zu retten, hat eine höchst vermittelte Stellung zur politischen Praxis. Darüber hat Benjamin hinreichend Klarheit sich nicht verschafft.

In dem frühen Aufsatz »Zur Kritik der Gewalt« unterscheidet er die rechtsetzende von der rechtserhaltenden Gewalt: diese ist die legitime Gewalt, die von den Organen des Staates ausgeübt wird; jene ist die in Krieg und Bürgerkrieg freigesetzte strukturelle Gewalt, die latent in allen Institutionen anwesend ist.[39]

39 In diesem Zusammenhang übt Benjamin am Parlamentarismus eine Kritik,

Die rechtsetzende Gewalt hat nicht, wie die rechtserhaltende, instrumentellen Charakter, sie vielmehr »manifestiert« sich. Und zwar manifestiert sich die in Deutungen und Institutionen verkörperte strukturelle Gewalt in jener Sphäre, die Benjamin wie Hegel dem Schicksal vorbehält: in Kriegs- und Familienschicksalen. Freilich, Veränderungen in dieser Spähre der Naturgeschichte verändern nichts: »Ein nur aufs Nächste gerichteter Blick vermag höchstens ein dialektisches Auf und Ab in den Gestaltungen der Gewalt als rechtssetzender und rechtserhaltender zu gewähren ... Dies währt solange, bis entweder neue Gewalten oder die früher unterdrückten über die bisher rechtssetzende Gewalt siegen und damit ein neues Recht zu neuem Verfall begründen.« (ebd., S. 65) Wir begegnen wiederum der Benjaminschen Schicksalskonzeption, die ein naturgeschichtliches Kontinuum des Immergleichen behauptet und kumulative Veränderungen in den Strukturen der Herrschaft ausschließt.

Hier setzt die Figur der rettenden Kritik an; und nach dieser Figur bildet Benjamin damals den Begriff der revolutionären Gewalt: er belehnt gleichsam den Akt der Interpretation, die aus dem vergangenen Kunstwerk den punktuellen Durchbruch durchs naturgeschichtliche Kontinuum herausholt und für die Gegenwart aktualisiert, mit den Insignien der Praxis. Das ist dann die »reine« oder die »göttliche« Gewalt, die auf die »Durchbrechung des Umlaufs im Banne der mythischen Rechtsformen« (ebd.) abzielt. Benjamin konzeptualisiert die »reine« Gewalt im Rahmen seiner Theorie der Erfahrung; darum muß er sie der Attribute zweckrationalen Handelns entkleiden: die revolutionäre Gewalt ist ebenso wie die mythische

die Carl Schmitts Bewunderung gefunden hat: »Sie (die Parlamente) bieten das bekannte jammervolle Schauspiel, weil sie sich der revolutionären Kräfte, denen sie ihr Dasein verdanken, nicht bewußt geblieben sind. In Deutschland insbesondere ist denn auch die letzte Manifestation solcher Gewalten für die Parlamente folgenlos verlaufen. Ihnen fehlt der Sinn für die rechtssetzende Gewalt, die in ihnen repräsentiert ist; kein Wunder, daß sie zu Beschlüssen, die dieser Gewalt würdig wären, nicht gelangen, sondern im Kompromiß eine vermeintlich gewaltlose Behandlungsweise politischer Angelegenheiten pflegen.« (A. S. Bd. 2, S. 53 f.)

eine, die sich manifestiert – sie ist die »höchste Manifestation reiner Gewalt durch den Menschen«. (ebd., S. 66) Konsequenterweise bezieht sich Benjamin auf Sorels Mythos vom Generalstreik und auf eine anarchistische Praxis, die sich dadurch auszeichnet, daß sie den instrumentellen Charakter des Handelns aus dem Bereich der politischen Praxis verbannt und Zweckrationalität zugunsten einer »Politik der reinen Mittel« negiert: »Über die Gewaltsamkeit (einer solchen Praxis darf) ebensowenig nach ihren Wirkungen wie nach ihren Zwecken, sondern allein nach dem Gesetz ihrer Mittel geurteilt werden.« (ebd., S. 58)

Das war 1920. Neun Jahre später schreibt Benjamin seinen berühmten Aufsatz über die surrealistische Bewegung, mit der Baudelaires Idee einer Verschwisterung von Traum und Tat inzwischen Macht gewonnen hatte. Was Benjamin als reine Gewalt konzipiert hatte – in der surrealistischen Provokation hatte es überraschend Gestalt angenommen – in den surrealistischen Unsinnsakten war Kunst in expressives Handeln überführt, die Trennung zwischen poetischem und politischem Handeln aufgehoben worden. So hat Benjamin im Surrealismus die Bestätigung seiner Kunsttheorie sehen können. Dennoch fanden die Illustrationen der reinen Gewalt, die der Surrealismus gegeben hat, in Benjamin einen ambivalenten Zuschauer. Politik als Darstellung oder gar dichterische Politik – als Benjamin diese Realisationen sah, mochte er sich den prinzipiellen Unterschieden zwischen politischem Handeln und Manifestation denn doch nicht verschließen: »das hieße, die methodische und disziplinäre Vorbereitung der Revolution völlig zugunsten einer zwischen Übung und Vorfeier schwankenden Praxis hintansetzen.« (A. S. Bd. 2, S. 212) Benjamin hat sich daher, gefördert durch den Kontakt mit Brecht, von seinen früheren anarchistischen Neigungen gelöst und das Verhältnis von Kunst und politischer Praxis dann vornehmlich unter dem Gesichtspunkt der organisatorischen und propagandistischen Verwertbarkeit der Kunst für den Klassenkampf gesehen. Die entschlossene Politisierung der Kunst ist ein Konzept, das Benjamin vorfand. Er mag gute Gründe gehabt haben, dieses Konzept aufzugreifen – allein, eine systematische Beziehung zu seiner eigenen Theorie der Kunst und der Geschichte hatte es nicht. Indem Benjamin es umstandslos akzeptiert, gesteht er stillschweigend ein, daß aus seiner Theorie der Erfahrung eine immanente Beziehung zu politischer Praxis nicht sich gewinnen läßt: die Erfahrung des Choks ist keine Handlung, und die profane Erleuchtung keine revolutionäre Tat.[40]

Den Historischen Materialismus »in den Dienst zu nehmen« für die Theorie der Erfahrung war Benjamins Absicht; aber sie mußte zu einer Identifizierung von Rausch und Politik führen, die Benjamin nicht wollen konnte. Die Entbindung der kulturellen Überlieferung von den semantischen Potentialen, die dem messianischen Zustand nicht verlorengehen dürfen, ist nicht dasselbe wie die Entbindung der politischen Herrschaft von struktureller Gewalt. In einer Theologie der Revolution liegt Benjamins Aktualität nicht.[41] Seine Aktualität vielmehr zeigt sich, wenn wir nun versuchen, Benjamins Theorie der Erfahrung umgekehrt für den Historischen Materialismus »in Dienst zu nehmen«.

VII.

Eine dialektische Theorie des Fortschritts, die der Historische Materialismus zu sein beansprucht, ist auf der Hut: was sich als Fortschritt präsentiert, kann sich bald als die Perpetuierung des vermeintlich Überwundenen zu erkennen geben. Immer mehr Theoreme der Gegenaufklärung sind deshalb der Dialektik der Aufklärung, immer mehr Elemente der Fortschrittskritik der Theorie des Fortschritts einverleibt worden – um einer Idee des Fortschritts willen, die subtil und unnachgiebig genug ist, um sich nicht blenden zu lassen vom bloßen Schein der Emanzipa-

40 Vgl. dazu K. H. Bohrer, *Die gefährdete Phantasie* . . ., a.a.O., insbes. S. 53 ff. Ferner: B. Lypp, *Ästhetischer Absolutismus und politische Vernunft,* Frankfurt 1972.

41 Vgl. H. Salzinger, »W. Benjamin – Theologe der Revolution«, in: *Kürbiskern,* Jg. 1969, S. 629-647.

tion. Einem freilich muß sie widersprechen: der These nämlich, daß die Emanzipation selbst verzaubert.[42]

Im Begriff der Ausbeutung, der die Marxsche Kritik bestimmt hat, waren Armut und Herrschaft noch eins. Die Entwicklung des Kapitalismus hat uns inzwischen gelehrt, zwischen Hunger und Unterdrückung zu differenzieren. Die Entbehrungen, denen durch eine Vermehrung des Wohlstandes begegnet werden kann, sind andere als die, denen ein Wachstum nicht des gesellschaftlichen Reichtums, sondern der Freiheit abhelfen kann. Bloch hat in »Naturrecht und menschliche Würde« diese Unterscheidungen eingeführt – Differenzierungen im Begriff des Fortschritts, zu denen der Erfolg der unterm Kapitalismus entfalteten Produktivkräfte nötigt.[43] Je mehr in den entwickelten Gesellschaften die Möglichkeit sich abzeichnet, Repression mit Wohlstand zu vereinbaren, also Forderungen, die sich ans ökonomische System richten, zu erfüllen, ohne daß die genuin politischen Forderungen eingelöst sein müßten, um so mehr verschiebt sich hier der Akzent von der Abschaffung des Hungers auf Emanzipation.

Nun war Benjamin in der auf Marx zurückgehenden Tradition einer der ersten, der ein *weiteres* Moment im Begriff der Ausbeutung und dem des Fortschritts herausgehoben hat: neben Hunger und Unterdrückung Versagung, neben Wohlstand und Freiheit – Glück. Benjamin sah die Glückserfahrung, die er profane Erleuchtung nannte, gebunden an die Rettung der Tradition. Der Glücksanspruch kann nur eingelöst werden, wenn die Quelle jener semantischen Potentiale nicht versiegt, die wir zur Interpretation der Welt im Lichte unserer Bedürfnisse brauchen. Die Kulturgüter sind die Beute, die die

42 In dieser Perspektive wird die Kritische Theorie als »moderne Sophistik« gesehen, beispielsweise bei R. Bubner«, Was ist Kritische Theorie?« in: *Hermeneutik und Ideologiekritik,* Frankfurt 1971.

43 E. Bloch, *Naturrecht und menschliche Würde,* Frankfurt 1961: »Die Sozialutopie ging auf menschliches Glück, das Naturrecht auf menschliche Würde. Die Sozialutopie malte Verhältnisse voraus, in denen die Mühseligen und Beladenen aufhören, das Naturrecht konstruierte Verhältnisse, in denen die Erniedrigten und Beleidigten aufhören.« ebd., S. 13.
Vgl. auch meine Hinweise in: *Philosophisch-politische Profile,* Frankfurt 1971, S. 216 ff.

Herrschenden im Triumphzug mit sich führen; darum muß der Prozeß der Überlieferung dem Mythos entwunden werden. Nun ist zwar die Entbindung der Kultur nicht möglich ohne die Überwindung der in den Institutionen verankerten Repression; aber für einen Moment drängt sich der Verdacht auf: ob vielleicht eine glücklose und unerfüllte Emanzipation ebenso möglich sei wie der relative Wohlstand ohne Aufhebung der Repression? Keine ungefährliche, aber auch keine ganz und gar müßige Frage an der Schwelle des posthistoire, wo die symbolischen Strukturen verbraucht und durchgescheuert, ihrer imperativen Funktionen entkleidet sind.

Benjamin hätte jene Frage nicht gestellt. Er hat auf dem zugleich spirituellsten und sinnlichsten Glück als einer massenhaften Erfahrung bestanden; ja, er war von der Aussicht auf die Möglichkeit des definitiven Verlustes dieser Erfahrung geradezu terrorisiert, weil er, mit einem starren Blick auf den messianischen Zustand, beobachtete, wie der Fortschritt durch den Fortschritt sukzessive um seine Erfüllung betrogen wurde. Kritik an der kautskyanischen Lesart des Fortschritts ist darum der politische Inhalt der geschichtsphilosophischen Thesen. Auch wenn man nicht für jede einzelne der drei Dimensionen geltend macht, daß Fortschritte in der Vermehrung des Wohlstands, der Erweiterung der Freiheit und der Beförderung des Glücks keine Fortschritte darstellen, solange Wohlstand, Freiheit und Glück nicht allgemein geworden sind, läßt sich für die Hierarchie der drei Dimensionen jedenfalls glaubhaft machen, daß Wohlstand ohne Freiheit kein Wohlstand und Freiheit ohne Glück keine Freiheit sind. Benjamin war tief davon durchdrungen: auch der partiellen Fortschritte können wir vor dem Jüngsten Tage nicht sicher sein. Diese emphatische Einsicht hat Benjamin freilich in jene Schicksalskonzeption eingewoben, derzufolge geschichtliche Veränderungen keine Veränderungen bewirken, es sei denn, sie reflektierten sich in den Ordnungen des Glücks: »Die Ordnung des Profanen hat sich aufzurichten an der Idee des Glücks.« In dieser totalisierenden Perspektive werden die kumulative Entfaltung der Produktivkräfte und die gerichtete Veränderung in den Strukturen der

Interaktion zu einer ununterscheidbaren Reproduktion des Immergleichen zurückgespult. Vor dem manichäischen Blick Benjamins, der Fortschritt allein an den Protuberanzen des Glücks wahrzunehmen vermochte, breitet sich die Geschichte aus wie das Kreisen eines ausgeglühten Planeten, auf den Blitze herniederzucken dann und wann. Das nötigt zur Deutung des ökonomischen und des politischen Systems in Begriffen, die eigentlich nur den kulturellen Prozessen angemessen wären: in der Ubiquität des Schuldzusammenhangs tauchen unerkennbar jene Evolutionen unter, die, bei all ihrer fragwürdigen Partialität, nicht nur in der Dimension der Produktivkräfte und des gesellschaftlichen Reichtums statthaben, sondern sogar in *der* Dimension, in der die Unterscheidungen angesichts der Wucht der Repression unendlich schwierig sind: ich meine Fortschritte, gewiß prekäre und vom Rückfall permanent bedrohte, in den Produkten der Legalität, wenn nicht gar in den formalen Strukturen der Moralität. In der Melancholie der Erinnerung an das Versagte und in der Beschwörung der verlöschenden Momente des Glücks droht der historische Sinn für die profanen Fortschritte zu verkümmern. Wohl erzeugen diese Fortschritte ihre Regressionen, aber an diesen setzt ja das politische Handeln an.

Benjamins Kritik des leeren Fortschritts zielt gegen einen freudlosen Reformismus, dessen Sensorium längst abgestumpft ist gegen die Differenz zwischen der verbesserten Reproduktion des Lebens und einem erfüllten Leben, sagen wir eher: einem Leben, das nicht verfehlt ist. Aber scharf wird diese Kritik nur, wenn es gelingt, jene Differenz sichtbar zu machen an den unverächtlichen Meliorisierungen des Lebens. Diese schaffen keine neuen Erinnerungen, aber sie lösen alte und verhängnisvolle auf. Die Schritt für Schritt vorgenommenen Negationen der Armut und selbst der Unterdrückung sind, das ist zuzugeben, eigentümlich spurenlos: sie erleichtern, aber sie erfüllen nicht, denn nur die erinnerte Erleichterung wäre Vorstufe zur Erfüllung. Angesichts dieses Umstandes gibt es indessen zwei überanstrengte Positionen. Die auf pessimistische Anthropologien gestützte Gegenaufklärung gibt zu wissen vor, daß die utopischen Bilder der Erfüllung lebensdienliche Fiktionen einer endlichen Kreatur sind, die ihr bloßes Leben zum guten niemals wird transzendieren können. Die dialektische Theorie des Fortschritts andererseits ist sich der Prognose sehr sicher, daß eine gelingende Emanzipation auch Erfüllung bedeutet. Benjamins Theorie der Erfahrung könnte, wenn sie nicht Kutte, sondern Kern des Historischen Materialismus wäre, der einen Position begründete Hoffnung, der anderen einen prophylaktischen Zweifel entgegensetzen.

Hier ist die Rede nur vom Zweifel, von dem Zweifel, den Benjamins semantischer Materialismus nahelegt: dürfen wir die Möglichkeit einer bedeutungslosen Emanzipation ausschließen? Emanzipation heißt in den komplexen Gesellschaften partizipatorische Umformung administrativer Entscheidungsstrukturen. Könnte eines Tages ein emanzipiertes Menschengeschlecht in den erweiterten Spielräumen diskursiver Willensbildung sich gegenübertreten und doch des Lichtes beraubt sein, in dem es sein Leben als ein gutes zu interpretieren fähig ist? Die Rache einer für die Legitimation von Herrschaft über die Jahrtausende ausgebeuteten Kultur bestünde dann, im Augenblick der Überwindung uralter Repressionen, darin, daß sie keine Gewalt, aber auch keinen Gehalt mehr hätte; ohne die Zufuhr jener semantischen Energien, denen Benjamins rettende Kritik galt, müßten die endlich folgenreich durchgesetzten Strukturen des praktischen Diskurses veröden.

Benjamin ist nahe daran, der Gegenaufklärung auch noch den Vorwurf der leeren Reflexion für eine Theorie des Fortschritts zu entwinden. Wer darin Benjamins Aktualität sucht, setzt sich freilich dem Einwand aus, daß den emanzipatorischen Anstrengungen im Anblick einer unerschütterten politischen Realität nicht leichtfertig weitere Hypotheken, und seien sie noch so sublim, aufgebürdet werden sollten – first things first. Ich meine freilich, daß ein differenzierter Begriff des Fortschritts eine Perspektive schafft, die nicht einfach den Mut hemmt, sondern das politische Handeln treffsicherer machen kann. Denn unter historischen Umständen, die den Gedanken an Revolution verbieten und die Erwartung lange anhaltender umwälzender Prozesse nahelegen, muß sich auch die Vorstellung von der Revolution als dem Bildungsprozeß einer neuen Subjektivität wandeln. Dazu mag Benjamins konservativ-revolutionäre Hermeneutik, die die Geschichte der Kultur unter dem Aspekt der Rettung für den Umsturz entziffert, einen Weg weisen.

Eine Theorie der sprachlichen Kommunikation, die Benjamins Einsichten in eine materialistische Theorie der sozialen Evolution zurückbringt, müßte zwei Sätze Benjamins zusammendenken. Ich meine die Behauptung, »daß es eine in *dem* Grade gewaltlose Sphäre menschlicher Übereinkunft gibt, daß sie der Gewalt vollständig unzugänglich ist: die eigentliche Sphäre der Verständigung, die Sprache«. (A. S. Bd. 2, S. 55) Und ich meine die Warnung, die dazugehört: »Pessimismus auf der ganzen Linie! Jawohl und durchaus... vor allem aber Mißtrauen, Mißtrauen und Mißtrauen in alle Verständigung zwischen den Klassen, zwischen den Völkern, zwischen den Einzelnen. Und unbegrenztes Vertrauen allein in I.G. Farben und die friedliche Vervollkommnung der Luftwaffe.« (ebd., S. 214)

12. Herbert Marcuse über Kunst und Revolution

Herbert Marcuses vorletztes Buch *Über die Befreiung* ist erschienen, als die Protestbewegung soeben ihren Höhepunkt überschritten hatte: 1968 in USA und ein Jahr darauf in deutscher Übersetzung. Der paradoxe Titel des neuen Buches[1] spiegelt die gründlich veränderte Situation; darin ist von ›Revolte‹ die Rede, weil Marcuse heute die kommende Revolution in der Zeitspanne von Generationen mißt, während die massive Gegenbewegung die ironische Form einer vorbeugenden Konterrevolution anzunehmen scheint. Selbst in der Bundesrepublik, auf die dieses Bild trotz des »Radikalenerlasses« so recht nicht zu passen scheint, kann man auch Bestätigungen für diese Diagnose finden: so etwa läßt sich die rührende Eilfertigkeit verstehen, mit der Opposition und Regierung ein Grüppchen, das sich zur machtvollen Kaderpartei aufbläst, beim Wort nehmen – eine kraftmeiernde Selbststilisierung wird vorbeugend zur Realität gestempelt. Marcuses Buch ist in den Jahren 70/71 entstanden, bereits in der Flaute der Protestbewegung. Es enthält eine scharfe Kritik an der pseudomarxistischen Orthodoxie, die auch in den Reihen der Neuen Linken wieder aufgelebt sei. Sie drücke sich in einer ritualisierten Begrifflichkeit aus und führe zu einer Fetischisierung der Arbeiterklasse – wofür Marcuse nur die trockene Bemerkung übrig hat: ein neuer Aspekt des Warenfetischismus. Auf der anderen Seite richtet sich die Kritik aber auch gegen Clownerie und Sich-gehen-lassen, gegen die Gewaltspielerei des »revolutionären Selbstmordes« – dieser Appell an die Selbstkontrolle der Militanten ist ein neuer Ton.

Aber nicht diese taktischen Bemerkungen machen das Thema des Buches aus. Seit den 30er Jahren hat Marcuse *ein* Problem nicht mehr losgelassen, das nun freilich durch die Erfahrungen der 60er Jahre in ein anderes Licht rückt – das Verhältnis von

1 Herbert Marcuse, *Konterrevolution und Revolte*, Frankfurt 1973.

Kunst und Revolution, genauer: die Rolle, welche Kunst für die Revolutionierung einer abgestumpften Sinnlichkeit und der repressiven Triebstruktur spielen kann. Weil die bestehende Gesellschaft nicht nur im Bewußtsein der Menschen reproduziert wird, sondern auch in ihren Sinnen, muß die Emanzipation des Bewußtseins mit der der Sinne einhergehen – muß »die repressive Vertrautheit mit der gegebenen Objektwelt« aufgelöst werden. Nicht zufällig bedient sich der einstige Heideggerschüler der Sprache der Phänomenologie, wenn er eine radikale Veränderung für die »vorbewußte Konstitution der erfahrenen Welt« postuliert. Dahinter steht eine empirische Annahme. Gerade die Leistungsfähigkeit des Kapitalismus, die beispiellose Dynamik einer wohlstands- und konsumorientierten Gesellschaft, wird die »transzendendierenden«, die nicht-materiellen Bedürfnisse hervorbringen, die der Spätkapitalismus selbst nicht befriedigen kann. Die neuen Bedürfnisse manifestieren sich in Werten und Verhaltensweisen subversiver Gegenkulturen, in denen das Potential der Kunst und der ästhetischen Erfahrungen zur politischen Kraft entbunden wird. Neu gegenüber diesen Thesen ist der Nachdruck, mit dem Marcuse dennoch die Spannung zwischen Kunst und Revolution betont.

Wir lernen einen Marcuse kennen, der vor den Folgen einer Entdifferenzierung von Kunst und Leben erschreckt. Die Kunst darf nicht den surrealistischen Imperativ vollziehen und entsublimiert ins Leben übertreten. Nur *als* Kunst kann sie ihr radikales Potential ausdrücken. Die subversive Wahrheit der Kunst erscheint einzig in der Transformation der Wirklichkeit in Schein. Hatte Marcuse bisher den affirmativen Charakter des schönen Scheins als das Ideologische an der bürgerlichen Kunst kritisiert, so sieht er nun in der affirmativen Kraft eines vom Leben abgehobenen symbolischen Universums auch die Quelle der Negation des Bestehenden. Im Anblick einer Antikunst, die sich auf Marcuses frühere Thesen von der Aufhebung der Kunst berufen könnte, revoziert Marcuse seine Anklage:

»Wenn wir einem Zerfall der bürgerlichen Kultur gegenüberstehen, der aus der inneren Dynamik des zeitgenössischen

Kapitalismus und der Anpassung der Kultur an seine Erfordernisse resultiert, stimmt dann die Kulturrevolution, sofern sie darauf abzielt, die bürgerliche Kultur zu zerstören, nicht mit der kapitalistischen Anpassung und Neubestimmung der Kultur überein?«

Marcuse ist den Grundpositionen der Adornoschen Ästhetik sehr nahe. Er setzt sich mit den seinerzeit im »Kursbuch« verbreiteten Thesen vom Ende der Kunst auseinander; auch im Sozialismus müßte die Kunst ihre Transzendenz behalten: »Ein Ende der Kunst ist nur vorstellbar, wenn die Menschen nicht mehr imstande sind, zwischen Wahr und Falsch, Gut und Böse, Schön und Häßlich, Gegenwärtig und Zukünftig zu unterscheiden. Das wäre der Zustand vollkommener Barbarei auf dem Höhepunkt der Zivilisation« – Marcuse wiederholt hier Alpträume von Vico und Nietzsche. In dieser Wendung gegen den Kulturanarchismus mag auch ein Stück unaufgelösten Antimodernismus stecken. Ich bin nicht sicher, ob Marcuse der experimentellen Logik jener künstlerischen Avantgarde ernstlich gerecht wird, die in der Nachfolge des Surrealismus mit extremen Mitteln, bis hin zum demonstrativen Verstummen, die versteinerten Sprach- und Verkehrsformen entblößt, d. h. bis an die Schwelle der Selbstnegation der Kunst negiert. Wie ungebrochen Marcuses Sensibilität in Traditionen der deutschen Romantik wurzelt, zeigt der Vergleich mit Geistern wie Benjamin und Adorno, die, bei allem Antiklassizismus, davon auch nicht ganz unberührt waren. Gleichwohl wäre es eine Fehleinschätzung, wenn man die Warnung vor einer Destruktion der Kunst als eigenständigen Universums bloß einem Rückfall in kulturkonservative Gesinnungen zuschieben wollte.

Auf eine verständisvolle Rezeption darf Marcuse heute in der Bundesrepublik kaum rechnen, ohnehin nicht bei seinen Gegnern, aber auch nicht bei denen, die seine Gegner geworden sind oder gleichgültig von ihm sich abgewendet haben. Die unorganisierten Reste der Neuen Linken, bei denen Resonanz möglich ist, haben keinen großen Handlungsspielraum mehr. Für die Szene, die Marcuse und die Protestbewegung hinterlassen haben, sind, wenn man von den parteitreuen Kommunisten und den zwischen Mao und Stalin angesiedelten Militanten absieht, zwei neue Kraftfelder charakteristisch. Auf der einen Seite haben sich diffuse und eher unpolitische Jugendkulturen gebildet, deren schon wieder kommerzialisierte Stimmung mit dem Modewort Nostalgie belegt wird. Ein neuer Historismus durchmustert die schnell gealterte Moderne nach Reizen und Dekorationen, die sich für den Privatgenuß von Gegenwerten und Komplementärerfahrungen zum Alltag der Leistungsgesellschaft eignen. Nachdem der Jugendstil, wahrlich eine Schatzkammer, geplündert worden ist, geht die Suche nach vorwärts in die 20er und 30er Jahre und nach rückwärts in Viscontis Spätromantik. Auf der anderen Seite haben die Jusos eine taktisch erfolgreiche Opposition geschaffen, die zum erstenmal in der deutschen Nachkriegsgeschichte eine politisch folgenreiche Auseinandersetzung mit sozialistischen Gesellschaftsanalysen erzwungen hat. Marcuse glaubt nicht, daß die bestehende Konkurrenzdemokratie ein geeignetes Operationsfeld für den Übergang zu einem demokratischen Sozialismus darstellt. Demgegenüber versuchen die Jungsozialisten, dem Parteiestablishment klarzumachen, daß die Leistungsfähigkeit des spätkapitalistischen Wirtschaftssystems im Hinblick auf politisch gesetzte Prioritäten auf die Probe, und im (erwarteten) negativen Fall auch zur Disposition gestellt werden muß; und sie sehen, daß radikale Reformen nicht begonnen werden dürfen, bevor nicht der demokratische Staat über die gesetzlichen Mittel verfügt, um einer vorhersehbaren Obstruktionspolitik entgegenzutreten, die die Investitionsfreiheit der privaten Großunternehmen präventiv ausnützt. Was hingegen die Jusos mit Marcuse verbindet, kommt in ihrer erklärten »Doppelstrategie« zum Ausdruck: Erfolge innerhalb der bestehenden Institutionen werden nur dann nicht bürokratisch versickern, wenn eine gleichzeitige Politisierung des Bewußtseins großer Bevölkerungsteile jene neuen Bedürfnisse schafft, die veränderte gesellschaftliche Prioritäten allein rechtfertigen, durchsetzen und tragen können. Die Reste der nicht-organisierten Neuen Linken, eingeklemmt zwischen nostalgischen Kulturkonsum

und erfolgreiche Jusokonkurrenz – wenn das hierzulande die Szene ist, auf die Marcuses neues Buch auftrifft, dann ist Resonanz nicht wahrscheinlich, aber die Essenz des Marcuseschen Gedankens tritt auf diesem Hintergrund klar hervor.
Seit der Entstehung des modernen Staates wird die politische Sphäre durch Staaten- und Bürgerkriege eingegrenzt und durch die Routinen der öffentlichen Bürokratien ausgefüllt. Gegen diesen Begriff von Politik, der sich auf Probleme der Machtverteilung und der administrativen Bearbeitung von gesellschaftlichen Materien beschränkt, haben Marcuse und die Neue Linke den Begriff einer stetigen und umfassenden Politisierung gesetzt, welche das Bewußtsein und die Sinnlichkeit der Subjekte selber ergreifen und die Wertstrukturen der Gesellschaft verändern soll. Das bedeutet eine kategoriale Verschiebung des politischen Handelns. Sobald die nicht-materiellen Bedürfnisse nach neuen solidarischen Beziehungen zwischen den Gruppen, den Generationen und den Geschlechtern, zwischen den Subjekten und der Natur, in die kollektive Willensbildung einbezogen würden, müßten Politik und Lebenspraxis in eine neue Konstellation treten. Diese Entstaatlichung der Politik bahnt sich beispielsweise in den öffentlichen Planungsprozessen an. Eine solche Entdifferenzierung bisher getrennter Medien stellt sich immer als Zerstörung eines relativ autonomen Bereichs dar. Nun hat die kulturrevolutionäre Bewegung das Ineinandergreifen verschiedener Entdifferenzierungsprozesse zu Bewußtsein gebracht: die wohl definierten Grenzen zwischen Krankheit und Normalität, zwischen Kunst und Leben, zwischen Politik und Kunst, zwischen privaten und öffentlichen Konflikten, zwischen Anpassung und Kriminalität haben sich gleichzeitig verschoben. Für staatliche Politik und Wissenschaftssystem zeichnet sich ab, was in anderen Bereichen schon in vollem Gange ist. Peter Gorsen hat in seinem Beitrag zum soeben erschienenen 4. Band der (von Gadamer herausgegebenen) Neuen Anthropologie zwei dieser Medienverschiebungen instruktiv behandelt: die Entästhetisierung der Kunst durch Aktions- und Abreaktionsspiele, Mixed Media, Concept Art, Land Art, durch Happening und Science-Fiction, durch

Angleichung von Kitsch und Literatur usw.; und die Entpathologisierung des Kranken durch die neue Bewegung der Antipsychiatrie (Basaglia, Cooper), durch die Erschütterung der zwanghaften Autonomie bürgerlicher Normalität gegenüber dem Wahnsinn (Foucault) und durch die politische Umwertung des schizophrenen Rückzugs in eine konstruktive Ablösung von repressiven Lebensverhältnissen (Laing).

Marcuse hat als einer der ersten die fragwürdige Autonomie des schönen Scheins analysiert; er hat zündende Argumente für eine neue, die Dimension der Sinnlichkeit, der Phantasie, der Wünsche einbeziehende politische Praxis entwickelt: davon handelt abermals das Kapitel über Natur und Revolution. Auf diesem Hintergrund gewinnt aber Marcuses neuerliche Wendung gegen die Zerstörung der Transzendenz des Schönen und gegen die Auflösung politischen Handelns in Aktionismus ihr besonderes Gewicht. Marcuse pocht darauf, daß die Entdifferenzierung der alten kulturellen Gliederungen nicht zur Entsublimierung der leidenschaftlichen Vernunft und der Kreativität führen darf. Die Konstellationen der bürgerlichen Kultur, die für drei oder vier Jahrhunderte selbstverständlich waren, sind in Bewegung geraten; aber diese Bewegung könnte sich nur um den Preis der Humanität selber darüber hinwegsetzen, daß auch in einem neuen gesellschaftlichen Universum Kunst, Politik und Lebenspraxis gegeneinander differenziert *bleiben.*

Diese defensive Botschaft steht auf den ersten Blick in Widerspruch zur ungebrochenen revolutionären Rhetorik. Nach wie vor verteidigt Marcuse die Rebellion gegen »das Ganze«, den qualitativen Sprung, den Bruch mit dem Kontinuum der bisherigen Geschichte. Nach wie vor ist die Rede affirmativ; ihr theoretischer Gehalt ist eher etwas mager. Das Buch enthält nur die eine Hypothese, daß die Befriedigung der elementaren Bedürfnisse Bedürfnisse neuer Art schafft, die der Spätkapitalismus nicht befriedigen kann. Und mit Recht ließe sich sagen, daß diese Hypothese nicht begründet, sondern in ihrer Geltung vorausgesetzt wird. Aber Einwände auf dieser Ebene würde ich für verfehlt halten. Denn nicht die Untersuchung sozialwissenschaftlicher Hypothesen ist das Ziel. Marcuses Argumente müssen vielmehr als Teil eines großen praktischen Diskurses verstanden werden, in dem es nicht um die Überprüfung empirischer Behauptungen, sondern um die Identifizierung und Rechtfertigung von verallgemeinerungsfähigen Interessen geht: um die radikale Neuinterpretation von Bedürfnissen und um die diagnostische Frage, ob die Masse der Bevölkerung in diesen Interpretationen das, was sie wirklich will, erkennen, ob sie sich darin wiedererkennen könnte.

IV. Repliken

13. Zur Kritik an der Geschichtsphilosophie (R. Koselleck, H. Kesting) *1960*

Reinhart Koselleck und Hanno Kesting, begreifen die gegenwärtige Weltkrise als Ausbreitung der mit der Französischen Revolution ausbrechenden Krise des europäischen Bürgerkrieges über den ganzen Erdball. Der Ost-West-Konflikt gewinnt im utopischen Selbstverständnis konkurrierender Geschichtsphilosophien Gestalt. Diese haben in der Kritik, die sich Aufklärung nannte, ihre gemeinsame Wurzel. Derart erscheinen Kritik und Krise einander zugeordnet. Im 18. Jahrhundert trete die Geschichte über die Ufer der Tradition, beginne die »utopische Moderne«, die im 20. Jahrhundert ihr Ende finden soll; mit ihr verliere die Deutung der Gegenwart aus dem Horizont möglichen Fortschritts, mit ihr Geschichtsphilosophie als solche ihr Recht. Und zwar stellt sich ihnen dieser Vorgang so dar, als schriebe die kritisierte Geschichte selber die Metakritik der Geschichtsphilosophie.

Koselleck[1] begreift die Aufklärung aus einer Dialektik von Politik und Moral, die in der Ausgangsstellung der bürgerlichen Intelligenz im absolutistischen Staat vorgezeichnet ist. Unter dem Absolutismus wird der konfessionelle Bürgerkrieg stillgestellt. Der Monarch erfüllt den Auftrag der Friedensstiftung durch Monopolisierung der öffentlichen Gewalt und eine Privatisierung der bürgerlichen Gesellschaft. Das Staatsinteresse ist der Kompetenz des Gewissens entzogen und der Souveränität des Fürsten ausschließlich überantwortet. Die Gesinnungen bleiben, wie in Hobbes Staatslehre, für die Regierung folgenlos. Politische und moralische Gesetzlichkeit sind streng getrennt. Die Staatsraison verlangt vom Fürsten ein Verhalten nach Regeln der Klugheit; die privatisierte Religion von den Untertanen ein Verhalten nach Regeln der Sittlichkeit. Bevor Kant am Ende des folgenden Jahrhunderts die Übereinstim-

1 *Kritik und Krise, Ein Beitrag zur Pathogenese der bürgerlichen Welt,* Freiburg 1959.

mung des einen mit dem anderen, die Konvergenz von Politik und Moral selbstverständlich als ein Postulat der Rechtslehre aufstellen kann, vollzieht sich jener Prozeß der Kritik, der die bürgerliche Gewalt selber zur öffentlichen erhebt. Der zuvor private Raum der Innenwelt weitet sich zur Öffentlichkeit aus, und die Kraft der Öffentlichkeit durchdringt den Staat. Die bürgerlichen Privatleute schließen sich zum Publikum zusammen; ihr Raisonnement schafft eine indirekte Gewalt; in den Salons, den Klubs und den Logen, Kaffeehäusern und Tischgesellschaften findet eine moralische Gerichtsbarkeit, die schließlich auch den Fürsten vor ihr Forum zitiert, ihre frühen Institutionen. Koselleck untersucht an exemplarischen Zeugnissen der Geistesgeschichte die Etappen der Politisierung, von der humanistischen Bibelkritik angefangen, über die unpolitische Kritik der Gelehrtenrepublik, die indirekt politische Kritik der Literaten bis zur Anwendung der Gesetze reiner und praktischer Vernunft auf die Gesetze von Staat und Gesellschaft – Turgot und Kant.

Die kritische Annektion der öffentlichen Gewalt durch die Privatsphäre scheint vor allem darum so »kritisch«, weil sie sich nicht als ein politischer Akt versteht: »das heißt die Krise war nur deshalb eine solche, weil sie als politische Krise im Grunde verdeckt blieb.« Noch deutlicher: »Die Moralisierung der Politik war um so mehr eine Entfesselung des Bürgerkriegs, als in dem Umsturz, in der ›Revolution‹, gerade kein Bürgerkrieg erblickt wurde, sondern eben die Erfüllung moralischer Postulate.«

Das Argument, das die Symptome auf ihre Ursache zurückbringt, wird erst im Zusammenhang politischer Anthropologie ganz durchsichtig. Weder ist nämlich, auf den ersten Blick, einzusehen, warum der »Bürgerkrieg« – im Gegensatz zum Krieg der Staaten untereinander – als das schlechthin Böse erscheinen soll; noch wird es klar, warum die »Verdeckung des Politischen« – zuerst die literarische Kritik der fürstlichen Befehle nach Maßstäben der Humanität, später die Bindung des Souveräns an die vom Parlament gesetzten generellen Normen – eo ipso im Terror des Bürgerkriegs ersticken muß.

Kurzum, die These des Buches, daß die als indirekte politische Gewalt etablierte Kritik notwendig die Krise auslöst, ist, für sich genommen, nicht eigentlich überzeugend. »Die alles erfassende Kritik weitet sich zwar auf die Politik aus, verzichtet aber nicht auf ihren eigenen unpolitischen, das heißt auf ihren vernünftigen, natürlichen oder moralischen, das Vorrecht der Wahrheit garantierenden Anspruch.« Die Formulierung des inkriminierten Tatbestandes verrät den Maßstab der Diskriminierung. Das »politische Element« ist, frei nach Carl Schmitt, die rational unauflösbare Substanz eines herrscherlichen Willens, der sich einzig durch die nackte Existenz der Herrschenden selber legitimiert; andererseits ist die menschliche Natur, frei nach Arnold Gehlen, so beschaffen, daß sie dieses politischen Elements, nämlich der Abstützung der vagierenden Antriebe und des plastischen Verhaltens durch autoritär verfestigte Institutionen bedarf. Wenn Kritik an deren irrationalen Kern rührt, das dezisionistische Risiko nicht dahingestellt sein läßt, sondern Autorität zu rationaler Legitimation auffordert; wenn sie »immer neue Gründe findet, um der souveränen Aktion zuvorzukommen, für die es im eigentlichen Sinne des Wortes keinen Grund gibt« – dann zerstört sie die Bedingungen menschlicher Existenz. Ausdruck dieser Zerstörung ist politisch die Anarchie des Bürgerkrieges, anthropologisch die der Triebe.

Diese politische Anthropologie wird in der Untersuchung nirgends thematisch; aber sie bestimmt die Fragen und verstellt manche Antworten. So faßt Koselleck nicht zufällig die Entstehung einer politisch fungierenden Öffentlichkeit, und die Rückbeziehung des Staates aufs Raisonnement der zum Publikum versammelten Privatleute, unter dem einseitigen Aspekt einer Dialektik von Politik und *Moral.* Diese wird freilich im 18. Jahrhundert, bis in den Bedeutungshorizont des damals so eigentümlich betonten Wortes »social« hinein, stets mit »Natur« und »Vernunft« zusammengedacht. Aber das, was die Öffentlichkeit nach Maßgabe des ordre naturel in öffentlicher Diskussion ermitteln sollte, das Vernünftige, zugleich Richtige und Rechte, ist nicht etwa darum schon den privaten moralischen Gesinnungen gleichzusetzen. Das entspricht weder dem Selbstverständnis der gens de lettres noch dem, was mit der Anwendung des öffentlichen Raisonnements der Privatleute auf die politische Gewalt tatsächlich geschah. Die privaten Ansichten werden ja, durch Öffentlichkeit zur öffentlichen Meinung vermittelt, in ihrer Substanz verändert. Lockes *Law of Private Censure* beruft sich allerdings auf die *opinions* der Bürger, nicht schon auf so etwas wie *public opinion*; Koselleck setzt eins mit dem andern gleich. Noch Rousseaus *volonté génerale* entspringt eher den bloßen opinions als einer opinion publique, nämlich jener durch Diskussion bereits filtrierten Meinung des von ihm denunzierten *public éclairé*. Indem Koselleck einerseits private Gesinnungen mit öffentlicher Meinung identifiziert, andererseits das Prinzip der öffentlichen Diskussion als eins des Bürgerkriegs diskreditiert, muß er die objektive Intention der Öffentlichkeit verkennen, die sich auf der Basis einer vom Staat sich emanzipierenden bürgerlichen Gesellschaft zuerst in England, dann in Frankreich als die neue Sphäre ausbildet. Ihrer eigenen Idee zufolge sollte Publizität der politischen Entscheidungen es ermöglichen, den Grundsatz *auctoritas non veritas facit legem* umzukehren: nämlich die Tätigkeit des Staates durch öffentliches Raisonnement mit dem Interesse der Nation, faktisch mit dem bürgerlichen Klasseninteresse in Übereinstimmung zu bringen. Nicht Moralisierung der Politik als solche, sondern ihre durch das Prinzip der Öffentlichkeit vermittelte Rationalisierung war die Absicht; sie fand später widerspruchsvoll in der Gestalt des bürgerlichen Rechtsstaates ihre Erfüllung, sobald die Öffentlichkeit im Parlament als Staatsorgan institutionalisiert wurde. Zugleich steckt in jener Absicht, wie sehr auch ihrer Funktion nach bloße Ideologie, die Idee, daß politische Autorität im Medium einer solchen Öffentlichkeit in rationale sich auflösen, Herrschaft in ihrem Aggregatzustand sich wandeln würde.[2] Die von Koselleck bloßgelegte Ambivalenz der Aufklärung, die proportional

2 Erst Engels wird das, im Anschluß an ein Wort von Saint Simon, in die berühmte Parole übersetzen: »An die Stelle der Regierung über Personen tritt die Verwaltung von Sachen.«

zum Erfolg ihrer Entlarvungsarbeit »politisch verblinde«, zeigt vielmehr die Dialektik ihres durchaus politischen Sinnes an: sie will das »politische Element«, hegelisch gesprochen das substantielle Moment der Autorität, in Reflexion aufheben.
Der kritische Prozeß, den das Bürgertum gegen den absolutistischen Staat angestrengt hat, endet in der Forderung des Kommunistischen Manifestes, daß die politische Gewalt in »öffentliche« Gewalt zu überführen sei. Mit diesem einen Attribut der Öffentlichkeit zieht das 19. Jahrhundert die Konsequenz aus dem im 18. entstandenen Prinzip. Weil es eine geschichtliche Bewegung antizipiert, ist es zugleich Prinzip einer Geschichtsphilosophie, deren erste Autoren und Adressaten wir, wie Kesting beobachtet, in denselben *sociétés de pensées* finden, die die Sphäre der Öffentlichkeit institutionell begründen. Das politische Motiv einer durch Publizität vermittelten Rationalisierung der Staatstätigkeit ist mit dem geschichtsphilosophischen Motiv einer revolutionär auf ihre natürliche Ordnung zurückgebrachten bürgerlichen Gesellschaft, Kritik ist mit Utopie in ihrem Ursprung eins. Was die feudale Verfassung als naturwüchsig hatte erscheinen lassen, erwies sich nun des Zugriffs der avancierten Bourgeoisie nicht nur fähig, sondern mit der kapitalistischen Erweiterung der Tauschverhältnisse auch bedürftig. Eine dem Marktverkehr innewohnende »Rationalität« schien von den Menschen geradewegs zu verlangen, die Bedingungen ihrer gesellschaftlichen Existenz, und damit den geschichtlichen Prozeß selbst in die Hand zu nehmen. Geschichtsphilosophie, nämlich die Idee der machbaren Geschichte, wird von dieser selbst erst hervorgebracht.
Aus diesem Zusammenhang der sozialen Triebkräfte gelöst, verliert das Verhältnis von Kritik und Krise, wie es Koselleck sich darstellt, über die Fragwürdigkeit der anthropologischen Prämissen hinaus, an Glaubwürdigkeit. Gleichwohl hält Hanno Kesting daran fest; er interpretiert es als das von *Geschichtsphilosophie und Weltbürgertum.*[3] Thematisch eine direkte Fortsetzung, weicht Kestings von Kosellecks Untersuchung in den

3 Heidelberg 1959.

Modalitäten ab. Über weite Strecken informativ referierend, in den Konturen allerdings weniger ausgeprägt, fördert die Fragestellung dennoch eine ähnliche Fruchtbarkeit, fast eine gleiche Fülle geistesgeschichtlicher Aspekte und politischer Einsichten.

Kesting entdeckt die geschichtliche Pointe jener von Koselleck untersuchten »Geschehenseinheit der Aufklärung« im gleichsam posthumen Siegeszug der Geschichtsphilosophie: 1917. Global setzt sie sich nämlich erst mit der Russischen Revolution und dem Kriegseintritt Amerikas durch. Im Gegensatz zur bürgerlichen übersetzt freilich die weltbürgerliche Utopie ihre Kritik unmittelbar in die Praxis: »Die Prognostiker verwandeln sich in Planer, und ihre Planungen werden um so unfehlbarer, je mehr sie die Erfüllung ihrer Planziele durchsetzen und erzwingen können.« Während im Osten die leninistische Version des Marxismus aus der Verschmelzung der proletarischen Revolution mit der antikolonialen und nationalen Bewegung der Kolonialvölker ihre Kraft zieht, verarbeitet in Amerika der adventistische Mythos puritanischer Herkunft die Erfahrung des »offenen Westens« zum Glauben an die Überlegenheit der »Neuen Welt«. Hier bedarf die Praxis von *social control* und *social engineering* nicht, wie die im Zeichen von »Einholen und Überholen« diktatorisch betriebene Industrialisierung des agrarischen Rußlands, der ausdrücklich formulierten und propagandistisch verbreiteten »Geschichtsphilosophie«; der angelsächsische Meliorismus hat sie mehr oder weniger stillschweigend und gemeinplätzig zur Voraussetzung. Gemeinsam bleibt beiden Weltmächten die geschichtsphilosophische Perspektive überhaupt. Die Positionen der mit 1789 auf den Plan gerufenen europäischen Bürgerkriegs-Parteien werden damit zu Positionen der großen Staaten selber. Wie die geschichtsphilosophische Deutung damals den Klassenkämpfen im Innern diente, so übersetzt sie nun die äußeren Kampfhandlungen ins Bürgerkriegsformat. Kesting demonstriert das am Beispiel des zweiten Weltkriegs: »Es zeigt sich, daß die diskriminierende Aufspaltungskraft des amerikanischen Fortschritts- und Sendungsbewußtseins kaum weniger stark ist als die des Bolschewismus, so verschiedenartig beide im übrigen sein mögen. Beide verwandeln den Krieg in einen Kreuzzug und in einen Bürgerkrieg, die Bolschewisten bewußt, die Amerikaner unbewußt. Beide appellieren an das Volk gegen die Regierung, denn beide vertreten die Partei des ›Menschen‹ gegen die des ›Unmenschen‹, womit sie, wie aus der Geschichte des europäischen Bürgerkriegs hinlänglich bekannt, die Unterscheidung von Feind und Verbrecher aufheben und die Auseinandersetzung vergiften. Im Westen wie im Osten wird die Geschichtsphilosophie des europäischen Bürgerkrieges aufgegriffen, weitergeführt und in die praktische Politik eingebracht.«

Die Gegenpartei, der Faschismus, wird von Kesting freilich ausgespart. Sie wird nur teichoskopisch vorgeführt, dient sozusagen als die Kulisse, vor der die »antifaschistische Front« als die eigentliche Aktion des Bürgerkriegs sich deutlich abheben kann. Die Rolle der Alliierten als Bannerträger einer »Geschichtsphilosophie«, die den Gegner im gleichen Maße diabolisch erscheinen läßt, wie sie die eigenen Ziele für humanitäre ausgibt – diese Rolle hätte wohl eine das Konzept störende Rechtfertigung erfahren, wenn nicht Kesting dem »diabolischen Gegner« selber den Auftritt erspart hätte. So erfährt man nur, daß Faschismus, Nationalsozialismus und Falangismus die mit dem Ost-West-Konflikt etablierte Bürgerkriegssituation um drei Jahrzehnte verzögert haben; daß sie die guten Ansätze einer konservativen Revolution korrumpiert und kompromittiert haben; daß sie mit ihrer Niederlage einer dem europäischen Konservatismus entsprechenden Macht die Grundlage entzogen haben. Diese hätte sonst, nach dem Zerbrechen der »antifaschistischen Illusion«, den offenen Gegensatz zwischen Kapitalismus und Bolschewismus wohltätig temperieren können. Deutschland hat die Chance der »dritten Position« verspielt, hat sie den Neutralen von Bandung in die Hände gespielt.

Wie man sieht, greift Kesting über Kosellecks Untersuchung nicht nur chronologisch, in Anbetracht des behandelten Zeitraums, sondern auch systematisch hinaus: er geht von der Kritik der Geschichtsphilosophie zu deren Alternative über. Ja, recht betrachtet, dient ihm die Entwicklung der Geschichtsphilosophie über Saint Simon und Comte, Hegel und Marx, über den Historismus und die Imperialismustheorien bis hin zu Jaspers und Toynbee vor allem zur Einführung in die gegenaufklärerischen Thesen selbst. Kesting zeigt den Zusammenhang des katholischen Konservatismus der de Bonald und de Maistre mit der politischen Theologie eines Donoso Cortes, der gegen die Diktatur des Dolches die des Säbels ausrief; sein Erbe hat bekanntlich Carl Schmitt in den Präfaschismus der zwanziger Jahre eingebracht. Dieser wird unter dem Titel einer Revolution von Rechts, über den sehr nachsichtig dargebotenen Spengler, von Nietzsche hergeleitet; er wird mit einem »eschatologischen Geschichtsdenken« zusammengebracht, das allein der Utopie wirksamen Widerpart bieten können soll.

Solch eschatologisches Denken scheint allerdings, als das Gegenüber der Geschichtsphilosophie, dieser selbst noch zuzugehören; denn Kesting nennt den Ursprung der Gegenaufklärung bei de Maistre eine Position innerhalb des europäischen Bürgerkrieges; und von deren gegenwärtiger Gestalt verspricht er sich eine dialektische Aufhebung der zur Antithese erstarrten »Geschichtsphilosophien« in Ost und West – ihrerseits eine geschichtsphilosophische Denkfigur. Eschatologie, an deren »Esoterik« Kesting nicht rühren möchte, sei eine politisch und historisch konzipierte Negation der Aufklärung, die statt der Autonomie des Menschen seine »Ontonomie« berücksichtigt. Dem Fortschritt, der die Wirklichkeit überspielen will, setze sie ein Bewußtsein der Providenz entgegen, das sich der geschichtlichen Wirklichkeit fügt. Der Allianz einer sogenannten Eschatologie mit dem spezialistischen Wissenschaftsbetrieb ist durch Personalunion die Verbindung mit dem konservativ-revolutionären Denken gesichert: als repräsentativ gelten Carl Schmitt, Hans Freyer und Arnold Gehlen.

Sollte indessen in dem Verhältnis von Geschichtsphilosophie und Bürgerkrieg nicht dieser das problematischere Element sein? Der Begriff des Bürgerkriegs bezieht seinen polemischen Sinn aus dem Gegenspiel zu einer Herrschaftsordnung, wie sie sich in der europäischen Geschichte zuerst unter dem Absolutismus ausgebildet hat: der Bürgerkrieg stellt das Funktionieren eines in gewisser Weise von der Gesellschaft getrennten, eines »neutralen« Staatsapparats in Frage. Spätestens seit dem 1. Weltkrieg jedoch zerfällt diese Gestalt des Staates. Im gleichen Maße, wie die Epoche des europäischen Staatensystems zu Ende geht, wird die Kategorie des Bürgerkriegs selber unanwendbar. Sie bestimmt sich negativ an einer Organisation politischer Herrschaft, die in der Person des absoluten Monarchen ihren Idealtypus fand; gleichzeitig unterstellt sie die Wiederherstellung der gestörten Ordnung als wünschenswert. Wir wissen aber, daß unter den gegenwärtigen gesellschaftlichen Bedingungen eine *solche* Ordnung nur in Form des totalitären Staates möglich ist. Carl Schmitt, dem wir die maßgebende Formulierung des Bürgerkriegs-Topos verdanken, hat diese Konsequenz auch mit großer Klarheit und selbst Entschiedenheit gezogen.[4] Wenn unsere Situation sinnvoll als Zustand eines latenten Weltbürgerkrieges beschrieben werden kann, dann nicht mit der Bedeutung eines Bürgerkrieges im Weltmaßstab, sondern im Sinne eines Krieges zwischen Weltbürgern.

Damit ist allerdings die von der geschichtsphilosophischen Fragestellung antizipierte Einheit der Welt ebenso angenommen wie die Wünschbarkeit einer dauerhaften Friedensordnung. Aber ist denn beides so unrealistisch, wie die »Realisten« es den Geschichtsphilosophien nachsagen? Der heute sich abzeichnende Pluralismus der Regionen, Nationen und Kulturen zwingt erst recht dazu, die bestehende technische Einheit der Welt und des Menschengeschlechts in der Form verbürgter Gleichberechtigung politisch zu realisieren. Es sei denn, eine Anthropologie wolle der Herrschaft von Eliten und Elitennationen mit dem Argument ihrer naturwüchsigen und unaufhebbaren Überlegenheit das Wort reden. Ebenso scheint uns das strategische Patt der atomaren Waffen dazu zu nötigen, diese technische Garantie des Friedens durch Abrüstungsvereinbarungen und internationale Institutionen politisch zu realisieren. Es sei denn, eine Anthropologie würde der Abschaffung des

4 Vgl. die Darstellung Jürgen Fijalkowskis in den ersten beiden Abschnitten seines Buches *Die Wendung zum Führerstaat*, Köln-Opladen 1952.

Krieges mit dem Argument der Naturnotwendigkeit aggressiver Triebstauungen begegnen und Entlastungsräume, womöglich eine Art Naturschutzpark für kriegerische Aktionen, verlangen. Es scheint mir fraglich, ob sich das, was geschichtlich unmöglich ist, vom objektiv Möglichen zuverlässig durch anthropologische Argumente überhaupt wird unterscheiden lassen. Die historisch-soziologischen Argumente halten manches in der Schwebe, was vorschneller Rekurs auf die »Natur« des Menschen abschneidet.

Gewiß führt ein nach Maßen der geschichtsphilosophischen Deutung unternommener Versuch, dem latenten Bürgerkrieg eine stabile weltbürgerliche Ordnung abzugewinnen, auch zu gefährlichen Fiktionen: Gewiß führt dieser Versuch in die Versuchung, Kriege, die es noch sind, in Polizeimaßnahmen zu verwandeln, Feinde wie Verbrecher zu behandeln. Allein in dem Maße, in dem die Maximen jener Ordnung sich als die geschichtlich fälligen im Bewußtsein der Menschen und in ihren Einrichtungen durchsetzen, hören sie auf, Fiktionen zu sein. Es spricht manches dafür, daß die Idee einer Rationalisierung des »politischen Elements«, daß Machbarkeit der Geschichte – wenn nicht der Geschichte selber, so doch *der* geschichtlichen Prozesse, die uns, wenn wir sie nicht meistern, auf diese oder jene Weise aufreiben würden – von der Geschichte selbst in ihrer drohendsten Gestalt nicht als lebensfremde Utopie vorgegaukelt, sondern als eine Praxis des Überlebens einzig offengelassen wird.

14. Die Geschichte von den zwei Revolutionen (Hannah Arendt) *1966*

Auf Hannah Arendts Buch *On Revolution,* das jetzt in einer deutschen Ausgabe vorliegt (*Über die Revolution,* Piper 1965), konnte sich der Rezensent des Times Literary Supplement keinen Vers machen: sein drei Spalten währendes Kopfschütteln über eine so intelligente Autorin drückten schiere angelsächsische Ratlosigkeit angesichts eines Buches aus, das sich wie eine einzige Lobpreisung angelsächsischer Traditionen liest. Dieses Lob kommt freilich in Argumenten zur Sprache, die eher die altmodische Hartnäckigkeit prinzipiellen Denkens als pragmatischen Sinn für den politischen Alltag verraten.

In dem Buch *Vita activa,* das als ihr philosophisches Hauptwerk gelten darf, hatte Hannah Arendt auf ihre Weise den Anspruch der klassischen Lehre von der Politik erneuert. Ohne Rückgriff auf das traditionelle Naturrecht hatte sie gleichwohl die Weltansicht jener politischen Philosophie im Anblick einer Welt rehabilitieren wollen, die sich den alten Kategorien kaum noch fügt. Das neue Buch setzt dieses Rehabilitationsverfahren fort. Was wir aus der Politik des Aristoteles lernen können, will Hannah Arendt gerade an der Erscheinung überprüfen, die so ausschließlich der modernen Erfahrung des Politischen anzugehören scheint: eben am Vorgang der Revolution. Weil sie dieses Unternehmen mit bewundernswerter Konsequenz durchführt, ist dieses Buch spannend und lehrreich. Vor allem belehrt es uns darüber, wie ein Philosophieren, das einst das Ganze umfaßte, heute selbst in seinen intellektuell beweglichen Formen zu imposanter Einseitigkeit erstarrt.

Hannah Arendt verschließt sich keineswegs den strukturellen Wandlungen des politischen Bereichs. Sie sieht, daß der Krieg, eines der ältesten Phänomene, keine Konstante ist in den Beziehungen der Völker; sie weiß, daß die kriegerischen Auseinandersetzungen nicht mehr dieselben sind, seit Revolutionen die politischen Beziehungen innerhalb der Völker bestimmen.

Krieg und Revolution sind voneinander abhängig geworden; in der Phase des Weltbürgerkrieges sind ihre Grenzen oft bis zur Unkenntlichkeit verwischt. Heute behalten diejenigen die Oberhand, »die verstehen, was eine Revolution ist, was sie vermag und was sie nicht vermag, während alle die, welche auf die Karte der reinen Machtpolitik setzen und daher auf der Fortexistenz des Krieges als der ultima ratio aller Außenpolitik bestehen, in einer nicht zu entfernten Zukunft entdecken dürften, daß ihr Handwerk veraltet ist...« Der Vietnamkrieg ist eine blutige Probe auf dieses Exempel.

Allein, das Interesse, das Hannah Arendt an dem Phänomen der Revolution bekundet, ist eigentümlich beschränkt. Sie begreift die Revolution als Gründung einer Konstitution der Freiheit, wobei Freiheit schlicht die Teilnahme der Bürger an den Geschäften einer Polis meint. Sie nimmt den Vorgang der Revolution in den klassischen Rahmen einer Rotation der Staatsformen zurück und löst genau den Zusammenhang auf, der die Revolutionen der Neuzeit zu dem macht, was sie sind: die systematische Beziehung zwischen politischen Umwälzungen und der Emanzipation gesellschaftlicher Klassen. Natürlich kann Hannah Arendt die Tatsachen nicht leugnen. Aber sie macht die spezifische Verschränkung der Revolution mit dem, was sie im Wortschatz des neunzehnten Jahrhunderts bürgerlich distanziert und zugleich karitativ herablassend »die soziale Frage« nennt, zum Kriterium der Verunreinigung eines rein politischen Vorgangs. Die Institutionalisierung der öffentlichen Freiheit darf mit Konflikten der gesellschaftlichen Arbeit nicht belastet werden, politische Fragen dürfen mit sozialökonomischen nicht vermengt werden. So meinte es Aristoteles, gewiß, und so steht es in den Lehrbüchern der alten Politik. Um uns nun zu überzeugen, daß diese Grundsätze nicht nur historisch geheiligt, sondern der menschlichen Natur gemäß sind, erfindet die Autorin ihre Geschichte von den beiden Revolutionen: einer guten und einer bösen Revolution.

Die gute Revolution fand in Amerika statt. Sie ging hervor aus einem Kampf um politische Freiheit und nicht aus einem Affekt gegen Ausbeutung und soziale Unterdrückung. Ihr Resultat war daher eine brauchbare politische Verfassung. Leider geriet sie in Vergessenheit. Statt dessen ist die böse Revolution, nämlich die französische, zum Muster aller späteren geworden. Sie hatte von Anbeginn die pauperisierten Massen auf die politische Bühne geschleudert und den politischen Freiheitskampf in einen sozialen Klassenkampf umfunktioniert. Ihr Mittel war der Terror und das Ergebnis die Gegenrevolution. Die permanente Bewegung des Mißtrauens kam nicht in Institutionen der öffentlichen Freiheit zur Ruhe.

Nun sind in der Tat die Unterschiede der beiden Revolutionen unverkennbar, ja, die amerikanische ist eigentlich erst nachträglich als eine Revolution verstanden worden. Hegel liegt der Gedanke an eine amerikanische Revolution überhaupt fern. Mit dem Hinweis auf das Ventil der inneren Kolonisation, durch das in den USA alle Unzufriedenheit abfließe, erklärt er: hätten die Wälder Germaniens noch existiert, so wäre die französische Revolution nicht ins Leben getreten. Während die französische Revolution für Hegel der Schlüssel zum philosophischen Begriff der Weltgeschichte wurde, schließt er Nordamerika als ein bloßes Land der Zukunft von philosophischer Betrachtung aus. Den Amerikanern selbst war erst im Spiegel des französischen Bürgerkriegs das Revolutionäre ihrer Staatsgründung ernstlich zu Bewußtsein gekommen. Zwar berufen sich Amerikaner wie Franzosen gleichermaßen auf Prinzipien des modernen Naturrechts. Die amerikanischen Kolonisten wollten jedoch mit dem Rekurs auf Menschenrechte ihre Unabhängigkeit vom britischen Empire legitimieren; die Franzosen einen Umsturz des *ancien régime.* Die amerikanischen *bills of rights* inventarisierten im wesentlichen den bestehenden Rechtsbesitz britischer Bürger. Die Form ihrer universal-naturrechtlichen Begründung war nur im Hinblick auf die Emanzipation vom Mutterland notwendig. Die französische Deklaration sollte hingegen prinzipiell neues Recht erst zu positiver Geltung bringen. Der revolutionäre Sinn der Deklaration ist in Frankreich die Begründung einer neuen Verfassung, in Amerika nur die der Unabhängigkeit, in deren Folge allerdings eine neue Verfassung nötig wurde.

Hannah Arendt knüpft an diese Tatsachen an und interpretiert sie recht eigenwillig. Sie behauptet, daß die Erklärung der Menschen- und Bürgerrechte nur in der Französischen Revolution eine entscheidende Rolle gespielt habe, weil hier der gesellschaftliche Status der Privatleute durch vorpolitische Rechte gegenüber der Staatsgewalt gesichert werden mußte, während sich in Amerika die Konstruktion des Staates und die revolutionäre Anstrengung auf das eigentlich politische Problem der Gewaltenteilung gerichtet hätten. Hier ging es um die Konstituierung der Freiheit, dort bloß um die Lösung gesellschaftlicher Konflikte.
Das ist eine Version, die die Dinge auf den Kopf stellt. Gerade in Amerika fand die Revolution im Selbstverständnis eines auf Locke zurückgehenden liberalen Naturrechts statt, das den Staat aus Funktionen der Gesellschaft begriff. Paine kann die natürlichen Rechte des Menschen mit den natürlichen Gesetzen des Warenverkehrs und der gesellschaftlichen Arbeit geradezu identifizieren. Die revolutionäre Verfassung hatte in Amerika einzig den Sinn, die spontanen Kräfte des arbeitsteiligen Systems der Privatleute vor despotischen Eingriffen der Regierung zu bewahren. Deshalb kann Marx eine Generation später mit Recht sagen: »Durch die Emanzipation des Privateigentums vom Gemeinwesen ist der Staat zu einer besonderen Existenz neben und außer der bürgerlichen Gesellschaft geworden ... Das vollendetste Beispiel des modernen Staates ist Nordamerika.« Mehr als in Europa ist in Amerika die politische Freiheit von Anbeginn als Ergebnis einer Emanzipation von Naturzwang durch gesellschaftliche Arbeit begriffen worden – die Alternative von Freiheit oder Wohlstand hat in der Tradition, die das Amerika Jeffersons bestimmt, nie bestanden.
Es geht nicht an, Revolutionsziele alternativ auf Frankreich und Amerika so zu verteilen, als sei der Zusammenhang gesellschaftlicher Interessen und politischer Bewegungen, der sich in den bürgerlichen Verfassungen sinnfällig objektiviert hat, durch die Mobilisierung französischen Elends erst gestiftet worden – statt durch einen Kapitalismus, der bei Hannah Arendt nicht vorkommt. Sie möchte uns glauben machen, »daß Europas Armut sich gerächt hat in der Prosperität der amerika-

nischen Massengesellschaft, welche den gesamten politischen Bereich zu überwuchern und zu verwüsten droht.« Die böse Revolution hat am Ende auch die gute verschlungen. Zunächst gelang in Amerika die Gründung der Freiheit, weil die soziale Frage nicht im Wege stand; aber die politische Freiheit konnte sich nicht halten, weil die gesamte übrige Welt von dem Elend der Massen beherrscht blieb.

Wir können die Bedingungen politischer Freiheit sinnvoll nur im Zusammenhang einer Emanzipation von Herrschaft diskutieren. Diese Kategorie von Herrschaft darf politische Gewalt und soziale Macht nicht trennen, sondern muß sie als das zeigen, was beide sind: als Repression. Unter Bedingungen sozialer Abhängigkeit bleibt das beste Recht auf politische Freiheit Ideologie. Andererseits insistiert Hannah Arendt mit gutem Grund darauf, daß die Realisierung von Wohlstand mit der Emanzipation von Herrschaft nicht zusammenfällt. Gerade der älteste Begriff der politischen Freiheit, der sich nur in der aktiven Teilhabe der Bürger an den öffentlichen Angelegenheiten verwirklicht, schärft den Blick für die aktuellste Gefahr: für die nämlich, daß die Revolution über ihren scheinbaren Erfolgen die eigentliche Intention verrät. Im Westen wie im Osten erschöpft sich der anfängliche Impuls in den Zielen der technisch erfolgreichen Bewältigung des Elends und der administrativen Erhaltung eines von gesellschaftlichen Konflikten entspannten Systems wirtschaftlichen Wachstums. Solche Systeme können als Massendemokratien verfaßt sein, ohne auch nur ein Minimum an politischer Freiheit zu garantieren: »Trotz aller Meinungsbefragungen sind die Meinungen des Volkes schlechterdings unergründlich, aus dem einfachen Grund, weil es sie nicht gibt. Meinungen kommen nur in einem Prozeß öffentlicher Diskussion zustande, sie sind das Ergebnis lebhaften Meinungsaustausches, und wo es keinen Raum für einen solchen Meinungsaustausch gibt, da gibt es zwar Stimmungen aller Art, aber keine Meinungen.« Solange die politische Willensbildung nicht an das Prinzip allgemeiner und herrschaftsfreier Diskussion gebunden ist, bleibt Befreiung von Repression, das politische Ziel aller Revolutionen seit dem 18. Jahrhundert, eine

Schimäre. Deshalb beklagt Hannah Arendt, daß die Revolution für alles Institutionen gefunden hat, nur nicht für den Geist, der in ihr selbst sich manifestiert. Sie stößt auf die Aporie, »daß das Prinzip öffentlicher Freiheit und öffentlichen Glücks, ohne das keine Revolution auch nur denkbar ist, das Privileg der Gründergeneration bleiben könnte ...«.
Freilich hat es immer wieder Ansätze zur Institutionalisierung der unmittelbaren Demokratie gegeben: in den *sociétés populaires* zwischen 1789 und 1793, in den Sektionen der Pariser Kommune 1871, in den Sowjets 1905 und 1917, in den Revolutionsräten 1918. Diese Formen des Rätesystems sind die eigentlichen Verfassungen des revolutionären Geistes. Hannah Arendt ist konsequent genug, in ihnen die wahre Konstitution der Freiheit wiederzuerkennen. Dabei entzieht sie sich allerdings der Frage, warum regelmäßig Revolutionen des »bösen« Typs Räteorganisationen, wenn auch nur vorübergehend, hervorgebracht haben, während die amerikanische Revolution in den radikal demokratischen Plänen Jeffersons ein System von Räten bloß geträumt hat. Das schmälert indessen nicht das große Verdienst dieses Buches, das den amerikanischen Traum vom privaten Wohlstand mit Jeffersons Traum der amerikanischen Revolution unnachgiebig konfrontiert: »Immerhin hatte Jefferson eine Ahnung davon, wie gefährlich es sein könnte, dem Volk nicht mehr Platz in der Öffentlichkeit einzuräumen als die Wahlurne. Er erkannte die tödliche Gefahr, die darin lag, daß die Verfassung einerseits alle Macht dem Volk gegeben hatte, ohne doch die Möglichkeiten zu bestimmen, in deren Rahmen dieses Volk nun auch sich als Bürger einer Republik betätigen und bewähren konnte. Das konnte nur darauf hinauslaufen, einem Volk von Privatleuten alle Macht auszuliefern, da sie ja als Bürger kaum eine Funktion hatten.« Das ist schon der erste Schritt über das Bewußtsein der bürgerlichen Revolution hinaus. Jefferson hätte ihn nicht tun können ohne Inspiration durch den Geist der Revolution, die, radikaler als in Amerika, eine neue Ordnung für Staat und Gesellschaft *zumal* hervorbringen sollte – und sich dann mit dem Code Napoleon zufriedengab.

15. Machtkampf und Humanität
(Eine Erwiderung auf Ernst Topitsch[1]) *1970*

Lieber Herr Topitsch,

. . . Sie behaupten, daß das Verhältnis der auf die bürgerliche Aufklärungsphilosophie zurückgehenden »Humanitätsideologien« zur Machtpolitik seit 1945 bei uns nicht mehr diskutiert worden sei. Ihnen wird nicht entgangen sein, daß es sich dabei um das zentrale Thema der Lebensarbeit von Carl Schmitt handelt. Wie sollte dieses Thema in unserem Lande vernachlässigt worden sein? Ich denke nicht nur an publizistisch einflußreiche Geister wie Armin Mohler oder Rüdiger Altmann, sondern auch an intelligente und vorzügliche Arbeiten von Sozialwissenschaftlern und Philosophen wie Kesting, Koselleck, Lübbe, Schnur und anderen. Ich kann mir kaum vorstellen, daß man nicht jedes Ihrer Argumente, gewiß in anderen Kontexten, sei es bei Autoren dieser Herkunft oder eben bei Carl Schmitt selber oder bei dem ganz zu Recht zitierten Arnold Gehlen wiederfindet. Mich beschäftigt eher die Frage, was Sie, verehrter Herr Topitsch, einen unerschrockenen liberalen Denker, bewegt haben kann, in einen Argumentationszusammenhang einzutreten, der in unseren gegenaufklärerischen Traditionen stattlich ausgebildet ist.

Mich hat das denunziatorische Wort »Scheißliberaler« stets, auch bevor es auf mich selber angewandt wurde, irritiert. Es war verräterisch für diejenigen, die es im Munde geführt haben. Denn damit wurde das historische Erbe bürgerlicher Emanzipationsbewegungen verleugnet, ohne welches auch ein Sozialismus in entwickelten Gesellschaften von Anbeginn verstümmelt wäre. Andererseits muß ich gestehen, daß mir der Terminus wieder in den Sinn kommt, wenn ich in unserer akademischen Umgebung die traurige Dekomposition des liberalen Geistes beobachte: auf der einen Seite die Neigung zu einem moralisie-

1 Vgl. dessen Beitrag in: *Frankfurter Allgemeine Zeitung* vom 28. Nov. 1970.

renden »Linksradikalismus«, der sich gerade unter politisch ahnungslosen und anpassungsbereiten Liberalen findet; auf der anderen Seite das Ressentiment der umgefallenen, in Militanz und Verschwörungstheorien flüchtenden Liberalen, für die überraschenderweise auch Sie ein Beispiel zu geben sich anschicken. Es entsteht jetzt ein eigentümlicher Typus auf deutschen Hochschulen: der Renegat der Mitte.

Sie befürchten »die Zerstörung von Freiheit und Demokratie im Namen von Freiheit und Demokratie«; Sie beschwören einen Zerstörungsprozeß, der zunächst an den Hochschulen eingesetzt habe und nun zu einer »Staatskrise« sich ausweiten soll. Sie beanspruchen für sich (und bestreiten unter anderem mir) den existenziell getönten Mut, »in die dunklen Fluten des Acheron zu blicken«. Im Ernst, Herr Topitsch, was sollen die acherontischen Tiefen? Ich bin kein mutiger Mann, aber es bedurfte auch keiner heroischen Tugenden, um, wenn es sein mußte (davon können Sie sich in »Protestbewegung und Hochschulreform« überzeugen), studentischen Pressionen entgegenzutreten. Wie die Untersuchungen von Joachim Hirsch über *Wissenschaftlich-technischen Fortschritt und politisches System* (Suhrkamp 1970) in Erinnerung bringen, entstehen ja den Grundfreiheiten von Lehre und Forschung keineswegs in erster Linie von seiten der Studenten Gefahren. Das wiederum sollte uns gewiß nicht blind machen gegen einzelne studentische Versuche, Wissenschaft für politische Zwecke zu instrumentalisieren, bestimmte theoretische Ansätze zu dogmatisieren und den freiheitsverbürgenden Charakter förmlicher Verfahren durch Methoden der Einschüchterung zu unterlaufen. Das alles gibt es, wenn auch nicht mit der Systematik und nicht in dem Umfang, die eine einseitig selektive Berichterstattung suggeriert. Vor allem aber sollten wir einen Punkt nicht vernebeln: im Rahmen der bestehenden Universitätsgesetze kann nicht einer von jenen Versuchen erfolgreich sein, wenn die Hochschullehrer das unabdingbare Interesse an den Grundfreiheiten von Lehre und Forschung mit guten Argumenten vertreten und entschieden verteidigen. Statt dessen entwerfen Sie nun das Panorama eines Großangriffs subversiver Kräfte auf die verfassungsmäßige Ordnung der Bundesrepublik. Sie lassen Bataillone einer Bürgerkriegsarmee aufziehen, die mit heimtückischen Strategien ihre Gegner paralysieren und rücksichtslos totalitäre Herrschaftsansprüche durchsetzen. Sie bemühen gar die historische Parallele zum Gesinnungsdruck auf braunen Universitäten, die beim Vergleich des etablierten Naziregimes mit einer Handvoll roter Zellen schlicht lächerlich ist. Ich kann mir nicht helfen: Sie verstricken sich in ein projektives Weltbild, das mit Fakten nur noch locker verknüpft ist.

Eine andere Sache als jene Praktiken ist die neue Orthodoxie der Auffassungen, die sich während der letzten Monate in Reaktion auf den Anarchismus an einigen Orten herausgebildet haben; gegen sie ist Argumentation ohnehin das einzige Mittel.

Sie wiederholen die inzwischen standardisierten Hinweise auf Gefahren des machtverharmlosenden Illusionismus und der Schwärmerei, die den sogenannten Humanitätsideologien innewohnen sollen. Gewiß haben alle Parteien des europäischen Bürgerkrieges ihre spezifischen Blindheiten. Konservative aller Spielarten täuschen sich nur zu gern über den wahren Charakter nachgeahmter Ursprünglichkeit; Liberale sträuben sich nur zu oft, die ideologische Rechtfertigung von den tatsächlichen Funktionen eines rechtlichen Formalismus zu unterscheiden; und in der sozialistischen Bewegung haben revolutionäre Ungeduld oder orthodoxe Geschichtsgläubigkeit immer wieder unempfindlich gemacht gegenüber den realen Gewichten einer Situation und gegenüber den Nebenfolgen ihrer gewaltsamen Veränderung. Auf dieser Ebene des praktisch folgenreichen Irrtums hat keine Seite der anderen etwas voraus. Immerhin sind von sozialistischen Theoretikern die Folgen utopistisch verzerrter Wahrnehmungen und Deutungen hartnäckig analysiert worden; davon nehmen Sie, Herr Topitsch, keine Notiz. Sie bewegen sich ohnehin auf den leichtfüßigen Pfaden geistesgeschichtlicher Zurechnungen. Sie führen »das humanitäre Gedankengut«, bürokratischer läßt es sich kaum sagen, auf erlösungsmythische Bestandteile des Alten Testaments zurück und bringen mit einem Streich hochdifferenzierte Bereiche der philosophischen Überlieferung auf das handliche Format von Versuchen, das Reich Gottes auf Erden zu errichten. Voreilig indizierte Zusammenhänge dieser Art können sachliche Argumentationen nicht ersetzen.

Es gibt Anhaltspunkte dafür, daß die Eliminierung des Krieges als eines legitimen Mittels der Konfliktlösung, daß die Beseitigung von Massenarmut und von Disparitäten der wirtschaftlichen Entwicklung zu den internationalen Überlebensimperativen fortgeschrittener Gesellschaftssysteme entweder schon gehören oder alsbald gehören werden. Auch wenn diese Systeme vorerst keine hinreichenden Motive für die Lösung solcher globalen Probleme hervorbringen, ist doch zu sehen, daß eine Problemlösung kaum möglich sein wird, ohne die Durchsetzung bisher nur privat angesonnener universalistischer Normen in öffentlichen Bereichen. Das mag man, wenn man sich an die gewohnten Kategorien hält, eine Moralisierung der Politik nennen; aber Überlegungen dieser Art sind nicht deshalb schon als naive Schwarmgeisterei abzutun. Mir scheint viel eher der Erklärung zu bedürfen, warum Sie sich, Herr Topitsch, auf sachliche Überlegungen, die den Protest der Studenten auch bestimmt haben, gar nicht einlassen, und warum Sie überdies denselben realitätsfernen Situationseinschätzungen erliegen, die Sie den »Humanitätsideologien« ankreiden. Realitätsfern, um das mindeste zu sagen, ist die ungenierte Gleichsetzung der Farbbeutel unserer Studenten mit den Nervengasen einer chemischen Kriegsführung. Realitätsfern ist auch die Projektion von Gefahren, die, wie Kurt Sontheimer mit Recht betont, in Deutschland der Demokratie nach wie vor alleine von rechts drohen, auf die versprengten Haufen Roter Zellen. Gewiß teilen Sie diese illusionäre Einschätzung, und auch die Panikmache – »was heute in der kleinen Welt der Hochschulen geschieht, kann sich sehr wohl morgen in der großen Welt des Staates ereignen« – mit vielen unserer Kollegen, die sich nun im Bund »Freiheit der Wissenschaft« sammeln. Aber wie ist dieser Illusionismus zu erklären?

An der Universität, an der wir einmal gemeinsam Philosophie gelehrt haben, erzählt man sich die schöne Geschichte von

Kuno Fischer, der während seines Kollegs durch den Lärm von Bauarbeiten gestört wurde, das Fenster öffnete und den Arbeitern zurief: Wenn Sie weiterhin meine Vorlesung stören, nehme ich den Ruf nach Berlin an! Vielleicht ist diese Anekdote »für die kleine Welt der Hochschulen« so untypisch nicht. Sie ist mir wieder eingefallen bei den politischen Deklamationen, mit denen heute viele Hochschullehrer ihrer durchaus privat motivierten Entscheidung, die Berufung an eine andere Universität anzunehmen, eine gewisse Aura verleihen. Charakteristisch aber ist jene Geschichte vor allem für die Irritierbarkeit und den Narzißmus eines Berufsstandes, von dem man Sensibilität und geistige Produktivität jedenfalls erwartet. Ich habe den Eindruck, daß sich die entmachteten Ordinarien, bei dem hohen, professionell bedingten Grad an Kränkbarkeit, durch die nun mit Verspätung einsetzende Umstellung der Universität auf eine Massenbasis, und das heißt, auf die Bedürfnisse der Ausbildung großer Zahlen, besonders hart betroffen fühlen. Die neue, funktional notwendige Personalstruktur bedeutet für sie eine Einbuße wenn nicht an Rechten, so doch an Vorrechten, also eine Statusminderung. Die stärkere Orientierung an Bedürfnissen der Lehre kommt für viele von uns einer stillschweigenden Redefinition der Berufsrolle gleich. Die Professoren sind ja bisher nach anderen Qualifikationen ausgewählt worden als denen, über die sie nun in erster Linie verfügen müßten. Und schließlich prallt die immer noch weit verbreitete geisteselitäre Hintergrundideologie des Bildungshumanismus mit den gesetzlich vorgeschriebenen Kooperations- und Legitimationszwängen eines öffentlich gewordenen und demokratisierten Entscheidungsprozesses zusammen. Das Bild, das der Godesberger Kongreß für die Freiheit der Wissenschaft geboten hat, spricht für die Annahme, daß diese kumulierten Kränkungen personalisiert und denen zugerechnet werden, die professorale Eitelkeit face to face auf die Probe gestellt haben – eben den protestierenden Studenten.

Beim Versuch der Erklärung sehe ich mich auf diesen gar nicht originellen Bereich der Hypothesenbildung verwiesen, wenn ich mir die Argumente vergegenwärtige, mit denen Sie das

Gespenst von der bevorstehenden »Staatskrise« ausstatten. Sie stellen die erstaunliche Diagnose, daß das politische Herrschaftssystem in der Bundesrepublik der Perfidie der unter dem Schlagwort der »Demokratisierung« vorgetragenen Lähmungs- und Entwaffnungskampagnen nicht gewachsen, ihr gegenüber »psychologisch wehrlos« sei. Dafür nennen Sie drei Gründe. Erstens »die Zerschlagung der meisten historisch gewordenen Länder«. Wenn ich mich recht erinnere, ist das bereits durch den Reichsdeputations-Hauptschluß (1803) und den Wiener Kongreß (1815) geschehen. Zweitens nennen Sie den »zum Teil selbst verschuldeten Verlust des Nationalstaates«. Vieles spricht dafür, daß die Bundesrepublik nach 1945 auf der Basis eines staatlich geregelten Kapitalismus die Verzögerungen der nationalen Entwicklung wettgemacht hat, so daß heute ein deutscher Staat zum erstenmal Zeitgenosse seiner westlichen Nachbarn geworden ist. Die Ostpolitik der gegenwärtigen Regierung bringt es an den Tag: trotz der Teilung der Nation gibt es weniger »nationale Probleme« als in den letzten anderthalb Jahrhunderten. Als dritten Grund erwähnen Sie den durch die Umerziehungspolitik der Alliierten befestigten Schuldkomplex gegenüber der Gewaltherrschaft der Nazis. Dadurch sei eine labile geistige Verfassung entstanden, die in der Ära Adenauer durch Antikommunismus glücklicherweise, aber leider nur vorübergehend stabilisiert worden ist. (Obgleich sich dieser Antikommunismus in der Hauptsache gegen Leute wie den amtierenden Bundespräsidenten oder etwa Herbert Wehner gerichtet hat, nennen Sie ihn nur »mitunter borniert«.) Nun scheinen die Intellektuellen, die Sie, Herr Topitsch, den »Humanitätsideologen« zurechnen, in der Tat das Verdienst zu haben, das Sie in schöner Eintracht mit Gehlen beklagen. Gegen die massiv-restaurative Entwicklung der fünfziger Jahre haben diese Intellektuellen, wie sich heute zu deren eigener Überraschung zeigt, durch den unermüdlichen Rekurs auf die jüngste Vergangenheit eine offizielle Meinung etabliert, die uns vor dem schlimmsten teutonischen Ethnozentrismus bewahrt. Ohne die publizistisch wirksame Belebung vollends verschütteter Aufklärungstraditionen wäre die innenpolitische Entwicklung gegen die Kräfte der ökonomischen und der sozialen Restauration bis zum gegenwärtigen Zustand wohl nicht gediehen. Dieser Zustand ist so prekär, daß man es gar nicht laut zu denken wagt: wir leben im Augenblick (noch) in einem der sechs oder sieben liberalsten Länder der Welt. Und Ihnen ist das schon zuviel? Sie rufen bereits nach dem Büttel?

Unmittelbar nach dem Kriege hat Alfred Weber, ein Sozialist eher liberaler Prägung, an Diskussionen der zwanziger Jahre angeknüpft und den Begriff der »Demokratisierung«, indem er ihn auf alle gesellschaftlich relevanten Entscheidungsprozesse ausgedehnt sehen wollte, aus staatstheoretischen Verengungen gelöst. Damals hat das niemanden aufgeregt. Heute aber hängen Sie, und ja nicht nur Sie, diesem legitimen Sprachgebrauch die Schelle um und reden von »magischem Wortnebel«. Die Eisenhower- und Dulles-Periode hat Verkrustungen auch in der deutschen Sozialwissenschaft hinterlassen. Ich möchte die Vorschläge, was man sinnvollerweise unter Demokratisierung der Hochschule verstehen sollte, hier nicht noch einmal vortragen. Das haben viele getan, und ich habe es das letzte Mal vor der Westdeutschen Rektorenkonferenz getan.[1]

Auf dieser Ebene ist das, was uns trennt, kaum zu klären. Lassen Sie mich den Bereich, in dem man den Gegensatz vielleicht lokalisieren könnte, zum Schluß wenigstens mit einer Empfindung charakterisieren. Ich verfolge Ihre Schriften, Herr Topitsch, seit fünfzehn Jahren, und meistens lerne ich etwas daraus. Wenn ich nun sehe, daß Sie den neuen Konfliktpotentialen, die uns gerade ihrer Ambivalenz wegen irritieren und herausfordern, ohne einen Moment, wie es scheint, des Zögerns die sattsam bekannten Denkschablonen überstülpen, dann habe ich das Gefühl, einem Schattenboxen beizuwohnen. Nach der Lektüre Ihres Aufsatzes kostet es meiner Phantasie eine gewisse Anstrengung, mir vorzustellen, daß Sie auch nur mit einem Ihrer protestierenden Heidelberger Studenten, denen Sie doch begegnet sein müssen, gesprochen haben sollten.

1 *Theorie und Praxis,* Neuausgabe Frankfurt 1971, S. 376 ff.

16. Die Utopie des guten Herrschers (Eine Antwort an Robert Spaemann[1]) *1972*

Lieber Herr Spaemann,
in unaufdringlicher Weise souverän und ohne den betulichen Traditionalismus, der den modernen Anwälten des klassischen Naturrechts häufig eigen ist, lenken Sie die politische Philosophie zu ihren Ursprüngen zurück: zur Idee der vernünftigen Herrschaft. Sie bringen die Überlegenheit der Tradition gegenüber der mit Hobbes entfalteten empiristischen Sozialphilosophie ans Licht; jene leugnet nicht, wie diese, die Wahrheitsfähigkeit praktischer Fragen, sondern begreift, daß zwischen Legitimität und Wahrheit, also zwischen der Bestandsfähigkeit legitimer Herrschaft und dem Anspruch auf die Begründbarkeit der faktisch geltenden Normen ein nicht bloß subjektiver Zusammenhang besteht.

Freilich erwähnen Sie nicht die Schwierigkeiten, die dazu geführt haben, daß die auf Plato und Aristoteles sich stützende Lehre von der Politik fallen gelassen worden ist – und heute nicht ohne Gewaltsamkeit rehabilitiert werden kann. Die beiden wichtigsten Einwände ergeben sich, wenn ich recht sehe, einmal aus der Erfahrung, daß legitime Herrschaft in der Regel kontrafaktisch, gegen den Augenschein von Ausbeutung und Unterdrückung stabilisiert wird; und zum anderen aus dem problematischen Status einer Wesenserkenntnis, also eines intuitiven Zugangs zur Wahrheit, der durch Ideenlehre oder Metaphysik, trotz Leo Strauss, heute nicht mehr plausibel gemacht werden kann.

Zufällig nahm ich das Merkurheft mit Ihrem Artikel in die Hand, als ich dabei war, Aufsätze über *Imperialismus und strukturelle Gewalt* (edition suhrkamp 563) zu lesen. In diesem Zusammenhang verliert das Zitat von Frantz Fanon, das ich

1 Vgl. dessen Beitrag »*Die Utopie der Herrschaftsfreiheit*«, in: *Merkur*, Nr. 292, August 1972 und die Replik von Spaemann, in: *Merkur*, Nr. 296, Dezember 1972.

dem Motto eines dieser Aufsätze entleihe, jede Sentimentalität:

»Die Stadt des Kolonialherrn ist eine stabile Stadt, ganz aus Stein und Eisen. Es ist eine erleuchtete, asphaltierte Stadt, in der die Mülleimer immer von unbekannten, nie gesehenenen, nicht einmal erträumten Resten überquellen. Die Füße des Kolonialherrn sind niemals sichtbar, außer vielleicht am Meer, aber man kommt niemals nah genug an sie heran. Von soliden Schuhen geschützte Füße, während die Straßen ihrer Städte sauber, glatt, ohne Löcher, ohne Steine sind. Die Stadt des Kolonialherrn ist eine gemästete, faule Stadt, ihr Bauch ist ständig voll von guten Dingen. Die Stadt des Kolonialherrn ist eine Stadt von Weißen, von Ausländern. Die Stadt des Kolonisierten, oder zumindest die Eingeborenenstadt, das Negerdorf, die Medina, das Reservat, ist ein schlechtberufener Ort, von schlechtberufenen Menschen bevölkert. Man wird dort irgendwo, irgendwie geboren. Man stirbt dort irgendwo, an irgendwas. Es ist eine Welt ohne Zwischenräume, die Menschen sitzen hier einer auf dem andern, die Hütten eine auf der andern. Die Stadt des Kolonisierten ist eine ausgehungerte Stadt, ausgehungert nach Brot, Fleisch, Schuhen, Kohle, Licht. Die Stadt des Kolonisierten ist eine niedergekauerte Stadt, eine Stadt auf Knien, eine hingelümmelte Stadt. Eine Stadt von Negern, eine Stadt von Bicots. Der Blick, den der Kolonisierte auf die Stadt des Kolonialherrn wirft, ist ein Blick geilen Neides.« (Frantz Fanon, *Die Verdammten dieser Erde,* Frankfurt 1966)

Der extreme Fall der sogenannten Peripherie beleuchtet den Normalfall unserer Metropolen. Fanon macht anschaulich, wie sehr legitime Herrschaft in der Regel auch die Rechtfertigung eines Institutionensystems bedeutet, das Belastungen und soziale Entschädigungen, Chancen der Bedürfnisbefriedigung und Risiken ungleich verteilt. Wenn die von ihr Betroffenen an diskursiver Willensbildung beteiligt würden, machen wir das Gedankenexperiment, dürfte die »legitime« Herrschaft einen zwanglosen Konsensus kaum finden. Diese Kategorie Herrschaft ist auch nach Ihrem Maßstab unvernünftig – aber eben sie erhält sich kraft Legitimation. Das erklärungsbedürftige Phänomen besteht mithin in der wirksamen Etablierung eines Scheins von Rechtfertigung, der den faktisch bestehenden Institutionen gewaltlose Anerkennung sichert. Ich versuche, diese strukturelle Gewalt mit der systematischen Einschränkung willensbildender Diskurse zu erklären.

Sie, Herr Spaemann, beeilen sich hingegen, die Notwendigkeit eines weisen Herrschers darzutun. Weil die Vielen nicht fähig sind, an einem Diskurs teilzunehmen und ihr wahres Interesse zu erkennen, sollen sie den bestimmen, »der imstande ist, aufgrund seiner eigenen uneigennützigen Weisheit, den vernünftigen Konsens aller zu antizipieren« (S. 740). Das ist eine neue, Tocqueville überraschend mit Plato stützende Version der in den letzten Jahrzehnten in den USA und auch hierzulande herrschenden politischen Theorie, die Peter Bachrach in seinem Buch über die Theorie demokratischer Elitenherrschaft (Europäische Verlagsanstalt, Frankfurt 1970) einer, wie ich finde, überzeugenden Kritik unterzogen hat.

Was veranlaßt Sie, anzunehmen, daß sich Inhaber von Herrschaftspositionen, die in der Regel nicht nur durch Machtbesitz privilegiert sind, eher von partiellen Interessen frei machen als die Masse der nicht- oder unterprivilegierten Bevölkerung? Das ist keine Sache des anthropologischen Pessimismus oder Optimismus. Ich meine, daß wir auf die Frage, wie weit diskursive Willensbildung als Organisationsprinzip der Gesellschaft durchgesetzt werden kann, ohne an Kapazitätsgrenzen des Persönlichkeitssystems zu stoßen, eine anthropologische Antwort überhaupt nicht geben können: Wir wissen es nicht und haben darum keine theoretische Berechtigung, Versuche, auf einem wie immer pessimistischen Erwartungsniveau wir sie beginnen mögen, zu unterlassen, zu diskriminieren oder zu unterbinden. Denn auf der anderen Seite steht die historisch gut gestützte Evidenz, daß hinter »allgemeinen« Interessen, an denen sich Herrschaft legitimiert, partielle Interessen herrschender Gruppen stehen.

Übrigens gehen Sie auf die naheliegende Frage, nach welchen Kriterien der Herrscher sollte gewählt werden können, nicht ein. Wenn es einen privilegierten Zugang zur Wahrheit gäbe – woran wäre der Privilegierte zu erkennen? Diese Frage führt uns zu dem anderen Komplex von Schwierigkeiten, denen sich ein wiederbelebter Platonismus gegenübersieht. Die neuere Philosophie, keineswegs nur die nominalistische, hat die Brükken zur Metaphysik so gründlich abgebrochen, daß die praktische Philosophie nicht einfach mit Berufung auf die klassische Tradition erneuert werden kann. In diesem Zusammenhang steht eine Konsensustheorie der Wahrheit, die sich auf Geltungsansprüche von Behauptungen wie von Normen bezieht. Dieser Theorie zufolge besteht der Sinn der Geltung einer Norm in dem Anspruch, daß alle Betroffenen einer entsprechenden Empfehlung zustimmen müßten, wenn sie an einem praktischen Diskurs teilnehmen würden. Diese nicht-klassische Wahrheitstheorie soll den Schwierigkeiten (unter anderem auch) ontologischer Wahrheitstheorien entgehen. Unvereinbar ist sie auch mit Ihrer These, daß die Konsensfähigkeit einer Norm von ihrer (privilegiert erkennbaren) Richtigkeit (oder »Wahrheit«) abhängt. Die Konsensustheorie der Wahrheit beharrt vielmehr darauf, daß der Sinn praktischer Geltungsansprüche in der diskursiven Einlösbarkeit selber besteht.[1]

Die Konsensustheorie der Wahrheit begründet zwar die Wahrheitsfähigkeit praktischer Fragen; sie ist aber zugleich fallibilistisch, weil sie ein externes Kriterium der Wahrheit ausschließt: wir können niemals Gewißheit haben, daß eine empirische Rede, die wir in der Absicht eines Diskurses führen, den Bedingungen der idealen Sprechsituation tatsächlich genügt. Wir können allenfalls rückblickend feststellen, daß und warum wir uns in diesem oder jenem Fall getäuscht haben. Freilich haben wir keine andere Wahl, jedesmal wenn wir einen Diskurs führen möchten, einander wechselseitig zu supponieren, daß unsere Rede die formalen Eigenschaften einer unverzerrten Kommunikation aufweist, die einzig den eigentümlich zwanglosen Zwang des besseren Argumentes zuläßt und mit keinem Motiv außer dem kooperativer Wahrheitssuche verträglich ist. In die-

1 Vgl. »Wahrheitstheorien«, in: Festschrift für F. W. Schulz, Pfullingen 1973.

sem Zusammenhang habe ich davon gesprochen, daß das normative Fundament vernünftiger Verständigung den Charakter einer unvermeidlichen Antizipation hat, und als antizipierte Grundlage auch wirksam ist (*Theorie der Gesellschaft oder Sozialtechnologie,* Suhrkamp 1971, S. 140).

Nun ist es nicht sinnvoll, den normativen Begriff des Diskurses, mit dem ich im Rahmen einer Theorie der Wahrheit die Struktur vernünftiger Rede auszeichnen möchte, unmittelbar als einen Begriff der praktischen Philosophie zu behandeln; obgleich eine kommunikative Ethik auf die Grundnormen vernünftiger Rede wird rekurrieren müssen, wenn sie nicht sowohl Prinzipien des Handelns als vielmehr die formalen Bedingungen der Möglichkeit, solche Prinzipien zu rechtfertigen, angeben soll. Gewiß erzielt die unversehens vorgenommene Transposition eines Begriffs von einer Ebene auf eine andere einen unerwarteten Effekt – in der Regel einen komischen, wie der witzige Beitrag von Harald Weinrich zeigt (»System, Diskurs oder die Diktatur des Sitzfleisches«, in: *Merkur* 1972 S. 801 ff.). Aber es empfiehlt sich, Fragen der konsensustheoretischen Einführung des Diskursbegriffs und Fragen der Institutionalisierung von Diskursen auseinanderzuhalten: aus dem normativen Begriff Diskurs ist erst dann ein Stück gesellschaftliche Realität geworden, wenn die generalisierte und obligatorische Erwartung besteht, daß unter bestimmten Bedingungen ein Diskurs geführt werden kann. Ich möchte trennen zwischen der *historischen* Frage: wie praktische Diskurse für bestimmte Bereiche institutionalisiert worden sind; der *prinzipiellen* Frage: wie Diskurse unter empirischen Bedingungen überhaupt sich realisieren lassen; und schließlich der *politischen* Frage: wie Diskurse in einer gegebenen Lage als Organisationsprinzip der Willensbildung durchgesetzt werden können.

Sie verbinden, Herr Spaemann, mit jedem der drei Komplexe Einwände gegen das, was Ihnen als »Utopie der Herrschaftsfreiheit« erscheint. Dazu folgendes:

a) Ich kann mir eine Universalgeschichte vorstellen, die unter dem Gesichtspunkt evolutionärer Schübe geschrieben wird; in dieser Geschichte müßten Institutionalisierungen von bereichsspezifischen Teildiskursen als folgenreiche innovatorische Errungenschaften eingetragen werden. Ein dramatisches Beispiel ist die Institutionalisierung von Diskursen, in denen erstmals die Geltungsansprüche mythischer und religiöser Weltdeutungen systematisch in Frage gestellt und überprüft werden konnten: wir verstehen das als Beginn der Philosophie und in gewisser Weise auch als den Anfang akademischer Lehre und Forschung. Ein anderer Schub ist die Institutionalisierung der Erfahrungswissenschaften mit Diskursen, in denen Geltungsansprüche berufsethisch überlieferten, technisch verwertbaren Profanwissens systematisch in Frage gestellt und überprüft werden konnten. In dieser Reihe steht auch die Ausdehnung des diskursiven Lernmechanismus auf den Bereich politischer Entscheidungen. Die bürgerliche Demokratie sollte alle politisch folgenreichen Entscheidungsprozesse an die rechtlich verbürgte diskursive Willensbildung des Staatsbürgerpublikums zurückbinden.

Dieses Beispiel zeigt, daß die institutionelle Verknüpfung politischer Herrschaft mit Diskursen, in denen ein begründeter Konsens erzielt werden *soll,* die Form der Demokratisierung hat. Deshalb verstehe ich Ihre Bedenken nicht, daß ich das Interesse an einer vernünftigen Regelung praktischer Fragen mit Demokratisierung verwechsele.

Allerdings ist der Anspruch der bürgerlichen Demokratie eine, wenn auch wirksame Fiktion geblieben; und heute stehen sich gegenüber diejenigen, die, ob nun eher neo-liberal im Namen einer Elitetheorie oder eher technokratisch im Namen der Systemtheorie, die bürgerlichen Ideale unverhohlen widerrufen, und diejenigen, die nicht so eilfertig zu wissen vorgeben, daß die menschliche Natur oder Imperative komplexer Systeme einer Ausdehnung des schöpferischen diskursiven Lernmechanismus auf Bereiche der politischen Willensbildung einen Riegel vorschieben. Mit dem traditionsreichen Vorwurf des Utopismus übernehmen Sie die Beweislast.

b) Ihr prinzipieller Einwand ist, daß sich eine politisch folgenreiche diskursive Willensbildung empirisch überhaupt nicht vorstellen läßt. Zunächst machen Sie geltend, daß bei knappen

Ressourcen einige Interessen nur auf Kosten anderer Interessen befriedigt werden können – nicht alle Interessen, die einer politischen Entscheidung unterliegen, sind verallgemeinerungsfähig. Das ist nicht zu leugnen, aber ich sehe nicht, wie aus diesem Umstand ein Argument gegen die Möglichkeit diskursiver Willensbildung gewonnen werden könnte. Nach der Logik des Diskurses kann ein begründeter Konsensus zwanglos nur über Interessen herbeigeführt werden, die den Beteiligten (und Betroffenen) gemeinsam sind; ein Ausgleich zwischen partiellen Interessen verlangt Kompromisse, mithin Machtpositionen, die sich aneinander abarbeiten. Aber wie sollten wir die Verallgemeinerungs*fähigkeit* von Interessen prüfen können, wenn nicht im Diskurs? Was könnte die Staatsbürger veranlassen, einer herrschenden Elite zu *glauben*, daß, wie sie stets behaupten wird, ihre besonderen Interessen mit den allgemeinen sich decken? Ich vernachlässige den Umstand, daß der handlungstheoretische Rahmen, in dem wir beide argumentieren, der Verfassung politischer Systeme in entwickelten Gesellschaften nicht angemessen ist. Die Bereiche, in denen praktische Fragen diskursiv entschieden werden können, in denen sie durch Kompromiß entschieden werden müssen oder in denen sie (wie das Beispiel negatorischer Freiheitsrechte zeigt) der privatautonomen Wahrnehmung von Interesse überlassen werden sollen, können voneinander nicht ohne Rücksicht auf den Entwicklungsstand des sozialen Systems abgegrenzt werden – diese Abgrenzung muß selbst Gegenstand praktischer Diskurse sein dürfen.

Sodann erinnern Sie an den Entscheidungszwang, dem politische Willensbildungsprozesse im Unterschied zum wissenschaftlichen Diskurs unterworfen sind. Nun unterliegen alle Diskurse, weil sie empirische Vorgänge sind, den Restriktionen von Zeit und Raum, ferner psychologischen und sozialen Beschränkungen, dem kontingenten Gefälle der Information, des persönlichen Einflusses usw. Auch das Wissenschaftssystem ist von Lebensprozessen nicht ganz abgekoppelt: Diskurse sind immer Inseln im Meer der Praxis. Freilich bestehen Unterschiede: für politische Entscheidungen ist die Zeit knapper als für die Entscheidung theoretischer Fragen. Aber Ihrer Konsequenz vermag ich wiederum nicht zu folgen. Sie sagen: »Politische Entscheidungen treffen heißt ›Schluß der Debatte‹, also ›Herrschaft ausüben‹« (S. 750). Gewiß hängen Aufnahme und Abbruch eines Diskurses von Entscheidungen ab. Soweit Diskurse in bestimmten Bereichen institutionalisiert sind, kann man wissen, unter welchen Bedingungen das Handeln unterbrochen und ein Diskurs aufgenommen wird (bzw. aufgenommen werden kann). Aber, ob die Teilnehmer über den Abbruch eines Diskurses in Ansehung der Alternative, Entscheidungen zu fällen oder aufzuschieben, selber mit Gründen befinden oder ob darüber mit Autorität entschieden wird, macht einen essentiellen Unterschied. Warum sollte nur die zweite Möglichkeit gegeben sein? Warum sollte durch die Hintertür der Dezisionismus wieder eingeführt werden?

Weinrich weist auf das Phänomen hin, daß eine Sache zerredet werden kann; jeder hat Erfahrung mit Gesprächssituationen, in denen keine neuen Argumente mehr auftreten, oder in denen entschieden werden muß, bevor eine Sache »ausdiskutiert« ist – die Zeit ist eine Ressource, die wie andere Restriktionen Regelungen erzwingt. Luhmann nennt andere Restriktionen, etwa die Notwendigkeit, eine Diskussion, wie wir sagen, zu organisieren, also den Zufluß von Informationen zu sichern und zu begrenzen, Themen und Beiträge zu trennen, ihre Reihenfolge festzulegen usw. Natürlich ist Hierarchisierung im Sinne schrittweiser Problemvereinfachung ein Zwang, unter dem jeder Diskurs steht. Eine deliberierende Versammlung, die solche Regeln formalisiert, gibt sich eine Geschäftsordnung. Hierher gehören Beschlußmodalitäten wie Mehrheitsprinzip, Minderheitenschutz, Vertagungsklauseln oder Vertretungsrechte; hierher gehören ebenso Organisationsfragen wie die Bildung von Ausschüssen, die Erzwingung oder Absetzung von Themen, die Wiederholung von Diskussionen usw.; in diesem Zusammenhang steht auch die Immunisierung der Teilnehmer gegen äußere Sanktionen, rechtliche wie soziale. Alle Regelungen dieser Art haben einen pragmatischen, aber ganz unverächtlichen Status; sie sollen unter gegebenen empirischen Einschränkungen einen praktischen Diskurs ermöglichen. Sie können nicht ein für allemal formuliert werden, weil sie die allgemeine Struktur vernünftiger Rede – die ich in der Gleichverteilung der Chancen für alle Teilnehmer, bestimmte Klassen von Sprechakten zu wählen, sehe – unter wechselnden konkreten Umständen sichern müssen. Das ist fast immer schwierig und oft faktisch unerreichbar, aber nicht aus prinzipiellen Gründen unmöglich.

Ich sehe nicht, warum Fragen der Repräsentation, der Delegation und Rotation, die heute unter dem Gesichtspunkt Parlamentarismus versus Räteverfassung oder partizipatorische Demokratie wiederum eine gewisse Aktualität gewonnen haben, nicht angemessen auf dieser Ebene von Organisationsfragen sollten behandelt werden können. Sie haben, meine ich, weniger mit Elitebildung als mit der Komplexität der regelungsbedürftigen Materie, also mit erhöhten Selektionszwängen, mit Arbeitsteilung und struktureller Differenzierung zu tun. Ob und wie in komplexen Gesellschaften Partizipation bis zur Schwelle politisch folgenreicher diskursiver Willensbildungsprozesse erweitert werden kann, ob und wie demokratische Planung möglich ist, das sind Fragen, die beispielsweise in den *policy sciences* seit einigen Jahren die Auseinandersetzung über »Komplexität und Demokratie« beherrschen. Sie haben bei vielen Autoren (Renate Mayntz, Frieder Naschold, Claus Offe) eine weniger skeptische Antwort gefunden als bei Luhmann.

c) Was schließlich die Politik des Übergangs, die auf Demokratisierung abzielt, angeht, so erheben Sie, Herr Spaemann, gegen mich einen Einwand, der gegen dogmatische Geschichtsphilosophien immer wieder erhoben worden ist: das utopische Ziel der Abschaffung von Herrschaft diene gerade der unkontrollierten Herrschaft selbsternannter Aufklärer zur Legitimation. Dieser Vorwurf trifft, was Sie zugeben, nicht meine Intention, aber ebensowenig trifft er eine Konsequenz meines Denkansatzes – wie Sie behaupten (S. 752). In unser Institutionensystem ist, wie bisher in jedes andere, eine strukturelle Gewalt eingebaut, die Versuchen der Erweiterung partizipatorischer

Demokratie entgegensteht. Diese latente Gewalt stützt sich auf die stille Wirksamkeit von Legitimationen, auf eine systematische, aber unauffällige Einschränkung willensbildender Kommunikation, wodurch bestimmte Themen öffentlicher Behandlung und bestimmte Materien überhaupt der Entscheidung entzogen werden. Ich halte es für aussichtsreich, das Funktionieren eingeschränkter Kommunikation und die selbstreflexive Durchbrechung solcher Kommunikationsschranken anhand des Modells zu untersuchen, das die Psychoanalyse bietet. Gelingende Aufklärungsprozesse, die nach diesem Muster organisiert sind, emanzipieren von einer Gewalt, die ihre Kraft aus Selbsttäuschung, die Alten sagten: aus Verblendung, zieht. Der Analytiker benützt allein Techniken des Diskurses, um die Anfangsbedingungen für mögliche Diskurse erst einmal herzustellen; denn darin besteht der therapeutische Erfolg und die eigentümliche Leistung der Selbstreflexion. In Herrschaft wird sich dieser Prozeß, der auf Ablösung von Abhängigkeiten zielt, nur verkehren können, wenn er die eigene Logik verletzt und Interpretationen *aufdrängt* – die Adressaten müssen die unzweideutige Chance haben, angebotene Interpretationen unter geeigneten Umständen, d. h. zwanglos anzuerkennen oder abzuweisen. Aufklärung, die nicht in Einsicht, d. h. in zwanglos akzeptierten Deutungen terminiert, ist keine.

Im Hinblick auf eine Politik des Übergangs darf dieses Modell nur begrenzt Anwendung finden. Analytische Gespräche und Ideologiekritik haben gemeinsame Strukturen – beide, so können wir sagen, organisieren Aufklärung. Aber die politische Praxis kann dem Muster der Therapie schon deshalb nicht folgen, weil Organisation der Aufklärung und strategisches Handeln zweierlei sind und niemals *uno actu* vollzogen werden können. Weil in der Tradition der europäischen Arbeiterbewegung, insbesondere in der Leninschen Theorie und der Stalinschen Praxis, beide Aufgaben ungeschieden einer einzigen Organisation, nämlich der Partei, aufgebürdet worden sind, konnten spezifische Differenzen verhängnisvoll verwischt werden. In meiner Einleitung zur Neuausgabe von *Theorie und Praxis* bin ich den Kategorienfehlern nachgegangen, zu denen die objektivierende Anwendung reflexiver Theorien führen muß – Fehler, die in der Praxis bitter bezahlt werden. Dabei handelt es sich um genau die Inkonsequenzen, die Sie, Herr Spaemann, in Konsequenzen umdeuten möchten.

Mit freundlichen Grüßen

J. H.

17. Über das Subjekt der Geschichte
Diskussionsbemerkung zu falsch gestellten Alternativen
1972

Die Malaise der Geschichtsphilosophie ist eines, ein anderes die Malaise *an* einer Geschichtsphilosophie, die nicht leben und nicht sterben kann. Ein drittes schließlich ist die intellektuelle Gesundheit derer, die gleichermaßen die Schwundstufen der Geschichtsphilosophie wie das Ungenügen daran hinter sich gelassen haben und munter zu einer Theorie sei es des pre- oder posthistoire Zuflucht genommen haben. Strukturalismus und Systemtheorie haben sich vom Erkenntnisanspruch und dem konzeptuellen Rahmen des geschichtsphilosophischen Denkens so energisch gelöst, daß keine Krokodilstränen keine Schwundstufen mehr benetzen müssen. Ein merkwürdiges Bild: diejenigen, die noch leiden, liefern sich mit denen, die nicht mehr leiden müssen, Scheingefechte. Ich, offengestanden, halte es weder mit den Gesunden noch mit den Kranken. Denn ein Bazillus ist die Geschichtsphilosophie, nachdem alle Stämme resistent geworden sind, wahrlich nicht.[1]

Mit anderen Worten: ich verstehe die ganze Aufregung nicht. Der Erkenntnisanspruch der Geschichtsphilosophie ist überschwänglich, ihr konzeptueller Rahmen für eine Theorie der gesellschaftlichen Evolution unangemessen. Mithin sollte beides revidiert werden; und beides kann revidiert werden, ohne daß man in die falsche Alternative von Gegentheorien mit Unwahrheiten, die interessant, oder von Schwundtheorien mit Teilwahrheiten, die trivial sind, zurückfallen müßte.

Das geschichtsphilosophische Denken des 18. und die auf eine Rekonstruktion der Gattungsgeschichte gerichtete Gesellschaftstheorie des 19. Jahrhunderts haben Erfahrungen verarbeitet, die im 20. Jahrhundert nicht etwa obsolet geworden,

1 Diese Bemerkung gehört in den Zusammenhang des V. Kolloquiums der Forschungsgruppe »Poetik und Hermeneutik«, das im Juni 1970 zum Thema »Geschichten und Geschichte« stattgefunden hat.

sondern noch aufdringlicher hervorgetreten sind. In diesen Erfahrungen spiegeln sich die Modernisierungsprozesse, die sich, wie es scheint, endogen zum ersten und einzigen Mal mit der kapitalistischen Produktionsweise, also mit der Etablierung der bürgerlichen Gesellschaft durchgesetzt haben. Ich sehe vor allem vier relevante Erfahrungskomplexe:

1. Mit dem Kapitalismus ist zum ersten Mal ein Mechanismus wirksam geworden, der die Entfaltung der *Produktivkräfte* institutionalisiert, d. h. auf Dauer stellt. Die Prämien auf Steigerung der Arbeitsproduktivität und Ausdehnung der wirtschaftlichen Kapazität sichern beschleunigte und gerichtete Veränderungen im Produktionsbereich. Inzwischen sind diese Veränderungen durch die zielorientierte staatliche Organisation von Forschung und Entwicklung reflexiv geworden. Ausgehend vom Produktionsbereich erzwingen sie den *beschleunigten und gerichteten sozialen Wandel* tiefsitzender Strukturen in fast allen Lebensbereichen.

2. Die wachsende Komplexität des gesellschaftlichen Systems verlangt eine stetige Erweiterung von *Steuerungskapazitäten.* Das hat einerseits die Intensivierung und Ausdehnung des Kommunikationsnetzes, am Ende die *Etablierung einer Weltgesellschaft* zur Folge, welche lokales Geschichtsbewußtsein und kulturelle Sonderentwicklungen in einem global vereinheitlichenden Informationszusammenhang mediatisiert. Andererseits werden angesichts des wachsenden Steuerungsbedarfs Planungskompetenzen im Staatsapparat zusammengezogen, der unter Imperativen des Wirtschaftssystems steht und alle Konfliktinhalte in administrativ bearbeitbare Form bringen muß. Daraus ergibt sich der Widerspruch zwischen dem wachsenden Manipulationsspielraum der planenden Instanzen einerseits und der *sekundären,* nämlich dadurch erzeugten *Naturwüchsigkeit* sowohl der unkontrollierten Nebenfolgen wie überhaupt *der prinzipiell planbar gewordenen, aber noch nicht unter Kontrolle gebrachten* Lebens*risiken* andererseits. Jede erfolgreiche Komplexitätsreduktion schafft eine wachsende Überlastung mit neuer Komplexität: dieses moderne Phänomen hat Luhmann fälschlich generalisiert.

3. Mit der Durchsetzung der kapitalistischen Produktionsweise ist das ökonomische zunächst soweit vom politischen und kulturellen System entkoppelt worden, daß eine Sphäre des von Traditionen entbundenen und nach allgemeinen strategischen Normen geregelten bürgerlichen Privatrechtsverkehrs entstehen konnte. Die in traditionalen Gesellschaften herrschende konventionelle Staatsethik weicht einer nach Prinzipien begründeten Universalmoral (dem rationalistischen Naturrecht und der formalistischen Ethik). Diese bleibt zwar zunächst auf den moralisch und rechtlich normierten Verkehr der Privatleute untereinander beschränkt, trägt jedoch den für den bürgerlichen Nationalstaat charakteristischen Widerspruch zwischen Mensch und Staatsbürger von Anbeginn in sich. Weder die Organisation der Staatsgewalt noch der zwischen den Nationalstaaten fortdauernde Naturzustand können gegen die im Privatverkehr zugelassenen Grundsätze einer universalistischen Moral auf Dauer immunisiert werden. Der auf die politische Gewalt ausgedehnte Universalismus müßte aber die Form einer weltbildfreien, allein durch Grundnormen vernünftiger Rede begründbaren kommunikativen Ethik annehmen, die alle ideologischen, d. h. nur dem Scheine nach *allgemeinen* Legitimationen in Frage stellen und alle faktischen Gewalt- und Herrschaftsverhältnisse unter Begründungszwang setzen würde.
4. Schließlich *verlieren* die dominierenden Bestandteile der kulturellen Überlieferung immer mehr *den Charakter von Weltbildern*, also von Interpretationen der Welt, der Natur und der Geschichte im Ganzen. Die bürgerlichen Ideologien sind bereits Weltbildresiduen, die den vom politisch-ökonomischen und vom Wissenschaftssystem ausgehenden Eliminationsdruck zeitweise überlebt haben. Der Fluchtpunkt dieser *Erosion der Überlieferung* ist inzwischen deutlich geworden: der kognitive Anspruch, eine Totalität wiederzugeben, wird zugunsten wechselnder Popularsynthesen aus wissenschaftlichen Einzelinformationen einerseits, und zugunsten einer Kunst, die entsublimiert ins Leben übertritt, andererseits, preisgegeben. Die von theoretischen Deutungen abgelösten Glaubenseinstellungen und Moralvorstellungen sind unterhalb der szientistischen

Anerkennungsschwelle subjektiviert. Für die identitätssichernden Funktionen der zerfallenden Deutungssysteme fehlt ein Äquivalent. Denn eine universalistische Moral, selbst wenn sie sich vorerst in der beschränkten Form einer utilitaristischen Privatethik behaupten kann, *gestattet nicht mehr*, auf naiven Innen-Außen-Differenzierungen zwischen Stammes- (oder Staats-)angehörigen und -fremden *klare Gruppenidentitäten aufzubauen.*

Die geschichtsphilosophischen Entwürfe des 18. und die evolutionistischen Gesellschaftstheorien des 19. Jahrhunderts lassen sich als Versuche begreifen, jenes Identitätsproblem durch eine wissenschaftlichen Ansprüchen genügende Deutung der Universalgeschichte zu lösen. Aus dieser Funktion erklärt sich die doppelte Reflexivität der Geschichtsphilosophie. Diese verkörpert nämlich einen Typus von Theorie, welche die Bedingungen angibt, unter denen eine Selbstreflexion der Gattungsgeschichte, und das heißt: sie selbst erst möglich geworden ist; und sie nennt zugleich den Adressaten, der sich mit Hilfe der Theorie über sich und seine potentiell emanzipative Rolle im Geschichtsprozeß aufklären kann. Schon in den Theorien des 18. Jahrhunderts ist angelegt, was später im Historischen Materialismus ausgebildet wird: mit der Reflexion ihres Entstehungs- und der Antizipation ihres Verwendungszusammenhangs begreift sich die Theorie selbst als ein notwendiges katalysatorisches Moment des gesellschaftlichen Lebenszusammenhanges, den sie analysiert. Kant beispielsweise sah den Zusammenhang seiner Geschichtsphilosophie mit jener bürgerlichen Öffentlichkeit, in der der Philosoph als freier Rechtslehrer sein Publikum aufklären und dadurch auf den Geschichtsprozeß selbst einwirken konnte. Die reflexive Theorie erfaßt eine doppelte Beziehung zwischen Theorie und Praxis: sie untersucht einerseits den geschichtlichen Konstitutionszusammenhang einer Interessenlage, der die Theorie gleichsam durch die Akte des Erkennens hindurch noch angehört; und andererseits den geschichtlichen Aktionszusammenhang, auf den die Theorie handlungsorientierend Einfluß nehmen kann. Im einen Fall handelt es sich um die soziale Praxis, die als gesellschaftliche

Synthesis Erkenntnis möglich macht; im anderen Fall um eine politische Praxis, die bewußt darauf abzielt, das bestehende Institutionensystem umzuwälzen.

Die Wahl des *konzeptuellen Rahmens* ist durch die genannten Fundamentalerfahrungen inspiriert. Die Erfahrung des beschleunigten und gerichteten sozialen Wandels, des kumulativen wirtschaftlichen Wachstums und des Wachstums der technischen Verfügung über die äußere Natur liegt der Idee des Fortschritts oder der sozialen Evolution zugrunde; die Erfahrung einer disproportionalen Steigerung von Steuerungsbedarf und Steuerungskapazitäten schärft das Bewußtsein für die krisenhafte Form des Wachstumsprozesses und weckt das Bedürfnis nach einem Modus von Selbststeuerung, die sich nicht selbst blockiert; und die Erfahrung schließlich des Widerspruchs zwischen den universalistischen Prinzipien der Rechtfertigung und dem Partikularismus der politischen Gewalt, vor dem sich die allgemeinen Ideen als Ideologien entlarven lassen, füllt den bürgerlichen Begriff der Freiheit mit dem Gehalt von Emanzipation: Freiheit hat den Sinn von Befreiung durch eine als Selbstreflexion verstandene Kritik und eine kritisch angeleitete Praxis.

Fortschritt, Krise und *Selbstbefreiung durch Kritik* bilden das grundbegriffliche System der bürgerlichen Geschichtsphilosophie und der späteren Evolutionstheorien der Gesellschaft. Ich kann an dieser Stelle an den Zusammenhang mit Denkfiguren, die in jüdisch-christlichen Überlieferungen, vor allem in der jüdischen und der protestantischen Mystik (Isaak Lurias und Jakob Böhmes) ausgebildet waren, lediglich erinnern. Mir scheint, daß die Idee des Gottes, der sich in sich selbst zurückzieht, eine Kontraktion vornimmt, ein Mythologem darstellt, das für das heilsgeschichtlich radikalisierte Theodizeeproblem dieselbe begriffsstrategische Rolle spielt wie das Konzept der sich selbst konstituierenden oder erzeugenden Menschheit für die Philosophie der Geschichte. Ob als Natur, Vernunft, Geist oder Gattung konzipiert, stets wird der Geschichte, die in jenem konzeptuellen Rahmen als Emanzipationsgeschichte konstruiert werden soll, ein Subjekt unterstellt, das, wie der

Gott der häretischen Mystik, eine durch und durch paradoxe Leistung vollbringen muß: sich zu dem zu machen, was es in gewisser Weise schon, aber in anderer Weise doch auch noch nicht ist. Die begriffliche Motivation ist in beiden Fällen komplementär: von dem Gott, der Ein und Alles ist, muß begreiflich gemacht werden, daß er sich unter die Schwelle seiner Allmacht herabsetzt; von der Menschengattung, daß sie sich aus eigener endlicher Kraft über sich selbst erhebt.

Diese Supposition eines weltgeschichtlichen Subjektes erzeugt die hinreichend analysierten Aporien des geschichtsphilosophischen Denkens. Der Kollektivsingular »die Geschichte« verdankt sich der Bezugnahme auf ein fiktives Individuum in überlebensgroßem Format, als dessen Bildungsprozeß die Geschichte vorgestellt wird. Diese projektive Erzeugung höherstufiger Subjektivitäten erklärt sich wohl aus der Übertragung des in der Philosophie fortlebenden naturmythischen Einheitsdenkens auf die Sphäre der Geschichte. Die Geschichtsphilosophie hat die Kritik an Ursprungsphilosophie (Adorno), in deren Zeichen sie angetreten ist, nicht radikal genug vollzogen, sie hat sich vom Erbe der Ontologie nicht vollends freigemacht. Darüber scheint Einigkeit zu bestehen; aber was folgt nun daraus: eine Radikalisierung des geschichtsphilosophischen Ansatzes – oder Komplementär- und Rückzugstheoreme?

Der Positivismus erklärt den Bereich geschichtlicher Entwicklungen für nicht theoriefähig und empfiehlt eine Arbeitsteilung zwischen nomologischen und narrativen Aussagen (hier vertreten durch Lübbe[2]). Strukturalismus und Systemtheorie sehen Geschichte hingegen als einen theoriefähigen Bereich von Gegenständen (symbolischen Gebilden oder Informationen), die nach zugrundeliegenden Regeln generiert werden. Aber in solchen Theorien der Vor- bzw. der Nachgeschichte sind sprach- und handlungsfähige Subjekte nur mehr als Epiphänomene zugelassen, so daß die Identitätsprobleme der Moderne schlicht unter den Tisch fallen. Der Strukturalismus ist über-

2 Hermann Lübbe, »Was heißt: Das kann man historisch erklären?« in: R. Koselleck und W. D. Stempel (Hrsg.), *Geschichte – Ereignis und Erzählung,* München 1973, S. 542 ff.

haupt unempfindlich gegenüber der Beunruhigung, die von jenen vier Fundamentalerfahrungen ausgeht, die das geschichtsphilosophische Denken inspiriert haben. Die Systemtheorie nimmt immerhin die ersten beiden Erfahrungen auf und baut die Entfaltung der Produktivkräfte ebenso wie den disproportionalen Zuwachs von Steuerungsbedarf und Steuerungskapazitäten in eine funktionalistische Entwicklungstheorie ein; unfähig ist sie jedoch, die beiden anderen Erfahrungen kategorial zu verarbeiten: sie ignoriert die der Entwicklung normativer Strukturen innewohnende Logik und mißversteht Identitätsprobleme als Steuerungsprobleme.

Auf die Reduktionstheoreme, die Marquard[3] als Schwundstufen der Geschichtsphilosophie klassifiziert, möchte ich hier nicht eingehen; Vertreter dieser Positionen bewahren sich immerhin eine Sensibilität für das Recht und die Aktualität jener Erfahrungen und finden ein Ungenügen daran, daß diese von Hermeneutik oder Existenzialismus ebenso aus dem Bereich der analytisch bearbeitbaren Probleme ausgeschlossen werden wie vom Positivismus – daher ihr Versuch einer theoretischen Aufwertung von Geisteswissenschaften und phänomenologischer Anthropologie (falls nicht ohnehin, wie in der Heideggerschule, mit Hermeneutik und Existentialontologie weiterreichende Prätentionen verknüpft werden; die Theorien der Geschichtlichkeit, die, wenn ich recht sehe, Koselleck durch seine Untersuchung variabler Zeistrukturen[4] anreichern und von der Blässe des transzendentalen Gedankens befreien möchte, können freilich, ohne die Möglichkeit des Rückzugs auf ein transzendentales Subjekt, ihrerseits leicht auf die empirische Geschichte hin hinterfragt werden – wie Pannenbergs Kritik an Gadamer zeigt[5]).

Wenn die erwähnten Alternativen (mindestens) diese (hier nur angedeuteten) Mißlichkeiten mit sich bringen, warum sollten wir dann nicht eher versuchen, den Ansatz geschichtsphiloso-

3 O. Marquard, »Die Geschichtsphilosophie und ihre Folgelasten«,, ebd. S. 463 ff.

4 Reinhard Koselleck, »Geschichte, Geschichten und formale Zeitstrukturen«, ebd., S. 211 ff.

5 Wolfhart Pannenberg, »Weltgeschichte und Heilsgeschichte«, ebd. S. 307 ff.

phischen Denkens zu radikalisieren – statt ihm durch Reaktionsbildung, durch Komplementär- und Rückzugstheoreme sei es forsch verleugnend oder mit Melancholie verhaftet zu bleiben?[6]

Den Kollektivsingular Geschichte beseittigt man nicht durch Pluralbildung. Indikatoren sprechen dafür, daß die universale Einheit der Geschichte auf diesem Globus (und um ihn herum) heute eine Realität ist, freilich – eine Realität *geworden* ist. Die Einheit der Geschichte ist Resultat und nicht von Anbeginn durch den Bildungsprozeß eines sich selber erzeugenden Subjekts verbürgt. Freilich ist diese antagonistische Weltgesellschaft, die sich anbahnt, Resultat von Entwicklungen, die dem Muster einer hierarchischen Ausdifferenzierung von Grundstrukturen folgen. Die allgemeine Systemtheorie hat das Entwicklungsmuster und die Mechanismen für die Erweiterung der Steuerungskapazität selbstgeregelter Systeme untersucht (Bertalanffy et al.). Die Entfaltung der Produktivkräfte scheint die Bestandteile des Funktionskreises instrumentalen Handelns sukzessive auf die Ebene von Servomechanismen abzubilden (Gehlen, Moscovici); den Basismechanismus dieser Entwicklung vermute ich darin, daß ein mit unsrem kognitiven Apparat ausgestattetes instrumental handelndes und Informationen verarbeitendes Subjekt nicht nicht lernen kann. Die systematische Veränderung von Interaktionsstrukturen und zugehörigen Moralsystemen (und die entsprechende »Evolution der Weltbilder«) ist erst in Ansätzen erforscht (N. Bellah, R. Döbert); sie scheint einem ontogenetisch an der Entwicklung des moralischen Bewußtseins gut erforschten Muster der Universalisierung und Verinnerlichung (Kohlberg) zu folgen; als Basismechanismus vermute ich die immanente Anfälligkeit von normativen Geltungsansprüchen, die allein durch das kontrafaktisch glaubhaft gemachte und durch Kommunikationseinschränkung aufrechterhaltene Versprechen diskursiver Einlösbarkeit zwanglose Anerkennung finden. Eine Theorie der gesellschaftlichen Evolution, welche die großen innovativen Schübe, nämlich die Eta-

6 Zum Folgenden vgl.: Jürgen Habermas, *Legitimationsprobleme im Spätkapitalismus*, Frankfurt 1973.

blierung seßhafter Ackerbaukulturen, den Übergang zu Hochkulturen und die Entstehung des Kapitalismus (mit dem Eintritt in die Moderne) erklären kann, verfolgt heute das Programm, drei Sätze von Annahmen zu gewinnen, und zwar Hypothesen a) über die Logik möglicher Entwicklungen in den Dimensionen der Produktivkräfte, der Steuerungskapazitäten, Interaktionsstrukturen und Weltbilder; sodann über b) die Mechanismen und die Randbedingungen, die faktisch eintretende Entwicklungen (retrospektiv) zu erklären gestatten; und schließlich c) über krisenerzeugende Disproportionalitäten zwischen Entwicklungen in den verschiedenen Dimensionen, die teils innovativ, teils unproduktiv verarbeitet werden. Als Substrat der Entwicklung werden soziokulturelle Systeme angenommen, die *allgemeine* Systemeigenschaften und *besondere* Konstituentien aufweisen.[7] Die Konstituentien (oder kulturellen Universalien) sind Sprache, Arbeit, Interaktion und Deutungssysteme; sie lassen sich anthropologisch und entwicklungspsychologisch als Sprachkompetenz, kognitive Kompetenz und Rollenkompetenz erfahrungswissenschaftlich analysieren. Da die allgemeinen Systemeigenschaften auf jeder soziokulturellen Stufe der Evolution durch diese besonderen Konstituentien eingeschränkt werden, sind die funktionalistischen Theorien der gesellschaftlichen Entwicklung unzureichend. Weil nicht Systeme überhaupt, sondern soziokulturelle Systeme, die über das Medium umgangssprachlicher Kommunikation, d. h. über wahrheitsfähige Äußerungen vergesellschafteter Individuen gesteuert werden, das Substrat der Weltgeschichte darstellen, kann die sich anbahnende Einheit der Geschichte nicht allein unter dem Aspekt wachsender Interdependenzen und erweiterter Steuerungskapazitäten (als Luhmannsche Weltgesellschaft) begriffen werden. Gerade die krisenhafte Entwicklung eines disproportionalen Wachstums von Steuerungsbedarf und Steuerungskapazitäten[8] läßt eine geschichtsphilosophische Denkfigur wie-

7 Vgl. K. Eder, »Komplexität, Evolution, Geschichte«, in: *Theorie der Gesellschaft,* Supplement 1, 1973, S. 9 ff.

8 Vgl. Claus Offe, *Strukturprobleme des kapitalistischen Staates,* Frankfurt 1972.

der zu ihrem Recht kommen: nämlich das Bewußtwerdungsmodell einer Lösung von Krisen durch die selbstreflexive Veränderung der etablierten Kontrollmechanismen, und das bedeutet für den heutigen Kapitalismus: die Ergänzung und Ersetzung der beschränkten administrativen Formen der Konfliktregelung durch die Rückkoppelung der Planungsinstanzen an diskursive Willensbildung. Die handelnden Einheiten, die sich auf diesem Wege konstituieren, sind keine Subjekte im Großformat. Auch Marx hat nicht immer deutlich gemacht, daß die Attribute, die er den sozialen Klassen zugeschrieben hat (Klassenbewußtsein, Klasseninteresse, Klassenhandeln) keineswegs als Projektionen von Eigenschaften des individuellen Bewußtseins auf die Ebene eines Kollektivs verstanden werden dürfen. Zulässig sind sie allenfalls als Titel für ein Gemeinsames, das sich erst in intersubjektiven Beratungen (Kambartel[9]) oder in Kooperationen vergesellschafteter Individuen herstellen kann. Das sich selbst herstellende Subjekt der Geschichte war und ist eine Fiktion; keineswegs sinnlos ist aber die darin zugleich ausgesprochene und verfehlte Intention, die Entwicklung soziokultureller Systeme an den Steuerungsmodus der Selbstreflexion im Sinne einer politisch folgenreichen Institutionalisierung von Diskursen (selbsthergestellter höherstufiger intersubjektiver Gemeinsamkeiten) zu binden.

9 F. Kambartel, »Zur Rede vom Subjekt in der Geschichte«, in: R. Koselleck und W. D. Stempel: *Geschichte – Ereignis und Erzählung*, a.a.O., S. 477.

Inhalt

Von Jürgen Habermas erschienen im Suhrkamp Verlag

edition suhrkamp
Technik und Wissenschaft als ›Ideologie‹
Protestbewegung und Hochschulreform
Zur Logik der Sozialwissenschaften
Legitimationsprobleme im Spätkapitalismus

Bibliothek Suhrkamp
Philosophisch-politische Profile

suhrkamp taschenbücher
Theorie und Praxis

suhrkamp taschenbücher wissenschaft
Erkenntnis und Interesse
in Vorbereitung: Materialien zu Jürgen Habermas' ›Erkenntnis und Interesse‹

Theorie
Theorie der Gesellschaft oder Sozialtechnologie – Was leistet die Systemforschung? (zusammen mit Niklas Luhmann).
dazu: Supplement 1

st 111 Freisprüche. Revolutionäre vor Gericht
Herausgegeben von H. M. Enzensberger
496 Seiten
Die Auswahl beginnt mit Babeuf, in dem man den ersten Kommunisten sehen kann, und endet mit Kurón und Modszelewski, zwei jungen Polen. Die beiden Grenzfälle des Buches signalisieren den Eintritt der bürgerlichen wie den der sozialistischen Revolution in eine reaktionäre Phase. Das Buch handelt also im wesentlichen vom revolutionären Kampf gegen die Bourgeoisie. Klassiker und Vergessene stehen nebeneinander: neben Marx, Bakunin, Liebknecht, Trotzki, Rosa Luxemburg und Dimitroff finden sich Namen wie Auguste Blanqui, Vera Figner, August Spies, Amadeo Bordiga und andere. Jedes Plädoyer ist mit einem historischen Kommentar versehen. Ein Essay des Herausgebers beschließt den Band.

st 112 Marguerite Duras
Hiroshima mon amour. Filmnovelle
Deutsch von Walter Maria Guggenheimer
Mit Fotos aus dem Film
128 Seiten
Marguerite Duras wurde weltberühmt durch ihren Film *Hiroshima mon amour.* Dieser Film zeigt den hartnäckigen, aber immer wieder scheiternden Versuch eines Japaners und einer Französin, der Katastrophe von Hiroshima die Liebe zweier Menschen entgegenzusetzen, die der Hölle des Zweiten Weltkriegs entkommen sind. Unsere Ausgabe enthält das Exposé, die Filmnovelle und Notizen.

st 113 David Riesman
Wohlstand wofür?
Aus dem Amerikanischen von Gert H. Müller
400 Seiten
Ist einmal der Punkt erreicht, wo es schwieriger wird,

Güter zu verkaufen als sie herzustellen, verändert sich das Wesen der Arbeit wie das der Muße. Der berühmte amerikanische Soziologe Riesman fragt in seinem Buch *Wohlstand wofür?* nach dem Gebrauch und Mißbrauch des Überflusses in der postindustriellen »Freizeitgesellschaft«. Er befaßt sich mit der Rolle der Vorstädte, dem Ausbildungsweg für Frauen, dem Wandel in der Einstellung zum Altern; er analysiert die Verschränkung von Laufbahn und Konsumverhalten, die Funktion des Automobils, den Sozialcharakter der Parties.

st 114 David Riesman
Wohlstand für wen?
Aus dem Amerikanischen von Gert H. Müller
128 Seiten
Ausgehend von den Theorien von Thorstein Veblen über die »müßige Klasse« untersucht der berühmte amerikanische Soziologe Riesman in *Wohlstand für wen?* die nationale und internationale Verteilung des Reichtums und damit auch die Wirkungen, die das Gerücht vom Wohlstand und sein Abglanz auf diejenigen ausübt, die keinen Teil an ihm haben.

st 115 Wolfgang Koeppen
Nach Rußland und anderswohin
Empfindsame Reisen
272 Seiten
Diese Aufzeichnungen mit dem Untertitel »Empfindsame Reisen« führen nach Spanien, Holland, England und in die UdSSR. Unmöglich die Vorstellung, der Autor orientiere sich an einem Reiseführer. Er absolviert kein Bildungspensum, sondern hält sich offen für das Erlebnis, für die »Zufälle« des Augenblicks und sieht gerade das, was wahrzunehmen das präparierte Reiseabenteuer verhindert. In seinen Reiseberichten nicht weniger als in seinen Romanen und Erzählungen erweist sich Koeppen als minuziöser Beobachter, dessen sprachliche Potenz hinter der Schärfe des Wahrgenommenen nicht zurückbleibt. Wie wenige zeitgenössische Autoren versteht er es, trotz kritischer Analyse Atmosphäre und Lokalkolorit zu vermitteln.

st 116 Hermann Hesse
Klein und Wagner. Novelle
112 Seiten
Die Novelle *Klein und Wagner* ist einer der Höhepunkte der Prosa Hermann Hesses. Friedrich Klein, der ehrbare Beamte, treusorgende Ehegatte und Familienvater, durchbricht plötzlich, belastet mit einem imaginären Verbrechen, dem vierfachen Mord an Frau und Kindern, mit falschem Paß, einem Revolver und unterschlagenem Geld, seine hausbackene Respektabilität. Die Figur des Beamten Klein mit dem beziehungsreichen Decknamen Wagner ist eine frühe Inkarnation von Hesses Steppenwolf.

st 117 Lars Norén
Die Bienenväter. Roman
Aus dem Schwedischen von Dorothea Bjelfvenstam
176 Seiten
Das Meisterstück dieses jungen Dichters ist eine Geschichte, die während einer Woche im heißen Sommer 1969 in Stockholm spielt und von Simon erzählt wird. Simon, kaum von einem Nervenzusammenbruch erholt, lebt von Alkohol und Tabletten, bei schon zugrunde gerichteten Mädchen, verfolgt von der Polizei, unterwegs zum Rauschgifthändler Staffan, um sich Geld zu borgen, zur Heilung seines Trippers, vor allem aber für das Begräbnis seines Vaters. Einmal besaß der Vater Bienenstöcke, die er vor den Augen des Jungen verbrannte.

st 118 Walter von Baeyer, Wanda von Baeyer-Katte
Angst
272 Seiten
Das vorliegende Buch gibt eine Übersicht über die Ergebnisse der neueren erfahrungswissenschaftlichen Angstforschung, wobei zwei »Hauptfundstellen der Angstforschung« im Vordergrund stehen: die Psychopathologie und die historisch-psychologische Terrorforschung. Diesen Kapiteln gehen kürzere Übersichten voran: über sprachlich-begriffliche Unterscheidungen, über Biologie, Physiologie und experimentelle Psychologie.

st 120 Günter Eich
Fünfzehn Hörspiele
608 Seiten
Der Band enthält *Geh nicht nach El Kuhwed!; Träume;*

Sabeth; Die Andere und ich; Blick auf Venedig; Der Tiger Jussuf; Meine sieben jungen Freunde; Die Mädchen aus Viterbo; Das Jahr Lazertis; Zinngeschrei; Die Stunde des Huflattichs; Die Brandung vor Setúbal; Allah hat hundert Namen; Festianus, Märtyrer; Man bittet zu läuten.

st 121 Bernard Shaw,
Der Sozialismus und die Natur des Menschen
Auswahl und Übersetzung aus dem Englischen
von Ursula Michels-Wenz
272 Seiten

Der Band vereinigt die wichtigsten der bis vor kurzem verschollenen, erst in den sechziger Jahren wiederentdeckten politischen Essays aus den Jahren 1884–1918. Shaws Witz, sein Gespür für das Paradoxe und Absurde, sein Scharfblick für die Kausalitäten der Unmenschlichkeit machen diese Texte zu einer nach wie vor aktuellen und gewiß zur amüsantesten Anleitung volkswirtschaftlicher Bewußtseinsbildung, die sich denken läßt. Shaw gibt eine Entwicklungsgeschichte der sozialistischen Bewegung von Lassalle bis Marx und Bakunin.

st 122 Ror Wolf, Punkt ist Punkt. Fußball-Spiele
Erweiterte Ausgabe
176 Seiten
In kurzen Prosastücken – Spielszenen, Nachrichtenbündeln, Dialogen und Zitaten aus Fachpresse und Fernsehberichten, vom Platz und vom Stammtisch – wird ein literarisch kaum entdeckter Stoff präsentiert: der Fußball. Die Taschenbuchausgabe wurde erweitert durch neues Bildmaterial und durch bisher unveröffentlichte Texte, z. B. die »Fußballballade« aus dem Jahr 1965 und »Der Schuhkrieg 1966–1972«.

st 123 George Steiner
Sprache und Schweigen
Essays über Sprache, Literatur und das Unmenschliche
Deutsch von Axel Kaun
336 Seiten
Mit diesem Werk, das in viele Sprachen übersetzt wurde, erregte George Steiner internationales Aufsehen. Es ging um die Frage: »Verflechten sich die Wurzeln des Unmenschlichen mit denen der Hochzivilisation? Ist es möglich, daß im klassischen Humanismus selbst, in sei-

ner Neigung zur Abstraktion und zum ästhetischen Werturteil, ein radikales Versagen angelegt ist?«

st 124 Adolf Portmann
Biologie und Geist
Vierzehn Vorträge
Mit Kunstdrucktafeln
352 Seiten
Adolf Portmann gehört zu den führenden Verhaltensforschern der Gegenwart. Für Portmann entscheidend sind einerseits Probleme der Gestaltlehre, andererseits Probleme des Soziallebens von Tier und Mensch. Sein Ansatzpunkt liegt bei der Frage, wieviel Kunstform in dem enthalten sei, was uns als Naturform erscheint. Seiner Definition nach herrschen Kunstformen dort, wo Soziales in Erscheinung tritt.

st 125 Jürgen Habermas, Kultur und Kritik. Verstreute Aufsätze
224 Seiten
Dieser Band versammelt zum ersten Mal an einem Ort siebzehn bisher verstreute Beiträge aus den letzten eineinhalb Jahrzehnten. Den substantiellen Kern des Bandes bilden anthropologische Versuche zu einer Theorie der Kultur und Untersuchungen zum Problemkreis Hermeneutik, Ästhetik und Ideologiekritik. Sie ergänzen die *Theorie des kommunikativen Handelns,* die der Autor demnächst vorlegen möchte. Die Repliken machen die zeitgenössischen Diskussionszusammenhänge, mitunter auch polemisch, deutlich.

st 127 Hans Fallada
Tankred Dorst
Kleiner Mann – was nun?
Eine Revue von Tankred Dorst und Peter Zadek
208 Seiten
Tankred Dorst hat Hans Falladas 1932 erschienenen Roman »Kleiner Mann – was nun?« dramatisiert, der zu einem der größten Bucherfolge seiner Zeit wurde. In der Geschichte des kleinen Angestellten Pinneberg und der Arbeitertochter Lämmchen in den Jahren der großen Arbeitslosigkeit erkannten Hunderttausende ihre eigene Geschichte, ihren Alltag, ihre Welt. Die Dramatisierung

von Tankred Dorst wurde für die Neueröffnung der Städtischen Bühnen Bochum unter der Leitung von Peter Zadek vorgenommen.

st 128 Thomas Bernhard, Das Kalkwerk
224 Seiten
In der Nacht vom 24. zum 25. Dezember erschießt Konrad seine verkrüppelte, seit Jahren an den Rollstuhl gefesselte Frau. Zwei Tage später findet ihn die Polizei halberfroren in einer ausgetrockneten Jauchegrube. Er läßt sich widerstandslos abführen. »Thomas Bernhards Welt, ist man erst einmal mit ihr in Berührung gekommen, ist ganz und gar unausweichlich.« *Peter Hamm*

st 130 Paul Reiwald, Die Gesellschaft und ihre Verbrecher
Neu herausgegeben mit Beiträgen von Herbert Jäger und Tilmann Moser
272 Seiten
In diesem Buch versucht der psychoanalytisch geschulte Strafrechtler Paul Reiwald die Frage zu beantworten: Was geht psychologisch gesehen eigentlich in Strafprozessen vor zwischen Angeklagten, Richtern, Staatsanwälten und Verteidigern? Was ist die psychologische Bedeutung von Sühne und Rache, vom öffentlichen Strafbedürfnis, von der Faszination des Kriminalromans? Die Einführung von Herbert Jäger und Tilmann Moser weist diesem hier zum ersten Mal in leicht gekürzter Form neu vorgelegten Buch seinen gebührenden Platz in der heutigen Diskussion über Kriminalität und Strafe zu.

st 131 Ödön von Horváth, Der ewige Spießer. Roman
144 Seiten
Horváth selbst hat diesen seinen ersten 1930 erschienenen Roman einen »Beitrag zur Biologie des werdenden Spießers« genannt. Der ewige Spießer hat so viele Gesichter wie die Gesellschaft Hintertüren bereithält. An diesen Hintertüren hat sich Horváth zur Beobachtung aufgestellt und belauscht seinen Helden in dem Moment, in dem er sich am sichersten fühlt.

st 132 Werner Koch, See-Leben I
128 Seiten
See-Leben I ist der Versuch, ein utopisches Leben so darzustellen, als sei es die alltäglichste Realität. Der

Mann, der *See-Leben I* erzählt, ist angestellt bei einer Kölner Firma. Nach seinem Urlaub weigert er sich, in die Firma zurückzukehren; er stellt sein Büro am See auf. Funktioniert das? Man wird sehen. »Dieses schlanke Buch von Werner Koch ist listig, tückisch, scheinbar mit der sogenannten leichten Hand geschrieben und hat doch einen merkwürdigen melancholischen Tief- und Schwergang.« *Heinrich Böll*

st 133 Hans Erich Nossack, Der jüngere Bruder. Roman
Erweiterte Ausgabe. Mit einem Nachwort von Christof Schmid
336 Seiten
Der Ingenieur Stefan Schneider kehrt nach einem langjährigen Exil in unwegsamen Gegenden Brasiliens nach Hamburg zurück. Er findet ein Deutschland vor, das zwar noch die Spuren der Zerstörung des Zweiten Weltkriegs trägt, im übrigen aber weiterlebt, als sei nichts geschehen. Schneiders Frau war während des Krieges auf merkwürdige Weise gestorben. Bei der Aufklärung ihres Todes stößt Schneider auf das Geheimnis eines jungen Mannes, der auf alle, die ihm begegneten, eine ungewöhnliche Wirkung ausübte. – Die Taschenbuchausgabe dieses großen Romans ist um die Kapitel *Der Gast, Im Atelier, Der Brief* erweitert. Christof Schmid geht in seinem Nachwort auf die Entstehungsgeschichte des Romans und seine Stellung im Gesamtwerk Nossacks ein.

st 134 Theodor W. Adorno, Zur Dialektik des Engagements
Aufsätze zur Literatur des 20. Jahrhunderts II
208 Seiten
Während der erste Band der *Aufsätze zur Literatur des 20. Jahrhunderts* (st 72) Adornos Auseinandersetzungen mit dem sogenannten Absurdismus dokumentierte, so sammelt der zweite Band Aufsätze zu politischen Aspekten der heutigen Literatur. Auf die programmatische Auseinandersetzung mit Sartre und seiner Konzeption einer engagierten Literatur folgt die Beschäftigung mit Valéry, gewissermaßen dem Gegenbild des »engagierten« Schriftstellers, mit der ästhetizistischen Utopie von Stefan George und Hugo von Hofmannsthal, mit der Lyrik von

Rudolf Borchardt, mit dem Werk von Thomas Mann, mit dem Utopisten Aldous Huxley. Der Band schließt mit dem berühmten offenen Brief an Rolf Hochhuth.

st 135 Wer ist das eigentlich – Gott?
Essays
Herausgegeben von Hans Jürgen Schultz
304 Seiten
Die Frage »Wer ist das eigentlich – Gott?« stammt von Kurt Tucholsky. Nicht ironisch oder polemisch wird sie heute formuliert, sondern neugierig und interessiert. Die Beiträge dieses Buches wollen von verschiedenen Gesichtspunkten aus und unter Beteiligung zahlreicher namhafter Autoren eine Antwort geben.

st 136 H. C. Artmann, How much, schatzi?
176 Seiten
Artmann – ein Name als Programm. Artistisches und Artifizielles sind Merkmale seines Werkes. H. C. Artmann ist Sprachfex und Lustspieler, Jargon-Jongleur und Reim-Rastelli, ein Tausendsassa der Literatur. Er kann Worte verwandeln – und sich selbst. »Fast jedes Wort, jede Wendung tritt wie eine geballte Ladung auf, deren Donner auf die Dauer taub machen würde, wenn nicht eben das Interesse an der Handlung die Lektüre weitertreiben würde.« *Wolfgang Maier*

st 137 Zivilmacht Europa – Supermacht oder Partner?
Herausgegeben von Max Kohnstamm und Wolfgang Hager. Deutsch von Ruprecht Paqué
384 Seiten
Das Brüsseler Institut der Europäischen Gemeinschaft für Hochschulstudien versucht, mit diesem Band einen Überblick über die wichtigsten außenpolitischen Probleme zu geben, denen sich die jetzt neun Mitglieder der Europäischen Gemeinschaft gegenübersehen.

st 138 Paul Goma, Ostinato. Roman
Aus dem Rumänischen von Marie Thérèse Kerschbaumer
496 Seiten
»Weltliterarisches Lebenszeichen aus Rumänien: Ein Roman aus Rumänien, der zu Hause nicht erscheinen darf.

Ein rumänischer Solschenizyn, jedoch auch eine Literatur, die über die realistischen Schilderungen des Nobelpreisträgers hinausgeht und die Erfahrungen jener Zeit zum geistigen Vehikel macht, um die seelische Katastrophe der fünfziger Jahre genauer zu bestimmen. Zentralere Bewußtseinsdaten individueller und kollektiver Erfahrung sind beim Rumänen nachzulesen. Das nationale Trauma der Stalin-Jahre verwandelt sich nun zum erstenmal literarisch befreit zur besten inneren Darstellung jener Epoche.« *Dieter Schlesak*

st 139 Hannes Alfvén, Atome, Mensch und Universum
Aus dem Amerikanischen von Jens Peter Kaufmann
128 Seiten
Der Leser, gerade jener Leser mit wenigen oder gar keinen Kenntnissen in den Naturwissenschaften, findet hier eine ausgezeichnete und fundierte erste Einführung in Entwicklung, Probleme und Argumentation naturwissenschaftlichen Denkens.

st 140 Françoise Dolto, Der Fall Dominique. Bericht einer Kinderanalyse
Aus dem Französischen von Eva Moldenhauer
288 Seiten
Wir haben es hier mit dem ganz seltenen Glücksfall des lückenlosen Berichts einer gelungenen Kinderanalyse zu tun. Dieser Bericht der berühmten Kinderanalytikerin läßt uns den erregenden Behandlungsprozeß miterleben, in dem ein vierzehnjähriger Junge, der wie ein Schlafwandler in einer völlig irrealen Welt lebt, allmählich die Realität zu akzeptieren lernt und ein wirklichkeitsgemäßes Verhältnis zu seiner Umwelt findet.

st 142 Magda Szabó, I. Moses 22. Roman
Aus dem Ungarischen von Henriette Schade und Géza Engl
224 Seiten
Magda Szabó hat dem Verhältnis zwischen den Generationen in ihrem Buch die Unmittelbarkeit der gelebten Wirklichkeit gegeben: in Ungarn, im Budapest des Jahres 1966. Die Gáls, Apothekenbesitzer, nach dem Krieg enteignet, gehören jetzt zu den »Gezeichneten«. Die Bartos, ehemals biedere Handwerker, haben jetzt ein Dienstauto, sie sind Stützen der Gesellschaft geworden.

Für die Kinder beider macht das keinen Unterschied. Über die Köpfe der Eltern hinweg sind sie Freunde geworden; sie haben dasselbe Problem: gegängelt und doch sich selbst überlassen neben den Eltern zu leben. Die Welt der Eltern ist ihnen gleichgültig geworden, eine Scheinwelt, die sie nicht mehr betrifft, ja, mit der auseinanderzusetzen sich kaum lohnt.

st 150 Zur Aktualität Walter Benjamins
Aus Anlaß des 80. Geburtstags von Walter Benjamin herausgegeben von Siegfried Unseld
288 Seiten
Der vorliegende Band »Zur Aktualität Walter Benjamins« nimmt wichtige, hier erstmals publizierte Abhandlungen auf, die aus diesem Anlaß geschrieben worden sind, und Texte von Walter Benjamin, seine »Lehre vom Ähnlichen«, eine umfangreiche Variante der Arbeit »Über das mimetische Vermögen«, den autobiographisch bedeutenden Text »Agesilaus Santander«, den Briefwechsel mit Bertolt Brecht und drei Lebensläufe, deren letzter kurz vor seinem Tod geschrieben wurde.

st 151 Hermann Broch
Barbara und andere Novellen
384 Seiten
Dieser Band legt eine Sammlung von 13 Novellen vor, die besten aus Brochs Gesamtwerk. Die früheste, *Eine methodologische Novelle,* wurde 1917 geschrieben, die späteste, *Die Erzählung der Magd Zerline,* 1949. Die Besonderheit dieser Sammlung besteht in der erstmaligen Präsentation aller vorhandenen Tierkreisnovellen in ihrer Ursprungsfassung.

st 168 Peter Handke, Die Unvernünftigen sterben aus
112 Seiten
Peter Handkes neues Stück ist eine Studie über Unternehmer. Über die Automatismen ihrer Sprache und ihrer Gesten, über ihre Macht und ein Stück über die Funktionsmechanismen der Marktwirtschaft und das nahezu perfekte Rollenspiel derer, die sie steuern. Ein Stück über die Fremdbestimmtheit auch der Herrschenden.

st 169 Uwe Johnson, Das dritte Buch über Achim. Roman
304 Seiten
Der Journalist Karsch fährt durch die DDR, um den Lebenslauf des gefeierten Radsportlers Achim T. zu beschreiben. Was die Beschreibung des wahren Lebensbildes des Rennfahrers Achim T. unmöglich macht, ist nichts anderes als die Grenze selbst, die Ost und West trennt. »Herr Johnson, dessen Prosa Schlagworte, Umgangssprache, Schlageridiom und Jargon aller Arten frei ausbeutet, hat einen großen ironischen Roman über ein eigentlich tragisches Thema geschrieben.«

The Times Literary Supplement

st 201 Bertolt Brecht, Frühe Stücke
224 Seiten.
Baal. Trommeln in der Nacht. Im Dickicht der Städte. Brechts Entwicklung zur großen epischen Dramatik, zum »wissenschaftlichen Theater« ist erst aus der Kenntnis seiner Jugendwerke, in denen schon wesentliche Themen seiner Welt vorgezeichnet sind, richtig zu verstehen. Alle Stücke »zeigen ohne Bedauern, wie die große Sintflut über die bürgerliche Welt hereinbricht . . .«

Bertolt Brecht

Alphabetisches Gesamtverzeichnis der suhrkamp taschenbücher